Mikołajewska • Mahabharata

Księga I • *Adi Parva*
Księga II • *Sabha Parva*

Mahabharata

opowiada
Barbara Mikołajewska

Księga I, *Adi Parva* (w jedenastu opowieściach)
Księga II, *Sabha Parva* (w pięciu opowieściach)

Napisane na podstawie *Mahābharāta*,
1. The Book of the Beginning,
2. The Book of the Assembly Hall,
w angielskim tłumaczeniu z sanskrytu J.A.B. van Buitenen,
The University of Chicago Press.

The Lintons' Video Press
New Haven, CT, USA
2007, 2012

Copyright © 2007-12 by Barbara Mikolajewska. All rights reserved.

Technical and editorial advisor: F. E. J. Linton.

e-mail inquiries: **tlvpress** @ **yahoo.com**.

Printed in the United States of America.

History: First episode first posted on the Internet in late 2003. Subsequent episodes, updates and corrections added at irregular intervals. URL at first: http://home.att.net/~b.mikolajewska/booknook/Mahabharata/ ; now: http://tlvp.net/~b.mikolajewska/booknook/Mahabharata/ . First printed edition reflects status of Internet edition as of February, 2007. Current updated printing amends several earlier typographical infelicities. Look for more episodes, updates and corrections sporadically in the future.

Typography and page layout accomplished using Microsoft Word 2000.

Published in the United States in 2007 by
The Lintons' Video Press
New Haven, CT
USA

ISBN-10: 1-929865-34-1
ISBN-13: 978-1-929865-34-5

Spis treści

Słowo od opowiadającego — strona 7

Księga I (Adi Parva) — 11
Synopsis — 13
Opowieść 1: Rytualna masakra wężów króla Dźanamedźaja — 19
Opowieść 2: Dynastia księżycowa — 53
Opowieść 3: Grzech króla Mahabhisy — 73
Opowieść 4: Ziarna namiętności — 95
Opowieść 5: Płonący pałac Pandawów — 111
Opowieść 6: Narodziny pięknej Draupadi — 125
Opowieść 7: Obrona przed skutkami żądzy i gniewu — 137
Opowieść 8: Pięciu mężów Draupadi — 155
Opowieść 9: Zdobycie władzy przez Króla Prawa — 171
Opowieść 10: Obrona przed skłócającą erotyczną miłością — 179
Opowieść 11: Walka z bogami o Las Khandawa — 195

Księga II (Sabha Parva) — 207
Synopsis — 209
Opowieść 12: Budowanie Imperium Króla Prawa — 213
Opowieść 13: Zadedykowanie ofiary koronacyjnej Krysznie — 233
Opowieść 14: Upadek Króla Prawa — 247
Opowieść 15: Triumf żądzy i przemocy — 263
Opowieść 16: Zapowiedź zagłady Bharatów — 277

Dodatki — 287
Aneks: Pierwsze pokolenia potomków Brahmy i Dakszy — 289
Słowniczek *Mahabharaty* (księga I & II) — 291
Indeks imion — 309

Słowo od opowiadającego

Mahabharata, wielka hinduska epika, napisana w oryginale w sanskrycie przez mitycznego mędrca-ascetę Wjasę, ma za sobą długą tradycję „bycia opowiadaną" i dlatego istnieje wiele różnych *Mahabharat*. Nawet różne wersje sanskryckie nie są jednolite i istnieją między nimi istotne różnice. Cykliczne odkrywanie *Mahabharaty* przez świat zachodni doprowadziło do szeregu prób przetłumaczenia tekstu sanskryckiego na języki zachodnie i udostępnienie jej czytelnikowi. Próby te nie zniszczyły jednak tradycji opowiadania *Mahabharaty*, gdyż tekst profesjonalnie tłumaczony pozostaje ciągle polem dla profesjonalisty, będąc trudny do czytania i wypełniony ogromna ilością pozornie ze sobą niepowiązanych opowiadań, dygresji, pouczeń skupionych wokół głównego wątku, którym jest konflikt Kaurawów z Pandawami doprowadzający do apokaliptycznej, wyniszczającej cały wszechświat wojny, z której jednak, dzięki interwencji i opiece boskiej, rodzi się nowy wszechświat. Co więcej, *Mahabharata* jest ciągle przedmiotem sporów teologicznych.

W moim własnym opowiadaniu *Mahabharaty* przyjęłam świecki punkt widzenia, gdyż występujące w niej połączenie braterskiego konfliktu z boską interwencją i rozpadaniem się i tworzeniem całego wszechświata dało mi nadzieję na znalezienie w niej materiałów do studiów zainspirowanych przez współczesną antropologię kulturową, która szuka wyjaśnienia genezy i funkcjonowania ludzkiej kultury poprzez studiowanie religijnych tekstów. W świetle współczesnej antropologii tekst religijny odzyskuje swój utracony aspekt empiryczny, stając się sam podlegającą krytyce teorią kultury, będąc równocześnie jest istotną częścią.

Mówiąc bardziej szczegółowo, moje własne opowiadanie *Mahabharaty* jest pod wpływem antropologii kulturowej rozwiniętej przez francuskiego krytyka literackiego René Girarda, która pozwala mi dostrzec w *Mahabharacie* zwartą całość opisującą mechanizm powstawania, upadku i funkcjonowania tzw. ofiarniczego systemu kulturowego bazującego na wierze w leczniczą moc rytuału ofiarnego i w boskie pochodzenie wszechświata. W świetle girardowskiej antropologii *Mahabharata* zawiera opis hinduskiego systemu kulturowego, który jest wysoce samoświadomy swej genezy i funkcjonowania i niesie w sobie ogromny ładunek moralny o znaczeniu uniwersalnym, gdyż przedmiotem jego głównej troski jest tworzenie i zapobieganie upadkowi autorytetu Prawa (*dharmy*) lub mówiąc ogólniej świata wartości i powinności, który jest tym, co utrzymuje równowagę we wszechświecie. Z drugiej jednak strony jest to system zamknięty, który nie potrafi wyjść w swej samo-analizie poza czynnik, który go tworzy, czyli poza pojęcie Kryszny (Kriszny), Najwyższego Boga, który narodził się na ziemi Człowiekiem i pozostaje dla systemu Największą Tajemnicą.

Girardowska antropologia kulturowa z kolei dostarcza narzędzi do analizy nie tylko wewnętrznej dynamiki ofiarniczego systemu, lecz również jego powstania, widząc ich źródło w mimetycznym prawie rządzącym międzyludzkimi interakcjami. Wzajemne przenikanie się wyobrażeń religijnych i społecznych jest przez nią widziane nie tylko jako cecha starożytnych tekstów religijnych, lecz jako naturalna cecha realnych międzyludzkich interakcji, z których religijne wyobrażenia wyłaniają się, których funkcjonowaniem rządzą i przez które są następnie niszczone, rozpoczynając nowy wiecznie powracający cykl ofiarniczego systemu. Tekst religijny widziany w girardowskiej perspektywie zostaje umieszczony w swym empirycznym kontekście, którym są ludzkie interakcje i rządzące nimi mimetyczne prawo i zdobywając swe empiryczne odniesienie odkrywa ponownie swój przedmiot, z którego wyrasta, który opisuje i na działanie którego próbuje wpływać.

Mówiąc bardzo ogólnie, *Mahabharata* jest książką o wielkich namiętnościach i o tym jak namiętności te niszczą poszczególne jednostki, determinują losy królestw i losy całego wszechświata, czyli o tym, co René Girard nazywał *skłócającą mimesis*. Z drugiej strony *Mahabharata* jest książką o wyłanianiu się rzeczywistości normatywnej *dharmy* (Prawa), zwanej również po prostu religią, która poskramiając rządzące interakcjami namiętności i kontrolując je, leży u podłoża porządku społecznego, zapewniając sprawne funkcjonowanie jednostki, królestwa, wszechświata, czyli o odkrywaniu tego, co René Girard nazywał *imperatywną mimesis*. Wyłanianie się autorytetu *dharmy* jest zarówno dla *Mahabharaty* jak i dla każdego ofiarniczego systemu kulturowego największą tajemnicą wyjaśnianą poprzez powołanie się na boską interwencją. Interwencji Najwyższego Boga wymaga nie tylko wprowadzenie tego, co Girard nazywał *imperatywną mimesis*, czyli wolą czynienia czegoś w imię wyższego dobra, lecz również cykliczne odnawianie jej autorytetu, gdy ulega ona cyklicznie zniszczeniu. Co więcej, aby ustanowić *dharmę* lub odnowić jej autorytet, Najwyższy Bóg musi się narodzić na ziemi w swej śmiertelnej postaci, która w czasach, które opisuje *Mahabharata* jest formą Kryszny.

Głównym tematem *Mahabharaty*, podobnie jak girardowskiej antropologii kulturowej, jest więc próba wyjaśnienia tajemnicy powstawania, upadku i ponownego wyłaniania się rzeczywistości normatywnej, bez której istnienie trwałego kulturowego porządku jest niemożliwe. Te dwie próby różnią się jednak poglądem na rolę boga i rytuału ofiarnego w procesie tworzenia normatywnego fundamentu kultury. Według *Mahabharaty dharma* (Prawo), mająca swe korzenie w autorytecie boskim wyrażającym się potrzebą czczenia bogów poprzez składanie ofiary, cyklicznie upada, będąc niszczona przez namiętności (*skłócającą mimesis*), które nie przestają wpływać na ludzkie interakcje, skłaniając do porzucania ścieżki Prawa, oraz przez „zużywanie się" rytuałów i upadek boskiego autorytetu. Rytuały zużywają się, gdyż są wykorzystane przez demony dla egoistycznych celów oraz z powodu wzrastającego zanieczyszczenia ognia ofiarnego, który przestaje pełnić rolę nośnika ofiary i koncentruje się na zaspokojeniu własnego nienasyconego głodu, który niszczy cały wszechświat. Nowy świat wyłania się ze zgliszczy starego świata dzięki interwencji narodzonego w śmiertelnej formie Najwyższego Boga, czyli Najwyższej Osoby. W girardowskim wyjaśnieniu interwencja Najwyższej Osoby jest jednak faktem wtórnym w powstawaniu ofiarniczego systemu kultury. Faktem podstawowym jest natomiast wyłonienie się rytuału ofiarnego z imitacji założycielskiego morderstwa zakańczającego apokaliptyczny pożar-konflikt. Jego zaistnienie dostarcza metody oddawania czci bogom i staje się źródłem zarówno autorytetu bogów jak i autorytetu rzeczywistości normatywnej. W miarę upływu czasu upada wiara w skuteczność rytuału i autorytet boski jak i osłabia się sam w sobie autorytet *imperatywnej mimesis* będącej w ciągłym konflikcie ze *skłócającą mimesis*, którą miała kontrolować. Podczas gdy giradowska antropologia próbuje wyjść poza

Najwyższą Osobę i Jedyną Przyczynę wszechświata, wiedza *Mahabharaty* kończy się na Krysznie, Najwyższej Osobie, która ustanawia autorytet *dharmy*, czyli wprowadza *imperatywną mimesis* do ludzkich interakcji, patronując przeraźliwej, wyniszczającej wszystko apokaliptycznej wojnie. I nikt inny, lecz Kryszna pozostaje największą, nierozpoznawalną tajemnicą dla *Mahabharaty*.

W moim opowiadaniu *Mahabharaty* głównym celem jest oczywiście jak najdokładniejsze odtworzenie tego, co znajduje się w samym tekście bez utraty jego walorów literackich i zbędnego komplikowania jej własnych dość niekiedy skomplikowanych rozważań zbędnymi wtrętami teoretycznymi. Towarzyszy mu jednak girardowska antropologia ukryta w bezpośrednio niewidocznym tle, która pozwala odkryć ponownie i spojrzeć na nowo na wiedzę *Mahabharaty*.

Księga I

Adi Parva

(w jedenastu opowieściach)

Synopsis

Wydarzenia księgi pierwszej *Mahabharaty* dzieją się równocześnie na różnych poziomach—ludzkim i boskim, ziemskim i niebiańskim—które wzajemnie się przeplatają i na siebie oddziaływają. Opowieści 1 i 2 zarysowują „historyczne" tło, w którym został umieszczony główny wątek *Mahabharaty* rozpoczynający się do dopiero w Opowieści 3, gdzie przebywając na poziomie ludzkim, obserwujemy formowanie się stron konfliktu —narodziny Pandawów i Kaurawów, którzy staną w obliczu apokaliptycznej wojny, realizując faktycznie zamiar bogów chcących doprowadzić do tej strasznej wojny na ziemi, aby zniszczyć rosnące w siłę demony maltretujące swą potęgą ziemię i powodujące jej trudne do zniesienia cierpienie. Pandawowie i Kaurawowie, przyszli dziedzice tronu z dynastii księżycowej, są potomkami króla Mahabhisy, który narodził się ponownie na ziemi, aby oczyścić się ze swego grzechu nieopanowanej żądzy do bogini Gangi, którego skutki będą ciążyć nad losami kilku pokoleń jego potomków. W końcu one staną się narzędziem w realizowaniu celu bogów.

Jak się dowiadujemy z opowieści 1 i 2 demony i bogowie są w stanie odwiecznej walki, choć potrzebują siebie nawzajem do zdobycia eliksiru nieśmiertelności, od którego zależy ich życie. Zaburzenia równowagi sił między nimi traktuje się jako zjawisko cykliczne i naturalne, wynikające stąd, że demony, które są motywowane żądzą dóbr materialnych i władzy, otrzymują od bogów osłabiające ich boską siłę dary, dzięki temu, że uprawiają religijną praktykę, za którą bogowie nagradzają. W przypadku demonów religijna praktyka nie służy jednak celom religijnym i dobru wszechświata, lecz ich prywatnym celom zdobywania władzy nad światem i nienasyconej konsumpcji. Choć demony i bogowie mają odmienne cele zarówno oni jak i wszystko inne łącznie z rzeczywistością materialną ma to samo źródło i wywodzi się z tej samej niezniszczalnej, jednostkowej i niepoznawalnej Przyczyny, która ma charakter duchowy, będąc Najwyższym Duchem (*Brahmanem*), lecz równocześnie jest identyfikowana z Kryszną (Kriszną), boskim aspektem narodzonym w śmiertelnej formie Człowieka. Królewskie dynastie też mają swój boski początek i są wplątane w walkę bogów z demonami. Fundamenty królestwa są tez w zadziwiający sposób związane z istnieniem i cierpieniem niewinnej kobiety jak np. Śakuntala, która swym prawym działaniem przynosi ostatecznie szczęście swemu mężowi i całej rodzinie.

Jak się dowiadujemy z Opowieści 1 *Mahabharata* jest opowiadana podczas rytuału ofiarnego króla Dźanamedźaja, potomka bohaterów *Mahabharaty*, pochodzącego z jedynej linii Pandawów, która dzięki interwencji Kryszny przeżyła apokaliptyczną wojnę. Jest to opowieść o zaniechaniu przez niego zemsty na wężach za zabicie jego ojca Parikszita, dzięki interwencji siły duchowej bramina-węża Astiki, który narodził się w wyniku współdziałania różnych sił o charakterze ziemskim i pozaziemskim.

Porządek społeczny na ziemi i we wszechświecie jest ze sobą ściśle powiązany i ciągle oscyluje między powstawaniem i upadkiem. Na te wahania duży wpływ ma charakter króla, od którego zależy w dużym stopniu to, co się dzieje w królestwie i który jest nazywany Tokarzem Koła. W poszczególnych epizodach opisuje się to, co na poziomie ludzkim niszczy królestwa, choć nie pozostaje bez związku z poziomem niebieskim, gdyż na ziemi rodzą się ponownie grzeszne dusze obdarzone złą karmą, czyli obciążone skutkami swych działań w poprzednim wcieleniu i tylko niektóre dusze zostają wyzwolone z konieczności ponownych narodzin w świecie materialnym. Obserwujemy więc, jak prawych królów niszczy żądza, przemoc i nienasycenie i jak ogromną rolę w opanowywaniu skutków tych uczuć—i uwalnianiu duszy od wpływów materii—odgrywa religia, religijny rytuał oraz podążanie ścieżką Prawa (*dharmy*), co wymaga wielu wyrzeczeń i umartwień, ale przynosi ostatecznie niebo, a najbardziej wytrwałym wyzwolenie duszy. Nosicielami religii i Prawa są bramini ze swą siłą duchową i bramińscy królowie, tzn. królowie studiujący *Wedy* i ćwiczący się w chodzeniu ścieżką Prawa, która sama w sobie w konkretnej sytuacji musi być ciągle na nowo odnajdywana i którzy swym zachowaniem dostarczają zwykłym ludziom dobrego przykładu.

Żądza i wynikający z niej gniew oraz Prawo i religijna praktyka są dwiema potężnymi siłami oddziałującymi na ucieleśnioną duszę i ten, kto się na ziemi narodził podlega ich wpływom. Żądzy, która skłania żywe organizmy do czynienia zła nie można się łatwo wyzbyć, gdyż trzeba ją poskromić dzięki praktykowaniu religii i podążaniu ścieżką Prawa i w ten sposób uwolnić od rzeczywistości materialnej zawarty w każdej żywej istocie element duchowy. W Opowieści 4 obserwujemy, jak główni bohaterzy—za wyjątkiem Judhiszthiry, który jest Królem Prawa—i otaczające ich osoby, choć narodził się w nich element boski, padają ofiarą żądzy posiadania tego, co mają ich najbliżsi i przekształcają się w „monstrualne pary-sobowtóry" połączone namiętnością pokonania przeciwnika. Takimi monstrualnymi parami stają się Durjodhana i

Bhima, Karna i Ardżuna, bramin Drona i król Drupada. Także działania różnych innych wcielonych dusz przynoszą w rezultacie czyjąś nienawiść i przysięgę zemsty. Z kolei Ardżuna jest motywowany pragnieniem bycia najlepszym łucznikiem, które udaje mu się zrealizować, co później w zadziwiający sposób obraca się przeciw niemu, przynosząc mu straszliwe cierpienie, gdyż czyni z niego narzędzie służące do zabicia i złożenia w ofierze Najwyższemu Bogu starszyzny swego rodu. Wszystkie te nieszczęścia tych wcielonych dusz są skutkiem ich działań w poprzednich wcieleniach i w końcu doprowadzą do realizacji celu bogów, którym jest uwolnienie ziemi od dominacji demonów.

Księga pierwsza *Mahabharaty* rozważa również proces powstawania i niszczenia świata na poziomie poza-ludzkim. Wspomina o słabości bogów i demonów i ich zależności od eliksiru nieśmiertelności, który wyłania się z przemocy obrazowanej ubijaniem oceanu, dzięki interwencji sił od nich wyższych jak Najwyższy Bóg Wisznu, czy ognisty ptak Garuda, który ma zdolność pokonania bogów i zdobycia eliksiru, lecz dzięki umiejętności pokojowej negocjacji z Indrą rozwija wolę oddania go bogom. Ukazuje się tu także zależność istnienia świata od ognia, który pełni we wszechświecie podwójną rolę: z jednej strony podtrzymuje istnienie świata, będąc ogniem ofiarnym i ustami bogów, a z drugiej strony, gdy zostaje zanieczyszczony podczas rytuału, niszczy wszechświat, chcąc zaspokoić swój własny nienasycony głód. Zarysowuje się również podwójną rolę, jaką w dziejach wszechświata pełnią węże i inne niższe istoty, które są określane jako obrzydliwe, lecz równocześnie dostarczają ciał upadłym duszom, które zamieszkując je, dzięki pomocy religii mogą narodzić się ponownie w wyższej formie, postępując na drodze do swego wyzwolenia.

Poszczególne opowieści wracają bezpośrednio do głównego wątku *Mahabharaty*, opisując rozwój konfliktu. Żądza i zawiść najstarszego z Kaurawów Durjodhany o królestwo należące się legalnie Pandawom motywuje go i jego młodszych braci do podejmowania różnych prób zniszczenia i zabicia Pandawów, którzy z kolei słyną ze swej prawości i powstrzymują się od kontrataku, choć nie brakuje im odwagi i sił, obawiając się niekończącego się łańcucha wendety, który może zniszczyć cały ich ród. Wygnani podstępem z rodzinnej Hastinapury unikają śmierci w pałacu pułapce przygotowanym dla nich przez Durjodhanę i obawiając się dalszych prześladowań oraz chcąc uniknąć łańcucha przemocy, ukrywają się w lesie w przebraniu braminów, gdzie oddają się różnym praktykom duchowym, aby uwolnić swe dusze od wpływów materii. Nie zapominają, że choć jako magnaci mają prawo do konsumpcji i przyjemności płynącej z posiadania, to ich naczelnym obowiązkiem jest obrona istnienia własnego królestwa i całego wszechświata.

Bieg wydarzeń zaczyna się zmieniać, gdy Pandawowie dowiadują się o festiwalu małżeńskim pięknej Draupadi i nie będąc faktycznie braminami, lecz wojownikami zaczynają tęsknić za podjęciem rywalizacji o jej rękę i każdy z nich zaczyna pragnąć pojąć ją za żonę. Opanowani przez pragnienie posiadania pięknej żony otrzymują zachętę do poddania się mu od bramina Wjasy i swej matki i gdy wyruszają w drogę do królestwa Drupady, aby uczestniczyć w festiwalu, wkraczają przypadkowo bez pozwolenia na teren, gdzie król boskich muzyków gandharwów oddaje się miłosnym rozrywkom ze swymi żonami. Ich pojawienie się budzi gniew gandharwy, który atakuje Pandawów, lecz zostaje pokonany przez Ardżunę przy pomocy jego duchowej broni, stając się jego przyjacielem. Wyjaśnia Ardżunie jak niebezpieczne jest bezmyślne wkraczanie na teren, gdzie inny mężczyzna oddaje się grze miłosnej, gdyż ryzykuje się wpadnięcie w pułapkę zazdrości, gniewu i rywalizacji. Wojownik jednakże kroczy ścieżką władzy, wojny, przyjemności i rywalizacji i będąc wojownikami powinni kroczyć ścieżką własnego Prawa. Aby jednak zapobiec niebezpieczeństwom związanym z kroczeniem tą ścieżką powinni znaleźć dla siebie domowego kapłana, który przy pomocy rytuałów potrafi ich oczyścić ze skutków ich żądzy i gniewu. Opowiada im o wielkich braminach jak bramin Wasiszta, którzy ratowali wszechświat od skutków królewskiego gniewu dzięki swej sile duchowej i znajomości odpowiednich rytuałów.

Uczyniwszy swym domowym kapłanem bramina Dhaumję, Pandawowie udają się na festiwal Draupadi, o której rękę rywalizują wszyscy łącznie z Durjodhaną i gdzie Ardżuna wygrywa ją, napinając wielki łuk Śiwy. Draupadi zostaje żoną wszystkich pięciu braci Pandawów, co z jednej strony likwiduje w zalążku, lecz z drugiej strony zwiększa groźbę rywalizacji o nią między nimi. Ostrzeżeni o tym niebezpieczeństwie przez bramina Naradę, ustalają reguły kierujące ich zachowaniem związanym z posiadaniem tej samej żony. Ardżuna jednak łamie te uzgodnienia, poświęcając je dla dobra pewnego bramina i udaje się za karę na roczne wygnanie, podczas którego uczy się unikania konfliktów wynikłych z erotycznej miłości i z pomocą Kryszny porywa i czyni swą drugą żoną siostrę Kryszny Subhadrę, mimo oburzenia starszego brata Kryszny Balaramy i początkowej niechęci Draupadi, która jednak pokonuje swą zazdrość o Ardżunę.

Sama Draupadi pozostaje jednak ciągle przedmiotem żądzy dla Durjodhany i jego braci. Z Opowieści 8 dowiadujemy się ponadto, że na poziomie boskim małżeństwo Draupadi z Pandawami było od dawna zdeterminowane przez szereg przeszłych wydarzeń i ma służyć realizacji celu bogów. Draupadi, która narodziła się z ognia ofiarnego jako nieoczekiwane uzupełnienie dla swego brata Dhrisztadjumny, o którego prosił bogów król Drupada, szukając możliwości zemsty na swym przyjacielu z dzieciństwa braminie Dronie, który z wzajemnością przekształcił się w jego największego wroga. Draupadi jest inkarnacją bogini dobrobytu Lakszmi i faktycznie to ona przynosi Pandawom kilkakrotnie poprawę losu, który się od nich odwrócił, choć sama w końcu zaczyna za to płacić cierpieniem. To dzięki małżeństwu z nią Pandawowie zdobywają dla siebie królestwo Indraprasthę oddane im we władanie przez ojca Durjodhany króla Dhritarasztrę.

Wraz z Draupadi w życiu Pandawów pojawia się Kryszna, który od tego momentu będzie im zawsze towarzyszył. On asystuje rywalizacji Pandawów o Draupadi, która zostaje ich żoną i będąc ich potężnym zwolennikiem, zmusza króla Dhritarasztrę do oddania im ziemi, gdzie budują swe królewskie miasto-państwo Indraprasthę. Kryszna jest inkarnacją istotnego aspektu Najwyższego Boga Wisznu, który narodził się na ziemi, aby ponownie ustanowić autorytet Prawa (*dharmy*). To Judhiszthira, Król Prawa, reprezentuje sobą autorytet Prawa. Ma on umysł *sadhu*, który nie potrafi pomyśleć niczego, co byłoby niezgodne ze ścieżką Prawa i równocześnie jest królem-wojownikiem, czyli należy do kasty, której zadaniem jest obrona Prawa i cywilizacji. Tak jak władza króla bogów Indry jest zależna i dana mu przez Najwyższych Bogów, tak i zdobycie władzy przez Pandawów, których przedstawia się jako inkarnację istotnych aspektów Indry, jest zależne i musi być dane przez autorytet najwyższy, Krysznę. Jak to jednak zobaczymy w księdze II ta pierwsza próba odnowienia autorytetu Prawa przez Krysznę na dłuższą metę się nie udaje i już w księdze I można dostrzec pewne zwiastuny nadchodzącego nieszczęścia.

Księga I kończy się potężną manifestacją siły, którą stanowią w połączeniu Ardżuna i Kryszna. Zarysowuje się ich tożsamość jako Nary i Narajana, starożytnych mędrców-proroków w ponownym wcieleniu. To do nich zwraca się z prośbą o Las Khandawa zanieczyszczony tłuszczem ofiarnym Ogień. Umożliwiają oni Ogniowi zaspokojenie jego głodu i spalenie całego Lasu Khandawa wraz z jego żywymi istotami wbrew sprzeciwowi

Indry. Z pożaru tego ratuje się kilka istot, wśród których jest demon Maja, którego budowniczy talent będzie miał wpływ na dalsze losy Pandawów i Kaurawów opisane w księdze II.

Opowieść 1
Rytualna masakra wężów
króla Dźanamedźaja

1. Przekleństwo suki Saramy; 2. Bramin Utanka szuka zemsty na królu wężów Takśace; 3. Śmierć król Parikszita; 4. Król Dźanamedźaja zarządza Ofiarę Węża; 5. Mędrzec Bhrigu rzuca klątwę na ogień ofiarny; 6. Bramin Ruru syn Pramatiego uwalnia bramina Ruru o tysiącu stóp od klątwy bycia jaszczurką; 7. Ubijanie oceanu i eliksir nieśmiertelności; 8. Kadru, matka wężów, rzuca klątwę na swych synów; 9. Garuda, pożeracz wężów i drugi Indra; 10. Śesza-Ananta, wąż asceta; 11. Starania węża Wasukiego, aby zatrzymać groźbę całkowitej zagłady wężów; 12. Narodziny bramina Astiki; 13. Bramin Astika ratuje węże od zagłady; 14. *Mahabharata*.

> *Król Dźanamedźaja rzekł: „O bramini, wypowiedzcie się, abym mógł wystąpić przeciw złemu wężowi Takśace, który zabił mojego ojca. Czy znacie rytuał, dzięki któremu mógłbym wrzucić węża Takśakę i jego krewnych do płonącego ognia? Spalił on mojego ojca w ogniu swego jadu i dlatego chcę spalić tego zbrodniczego węża w ogniu ofiarnym".*
>
> (*Mahābhārata*, 1(5) Āstika, 47.1-5)

1. Przekleństwo suki Saramy

Pewnego dnia, gdy król Dźanamedźaja z dynastii księżycowej uczestniczył w przeciągającym się rytualne ofiarnym na polach Kurukszetry, pojawił się tam pies, syn suki Saramy, wysłanniczki króla bogów Indry, którego trzej bracia króla złapali i brutalnie pobili. Pobity pies boleśnie skowycząc pobiegł do swej matki, lamentując, że został pobity, choć nawet nie zbliżył się do ofiarnego zwierzęcia i tym bardziej go nie polizał. Został ukarany, zanim złamał Prawo i popełnił przestępstwo. Rozgniewana suka udała się na pola Kurukszetry, gdzie ciągle jeszcze trwał nie zakończony rytuał ofiarny i zwracając się gniewnie do króla, rzuciła nań przekleństwo: „O królu, dopuściłeś do tego, że mój syn został pobity, choć nie uczynił nic złego, niech więc i tobie przytrafi się nieszczęście bez przyczyny".

Po zakończeniu rytuału i powrocie do stolicy swego kraju Hastinapury król Dźanamedźaja zaniepokojony przekleństwem Saramy zajął się poszukiwaniem dla siebie kapłana, który przy pomocy swych mocy duchowych potrafiłby przeciwdziałać skutkom popełnionego zła i znalazł go w końcu w samotnej pustelni proroka Śrutaśrawasa, gdzie dotarł pewnego dnia polując na jelenia i gdzie zobaczył jego syna Somaśrawasa, którego zapragnął natychmiast mieć za swego kapłana.

Zwrócił się z uprzejmą prośbą do proroka Śrutaśrawasa, aby zgodził się na oddanie mu swego syna, na co prorok odpowiedział, iż nie ma nic przeciw temu, jeżeli król zaakceptuje fakt, że jego syn został poczęty dzięki sile jego ascezy i narodził się z węża, który wchłonął jego nasienie. Będąc pół-wężem i pół-człowiekiem posiada ogromne moce duchowe i potrafi zneutralizować skutki wszelkiego zła za wyjątkiem grzechu przeciw Najwyższemu Bogu. Poza tym król powinien pogodzić się z tym, że jego syn złożył przysięgę, że odda braminom wszystko, co jest w jego posiadaniu, jeżeli zostanie o to poproszony.

Król Dźanamedźaja bez wahania wszystko to zaakceptował i powierzył prorokowi Somaśrawasowi funkcję swego kapłana i nauczyciela, o czym też natychmiast poinformował swoich trzech braci odpowiedzialnych za pobicie syna suki Saramy. Uspokojony nakazał im, aby byli posłuszni wszystkiemu, co jego nowo wybrany kapłan nakaże i sam opuścił stolicę swego kraju i udał się na podbój Takszasily.

2. Bramin Utanka szuka zemsty na królu wężów Takśace

Gdy król Dźanamedźaja wrócił do Hastinapury z udanego podboju Takszasily i siedział w otoczeniu swych doradców, na dwór przybył bramin Utanka, aby prosić go o pomoc w realizacji swej zemsty na królu wężów Takśace.

Utanka był uczniem proroka Wedy, który był również nauczycielem wojowników (*kszatrijów*) takich jak król Dźanamedźaja i król Pausja. Zwykle bramińscy nauczyciele poddawali swych bramińskich uczniów ciężkim próbom, ćwicząc ich w całkowitym posłuszeństwie nawet za cenę samo-poświęcenia. Jednakże bramin Weda, choć sam musiał przejść ciężką próbę, aby otrzymać od swego nauczyciela dar pełnej wiedzy, był dla swych uczniów litościwy i nigdy nie zwracał się do nich ze słowami nakazującymi posłuszeństwo.

Pewnego dnia, gdy bramin Weda wybierał się z wizytą do pałacu jednego ze swych królewskich uczniów i opiekunów, rzekł do swego ucznia bramina Utanki: „O uczniu, powierzam ci opiekę nad moim domem. Dbaj więc o to, aby niczego w nim nie zabrakło".

Gdy nieobecność Wedy się przedłużała, jego żona zwróciła się do Utanki z prośbą o zastąpienie Wedy w jego małżeńskich obowiązkach. Utanka jednakże odmówił, twierdząc, że takie zachowanie byłoby przestępstwem. Jego nauczyciel zalecił mu opiekę nad jego domem, ale nie za cenę przestępstwa. Po swym powrocie Weda pochwalił swego ucznia i będąc z niego zadowolony, rzekł: „O Utanka, byłeś mi posłuszny w granicach zgodnych z Prawem. W rezultacie twego zachowania zawiązała się między nami nić sympatii. Uznaję, że zakończyłeś swoją naukę i możesz odejść, licząc w życiu na całkowite powodzenie".

Zgodnie ze zwyczajem Utanka zapytał swego nauczyciela, jakiej zapłaty życzy sobie za daną mu wiedzę. Weda jednakże sam nie potrafił sformułować swego życzenia i odesłał go do swej żony, która poprosiła go o udanie się do pałacu króla Pausji i przyniesienie jej kolczyków, które nosi jego żona, aby mogły zdobić jej uszy, gdy za cztery dni będzie gościła braminów w związku ze zbliżającą się uroczystością.

W drodze do króla Pausji Utanka spotkał olbrzymiego byka, na którym siedział olbrzymi człowiek. Był to naprawdę król wężów Airawata, wąż demon, który przybrał formę byka, którego ujeżdżał sam król bogów Indra. Indra nakazał Utance zjeść łajno byka i gdy Utanka odmówił, Indra wskazał na przykład jego nauczyciela, mówiąc, że w swoim czasie Weda jadł łajno. Słowa te przekonały Utankę i zjadł łajno, które, jak się potem okazało, było naprawdę eliksirem nieśmiertelności.

Gdy Utanka spotkał wreszcie króla Pausję, wyjaśnił, że przychodzi do niego jak żebrak, aby prosić go o kolczyki jego żony, gdyż chce je oddać żonie swego nauczyciela bramina Wedy i w ten sposób zapłacić mu za otrzymaną wiedzę. Słysząc to, król Pausja wysłał Utankę do kwater kobiet z poleceniem, aby sam poprosił jego żonę o kolczyki.

Utanka udał się więc do kwater kobiet, lecz nie mógł nigdzie znaleźć żony króla. Gdy go o tym poinformował, Pausja rzekł: „O braminie, musisz być zanieczyszczony, gdyż tylko ci, którzy są oczyszczeni mogą zobaczyć moją wierną żonę". Utanka rzekł: „O królu, to prawda, jestem zanieczyszczony, gdyż spacerując po jedzeniu, popijałem". Pausja rzekł: „O braminie, nie należy popijać, gdy się spaceruje lub stoi".

Utanka wykonał więc oczyszczający rytuał i gdy ponownie wkroczył do damskich kwater, udało mu się dostrzec żonę króla Pausji, która zgodziła się oddać mu swe kolczyki, lecz ostrzegła go, że król wężów Takśaka też chce mieć te kolczyki, a więc Utanka powinien być bardzo ostrożny, gdy będzie niósł je z powrotem dla żony swego nauczyciela. Utanka uspokoił ją, zapewniając, że Takśaka nie jest w stanie go pokonać.

Utanka był gotów wyruszyć w drogę powrotną, lecz król Pausja próbował go zatrzymać, aby móc go uhonorować uroczystym posiłkiem podczas ceremonii poświęconej zmarłym przodkom (*śraddha*). Utanka jednakże odpowiedział, że wolałby zostać nakarmiony szybko sporządzonym posiłkiem, gdyż zależy mu na tym, by wrócić do swego nauczyciela na czas i król Pausja przychylił się do jego prośby.

Gdy przyniesiono mu posiłek, Utanka stwierdził, że zaoferowane mu jedzenie jest zanieczyszczone i zimne i urażony rzucił na króla klątwę oślepnięcia. Król słysząc klątwę, rozgniewał się i rzekł do Utanki, że to on sam zanieczyścił jedzenie i rzucił na niego klątwę bezpłodności. Jednakże chwilę później po dokładnym zbadaniu jedzenia doszedł do wniosku, że faktycznie posiłek był zanieczyszczony przez włos jego kucharki i po przyznaniu się do błędu poprosił Utankę o wycofanie klątwy. Bramin jednakże nie chciał klątwy wycofać, lecz ją zneutralizował obietnicą, że król odzyska utracony wzrok i poprosił go w zamian o wycofanie swej klątwy. Gdy król Pausja nie chciał się na to zgodzić, Utanka odkrył, że klątwa była nieważna, gdyż Pausja sam stwierdził, że jedzenie było zanieczyszczone przez jego kucharkę. Zabrał więc kolczyki i wyruszył w drogę powrotną.

Po drodze dostrzegł pojawiającego się i znikającego nagiego żebraka. Ponieważ widok ten go zanieczyszczał, położył kolczyki na ziemi i zanurzył się w oczyszczającej go wodzie. W tym momencie zobaczył, jak żebrak porwał leżące na ziemi kolczyki i po przybraniu swej prawdziwej postaci węża Takśaka zniknął wraz z nimi w szczelinie, która nagle otworzyła się w ziemi, prowadząc do królestwa wężów.

Utanka pobiegł za Takśaką i choć wygłosił przed wejściem-szczeliną hymn sławiący węże, to jednak Takśaka nie zwrócił mu w zamian kolczyków. Zobaczył wówczas dwie kobiety, jedną zwaną Ta-Która-Umieszcza i drugą zwaną Ta-Która-Układa, które przędły materiał rozciągnięty na warsztacie tkackim, w który wplecione były czarne i białe nitki znaczące noc i dzień. Zobaczył też koło z dwunastoma szprychami obracane przez sześciu chłopców, które oznaczało sześć pór na kole roku. I wreszcie zobaczył bardzo przystojnego mężczyznę, którym był sam bóg deszczu Indra. Widząc ich wszystkich Utanka rozpoczął wychwalanie ich w swej pieśni.

Indra rzekł: „O braminie, bardzo jestem z twej pieśni zadowolony. Wypowiedz więc swe życzenie, które obiecuję ci

spełnić". Utanka powiedział: „O Indra, daj mi władzę nad wężami".
Indra odpowiedział: „O braminie, dmuchaj w to końskie siedzenie".
Utanka dmuchnął w końskie siedzenie i z nadętego konia wszystkimi otworami wybuchły ogniste płomienie i tymi płomieniami spalił on świat wężów. Koń był faktycznie bogiem ognia. Takśaka oszalały i śmiertelnie przerażony siłą ognia uciekł z podziemia i oddał braminowi Utance ukradzione kolczyki, mówiąc: „O Panie, proszę cię, weź z powrotem te kolczyki". I tak dzięki pomocy Indry Utanka nie poniósł śmierci w świecie zamieszkałym przez węże. Jak się potem dowiedział Indra udzielił mu swej pomocy na prośbę jego nauczyciela.

Odzyskawszy kolczyki, Utanka zaniepokoił się, czy uda mu się na czas zanieść je żonie swego nauczyciela. Indra widząc jego niepokój, użyczył mu konia, który zaniósł go do domu nauczyciela w jednej chwili. Ucieszona żona bramina Wedy rzekła: „O Utanka, przybywasz w czas, bo właśnie byłam gotowa cię przekląć".

Gdy Utanka stawił się przed swym nauczycielem, bramin Weda zapytał: „O uczniu, cóż zajęło ci tak dużo czasu?" Utanka rzekł: „O nauczycielu, to Takśaka, król wężów, zwabił mnie do świata wężów, z którego cudem udało mi się uciec z życiem". Bramin Weda rzekł: „O Utanka, Indra jest moim przyjacielem i to dzięki jego łasce udało ci się nie ulec światowi wężów i wrócić tutaj z kolczykami". Po tych słowach bramin Weda życząc Utance szczęścia, pozwolił mu odejść, uznając jego edukację za zakończoną.

3. Śmierć króla Parikszita

Utanka żywiąc w sercu urazę i chęć zemsty na Takśace, udał się do króla Dźanamedźaja, aby zaapelować do jego królewskiego obowiązku zemsty. Poinformował go, że ukąszenie Takśaki było przyczyną śmierci jego ojca króla Parikszita i że król wężów dokonał zamachu na Parikszita pławiąc się w bucie swej władzy. Utanka wezwał króla Dźanamedźaja do przeprowadzenia Ofiary Węża, wyjaśniając, że w ten sposób król sam zemści się na Takśace i jego rodzie i równocześnie odda mu wielką przysługę, udzielając mu pomocy w zrealizowaniu jego własnej zemsty. Mowa Utanki rozpaliła w sercu króla nienawiść do Takśaki i poprosił swoich radnych o wyjaśnienie okoliczności śmierci swego ojca. Od swych radnych dowiedział się, co następuje.

Pewnego dnia stary już król Parikszit udał się do dżungli zapolować na jelenie i zraniwszy jelenia podążył za nim głęboko w las. Była to zapowiedź śmierci króla, gdyż dotychczas mu się nie zdarzyło, aby ustrzelony przez niego jeleń pozostał przy życiu. Gdy zwodzony przez jelenia, zmęczony i spragniony znalazł się głęboko w dżungli, zobaczył siedzącego nieruchomo pustelnika i nie wiedząc o tym, że pustelnik ten ślubował milczenie, zapytał go, czy widział rannego jelenia. Gdy pustelnik nie odpowiadał, król rozgniewał się i przy pomocy swego łuku podniósł z ziemi martwego węża i zawinął go wokół szyi pustelnika. Pustelnik jednak nie wyrzekł ani słowa. Króla gniew szybko się rozwiał i gdy ruszył w drogę powrotną do miasta, pozostawiając nieruchomego, milczącego pustelnika z martwym wężem zawiniętym wokół szyi, bardzo się wstydził własnego czynu.

Pustelnik ten miał syna o imieniu Śringin, który szybko rozpalał się gniewem i nie potrafił wybaczać. Pewnego dnia jego przyjaciel zakpił sobie z niego, mówiąc: „O braminie, jesteś taki zapalony i pełen władzy, a tymczasem twój ojciec nosi trupa na swych ramionach. Nie bądź więc taki nadęty w stosunku do nas. My też jesteśmy synami pustelników i tak jak ty jesteśmy pełni wiedzy i uprawiamy umartwienia. Cóż stanie się z twoją arogancją i pyszałkowatymi mowami, gdy zobaczysz swojego ojca ozdobionego trupem". I gdy przyjaciel wyjaśnił Śringinowi, że to król Parikszit zawinął martwego węża wokół szyi jego ojca, choć jego ojciec nie popełnił żadnego przestępstwa, zapałał on strasznym gniewem i rzucił klątwę na króla Parikszita, mówiąc, że w przeciągu siedmiu najbliższych dni król spłonie od jadowitego ukąszenia króla wężów Takśaki.

Śringin udał się do pustelni swego ojca i gdy zobaczył go upokorzonego z martwym wężem na ramionach, rozgniewał się jeszcze bardziej. Jego gniew i klątwa rzucona na króla Parikszita nie ucieszyły jednak jego ojca, który rzekł, że bramin nie powinien mścić się na królu. Choć król popełnił przestępstwo wkładając na jego ramiona martwego węża, to jednak król ten, w którego królestwie oni żyją, ochrania ich zgodnie z Prawem i umożliwia im ich duchowe praktyki. Dlatego bramini powinni zawsze wybaczać królowi. Łamanie Prawa zawsze odpłaca łamaniem Prawa. Jeżeli król przestanie ochraniać braminów, nie będą oni mogli żyć tak jak tego pragną.

Śringin nie chciał jednak zaprzeczać prawdziwości swych słów i wycofać swej klątwy, co jego ojciec zaakceptował, lecz poradził mu, aby w przyszłości nauczył się powstrzymywać swój gniew, albo porzucił ład bramiński. Gniew ascety zabija wszelkie jego zasługi z trudem zdobyte dzięki ascezie. Spokój i wybaczanie powinny być zasadą bramina i ascety. Opanowanie własnych zmysłów i wybaczenie pozwala osiągnąć światy wyższe od nieba

Brahmy. Poinformował on też swego syna, że wyśle posłannika, aby ostrzegł króla Parikszita przed klątwą, dając mu szansę na poszukiwanie antidotum.

Dowiedziawszy się o klątwie, prawy król Parikszit bardzo się zasmucił, lecz nie tyle martwiła go przewidywana bliska śmierć, co jego zły uczynek. Po naradzie ze swoimi doradcami zadecydował, że spróbuje uniknąć skutków klątwy, budując dla siebie platformę i umieszczając ją na wysokiej wąskiej kolumnie, która będzie ściśle strzeżona przez lekarzy, magiczne zioła i braminów i z której przez siedem najbliższych dni będzie zarządzał królestwem.

Siódmego dnia mędrzec Kaśjapa ruszył w kierunku Hastinapury, aby przy pomocy swych potężnych mocy leczniczych uleczyć króla, gdy zostanie on ukąszony przez Takśakę i dzięki temu otrzymać od króla bogatą zapłatę jak i zebrać potrzebne mu zasługi. Gdy wąż Takśaka zobaczył idącego i skupionego na swym celu Kaśjapę, przybrał postać starego bramina i zapytał go o cel jego podróży. Gdy Kaśjapa wyjaśnił, że jest nim ugaszenie ognia trucizny, którą wąż Takśaka chce króla dziś spalić, wąż Takśaka przybrał swą prawdziwą postać i rzucił Kaśjapie wyzwanie, zamieniając w proch przy pomocy żaru swej trucizny ogromne drzewo. Kaśjapa jednakże przemienił popiół z powrotem w drzewo, dowodząc swej mocy zdobytej dzięki wiedzy. Takśaka zapytał Kaśjapę, dlaczego chce uleczyć króla z jego ukąszenia i gdy dowiedział się, że chce on w ten sposób zdobyć bogactwo, zaoferował mu jeszcze większe bogactwo. Kaśjapa wiedząc, że śmierć króla jest nieuchronna i zdecydowana przez los, zgodził się na propozycję węża i zawrócił z drogi.

Takśaka idąc w kierunku Hastinapury, dowiedział się o różnych środkach ostrożności przedsięwziętych w celu ochrony króla i postanowił użyć podstępu, co widział i zaakceptował król bogów Indra. Takśaka zmieniwszy się w małego robaczka żywiącego się owocami, wysłał do króla kilka wężów w formie braminów z darem owoców, trawy *darbha* i wody. Król Parikszit zaakceptował dar i zaprosił swych ministrów do wspólnego posiłku. Gdy wziął do ręki jeden z owoców, zauważył w nim małego robaczka o miedzianym kolorze i czarnych oczach. Wskazując na robaka rzekł ze śmiechem do swych ministrów: „O ministrowie, przechytrzyłem Takśakę. Słońce właśnie zachodzi, co oznacza, że nie mam już powodu, aby obawiać się jego ukąszenia, chyba że ten robak mnie ukąsi, bo tylko w ten sposób mogłaby się spełnić klątwa zapalczywego bramina". Doradcy króla przyłączyli się do jego śmiechu, szczególnie że król położył sobie robaczka na szyi i udając utratę zmysłów, wybuchnął gromkim śmiechem.

Król jeszcze nie przestał się śmiać, gdy robak przybrał swą prawdziwą postać i zacisnął pętlę wokół królewskiej szyi. Pobladli ministrowie zobaczyli króla wężów przecinającego niebo jak błyskawica i płomienie ogarniające miejsce, gdzie stał król Parikszit, którego trucizna węża spaliła na miejscu. Widząc to pobladli ministrowie zaczęli uciekać w panice we wszystkich kierunkach. Gdy król płonął w płomieniach trucizny, jego domowy kapłan odprawiał odpowiednie ryty kontynuowane przez jego ministrów.

4. Król Dźanamedźaja zarządza Ofiarę Węża

Po wysłuchaniu opowieści swoich doradców o śmierci swego starego ojca i wspaniałego króla Parikszita, król Dźanamedźaja zadecydował, że zły król wężów Takśaka jest winny śmierci jego ojca, gdyż to on spowodował, że klątwa młodego i łatwo popadającego w gniew bramina zrealizowała się. On spalił swą trucizną jego ojca i przeciw niemu powinny zostać poczynione odpowiednie kroki. Gdyby nie wąż Takśaka król Parikszit żyłby nadal i co więcej wąż Takśaka nie poniósłby żadnej straty z tego powodu, gdyż Parikszit był bardzo prawym królem. To ślepota i duma węża nakazała mu powstrzymać Kaśjapę, który zmierzał w kierunku Hastinapury z intencją odczynienia klątwy i wyleczenia króla w przypadku, gdyby wąż go ukąsił. Przekupienie bramina, aby nie wrócił życia królowi jest wielkim przestępstwem Takśaki.

Król Dźanamedźaja zadecydował, iż aby zadowolić bramina Utankę, samego siebie i wszystkich pozostałych, pomści śmierć swego ojca. Zwołał swoich domowych kapłanów znających wszelkie tajniki składania ofiar i celem zapewnienia rytuałowi powodzenia zwrócił się do nich uroczyście z następującymi słowy: „O bramini, wypowiedzcie się, abym mógł wystąpić przeciw złemu wężowi Takśace, który zabił mojego ojca. Czy znacie rytuał, dzięki któremu mógłbym wrzucić węża Takśakę i jego krewnych do płonącego ognia? Ponieważ spalił on mojego ojca w ogniu swego jadu, chcę spalić tego zbrodniczego węża w ogniu ofiarnym". Domowi kapłani odpowiedzieli: „O królu, istnieje taki rytuał, który bogowie obmyślili specjalnie dla ciebie. W świętych pismach opisuje się go jako Sesję Wężów. Nikt inny tylko ty, suweren i zwierzchnik ludzi, możesz być w tej sesji ofiarnikiem. My z kolei władamy tym rytem. Podczas tej ofiarnej sesji wąż Takśaka sam wejdzie w płomienie ofiarnego ognia gotowego do pożarcia wszystkich wężów".

Król Dźanamedźaja przystąpił więc do przygotowań potrzebnych do należytego przeprowadzenia Ofiary Węża, mającej na celu wyniszczenie wszystkich węźów aż po kilka pokoleń. I w ten sposób zaczęła realizować się masakra, której zaistnienie i przebieg—jak to wynika z opisu przedstawionych niżej wydarzeń—były od dawna zdeterminowane przez różne klątwy z odległej przeszłości.

5. Mędrzec Bhrigu rzuca klątwę na ogień ofiarny

Dawno temu, zanim król Dźanamedźaja się narodził, ogień ofiarny został przeklęty przez bramina Bhrigu, który rzekł do Ognia: „O Ogniu, będziesz nienasycony i będziesz pożerał wszystko". Ogień rozgniewał bramina tym, że pod jego nieobecność, gdy udał się on do królewskiego pałacu na uroczystą koronację, Ogień zdradził demonowi rakszasowi Pulomanowi, że Puloma jest jego żoną. Rakszasa ów wędrując po lesie zaszedł do należącej do Bhrigu pustelni i zobaczywszy Pulomę, całkowicie stracił głowę. Czując nieodpartą żądzę, zaczął podejrzewać, że ta kobieta witająca go z szacunkiem leśnymi owocami jest jego dawną wybranką Pulomą, którą jej ojciec zdecydował się oddać jego rywalowi braminowi Bhrigu. W holu zobaczył płonący ogień ofiarny o siedmiu językach i wiedząc, że Ogień nie kłamie, zaczął go wielokrotnie zaklinać, aby powiedział mu prawdę, czy kobieta, której tak silnie pożąda, jest faktycznie żoną bramina Bhrigu, uczciwie zaznaczając, że jeżeli jest to prawda, wówczas nie zawaha się, by ją uprowadzić, gdyż serce jego płonie zazdrością, że bramin czerpie radość z bycia mężem jego pięknej wybranki Pulomy.

Prośba ta przeraziła Ogień, który wyszeptał do siebie, że równie silnie obawia się powiedzieć prawdę, jak skłamać. Ogień ofiarny nie kłamie, ale jeżeli powie prawdę zostanie z całą pewnością przez bramina Bhrigu przeklęty. Usłyszawszy szept Ognia rakszasa przybrał postać dzikiego knura i zawładnął Pulomą z szybkością wiatru. W tej samej chwili z jej łona wypadł na ziemię zagniewany syn Bhrigu nazwany Cjawana Bhargawa i gdy rakszasa spojrzał na promieniującego jak słońce chłopca, spalił się na popiół, uwalniając Pulomę ze swych uścisków. Puloma podniosła z ziemi nowonarodzonego syna i mdlejąc z bólu zaczęła uciekać, lecz zobaczył to Brahma, dziadek wszechświata i uspokoił ją. Z jej łez powstała kręta rzeka, znacząc miejsca jej ucieczki, na której brzegu wyrosła pustelnia jej syna Cjawany.

W pustelni tej znalazł ją po powrocie mędrzec Bhrigu i zaczął ją wypytywać, kto zdradził rakszasowi, że jest jego żoną i gdy dowiedział się, że był to ogień ofiarny, nie mógł powstrzymać gniewu i rzucił nań klątwę, że będzie jadł wszystko. Ogień rozgniewał się na bramina, twierdząc, że bramin nie miał prawa go przekląć, gdyż nie popełnił żadnego przestępstwa. Prawo nakazuje, aby zapytany mówił prawdę o faktach, które zna, gdyż fałszywe zeznania zabijają zarówno przodków jak i potomków aż po siódme pokolenie. Ogień ofiarny, który był dobrym ogniem i podążał ścieżką Prawa, rzekł: „O braminie, ja też mógłbym cię przekląć, ale tego nie zrobię, gdyż muszę szanować braminów. Przypomnę ci jednak fakty o mnie, które zresztą znakomicie znasz". I Ogień wyjaśnił, że dzięki swej własnej mocy dzieli się na wiele części i rezyduje w wielu rytuałach i ceremoniach. Bogowie i przodkowie są zadowoleni, gdy ofiara zgodnie z przepisami *Wed* jest złożona do ognia ofiarnego. Ogień jest ustami bogów i przodków. W te usta składają oni ofiarę i tymi ustami jedzą składaną ofiarę. Ogień zapytał: „O braminie, jak więc te usta, które są ustami bogów, mogą stać się nienasycone i wszystkożerne?"

Nie mogąc znaleźć odpowiedzi na to pytanie i nie mogąc zaakceptować wynikającej z klątwy własnej obrzydliwości, ogień ofiarny wycofał się z wszystkich wielkich i drobnych rytuałów ofiarnych prowadzonych przez braminów. Bez ognia wszelkie żywe istoty zostały pozbawione świętego recytowania *mantr*, płaczu towarzyszącego składaniu ofiar i uczty ofiarowanej przodkom. Ich życie stało się nędzne i nieszczęśliwe. Prorocy udali się do bogów, skarżąc się, że tracąc ogień ofiarny wszystkie trzy światy straciły swoje rytuały i swoją drogę życia i zwrócili się do nich z prośbą o wskazanie, co należy zrobić, aby odzyskać ogień ofiarny.

Bogowie nie potrafiąc udzielić prorokom odpowiedzi na to pytanie, zabrali ich do Brahmy, stwórcy świata, informując go, że bez żadnego powodu ogień ofiarny spożywający dotychczas jedynie najlepszą część składanej ofiary, został przeklęty, że będzie pożerał wszystko i przerażony wycofał się z rytuałów.

Brahma zawezwał Ogień przed swe oblicze i łagodnym głosem powiedział: „O Ogniu, jesteś zarówno twórcą jak i niszczycielem wszystkich światów. Ty również dostarczasz pożywienia wszystkim trzem światom i jesteś podporą rytów. Zachowuj się więc tak, aby ryty przetrwały. O wszechwładny Ogniu, jak to możliwe, abyś ty, który jesteś czyścicielem tego świata obecnym w każdej żywej istocie, stracił orientację?

Nie będziesz nienasycony w całym swym ciele i tylko niektóre z twoich siedmiu ognistych języków będą pożerać wszystko. Poza tym, wszystko, co zostanie spalone przez twoje płomienie, będzie oczyszczone.

O Ogniu, jesteś porywczą siłą, która ma swój początek w swej własnej mocy. Zgódź się na to, aby klątwa bramina się zrealizowała. Zaakceptuj zarówno porcje należne bogom jak i należne tobie, gdy są ofiarowane w twoje usta".

Słowa Brahmy oczyściły Ogień z jego poczucia winy i wypełniony szczęściem wrócił do rytuałów, przynosząc tym radość wszystkim żywym istotom. Od tego czasu jednak sam musiał być karmiony i dlatego czasami niszczył wszystko, aby zaspokoić swój własny głód.

6. Bramin Ruru syn Pramatiego uwalnia bramina Ruru o tysiącu stóp od klątwy bycia jaszczurką

Zemsta na wężach należy do obowiązków wojownika, do obowiązków bramina należy natomiast obrona wężów przed tą zemstą. Prawdy tej nauczył się bramin Ruru, syn Pramatiego, potomek w trzecim pokoleniu Cjawany, syna Bhrigu, który mścił się na wężach za to, że jeden z nich zabił swą trucizną jego ukochaną Pramadwarę.

Pramadwara przyszła na świat dzięki związkowi dwóch boskich istot unoszących się w przestworzach, króla gandharwów i pięknej apsary Menaki, która porzuciła swą nowo narodzoną córkę na brzegu rzeki niedaleko pustelni potężnego proroka Sthulakeśa. Prorok ten znalazł porzucone niemowlę, przygarnął je i wychował jak własną córkę. Pewnego dnia, gdy Pramadwara wyrosła na piękną młodą kobietę, zobaczył ją młody prorok Ruru i choć praktykował powstrzymywanie nasienia i samokontrolę, nieprzytomnie się w niej zakochał i zapragnął pojąć ją za żonę. Prorok Sthulakeśa zgodził się oddać mu ją za żonę i los zdawał mu się sprzyjać, gdy nagle na kilka dni przed ich ślubem podczas zabawy z przyjaciółmi Pramadwara nie zauważyła śpiącego węża i gdy na niego nastąpiła, ukąsił ją, powodując jej śmierć.

Zrozpaczony Ruru udał się daleko w las, gdzie wyliczając swoje zasługi—takie jak praktyki ascetyczne, szacunek dla starszych, samokontrolę, przysięgi, poświęcanie się dla dobra wszystkich żywych istot—modlił się do bogów, aby zwrócili życie jego ukochanej Pramadwarze w zamian za jego zasługi. Wówczas przed jego obliczem ukazał się wysłannik bogów i rzekł, że jego prośby są daremne, gdyż nie można wrócić życia istocie śmiertelnej. Od tej reguły jest jednak wyjątek. Pramadwara może wrócić na pewien czas do życia, jeżeli odda on jej połowę czasu własnego życia. Ruru zgodził się, lecz odzyskawszy swą ukochaną za tak wysoką cenę, przysiągł, że póki mu starczy życia, będzie mścił się na wężach. I faktyczne, jak tylko zobaczył węża, natychmiast go zabijał przy pomocy grubego kija.

Pewnego dnia, spacerując po lesie, zobaczył odpoczywającą na słońcu jaszczurkę i mocno się zamachnąwszy uderzył ją kijem. Jaszczurka powiedziała: „O braminie, nie zrobiłam nic złego, dlaczego więc dajesz upust swej wściekłości i uderzasz mnie?" Ruru powiedział: „O gadzie, zaraz cię zabiję, gdyż ślubowałem, że będę zabijać wszystkie węże w zemście za to, że jeden z nich ukąsił moją ukochaną". Jaszczurka odpowiedziała: „O braminie, ja wcale nie jestem wężem. Jestem jaszczurką i wyłącznie z powodu mojego podobieństwo do węża spotyka mnie ten okrutny los! Nie zabijaj niewinnej jaszczurki!"

Mimo wielkiej na to ochoty, Ruru nie zabił jaszczurki, gdyż jej słowa napełniły go strachem, że być może jest ona jakimś prorokiem, który przybrał jej formę. Chcąc złagodzić jej ewentualny gniew, poprosił ją uprzejmie o kontynuowanie swej mowy i ujawnienie swej prawdziwej tożsamości. Jaszczurka odpowiedziała: „O braminie, byłam kiedyś prorokiem Ruru o tysiącu stóp, ale przekleństwo pewnego bramina zredukowało mnie do bycia gadem".

Ruru rzekł: „O najznakomitszy gadzie, za co zostałeś przeklęty i czy znasz sposób, w jaki można cię od klątwy uwolnić?"

Przemieniony w jaszczurkę bramin Ruru odpowiedział, że klątwę rzucił na niego jego przyjaciel Khagama, gdy raz dla żartu podczas wykonywania rytuału ofiarnego postraszył go zrobionym z trawy wężem. Przyjaciel przeklął go byciem gadem pozbawionym trującej mocy tak jak wąż z trawy, którym go przestraszył. Na jego prośbę klątwę tę później załagodził, mówiąc, że zostanie od tej klątwy uwolniony, gdy w przyszłości spotka na swej drodze proroka Ruru, syna Pramatiego.

Powiedziawszy to, zamieniony w jaszczurkę Ruru o tysiącu stóp spojrzał na stojącego przed nim Ruru, syna Pramatiego i rzekł: „O braminie, oto jesteś tutaj i stoisz przede mną i dzięki temu mogę wrócić do mojej dawnej formy. W zamian za oddaną mi przysługę, zdradzę ci pewien sekret, którego znajomość przyniesie ci duże korzyści. Otóż bramin nie powinien zabijać żadnej żywej istoty, gdyż unikanie przemocy jest najwyższą zasadą wszystkich żywych istot. Pisma święte mówią, że bramin powinien znać *Wedy*, być przyjazny i zawsze gotowy do zagwarantowania bezpieczeństwa każdej żywej istocie. Nie zadawanie bólu, mówienie prawdy i wybaczanie są dla bramina Prawem nawet ważniejszym od ochrony *Wed*. Władanie kijem, budzenie strachu i obrona przed wrogiem są natomiast Prawem wojowników. Do wojowników należy zatem zemsta na wężach za ich ohydne czyny, a do bramina obrona ich przed tą zemstą, gdyż zemsta ma tendencję ciągnienia się w nieskończoność".

7. Ubijanie oceanu i eliksir nieśmiertelności

Samo zarządzenie Ofiary Węża przez król Dźanamedźaja było od dawna zdeterminowane przez klątwę, którą matka wężów Kadru rzuciła na swoich synów. Działo się to w odległych czasach, na początku wszechświata, gdy bogowie byli słabi i potrzebowali eliksiru nieśmiertelności, aby utrzymać się przy życiu. Eliksir został w końcu wyprodukowany dzięki wspólnej akcji ubijania oceanu.

Idea ubijania oceanu wyniknęła z rady Wisznu (Narajany), którą dał on bogom, gdy zgromadzili się na pełnej bogactwa górze Meru, aby zastanowić się nad sposobem wyprodukowania somy. Bogowie doszli do wniosku, że należy wyrwać z ziemi górę Mandarę, która jest miejscem zabaw dla kimnarów o końskich głowach i ludzkich ciałach, nimf apsar i bogów i użyć jej do ubijania oceanu. Zwrócili się do Wisznu i Brahmy z prośbą o wyrażenie na to zgody, lecz gdy zgodę taką uzyskali, odkryli, że sami są zbyt słabi, aby wyrwać ją z ziemi. Brahma zawezwał wówczas węża Anantę, a Narajana dał mu rozkaz, aby wyrwał z ziemi tę samowładną górę pokrytą lasami pełnymi zwierzyny leśnej.

Bogowie zanieśli wyrwaną górę nad brzeg oceanu i poprosili Ocean, aby dla dobra produkcji somy zgodził się na ubijanie go tak jak ubija się mleko, aby otrzymać masło. Ocean odpowiedział: „O bogowie, spróbuję wytrzymać potężne ucieranie górą Mandarą, jeżeli zarezerwujcie dla mnie trochę somy".

Obiecawszy Oceanowi odpowiednia porcję somy, bogowie i demony asurowie poprosili króla żółwi Akuparę o bycie fundamentem dla góry Mandary i jej podporą, na co on się zgodził i wcisnął swój grzbiet pod górę, podczas gdy król bogów Indra ugniatał ją na jej wierzchołku. W ten sposób zrobili z góry pałkę do ubijania oceanu i używszy węża Wasukiego w zastępstwie sznura otoczyli nim górę i przystąpili do ubijania oceanu, który jest skarbnicą wód.

Demony asurowie i giganci danawowie uchwycili węża Wasukiego od strony głowy, a bogowie uchwycili go od strony ogona. Wąż Ananta, zwany również Seszą, stojąc obok błogosławionego Narajany, poruszał głową Wasukiego w górę i w dół, aż Wasuki zionął ogniem i dymem, z czego uformowały się wielkie chmury burzowe i opadły deszczem na oddziały bogów i demonów osłabione przez upał i zmęczenie. Z wierzchołka góry sypał się na nich deszcz kwiatów, a z dna oceanu wydobywał się potężny huk podobny do grzmotu. Był to dźwięk żywych istot miażdżonych w głębinach przez wielką górę. Miażdżone były również wielkie drzewa i gniazda ptaków, które odrywały się od góry w miarę jej obrotów i wpadały do oceanu. Ucieranie drzew wywołało ogień, który rozszerzył się na całą górę, paląc na popiół potężne słonie i tygrysy jak i wszystkich innych mieszkańców lasu. Indra zalał płonącą górę deszczem i w ten sposób do oceanu wpadły soki przeróżnych ziół i różne rodzaje żywicy. Z tej mieszanki soków mającej moc eliksiru wydzieliło się stopione złoto. Woda oceanu przekształciła się w mleko z unoszącym się na jego powierzchni masłem zmieszanym z jak najbardziej wyszukanymi esencjami.

Jednakże sam eliksir nieśmiertelności jeszcze się z ubijanych wód nie wyłonił. Bogowie rzekli do Brahmy: „O Brahma, zarówno my jak i giganci dajtjowie i węże czujemy się bardzo zmęczeni, bo to ubijanie trwa już tak długo. Bez pomocy Najwyższego Boga Narajany jesteśmy bezsilni i nie potrafimy wyprodukować eliksiru". Brahma rzekł do Narajany: „O Wisznu, dodaj im sił, gdyż jesteś dla nich ostatnią deską ratunku". Wisznu odpowiedział, zwracając się do wszystkich: „O wy, którzy podjęliście się trudu ubijania oceanu, nabierzcie sił. Potrząśnijcie oceanem i raz jeszcze obróćcie w nim górą!"

I ci, co usłyszeli jego głos, nabrali sił i raz jeszcze zamieszali mleko oceanu. I wówczas wyłoniły się z niego słońce i księżyc, a z pływającego po nim masła wyłonili się kolejno ubrana w białą szatę bogini dobrobytu Lakszmi (Śri), bogini trunków i biały koń Ukkaihśrawas. Wszyscy oni podążając za słońcem, udali się w tym kierunku, gdzie stali bogowie. Wyłonił się też wspaniały klejnot Kaustubha, który ozdobił pierś Narajany oraz piękny bóg i lekarz bogów Dhanwantari trzymający w swych dłoniach naczynie z somą.

Widząc to spełnienie się cudu, giganci danawowie i tytani dajtjowie wrzasnęli jednym głosem, że niesiona przez boga soma należy do nich. Wisznu słysząc ten wrzask demonów i widząc, że ukradły one bogom somę, przybrał formę pięknej kobiety i udał się między nich odbierając im rozum i powodując, że oddali mu eliksir, wierząc, że obdarowują nim piękną kobietę. I gdy Narajana w swej kobiecej formie wspomagany przez Narę oddał eliksir bogom, danawowie i dajtjowie rzucili się z bronią na bogów, którzy w samym centrum wielkiego zamieszania zabrali się do picia eliksiru. Jeden z danawów o imieniu Rahu przybrał postać boga i dołączył do grupy bogów, aby napić się somy. Słońce i Księżyc dostrzegły go jednak i gdy zaalarmowały bogów, Wisznu przy pomocy swego dysku uciął mu głowę, która z głośnym rykiem upadła na ziemię. Rahu nigdy nie wybaczył Słońcu i Księżycowi ich zdrady i aż po dziś dzień cyklicznie je połyka.

Tymczasem Wisznu zrzuciwszy z siebie swą kobiecą formę, zaatakował danawów i gdy nad brzegiem morskim wywiązała się wielka bitwa między bogami i demonami asurami, krew lała się tak wielkimi strumieniami, że aż promienie słońca nabrały krwawego koloru. Bitwa przekształciła się w prawdziwą masakrę, gdy obok Narajany pojawił się Nara ze swym boskim łukiem. Narajana widząc łuk w dłoniach Nary przywołał swój dysk Sudarśanę i rzucił nim w oddziały demonów, które odpowiedziały rzucaniem w kierunku bogów wyrwanych gór, powodując, że się trzęsła cała ziemia.

Gdy Nara pokrył niebo swoimi strzałami, demony słysząc przeraźliwy dźwięk dysku Sudarśany i atakowane wytrwale przez armię bogów, zakopały się w ziemi lub powpadały do słonej wody morskiej, a bogowie wygrawszy dla siebie dzień, oddali górę Mandarę jej własnemu miejscu. Niebo oczyściło się z burzowych chmur, a król bogów Indra oddał eliksir nieśmiertelności pod ochronę bogom, którzy bezpiecznie go schowali i pijąc go podczas składanych ofiar, pogrążali się w ekstatycznej radości.

8. Kadru, matka wężów, rzuca klątwę na swych synów

Klątwa rzucona na węże sięga tych samych odległych czasów, co ubijanie oceanu. Wówczas Pradżapati oddał mędrcowi Kaśjapie za żony swoje dwie piękne i podziwiane przez wszystkich córki Kadru i Winatę. Pewnego dnia bramin Kaśjapa, który dorównywał rangą Pradżapatiemu, będąc dobrze usposobiony obiecał swym żonom spełnienie jednego życzenia, wprowadzając je tym w stan ekstatycznego zachwytu. Kadru poprosiła o tysiąc równie wspaniałych wężów za synów. Winata z kolei poprosiła jedynie o dwóch synów, ale za to wspanialszych od synów jej siostry, prześcigających ich swą siłą, świetnością, pięknością i potęgą. Kaśjapa obiecał jej tylko jednego syna spełniającego w pełni postawione przez nią warunki, dodając, że drugi będzie je spełniał jedynie w połowie. Mimo tego ograniczenia, obie siostry były równie zadowolone z otrzymanych darów. Wielki prorok Kaśjapa nakazał im, aby odpowiednio troszczyły się o otrzymanych w darze synów i utrzymywały ich przy życiu, po czym sam udał się do lasu, aby kontynuować swe duchowe praktyki.

Po upływie dłuższego czasu Kadru zniosła tysiąc jaj, a Winata zniosła jedynie dwa. Służący włożyli je do parujących kociołków i po upływie pięciu wieków z jaj złożonych przez Kadru zaczęły się wykluwać węże. Nic jednak nie działo się z jajami złożonymi przez Winatę. Niecierpliwa Winata poczuła się skrzywdzona i rozbiwszy skorupkę jednego z jaj zobaczyła swego syna Arunę o ciele jedynie częściowo uformowanym i skarłowaciałym. Aruna doprowadzony do wściekłości niecierpliwością swej matki rzucił na nią klątwę, mówiąc: „O matko, twa niepohamowana żądza spowodowała, że stałem się karłem o nie uformowanym ciele, przeto przeklinam cię, abyś przez następne pięć wieków była niewolnicą swej siostry i rywalki Kadru. Z niewoli wyzwoli cię dopiero twój drugi syn Garuda, pod warunkiem, że będziesz cierpliwa i że przez następnych pięć wieków nie rozbijesz jego jajka i nie spowodujesz deformacji jego ciała". Powiedziawszy to, Aruna wzleciał ku niebu i stał się czerwonym brzaskiem porannym.

Pewnego dnia Kadru rzekła do swej siostry Winaty: „O droga siostro, zgadnij szybko, jakiej maści jest ów wspaniały koń Ukkaihśrawas, który wyłonił się z ubijanego oceanu". Winata odpowiedziała: „O droga siostro, mogę się założyć, że koń ten jest biały". Kadru z kolei rzekła: „O moja słodko uśmiechająca się przyjaciółko, mylisz się, gdyż koń ten ma czarny ogon. Załóżmy się i sprawdźmy. Ta z nas, która nie zgadła, zostanie niewolnicą tej, która zgadła poprawnie". Winata zgodziła się i obie zadecydowały, że następnego dnia pójdą obejrzeć konia.

Gdy Winata udała się na spoczynek, Kadru z intencją skorumpowania swych synów rzekła: „O synowie, wiem, że ten koń jest biały i dlatego, aby uratować mnie od stania się niewolnicą mej siostry Winaty, wskoczcie szybko na ogon konia i udawajcie, że jesteście czarną sierścią na jego ogonie". Węże jednakże nie chciały posłuchać jej rozkazu i rozgniewana Kadru rzuciła na nie straszną klątwę, mówiąc, że wszystkie węże aż po odległe pokolenia zostaną w przyszłości spalone podczas Wielkiej Ofiary Węża, którą będzie przeprowadzał król Dźanamedźaja.

Klątwę usłyszał wielki dziadek wszechświata Brahma i choć uznał ją za okrutną i idącą wbrew zrządzeniom losu, to jednak ją zaaprobował, mając na uwadze dobro wszystkich żywych istot. Węże były potężne, złośliwe i jadowite. Również dla dobra wszystkich żywych istot Brahma zneutralizował truciznę wężów, obdarzając bramina Kaśjapę darem leczenia od ich ukąszeń.

Następnego poranka o świcie, gdy słońce już wzeszło, dwie siostry, Kadru i Winata, które założyły się o niewolnictwo, ruszyły impulsywnie i niecierpliwie w kierunku oceanu, aby zobaczyć na własne oczy i ocenić maść konia, który się z niego wyłonił. Zobaczyły przed sobą ocean, ów skarb wód, zaludniony krokodylami i monstrami połykającymi nawet wieloryby, gęsty od tłumu istot różnego koloru i kształtu, groźny nawet dla samej grozy, wprawiany w ruch przez żółwie i rekiny. On jest kopalnią wszelkich bogactw, miejscem, gdzie mieszka Waruna i gdzie oddają się zabawie węże morskie, Najwyższym Pana Rzek, wiecznie niespokojnym władcą wód, w którego wnętrzu płonie podwodny ogień i znajduje się loch, w którym gniją demony asury, postrachem dla wszelkich żywych istot, jaśniejącym i boskim, przeraźliwym i makabrycznym źródłem eliksiru nieśmiertelności wirującym przepastnymi wirami. Poruszany wiatrem, o brzegach zmienianych przypływem i odpływem, wzburzany trzęsieniami ziemi i burzami, z falami rosnącymi i opadającymi wraz z ruchem księżyca jest niewyczerpanym źródłem pereł i miejscem, w którym narodziła się Koncha Pańcadżanja. To w jego mętnych i burzliwych wodach błogosławiony Pan Wisznu o nieograniczonej mocy przybrawszy postać knura znalazł zatopioną ziemię, a asceta Atri poświęcił setkę lat, aby osiągnąć jego niezniszczalną największą głębię. On jest łożem najpotężniejszego boga Wisznu, który na początku nowego eonu śpi w nim snem jogina zanurzony w swej jaźni. To on—święty, o niezbadanych brzegach, przepastny o niezmierzonej głębi—składa swą ofiarę, wrzucając ją do buchających płomieni Ognia o Kobylej Głowie.

Siostry spojrzały raz jeszcze na odbijający w sobie niebo ocean, sięgając wzrokiem aż do jego głębin, z których wydostawał się przeraźliwy pisk jego mieszkańców i przefrunąwszy nad nim aż na drugi brzeg, wylądowały u stóp konia Ukkaihśrawasa. Kadru dostrzegła swych synów, którzy przerażeni klątwą zmienili swe zdanie i przykleili się do jego ogona, wyglądając jak czarna sierść i uznała nieszczęsną Winatę za swą niewolnicę. Winata musiała się zgodzić, iż przegrała zakład o maść konia i zniweczona przez smutek poddała się losowi, zostając niewolnicą swej siostry.

9. Garuda, pożeracz wężów i drugi Indra

Po upływie pięciuset lat drugi syn Winaty, Garuda, którego rozwoju nie zaburzyła niecierpliwość matki, osiągnąwszy swą pełną moc, rozbił skorupkę jajka i płonąc jak masa rozniecanego ognia w swym najbardziej przeraźliwym aspekcie, urósł w jednej chwili do gigantycznych rozmiarów i wzleciał ku niebu. Bogowie padłszy przed nim na kolana, zwrócili się do niego z prośbą o ochronę, mówiąc: „O Ogniu, twoja wielka masa posuwa się w naszym kierunku. Nie wzrastaj już więcej i nie chciej nas wszystkich spalić". Usłyszał to Ogień i rzekł: „O bogowie, mylicie się w swym mniemaniu, że to ja płonę. Płomień, który tu widzicie jest Garudą, który jest mi równy w ognistości".

Bogowie i mędrcy, zbliżyli się do Garudy, aby wychwalać go w swej pieśni. „O królu ptaków, słyszeliśmy o twym sławnym gorącu. Świecisz na wszystko, co się porusza i co stoi w miejscu, zaciemniając przepych słońca. To ty jesteś ostatnim ciosem dla wszystkiego, co istnieje, będąc zarówno wiecznym jak i krótkotrwałym. Tak jak gniewne słońce może spalić wszystkie żywe istoty, tak ty pożerasz je jak ogień ofiarny. Straszliwy w okresie rozpadu wszechświata wznosisz się ku górze, zakańczając rozpad eonu. Ciebie, o królu ptaków, prosimy o ochronę. O czcigodny, włóczący się wśród chmur ptaku Garudo o ogromnej sile, do ciebie skierowujemy nasze prośby".

Garuda usłyszawszy te sławiące go słowa bogów i mędrców, wycofał ze świata swoje gorąco.

Garuda przyszedł na świat z powodu klątwy, jaką wielcy asceci i mędrcy Walakhiljowie rzucili na króla bogów Indrę. Miało to miejsce w bardzo dawnych czasach, gdy prorok Kaśjapa był Pradżapatim i składał ofiarę w nadziei na otrzymanie syna. Poprosił on cały tłum bogów, którzy przybyli, aby asystować rytuałowi, o przyniesienie odpowiedniego drewna potrzebnego do rozpalenia ognia ofiarnego. Gdy Indra bez najmniejszego wysiłku niósł wiązkę drewna wielką jak góra, zobaczył grupę Walakhiljów, nie większych od kciuka, którzy drżąc z wysiłku na całym ciele, nieśli jeden liść. Pijany swą siłą wybuchnął głośnym śmiechem i przekroczył pogardliwie ponad ich głowami. Zachowanie Indry rozgniewało Walakhiljów i przepełniło ich urazą. Poszukując zemsty, rozpoczęli wielką ofiarę, podczas której rzucili na Indrę klątwę, mówiąc: „O Indra, niech z naszej ofiary narodzi się drugi Indra, który stanie się dla ciebie postrachem, będąc ci równy mocą i odwagą".

Indra usłyszawszy tę straszną klątwę, przeraził się i zwrócił się z prośbą o pomoc do mędrca Kaśjapy, który udał się do Walakhiljów i rzekł: „O Walakhiljowie, nie zadajcie kłamu słowom Brahmy, który uczynił Indrę królem trzech światów. Proszę was, okażcie mu łaskę i zmodyfikujcie wasze życzenie tak, aby drugi Indra nie narodził się w świecie bogów, lecz ptaków".

Asceci odpowiedzieli: „O wielki mędrcu, jesteśmy gotowi przychylić się do twej prośby. Ofiara, którą składamy, prosząc o narodziny drugiego Indry, jest równoczesna z ofiarą, którą ty składasz, prosząc o syna. Przejmij więc kontrolę nad naszą ofiarą i

jej owocami i wybierz dla siebie syna, który będzie drugim Indrą".
I w ten sposób mędrzec Kaśjapa otrzymał obietnicę narodzin Garudy, którego przeznaczeniem było bycie niezwyciężonym rywalem króla bogów, na wzór którego został stworzony.

Garuda, ptak o ogromnym rozmiarze i sile po spełnieniu prośby bogów i wycofaniu ze świata swego gorąca pofrunął na drugą stronę oceanu do swej nieszczęsnej matki Winaty zredukowanej do roli niewolnicy swej siostry. Pewnego dnia pokornie kłaniająca się Winata została zawezwana przed oblicze swej siostry, która zażyczyła sobie, aby wraz ze swym synem zaniosła ją i jej synów na wyspę w zatoce, która była krajem wężów i Winata wraz z posłusznym jej Garudą ruszyli w daleką podróż. Garuda jednakże poleciał zbyt blisko słońca i omdlałe od gorąca węże pospadały na ziemię. Kadru widząc swych synów w tak żałosnym stanie, zaczęła wsławiać Indrę, prosząc go o deszcz. Indra przychylił się do jej prośby i polał węże obfitym deszczem, umożliwiając im szczęśliwe dotarcie do wyspy. Węże nie potrafiły jednak przebywać zbyt długo na tej pięknej wyspie, gdyż lecąc nad oceanem zauważyły, że istnieją inne jeszcze piękniejsze wyspy i rozkazały Garudzie, aby zaniósł je na jedną z nich.

Garuda głęboko się zamyślił i poprosił swą matkę o wyjaśnienie, dlaczego musi ona spełniać wszystkie życzenia i rozkazy wężów oraz i ich matki Kadru. Winata opowiedziała mu o tym, jak węże złapały ją w sidła zakładu i oszukały. Garuda pogrążył się w głębokim smutku i zwracając się do wężów, rzekł: „O węże, powiedzcie mi prawdę, czy jest coś, co mógłbym uczynić, aby zmienić swój los i przestać być waszym niewolnikiem?" Węże odpowiedziały: „O Garuda, ukradnij bogom eliksir nieśmiertelności i przynieś go nam. Jeżeli uda ci się dokonać tego niezwykłego czynu, ty i twoja matka uwolnicie się z naszej niewoli".

Garuda rzekł do swej matki: „O matko, wyruszam w daleką drogę, aby przynieść wężom somę i w ten sposób wyzwolić nas z niewolnictwa. Jednakże przedtem muszę nabrać sił i coś zjeść". Winata poradziła synowi, aby udał się na wyspę Niszadów i połknął tysiące Niszadów. Ostrzegła go jednak, aby wypluwał braminów, których rozpozna po palącym smaku, gdyż należy unikać zabójstwa braminów, do których należy pierwszeństwo. To oni są pierwsi w szeregu kast, ojców i nauczycieli i w decydowaniu o tym, co jest i co nie jest jadalne. Poza tym rozgniewany bramin jest jak ogień, trucizna lub miecz. I z sercem wypełnionym miłością do swego potężnego syna, z którego siły zdawała sobie sprawę, pobłogosławiła go na drogę, prosząc Wiatr, Księżyc, Słońce i Ogień o ochranianie go.

Wygłodniały Garuda rozpoczął swą wędrówkę, opadając na wyspę Niszadów jak potężny Czas Końca. Wytworzył ogromną chmurę kurzową, która wysuszyła wszystkie wody i zatrzęsła górami. Niszadowie, którym umysł pomieszał się od kurzu, sami wchodzili tłumnie do jego otwartego dzioba, gdy położył się na ich drodze, czekając. I w ten sposób idąc za radą swe matki, zniszczył tę rasę żywiącą się rybami, pozwalając jedynie uciec braminowi o palącym smaku i jego żonie.

Niszadowie nie nasycili jednak jego głodu. Poszukując nadal czegoś do zjedzenia wzniósł się ponownie w górę i z wysokości dostrzegł swego ojca mędrca Kaśjapę. Na jego pytanie wyjaśnił, że planuje ukraść bogom somę, aby spełnić życzenie wężów i uwolnić swą matkę z niewoli, ale ciągle jeszcze nie nasycił swego głodu i nie nabrał sił potrzebnych do wykonania tego potężnego zadania. Poprosił ojca, aby wskazał mu coś, co mógłby zjeść.

Mędrzec Kaśjapa polecił synowi zjedzenie dwóch braci proroków, których umysł zaciemniła chciwość i którzy w rezultacie rzucanych na siebie klątw zamienili się w ogromnego słonia i wielkiego żółwia. Ich kłótnia zaczęła się od tego, że młodszy z braci Supratika zażądał od starszego brata Wibhawasu podziału dóbr, które wspólnie odziedziczyli po przodkach. Starszy brat nie chciał się jednak na to zgodzić twierdząc, że podział własności jest jedynie źródłem konfliktu między braćmi, którzy zaczynają być tak oczarowani posiadaniem, że stają się wrogami udającymi jedynie przyjaźń. Młodszy brat nie chciał jednak ustąpić i bracia nie zaprzestawali kłótni, pozostając w stanie niekończącej się wendety, każdy z nich dumny ze swej siły i wielkości.

Kaśjapa rzekł do Garudy: „O synu, pochłoń w swym wielkim żołądku, tych dwóch mędrców, którzy stracili rozum od tej bitewnej furii i chęci, aby się nawzajem zniszczyć".

Garuda obniżył swój lot, złapał słonia i żółwia w swe potężne szpony i odleciał w kierunku świętego brodu Alamby poszukując drzewa, na którym mógłby usiąść i oddać się konsumpcji. Boskie drzewa o złotych konarach z owocami spełniającymi każde życzenie, widząc ogromnego ptaka, zadrżały z obawy przed złamaniem.

Wielkie drzewo banianowe zaprosiło Garudę, aby spoczął na jednej z jego potężnych gałęzi i zjadł spokojnie swój posiłek. Jednakże drzewo to, choć było miejscem schronienia dla tysiąca ptaków, zatrzęsło się aż do korzeni, gdy Garuda obniżył lot i zasiadł na wskazanej gałęzi. Choć pod jego ciężarem gałąź złamała się, zdołał utrzymać się na pozostałym konarze i śledząc ruch spadającej gałęzi, zauważył zwisających z niej głową w dół braminów Walakhiljów. Nie chcąc spowodować ich śmierci, szybko uchwycił ją dziobem i ponownie wzniósł się w górę.

Nie chcąc pozwolić słońcu na spalenie Walakhiljów, frunął poprzez wiele krajów zbyt nisko, zrównując je z ziemią. Gdy doleciał do potężnych gór Gandhamadana, zobaczył ponownie swego ojca pogrążonego w samo-umartwianiu się, który również dostrzegł swego syna-ptaka o boskich kolorach, płonącego żywym ogniem, mocą i siłą, szybkiego jak myśl, wielkiego jak góra, unoszącego się nad ziemią jak wzniesione berło Brahmy—ów niewyobrażalny i niepojęty postrach wszystkich żywych istot, inkarnacja piętrzącego się i rozszerzającego się ognia, wir światów, przeraźliwy obraz śmierci.

Kaśjapa rzekł: „O synu, bądź ostrożny i nie zachowuj się zbyt pochopnie, aby nie rozgniewać Walakhiljów, którzy wypijają promienie słoneczne i mogą cię spalić". I chcąc złagodzić ewentualny gniew Walakhiljów, rzekł: „O asceci, wybaczcie mojemu synowi, że zakłócił wasz spokój, ale zrobił to na drodze ku bohaterskim czynom, mającym na uwadze dobro wszystkich istot". Usłyszawszy te słowa Walakhiljowie zeskoczyli z gałęzi niesionej przez Garudę i udali się w wysokie Himalaje, aby kontynuować swe religijne praktyki.

Tymczasem Garuda, trzymając ciągle w swym dziobie złamaną gałąź, a w swych szponach słonia i żółwia, zwrócił się do mędrca Kaśjapy z pytaniem: „O ojcze, czy mógłbyś mi wskazać jakieś miejsce bez braminów, gdzie mógłbym polecieć i zjeść spokojnie mój posiłek złożony ze słonia i żółwia?" Kaśjapa skierował go ku bezludnemu miejscu wysoko w górach, gdzie trudno dotrzeć nawet myślą i gdy Garuda ruszył we wskazanym kierunku, król gór Himalajów drżał od powiewu wiatru wywołanego uderzeniami jego potężnych skrzydeł, a drzewa padały, sypiąc deszczem kwiatów. Padały również licznie zgruchotane szczyty górskie bogate w kamienie szlachetne i złoto. I gdy wielki ptak dotarł na wskazane miejsce, wypuścił wreszcie z dzioba złamaną gałąź, usiadł wśród zgliszczy i zjadł słonia i żółwia, których ciągle trzymał w swych szponach.

Po nasyceniu swego głodu wzbił się znowu w górę w kierunku miejsca zamieszkałego przez bogów, którzy w miarę jak się zbliżał zaczęli dostrzegać różne przeraźliwe znaki. Nic takiego nie zdarzyło się przedtem nawet podczas wojny bogów z demonami asurami. Umiłowany piorun Indry zapłonął z bólu, a z nieboskłonu zaczęły się sypać dymiące, płonące meteory. Broń należąca do różnych bogów zaczęła sama siebie atakować. Wiatr wiał w huraganowych porywach, a z chmur sypały się grzmoty. Indra, król bogów, zaczął zalewać ziemię deszczem krwi. Zdobiące bogów girlandy obumarły i zgasły światła na nieboskłonie. Deszcz spadających gwiazd niósł ze sobą strumienie krwi, a wirujący kurz zaciemniał zwykle błyszczące diademy bogów.

Indra, bóg tysiąca złożonych ofiar, głęboko zaniepokojony tymi straszliwymi znakami, zapytał kapłana bogów Brihaspatiego o przyczynę tych strasznych zjawisk, gdyż sam nie potrafił dostrzec wroga, który w ten sposób prowokował ich do bitwy. Brihaspati odpowiedział: „O królu bogów, obserwujesz właśnie skutki swej winy i zaniedbania. To mędrcy Walakhiljowie uzbroili się przeciw tobie i dzięki mocy swej ascezy stworzyli tego niezwykłego, potężnego i zdolnego do przybierania różnych form ptaka Garudę, który jest synem mędrca Kaśjapy i Winaty. Przybył on tutaj na prośbę wężów, żeby ukraść eliksir nieśmiertelności i będąc najpotężniejszym z potężnych potrafi tego dokonać, gdyż on jest zdolny osiągnąć to, co nieosiągalne".

Indra nie tracąc wiary poinformował natychmiast o zagrożeniu strażników eliksiru i rozkazał armii bogów, aby przygotowała się do spotkania z Garudą i do obrony eliksiru.

Bogowie, choć trochę zdziwieni tym atakiem, ubrali swe wspaniałe złote zbroje połyskujące klejnotami, uchwycili w dłonie różne rodzaje swej olśniewającej boskiej broni i z czystymi sercami uformowali szeregi, aby bronić dostępu do eliksiru. Znani jako niszczyciele wielkich miast budowanych przez demony dysponujący siłą nie mającą sobie równych, z umysłem nastawionym na obronę somy, rozświetlali przestrzeń swym blaskiem jak rozniecony ogień. Wielkie pole bitwy wypełnione po brzegi ich zwartymi szeregami i tysiącem ich maczug skąpane w promieniach słońca zdało się przekraczać granice nieba.

Jednakże na widok zbliżającego Garudy armie bogów zaczęły pogrążać się w chaosie i bogowie, drżąc na całym ciele, zamiast atakować wroga skierowywali swą broń nawzajem przeciw sobie. Wśród bogów stał boski architekt Wiśwakarman, najpotężniejszy obrońca somy, który jednak, gdy wywiązała się bitwa, padł na ziemię martwy, rozszarpany przez skrzydła i szpony ptaka. Ogromna chmura kurzu, którą wywołał ruch jego skrzydeł, pokryła ciemnością cały świat i zaburzyła orientację bogów. Garuda pogłębiał jeszcze chaos, separując bogów od siebie uderzeniami swych skrzydeł i dzioba.

Indra widząc klęskę swej armii, przywołał na pomoc wiatr, który rozpędził chmurę kurzu i wówczas cała chmara bogów, dostrzegając wreszcie wroga, rzuciła się nań jak jeden mąż, atakując ptaka, który wzniósł się w górę i zawisł bez ruchu na nieboskłonie. Garuda, choć atakowany z wszystkich stron, pozostał nieporuszony, oddając ciosy i rozbijając oddziały bogów uderzeniami skrzydeł. Rozgromione odziały bogów zaczęły uciekać, pozostawiając za sobą krwawy ślad. Tych, co stawali z nim do indywidualnej walki, rozdzierał na kawałki podobny w swej walce do boga Śiwy. Liczni waleczni boscy wojownicy leżeli ranni na pobojowisku, przypominając swym wyglądem rozerwane chmury, z których leje się deszcz krwi. W końcu pozbawiwszy wszystkich bogów życia, Garuda przekroczył ich wielkim krokiem i udał się na poszukiwanie eliksiru.

Całe niebo płonęło ogniem, spalając doszczętnie całe zło. Garuda przybrał na siebie dziewięćdziesiąt ust, którymi wypijał wody rzek, gasząc nimi płonący ogień. Następnie przybrał na siebie bardzo malutkie złote ciało świecące jak promienie słoneczne, aby w tej postaci wejść do pomieszczeń, gdzie przechowywany był eliksir. Dostępu do eliksiru broniło równie świecące bezustannie obracające się żelazne koło zaopatrzone w ostrza i ostry brzeg. Garuda zdołał się jednak przedostać się między jego szprychami, kurcząc jeszcze bardziej swe ciało i obracając się w zgodzie z jego obrotem. Po pokonaniu tej przeszkody zobaczył przed sobą dwa wielkie ogniste węże o językach ostrych jak błyskawice, wiecznie rozgniewane i niepohamowane, przemieniające w popiół wszystko to, na co padnie ich wzrok. Garuda oślepił je garścią kurzu i przekroczywszy wielkim krokiem ich bezwładne ciała, ruszył w kierunku eliksiru, który uchwycił i strzaskawszy w drodze powrotnej obracające się koło, poszybował w górę.

Sam nie wypił ani kropli eliksiru, lecz starannie go owinął i nie odczuwając zmęczenia ruszył w kierunku tarczy zachodzącego obecnie słońca. Po drodze na nieboskłonie spotkał boga Wisznu, który był bardzo z niego zadowolony i porosił go o wypowiedzenie dwóch próśb, które obiecał spełnić. Garuda rzekł: „O Wisznu, niech tak się stanie, że będę stał zawsze powyżej ciebie i że nawet bez pomocy eliksiru nigdy się nie zestarzeję i nie umrę". Gdy Wisznu obiecał mu spełnienie tych próśb, Garuda z kolei poprosił Wisznu o wypowiedzenie jednej prośby, którą obiecał spełnić. Wisznu rzekł: „O Garudo, moje życzenie jest takie samo jak twoje. Chcę, żebyś zawsze stał powyżej mnie".

Gdy Garuda, trzymając eliksir, wzleciał ku górze z zamiarem udania się w drogę powrotną, dostrzegł go król bogów Indra, który nie mógł się pogodzić się z utratą eliksiru i uderzył go z całej siły swoim piorunem. Piorun ten nie wyrządził mu jednak żadnej szkody, choć po krótkiej szamotaninie, która nastąpiła, Garuda upuścił na ziemię swoje jedno pióro. Rzekł do Indry ze śmiechem, starannie dobierając uprzejmych słów: „O ty, który złożyłeś tysiące ofiar, przyjmij moje wyrazy szacunku dla proroka, z którego kości pochodzi twój piorun, dla samego pioruna jak i dla ciebie, choć twój piorun wcale mnie nie zranił. Poświęciłem mu jedynie moje jedno pióro, które oderwało się od mojego ciała i spada w dół. Tajemnicy jego spadania nigdy jednak do końca nie zrozumiesz".

Gdy to mówił, wszystkie żywe istoty dostrzegając piękno spadającego pióra, zdumione zawołały: „To musi być ten wielki ptak o jasnych skrzydłach". Indra słysząc te głosy podziwu, zrozumiał, że ten ptak, z którym próbował walczyć, jest wspaniałą istotą i rzekł: „O Garudo, wielki ptaku, pozwól mi poznać granice twej wielkiej siły i pozwól, żeby związała nas dozgonna przyjaźń".

Garuda rzekł: „O Indra, wiem, że nie należy wychwalać własnej siły i własnych cnót bez przyczyny, ale ponieważ nazwałeś mnie swym przyjacielem i sam mnie o to prosisz, wyjaśnię ci, że jestem nie do pokonania. Moja siła jest tak potężna, że potrafię unieść ziemię i wszystkie trzy światy na dudce mego jednego pióra".

Indra rzekł: „O Garuda, który jesteś wieczny i stoisz najwyżej. Spełnij proszę moją wielką prośbą. Wiem, że sam nie potrzebujesz eliksiru, aby żyć wiecznie. Zwróć więc go bogom, gdyż węże, dla których go ukradłeś, mając do niego dostęp, okpią nas wszystkich raz na zawsze".

Garuda odpowiedział: „O Indra, władco trzech światów, ukradłem bogom somę, aby zrealizować mój cel i uwolnić mą matkę od bycia niewolnicą swej siostry. Nie zamierzam jednak oddać jej wężom do wypicia. Jeżeli chcesz ją zwrócić bogom poczekaj, aż postawię ją na ziemi. Podnieś ją wówczas natychmiast i porwij". Indra rzekł: „O Garuda niech tak się stanie".

Myśl o wężach, synach Kadru i o oszustwie, które zamieniło jego matkę w niewolnicę napełniła Garudę wielkim smutkiem i rzekł on do Indry „O Indra, choć jestem panem wszystkiego, to jednak chcę zostać twoim dłużnikiem. Spełnij więc moją prośbę i uczyń, że będę się żywił wężami". Indra powtórzył: „O Garuda, niech się tak stanie".

Garuda wrócił do swej matki Winaty i gdy zobaczył węże, którym służyła, rzekł: „O węże, wróciłem i przyniosłem eliksir nieśmiertelności. Zrobiłem więc to, o co mnie prosiliście, przeto uwolnijcie moją matkę z niewoli". Gdy węże zgodziły się na danie wolności Winacie, Garuda kontynuował: „O węże, położę eliksir, który dla was zdobyłem, tutaj na trawie *kuśa*, a wy zanim zaczniecie go pić, wykąpcie się i oczyśćcie." I gdy węże posłusznie udały się w kierunku wody, aby się rytualnie oczyścić, Garuda położył naczynie na ziemi, a Indra natychmiast je porwał i zaniósł z powrotem do nieba.

Tymczasem węże po recytacji modlitw i rytualnym oczyszczeniu się wróciły na miejsce, gdzie Garuda postawił naczynie z somą. Odkrywszy, że naczynie zostało ukradzione, zrozumiały, że tym razem one padły ofiarą podstępu i zaczęły lizać ostrą trawę *darbha*, na której stało naczynie z somą. Od lizania tej ostrej jak sztylet trawy ich języki przybrały widełkowy kształt, a źdźbła trawy *darbha* stały się rytualnie czyste, gdyż miały kontakt z eliksirem i od tego czasu są używane podczas rytualnego składania ofiar. Po dokonaniu swego wielkiego czynu Garuda, ptak o jasnych skrzydłach, który żywił się wężami, ruszył wraz ze swą matką Winatą na wędrówkę po dżungli. Oddawały mu cześć wszystkie ptaki i nigdy nie narzekał na brak sławy, czym cieszył serce swej matki.

10. Śesza-Ananta, wąż asceta

Gdy węże stawały się coraz potężniejsze, jadowitsze i coraz bardziej nietykalne, jeden z nich Śesza (Ananta) postanowił opuścić swą matkę Kadru i udać się do dżungli, aby poddać się surowym umartwieniom. Odwiedzał święte brody i świątynie, doskonaląc swe zmysły. Wielki dziadek wszechświata Brahma, najstarszy wśród nieśmiertelnych, widząc jego ascetyczne praktyki, rzekł zaniepokojony: „O niewinny wężu, cóż ty wyczyniasz? Jaki dar chcesz ode mnie uzyskać, aby wzmocnić władzę wężów nad światem? Pracuj lepiej na rzecz dobra wszystkich żywych istot. Swoją surową ascezą jedynie zatruwasz stwarzanie". Śesza odpowiedział: „O Brahma, wszyscy moi bracia mają niewiele rozumu i nie mogę dłużej znieść życia razem z nimi. Kłócą się między sobą, jakby byli wrogami i nienawidzą Winaty i jej synów, chociaż Garuda jest również naszym bratem. Zarówno oni żywią do niego urazę jak i on do nich. Proszę więc, wybacz mi moje zachowanie. Umartwiam się, aby zlikwidować to ścierwo, które nazywa się mymi braćmi. Nie chcę zadawać się z nimi dłużej!"

Brahma rzekł: „O wężu, nie zaprzątaj sobie głowy swymi braci. Znam doskonale ich sposób życia i wisi nad nimi groźba całkowitego wyginięcia z powodu przestępstwa ich matki. Z tego co mówisz, wnoszę jednak, że twój umysł rozumie Prawo, pozwól mu więc stać się jeszcze bardziej prawym. Jestem z ciebie zadowolony, powiedz mi swoje życzenie, który mógłbym spełnić". Śesza odpowiedział: „O Brahma, właśnie takie jest moje życzenie. Uczyń, aby mój umysł stał się jeszcze bardziej prawy, gdyż radują go Prawo, beznamiętność i asceza". Brahma rzekł: „O najlepszy z węży, cieszysz mnie swą beznamiętnością i trzymaniem się w ryzach. Niech się więc stanie, jak sobie życzysz. Mając Garudę za pomocnika, udaj się pod ziemię, która się chwieje, obejmij ją całą przy pomocy swego ciała i trzymaj ją mocno, by mogła uzyskać stabilność. Trzymając w posadach ziemię, wyświadczysz mi wielką przysługę".

I posłuszny słowom Brahmy Śesza, najstarszy wśród węży, wszedł do rozpadliny w ziemi, która sama się przed nim otworzyła i tam już po wsze czasy pozostał. Trzyma on boginię ziemię na głowie, obejmując ją na poziomie oceanu. Widząc to Brahma rzekł: „O Śesza, to ty jesteś największy wśród węży. Jesteś bogiem prawości, gdyż użyczasz ziemi podpory, opasując ją swymi nieskończonymi splotami i ta podpora, której jej udzielasz jest równa tej, jaką ja jej daję i tej, jaką jej daje bóg Indra".

11. Starania węża Wasukiego, aby zatrzymać groźbę całkowitej zagłady węży

Tak jak zarządzenie Ofiary Węża przez króla Dźanamedźaja było od dawna zdeterminowane przez klątwę rzuconą na węże przez ich matkę Kadru, tak również przeszłe wydarzenia miały zadecydować o jej przebiegu i spowodować, że zostanie ona przerwana przez wybawcę węży, bramina Astikę.

Wąż Wasuki pamiętając o klątwie rzuconej na węże przez ich matkę, od dawna rozmyślał nad tym, jak ją zneutralizować, aby obronić węże przed wynikłą z niej groźbą całkowitej zagłady. Pewnego dnia postanowił poradzić się w tej sprawie swych braci, licząc szczególnie na radę tych, których umysł skłaniał się ku Prawu. Rzekł: „O moi niewinni bracia, wiecie doskonale o klątwie, która nad nami ciąży. Choć na większość klątw zwykle jest jakaś rada, to jednak trudno znaleźć lekarstwo na klątwę rzuconą przez matkę. Zostaliśmy przeklęci w obliczu niezniszczalnej i niemierzalnej Prawdy i to powoduje, że moje serce drży ze strachu. Niezniszczalny bóg Brahma nie powstrzymał naszej matki przed wypowiedzeniem klątwy, a to oznacza, że tylko my sami możemy znaleźć przeciw niej antidotum i odkryć sposób na przerwanie mającej nastąpić rytualnej masakry wężów króla Dźanamedźaja, zanim ogień ofiarny pochłonie wszystkie węże".

Węże zgłaszały różne pomysły. Ktoś zaproponował, że przybierze formę najwyższego bramina odpowiedzialnego za przebieg składanej ofiary lub ważnego doradcy i spróbuje przekonać króla, że nie powinien przeprowadzać tego typu ofiary. Ktoś inny z kolei chciał zabijać każdego najwyższego rangą bramina, który zostanie wybrany do opieki nad składaną ofiarą.

Wężom o prawych umysłach nie podobały się jednak te pomysły, gdyż bazowały na oszustwie i przestępstwie zabicia bramina, które jest niewybaczalne i może przynieść jedynie pogorszenie sytuacji i były przekonane, że osiągnięcie ostatecznego pokoju i zapobieżenie katastrofie jest możliwe jedynie wtedy, gdy będzie całkowicie zakorzenione w Prawie, gdyż następstwa złamania Prawa niszczą cały wszechświat.

Prawy Wasuki odrzucił wszelkie dotychczas zgłaszane projekty, wskazując, że są niedojrzałe i nie mogą stanowić podstawy planu uratowania ich przed skutkami klątwy.

Wówczas głos zabrał wąż Elapatra. Rzekł: „O węże, przyszła rytualna masakra wężów króla Dźanamedźaja jest od dawna naszym nie do uniknięcia przeznaczeniem. I jeżeli ktoś tak jak my został ukarany wyrokiem losu, tylko w wyroku losu może szukać ratunku. Posłuchacie, jaką szansę ratunku dał nam Brahma. Gdy nasza matka rzuciła na nas klątwę, przestraszyłem się tak bardzo, że wdrapałem się jej na kolana i wtedy usłyszałem jak bogowie rzekli do wielkiego dziadka wszechświata: 'O Brahma, węże są nieprzyjemne. Co to za matka, która najpierw rodzi synów, a potem rzuca na nich klątwę. Tylko nieprzyjemna Kadru mogła to zrobić i to przed twoim obliczem. Co gorsza, ty sam zaaprobowałeś tę klątwę. Wyjaśnij nam, dlaczego tak uczyniłeś?' Brahma odpowiedział: 'O bogowie, na świecie jest za dużo wężów. Węże są nieprzyjemne, przeraźliwie odważne i zabijają żywe istoty swym jadem. Nie powstrzymałem ich matki od rzucenia na nie klątwy ze względu na dobro wszystkich żywych istot. Mogę was jednak pocieszyć, że na zgubę przeznaczone są jedynie złośliwe i jadowite węże, a nie te, które szanują Prawo. Pozwólcie, że zdradzę wam sposób, dzięki któremu prawe węże mogą uratować się od zagłady, jeżeli podejmą odpowiednie działania. Pewnego dnia w bramińskim rodzie Jajawarów narodzi się asceta o imieniu Dźaratkaru, pan swoich zmysłów i on będzie miał syna, również ascetę, o imieniu Astika, którego przeznaczeniem jest przerwanie rytualnej masakry wężów i ocalenie wszystkich prawych wężów. Matką Astiki będzie żona

mędrca Dżaratkaru nosząca to samo, co on imię'"
Powiedziawszy to, wąż Elapatra rzekł do węża Wasukiego: „O Wasuki, twoja siostra nosi imię Dżaratkaru. Bądź więc czujny, aby zaoferować ją mędrcowi Dżaratkaru, gdy tylko bramin ów się narodzi i zacznie szukać dla siebie żony, gdyż wówczas będzie mógł przyjść na świat nasz wybawca bramin Astika". Wszystkie węże poparły z entuzjazmem słowa Elapatry.

Od czasu, gdy Elapatra wypowiedział te ważkie słowa, Wasuki nie zaznał spokoju i czekał na pojawienie się na ziemi mędrca Dżaratkaru. Narodziny bramina Astiki obiecał również Wasukiemu sam dziadek wszechświata Brahma po tym, jak Wasuki użyczył bogom swego ciała jako sznura do ubijania oceanu przy pomocy góry Mandary. Gdy zadanie wyprodukowania eliksiru nieśmiertelności zostało już wykonane, bogowie zabrali Wasukiego przed oblicze Brahmy, prosząc o odpłacenie za przysługę, jaką oddał on bogom i anihilację klątwy rzuconej na węże. Brahma rzekł: „O nieśmiertelni, nie mogę unieważnić klątwy, lecz zainspiruję mowę węża Elapatry, który poinformuje węże o sposobie uniknięcia całkowitej zagłady. Niech Wasuki wprowadzi w czyn to, co Elapatra zapowie. Złe węże są skazane na śmierć, ale prawe węże przetrwają. We właściwym czasie Wasuki musi oddać swą siostrę za żonę mędrcowi Dżaratkaru tak jak przepowiedział Elapatra. Oznaczać to będzie nadejście dobrych czasów dla wężów". Mając w pamięci te słowa Brahmy, Wasuki rozkazał wężom odnaleźć mędrca Dżaratkaru, gdy dowiedział się, że mędrzec ten już się narodził i poddaje się surowym umartwieniom i śledzić każdy jego ruch, aby nie przegapić momentu, w którym zacznie szukać dla siebie żony.

12. Narodziny bramina Astiki

Bramin Dżaratkaru, równy Pradżapatiemu, był wielkim prorokiem, poddającym się surowej ascezie, powstrzymującym swe nasienie, znającym bramińskie Prawo i nieugiętym w dotrzymywaniu ślubów. Nie miał on intencji znalezienia dla siebie żony aż do pewnego dnia, gdy podczas wędrówki po dżungli zobaczył w pieczarze swoich przodków z rodu Jajawara zawieszonych głową w dół na źdźbłach trawy, które mógł z łatwością przegryźć byle szczur. Wyjaśnili mu, że spadają z powodu braku widoków na nowe pokolenie, które mogłoby kontynuować oddawanie należnych im hołdów i wykonanie odpowiednich rytów. Przypomnieli mu, że jest ostatnim pozostającym przy życiu potomkiem ich rodu i poprosili, aby miał synów, gdyż swych obowiązków wobec przodków nie może zrealizować przez gromadzenie zasług i przestrzeganie ascezy, lecz jedynie przez posiadanie synów.

Bramin Dżaratkaru wyjaśnił swym przodkom, że nigdy nie chciał mieć żony, ale mając na uwadze ich dobro, ożeni się, jeżeli spotka kobietę, która będzie nosiła to samo, co on imię i zostanie mu dana w darze, gdyż on sam jest bardzo biedny i nie stać go na utrzymanie żony.

Gdy węże zaobserwowały Dżaratkaru włóczącego się po dżungli i apelującego do wszystkich istot, aby oferowały mu żonę o tym samym co on imieniu, doniosły o tym Wasukiemu, który natychmiast zaoferował mu swoją siostrę. Asceta zgodził się na małżeństwo, oświadczając jednak, że nie będzie jej utrzymywał, gdyż sam żywi się głównie powietrzem. Wasuki zgodził się przyjąć te obowiązki na siebie ucieszony perspektywą, że wkrótce w gnieździe wężów narodzi się bramin Astika, ich wybawca.

Wasuki oddał mu swą siostrę za żonę ze wszystkimi należytymi rytami i przygotował dla nich małżeńskie łoże. Podczas tej poślubnej nocy Dżaratkaru rzekł do swej żony: „O żono, pamiętaj, aby nigdy nie uczynić czegoś, co mogłoby wywołać moje niezadowolenie, gdyż, jeżeli coś takiego zrobisz, natychmiast opuszczę ciebie i twój dom".

Pewnego dnia Dżaratkaru usnął znużony z głową na kolanach swej żony i spał tak długo, aż słońce zaczęło się chylić ku zachodowi i zbliżał się czas wieczornych rytuałów. Jego żona zaczęła się niepokoić, że jeżeli nie obudzi go przed zachodem słońca, będzie niezadowolony, gdyż ucierpią na tym jego zasługi. Jeżeli go jednak obudzi, też będzie niezadowolony. Zrozumiała, że cokolwiek zrobi, on ją porzuci. Po namyśle uznała, że spowodowanie utraty zasług jest większym grzechem niż wywołanie jego gniewu z powodu przerwania jego snu i postanowiła go obudzić.

Zgodnie z jej przewidywaniami Dżaratkaru rozgniewał się i zdecydował się ją opuścić i wrócić do lasu. Widząc to, Dżaratkaru rzekła do swego męża: „O mężu, nie czyń tego, gdyż celem naszego małżeństwa było poczęcie syna obdarzonego ogromnym gorącem i splendorem ognia, który wyzwoliłby rasę wężów spod klątwy rzuconej na nich przez ich matkę. Tymczasem nic jeszcze nie wskazuje na to, że taki syn się narodzi". Dżaratkaru rzekł: „O kobieto-wężu, poczęłaś już syna, który wkrótce się narodzi. Będzie on wielkim prorokiem, jasnym jak ogień, przodującym swą prawością i znajomością *Wed*". Rzekłszy to Dżaratkaru porzucił swą żonę i wrócił do dżungli, gdzie ponownie mógł oddać się wyłącznie swej religijnej praktyce.

Gdy Wasuki dowiedział się o tym, że Dżaratkaru wrócił do lasu, bardzo się przeraził, że cel jego małżeństwa nie został zrealizowany, lecz jego siostra zapewniła go, że wybawiciel wężów został poczęty i się narodzi. I faktycznie, gdy nadszedł właściwy czas, w gnieździe wężów przyszedł na świat chłopiec o imieniu Astika, bramin po ojcu, a po matce wąż. Rósł on i kształcił się wśród wężów ku ich wielkiej radości i uczył się *Wed* od mędrca Bhargawy, syna Cjawany, wnuka mędrca Bhrigu.

13. Bramin Astika ratuje węże od zagłady

Aż wreszcie pewnego dnia nadszedł moment, którego węże od dawna obawiały się najbardziej. Pełen pychy wąż Takśaka zabił swym jadem króla Parikszita i jego syn król Dżanamedżaja, chcąc pomścić śmierć swego ojca, posłuchał rady braminów i zarządził Ofiarę Węża, realizując w ten sposób klątwę rzuconą na węże przez ich matkę. Zgodził się na bycie w tej sesji ofiarnej ofiarnikiem i poprosił braminów o zebranie wszystkich elementów potrzebnych do zapewnienia jej prawidłowego przebiegu. Ofiarnicy-kapłani przygotowali więc grunt ofiarny w nakazany sposób i udzielili królowi odpowiednich świeceń, oczekując szczęśliwego ukończenia ofiary i zniszczenia wszystkich wężów aż po siódme pokolenie.

Jednakże zanim sesja ofiarna zdołała się rozpocząć, dostrzeżono ostrzegawczy znak, sugerujący, że zostanie ona nieoczekiwanie przerwana przez jakiegoś bramina. Chcąc zapobiec nieszczęściu, naczelny budowniczy ofiarnego gruntu zwany Trzymającym Nić zabronił wpuszczania na teren ofiarny kogoś, kogo nie znał. Gdy ogłoszono rozpoczęcie sesji, poszczególni kapłani zajęli się wykonywaniem wyznaczonej im roli. W czarnych szatach, z oczami czerwonymi od dymu wypowiadali właściwe słowa i do ognia ofiarnego zaczęły wpadać tłumy wężów różnej maści, budząc tym panikę w sercach tych, które jeszcze pozostawały przy życiu.

Król wężów Takśaka widząc pogrom swego gatunku, udał się do króla bogów Indry i po przyznaniu się do popełnionego zła poprosił go o ochronę. Zadowolony z niego Indra zapewnił go, że wstawi się za nim u samego dziadka wszechświata Brahmy i że w związku z tym powinien się uspokoić, gdyż pod jego opieką nie grozi mu już żadne niebezpieczeństwo ze strony sesji ofiarnej.

Masowe wpadanie wężów do ognia ofiarnego bardzo niepokoiło węża Wasukiego, który rzekł do swej siostry Dżaratkaru: „O siostro, moje członki płoną, straciłem poczucie kierunku. Tonę w chaosie. Mój umysł jest sztywny jak skała, moje oczy straciły zdolność skupiania się, serce pęka i jestem gotów bez żadnego oporu wpaść do ognia ofiarnego palącego węże. Ofiara składana przez syna króla Parikszita nie skończy się, zanim wszyscy nie zginiemy. Przyszedł na nas czas zagłady, który od dawna przewidywałem i któremu chciałem zapobiec, wydając cię za mąż za mędrca Dżaratkaru. Niech się zrealizuje to, co osobiście przyrzekł mi dziadek Brahma. Poproś swego syna Astikę, aby uratował przed zagładą mnie i tych, dla których jestem podporą. Niech twój syn Astika przerwie tę straszną ofiarę".

Dżaratkaru wezwała przed swe oblicze swego syna Astikę i rzekła: „O synu, zrób to, co należy zrobić. Uwolnij węże od skutków klątwy zaaprobowanej przez dziadka wszechświata Brahmę, którą rzuciła na nie ich matka, gdy nie chciały jej posłuchać i pozwolić jej na to, aby dzięki oszustwu wygrała zakład o wolność z jej siostrą Winatą. Zrealizuj obietnicę, którą Wasuki otrzymał od Brahmy. Udaremnij zagładę wężów i przerwij rytuał ofiarny".

Astika odpowiedział: „O matko, niech się tak stanie". I zwróciwszy się do Wasukiego rzekł: „O wodzu wężów, uspokój swój umysł, gdyż uwolnię cię od skutków klątwy. Nie grozi ci już żadne niebezpieczeństwo, gdyż teraz ja będę walczył o twe dobro. Co obiecuję, się stanie, gdyż moje usta nie potrafią kłamać. Udam się zaraz do króla Dźanamedżaja, zadowolę go mymi słowami i w ten sposób spowoduję, że palenie wężów zostanie przerwane. Miej wiarę we mnie". Wasuki rzekł: „O synu, cały drżę i moje serce płonie. Straciłem poczucie kierunku i kołyszę się bezradnie pod berłem Brahmy". Astika odpowiedział: „O dobry wężu, uspokój się. Zażegnam niebezpieczeństwo grożące wężom ze strony ognia ofiarnego i zniszczę berło Brahmy, które zawisło nad wężami jak dzień Sądu Ostatecznego". Swymi słowami bramin-wąż Astika usunął z umysłu Wasukiego przeraźliwą gorączkę i umieściwszy ją na swych własnych nogach, udał się pospiesznie w kierunku miejsca wypełnionego wielkim bogactwem i tłumem ofiarników, błyszczącego jak słońce lub ogień, gdzie król Dźanamedżaja składał swą ofiarę.

Posłuszni rozkazowi Trzymającego Nić strażnicy zabronili braminowi Astice wstępu na teren ofiarny, lecz wkrótce bramy otwarły się przed Astiką w zamian za jego pieśń wychwalającą składaną ofiarę. W swych słowach Astika porównywał ją do największych ofiar składanych przez bogów, a kapłanów asystujących ofierze porównywał do bogów. Wychwalał również pożerający wszystko ogień gotowy pochłonąć wszystkie węże.

Gdy wszyscy wychwalani w jego pieśni poczuli się spokojni i zadowoleni, król Dżanamedżaja rzekł do kapłanów: „O kapłani, spójrzcie na tego młodego bramina, który mówi jak dorosły. Zgódźcie się na to, abym mógł go obdarować spełnieniem jego jednej prośby". Kapłani uznali, że chłopiec zasługuje na nagrodę, lecz troszcząc się o szczęśliwe ukończenie rytuału, postawili warunek, aby pozwolić Astice na wypowiedzenie swego życzenia dopiero w momencie, gdy wąż Takśaka przyjdzie na teren ofiarny gotowy rzucić się w ogień. Król Dżanamedżaja rzekł: „O kapłani, niech tak się stanie. Dołóżcie wszelkich starań, aby ściągnąć Takśakę na teren ofiarny, bo to do niego żywię największą nienawiść".

Kapłani poinformowali wówczas króla, że jak to wyczytali w świętych pismach przewidujących jego ofiarę i co potwierdza ogień ofiarny, nie będzie łatwo spalić Takśaki, gdyż schronił się on w pałacu Indry. Bramin Lohitakśa znający święte pisma rzekł: „O królu, kapłani mówią prawdę. Indra obiecał Takśace, że ogień go nigdy nie spali, jeżeli będzie przebywał niedaleko niego".

Słysząc te słowa, król rozgniewał się i ponaglił kapłanów, aby kontynuowali rytuał i wypowiadali magiczne zaklęcia, aż sam Indra przyjdzie na teren ofiarny przyprowadzając ze sobą węża Takśakę. I jak przewidywał, tak się stało i gdy Indra przybył wreszcie na teren ofiarny, Takśaka siedział schowany jego szatach. Mimo obietnicy Indry, że będzie go chronił, nie znalazł tam spokoju i był mocno zdenerwowany.

Widząc węża pod ochroną Indry, król Dżanamedżaja jeszcze bardziej się rozgniewał i skoncentrowawszy swą myśl na śmierci Takśaki, rzekł do swych kapłanów: „O kapłani, skoro wąż Takśaka jest pod ochroną Indry, przeto spalcie go razem z Indrą".

Kapłani odpowiedzieli: „O królu, pohamuj swój gniew. Już niedługo Takśaka sam wpadnie do ognia ofiarnego. Czyżbyś nie słyszał, jak syczy ze strachu. Indra go opuścił i zrzucił ze swych kolan na ziemię. Jego ciało chwieje się od naszych magicznych formułek. Popatrz, jak rzucił się w spazmach na nieboskłon. Twoja ofiara już niedługo go dosięgnie. Dotrzymaj więc swego słowa, gdyż przyszła odpowiednia chwila, aby ów młody bramin Astika wychwalający twoją ofiarę wypowiedział swą prośbę, którą obiecałeś spełnić".

Przewidując rychłą śmierć Takśaki, król posłuchał rady braminów i nakazał Astice, aby wypowiedział swą prośbę, którą obiecał spełnić. Słysząc słowa króla, Astika rzekł do węża Takśaki: „O wężu, zaczekaj" osłabiając jego wolę wpadnięcia do ofiarnego ognia, a do króla rzekł: „O królu, spełnij mą prośbę jak obiecałeś, a proszę cię o to, abyś natychmiast przerwał twą sesję ofiarną i żeby już żaden więcej wąż nie wpadł w płomienie ognia ofiarnego".

Tak bliski realizacji swej zemsty król Dźanamedźaja zaoferował Astice ogromne bogactwa w zamian za zmianę jego prośby, gdyż nieodparcie pragnął doprowadzić ofiarną sesję do końca i spalić wszystkie węże. Astika jednakże nie chciał się na to zgodzić, a obserwujący tę scenę bramini znający wszystkie święte księgi rzekli do króla: „O królu, musisz spełnić prośbę Astiki. Tego od ciebie wymaga królewskie Prawo".

W tym samym czasie mimo, że ofiarny ogień był ciągle podsycany przez rytualną oblację, wąż Takśaka ciągle utrzymywał się w powietrzu i nie wpadał do ognia, gdyż był posłuszny Astice, który widząc wypadającego z ręki Indry omdlewającego węża, rzekł: „O wężu, zaczekaj, zaczekaj" i wąż czekał zawieszony w powietrzu z bijącym sercem tak jak ktoś otoczony ze wszystkich stron przez byki.

Prawy król Dźanamedźaja ponaglany przez braminów zrozumiał, że nie może zadać kłamu swym słowom i rzekł: „O bramini, niech się stanie to, o co mnie prosicie. Zgadzam się spełnić prośbę Astiki i niech ten rytuał ofiarny zostanie przerwany. Niech pozostałe przy życiu węże poczują się bezpiecznie. Niech Astika będzie zadowolony i niech przepowiednia o przerwaniu rytuału się spełni!"

Po tych słowach króla zapanowała powszechna radość. Masakra wężów została przerwana i król obdarował wszystkich, którzy uczestniczyli w rytuale wielkim bogactwem. Następnie król, podążając za świętymi przepisami regulującymi rytuał, podał się rytom oczyszczenia i odesłał Astikę z honorami do jego własnego domu, prosząc go to, aby przyjął funkcję *sadasji* podczas wielkiego celebrowania Ofiary Konia. Przepełniony radością Astika zgodził się, po czym udał się do domu swej matki i wuja Wasukiego, aby opowiedzieć im o szczęśliwym biegu wydarzeń. Zebrane tam liczne węże, szczęśliwe i uwolnione od groźby zagłady obiecały spełnić wypowiedziane przez Astikę życzenie. Astika poprosił, aby każdy, kto słucha opowieści o nim nie musiał obawiać się ukąszenia wężów. Węże rzekły: „O braminie, niech tak się stanie!"

14. *Mahabharata*

Przedstawione wyżej okoliczności zarządzenia, jak i przebieg, oraz sięgające daleko w przeszłość determinanty Ofiary Węża króla Dźanamedźaja zostały po raz pierwszy opowiedziane przez poetę-śpiewaka Ugraśrawasa, zainspirowanego pytaniami zadawanymi przez bramina Śaunaka, który wraz z licznymi kapłanami prowadził w Lesie Naimisza trwającą dwanaście lat sesję ofiarną. Śaunaka prosił śpiewaka, by kontynuował dalej swą opowieść i wyrecytował wielką epikę *Mahabharatę*, skomponowaną przez prapradziadka króla Dźanamedźaja, bramina Wjasę, która po raz pierwszy została opowiedziana na prośbę króla Dźanamedźaja w przerwach między rytami podczas Ofiary Węża przez ucznia bramina Wjasy poetę-śpiewaka Waisampajama. *Mahabharata* sławi tragiczne i bohaterskie losy królewskiego rodu, którego król Dźanamedźaja był potomkiem. Opowiada o rozbracie miedzy kuzynami Pandawami i Kaurawami wynikłym bezpośrednio z gry w kości o królestwo i o wojnie, która skończyła się wyniszczeniem całej kasty wojowników, aż po następne pokolenia i zniszczyła całą ziemię. Pandawowie, którzy mieli boga Krysznę po swej stronie, wygrali tę wojnę, lecz przyszło im rządzić całkowicie opustoszałym królestwem, w którym nawet wszyscy ich potomkowie zostali zabici za wyjątkiem ojca króla Dźanamedźaja, Parikszita, wnuka jednego z braci Pandawów Ardżuny i siostry Kryszny Subhadry, któremu życie zostało w sposób cudowny zwrócone przez boga Krysznę.

Od czasu Ofiary Węża króla Dźanamedźaja *Mahabharata* była uroczyście recytowana przez różnych poetów-śpiewaków podczas wedyjskich ofiarnych rytuałów. Choć dziś charakter rytuałów odbiegł daleko od swej starej wedyjskiej formy, *Mahabharata* jest nadal uroczyście opowiadana, czytana i śpiewana podczas religijnych uroczystości oddawania czci hinduskim bogom. Słowa *Mahabharaty* nie mają jednak tej samej religijnej wartości, co słowa *Wed*, zostawiając poecie-śpiewakowi pole do popisu dla jego talentu. Korzystając z tej wolności, autorka dołącza się do tych, co zafascynowani starożytnym światem bogów i ludzi, chcą raz jeszcze opowiedzieć *Mahabharatę*.

Napisane na podstawie fragmentów *Mahābharāta*,
1. The Book of the Beginning,
1(3) Pauṣja, 1(4) Puloman, 1(5) Āstika.

Opowieść 2
Dynastia księżycowa

1. Początek świata i koło istnienia; 2. Początki dynastii księżycowej: król Pururawas; 3. Bramin Śukra rzuca klątwę na króla Jajatiego; 4. Puru, syn króla Jajatiego dziedziczy królestwo; 5. Narodziny króla Bharaty.

> Kaśjapa rzekł: „O córko, postąpiłaś słusznie i swym zignorowaniem mojej zgody nie złamałaś Prawa, gdyż małżeństwo w stylu boskich muzyków gandharwów zawarte w sekrecie, bez odpowiednich zaklęć między kochającym mężczyzną i kochającą kobietą, jest odpowiednie dla wojowników. Król Duhszanta jest dobrym człowiekiem o wielkim duchu i prawym umyśle. Dzięki niemu urodzisz wspaniałego syna Bharatę o ogromnej sile, którego wpływy obejmą całą ziemię. Dzięki twemu synowi wszechwładne koło Świętego Tokarza Koła będzie się zawsze obracało bez przeszkód".
>
> (Mahābhārata, 1(7.b) Śakuntalā, 67.1-25)

1. Początek świata i koło istnienia

Kiedy wszystko to było bez światła i niewyjaśnione, ze wszystkich stron pokryte ciemnością, pojawiło się jedno Wielkie Jajo, niewyczerpane nasienie wszystkich żywych istot. Była to boska przyczyna na początku eonu i to, na czym się ona opiera, zostało objawione jako prawdziwe Światło, wieczny *Brahman*. Ta nieujawniona trudno uchwytna przyczyna, która jest tym, co jest i czego nie ma, jest zdumiewająca i niewyobrażalna, doskonała w swym dopasowaniu wszystkich swych części.

Z tej boskiej przyczyny wyłonił się bóg stwórca Brahma, nazywany dziadkiem lub przodkiem wszechświata i tajemniczy mędrzec Daksza, znany ze swych ofiarnych rytuałów. Jak wieść niesie, Daksza wyłonił się z kciuka Brahmy w okolicznościach, gdy dziesięciu synów Pracetasa zostało spalonych przez piorun monsunowej burzy. Z Brahmy i z jego synów proroków oraz z Dakszy i jego córek wyłoniły się pierwsze pokolenia mędrców, bogów, demonów asurów i rakszasów, boskich muzyków gandharwów, nimf apsar, zwierząt, wężów i ptaków. W dalszych pokoleniach zrodzili się ludzie. Narodzili się oni w trzech kastach (wojowników, braminów i pospólstwa) z półboga Manu, którego linia wywodzi się od boga śmierci Jamy, syna boga słońca Wiwaswata, który z kolei był jednym z ośmiu synów córki mędrca Dakszy, Aditi, zwanych aditjami.

I to wszystko, co istnieje, wszystkie trzy światy (niebo, ziemia i powietrze) kręci się w cyklach kolejnych eonów. Początek nowego eonu jest jak wiosna, podczas której pojawiają się żywe istoty, a koniec jest jak zima, gdy wszystko uśpione gromadzi się znowu w Wielkim Jaju. I tak toczy się koło istnienia bez początku i końca jak pory roku, przynosząc światu ciągle jego nowy początek i nowe zniszczenie.

2. Początki dynastii księżycowej: król Pururawas

Początki dynastii księżycowej sięgają najstarszego eonu, *kritajugi* i ziemskiego króla Pururawasa, który był potomkiem Dakszy Pradżapatiego w siódmym pokoleniu. Narodził się z ósmego syna półboga Manu o imieniu Ila, który, jak wieść niesie, był zarówno jego ojcem jak i matką. Ze świata boskich muzyków gandharwów, gdzie przez jakiś czas zamieszkiwał z piękną nimfą Urwasi, z którą miał sześciu synów, przyniósł na ziemię trzy ognie ofiarne. Był władcą trzynastu wysp i choć sam był człowiekiem, żył w otoczeniu różnych istot, które ludźmi nie były. Król ten był opętany przez swą bohaterskość i toczył wojnę z braminami, odbierając im, wbrew ich protestom, ich kosztowności. W końcu ów zawistny król, który postradał zmysły z powodu swej buty, został przeklęty przez wielkiego proroka, wysłannika Brahmy i przepadł bez wieści.

Król Nahusza, wnuk Pururawasa i ojciec króla Jajatiego, wsławił się swą mądrością, prawością i umiłowaniem Prawdy, gdy jako władca ziemi sprawował kontrolę nad wszystkimi jej mieszkańcami. Oczyścił ziemię z hord dasjusów, którzy choć przypominają swym wyglądem ludzi są wrogami zarówno ludzi, jak i bogów. Ostatecznie stał się rywalem samego króla bogów Indry i zdobył władzę nad mieszkańcami nieba dzięki gorącu, które nagromadził poprzez swą ascezę, odwagę i dzielność.

3. Bramin Śukra rzuca klątwę na króla Jajatiego

Król Jajati, syn króla Nahuszy, władca ziemi, żył w dawnych czasach, gdy bogowie i demony asurowie zabijali się nawzajem w niekończącej się walce o władzę nad wszechświatem. Ponieważ zwycięstwo w dużym stopniu zależało od ofiarnych rytuałów, bogowie mianowali mędrca Brihaspatiego, wnuka stwórcy świata Brahmy z linii Angirasa, swoim kapłanom, sprawującym opiekę nad rytuałami, podczas gdy demony asurowie mianowali swoim kapłanem jego potężnego rywala, mędrca Śukrę, również wnuka Brahmy, lecz z linii Bhrigu, który dzięki swej wiedzy potrafił wrócić życie zabitym na polu bitewnym asurom. Ponieważ Brihaspati nie miał takich samych zdolności i nie potrafił przywrócić życia zabitym bogom, bogowie udali się do najstarszego syna Brihaspatiego o imieniu Kaća, prosząc go o zdobycie wiedzy rezydującej w braminie Śukrze, który przy jej pomocy chroni jedynie asurów, odmawiając jej wszystkim innym. Bogowie rzekli: „O Kaća, jesteś młody i może uda ci się przebłagać bramina Śukrę lub jego córkę Dewajani, którą on do szaleństwa kocha. Z całą pewnością uda ci się zdobyć tę wiedzę, jeżeli zadowolisz Dewajani swym zachowaniem, zwinnością, słodyczą i samo-kontrolą".

Bramin Kaća zgodził się spełnić prośbę bogów i wyruszył do miasta asurów, aby wykonać swe zadanie. Gdy stanął przed obliczem bramina Śukry, nauczyciela asurów, poprosił o zaakceptowanie go jako swego ucznia i gdy Śukra wyraził zgodę, Kaća złożył wymagane przysięgi i jednocześnie podjął próby zjednania sobie zarówno nauczyciela jak i jego córki. Sam młody i przystojny śpiewał, grał i tańczył przed Dewajani, która sama będąc w kwiecie młodości śpiewała z nim razem i swawoliła.

Po upływie pewnego czasu, gdy Kaća samotnie wypasał krowy, został rozpoznany jako wysłannik bogów i zamordowany przez tytanów danawów, którzy uczynili to nie tylko z nienawiści do kapłana bogów Brihaspatiego, ale także z potrzeby zabezpieczenia przed kradzieżą magicznej wiedzy, posiadanej przez bramina Śukrę. Dla pewności pocięli ciało Kaći na kawałki niewiększe od nasion sezamowych i dali je do zjedzenia szakalom. Gdy Dewajani zobaczyła krowy wracające bez pastucha, szybko nabrała przekonania, że pastuch został zabity i popadła w rozpacz. Jej ojciec uspokoił ją, mówiąc: „O córko, nie martw się, jeżeli Kaća został zabity, użyję całej mej wiedzy, zawezwę go i w ten sposób go ponownie ożywię". Jak powiedział, tak uczynił i zawezwany Kaća powrócił z martwych, wyjaśniając, że faktycznie został zabity przez danawów.

Wkrótce potem Kaća udał się do lasu w poszukiwaniu kwiatów, o które prosiła Dewajani i raz jeszcze został odkryty i zabity przez danawów, którzy tym razem dla pewności spalili jego martwe ciało na popiół i wrzuciwszy popiół do kielicha wina napoili nim bramina Śukrę. Dewajani nie mogąc doczekać się powrotu Kaći, raz jeszcze nabrała podejrzeń, że został zabity i zwróciła się do swego ojca z prośbą o ponowne przywrócenie mu życia. Tym razem jednak bramin Śukra czuł się bezsilny i powiedział, że nie może wrócić straconego życia, które było już zwrócone dzięki jego czarom i odradził swej córce przywiązywanie się do istoty śmiertelnej. Jej rozpacz jednak nie słabła. Po przemyśleniach Śukra nabrał podejrzeń, że skoro asurowie zabili jego ucznia bramina, przeto muszą patrzeć na niego samego złym okiem i być może chcą go pozbawić jego funkcji kapłana. Postanowił więc przeciwstawić się uczynionemu złu, gdyż ten, kto zabija bramina jest zdolny do zabicia samego Indry. Raz jeszcze zawezwał więc bramina Kaćę, nakazując mu powrót do życia i wówczas Kaća odezwał się wprost z jego żołądka wyjaśniając, że znalazł się tam wraz z winem, które Śukra wypił. Słysząc to Śukra rzekł do swej córki: „O córko, przywrócenie życia Kaći oznacza mą śmierć, gdyż musi się on wydostać z mojego żołądka". Zrozpaczona Dewajani rzekła: „O ojcze, po śmierci Kaći nie zaznam spoczynku, a po twej śmierci nie ma dla mnie życia". Słysząc to Śukra zwrócił się do Kaći ze słowami: „O braminie, jeżeli twym celem było zdobycie mej wiedzy, to wygrałeś, gdyż zdobyłeś przyjaźń mojej córki. Oddam ci mą tajemnicę przywracania życia, abyś przywrócił mi życie po opuszczeniu mojego żołądka, ale pod warunkiem, że nie jesteś Indrą w przebraniu bramina". Gdy Kaća wyjaśnił, że nie jest Indrą, bramin Śukra zdradził mu tajemnicę przywracania życia i w ten sposób Kaća mógł przywrócić życie braminowi Śukrze, którego zabił opuszczając jego żołądek. To niefortunne wydarzenie uświadomiło Śukrze złe skutki picia wina, co skłoniło go do zakazania picia wina i uznanie go za jeden z pięciu grzechów głównych. Do grzechów tych należą: zabicie bramina, picie alkoholu, kradzież, cudzołożenie z żoną bramina i wiązanie się tymi, którzy popełnili te grzechy. Następnie Śukra zawezwał gigantów danawów i rzekł do nich: „O danawowie, jesteście potężni i silni, ale bramin Kaća was przechytrzył i otrzymał ode mnie dar przywracania życia i w ten sposób siła jego *Brahmana* (modlitwy) stała się równa waszej".

Po upływie pewnego czasu i zrealizowaniu wszystkich ascetycznych zobowiązań bramin Kaća zaczął się przygotowywać do opuszczenia domu swego nauczyciela Śukry i powrotu do świata bogów. Dewajani rzekła: „O braminie, teraz, gdy zakończył się już okres surowej ascezy, dopełnij należnych rytów i weź mnie za żonę". Kaća nie chciał się jednak na to zgodzić, twierdząc, że Prawo nakazuje mu szanować ją jako córkę jego nauczyciela i jak siostrę i nie zezwala mu na małżeństwo z nią. Rozgniewana Dewajani rzuciła nań klątwę: „O braminie, skoro odrzucasz moją miłość, zasłaniając się Prawem, przeto niech wiedza, którą zdobyłeś od mojego ojca będzie bezużyteczna i nigdy nie znajdzie zastosowania w praktyce". Kaća rzekł: „O Dewajani, odrzuciłem twą małżeńską propozycję, jedynie dlatego że jesteś córką mego nauczyciela. Rzuciłaś więc na mnie klątwę, choć nie popełniłem żadnego przestępstwa. Przeto i ja cię przeklnę i niech twe gorące życzenie poślubienia bramina nigdy się nie spełni i zostań za karę żoną króla. A co do twej klątwy, to wiedz, że choć z powodu twej klątwy sam nie będę mógł użyć zdobytej przeze mnie wiedzy, to jednak wiedzę tą przekażę moim uczniom i przyniesie ona im owoce". Po tych słowach Kaća udał się z powrotem do świata bogów, gdzie został gorąco powitany przez króla bogów Indrę. Po otrzymaniu od Kaći sekretu przywracania życia, bogowie uspokoili się i pewnego dnia, zebrawszy się wszyscy razem, rzekli do Indry: „O pogromco miast asurów, przyszedł odpowiedni moment, aby zniszczyć wroga". Indra odpowiedział: „Niech się tak stanie" i opuściwszy zebranych bogów, udał się do lasu, który przypominał swym wyglądem park Citraratha, gdzie zobaczył córkę bramina Śukry Dewajani i córkę króla asurów Śarmisthę pluskające się z rozbawieniem w wodzie. Indra przybrał wówczas postać wiatru i dmuchnąwszy pomieszał ich pozostawione na brzegu ubrania. Wybiegłszy z wody, Śarmistha w pośpiechu złapała spódniczkę Dewajani, nie będąc świadoma, że ubrania zostały pomieszane.

Widząc swą spódniczkę zdobiącą Śarmisthę, Dewajani rzekła: „O córko demona, jak śmiesz zabierać mi moją spódnicę! Jesteś moją uczennicą i z tego braku szacunku do mnie, twej nauczycielki, nie wyniknie nic dobrego!" Śarmistha odpowiedziała: „O Dewajani, twój ojciec zawsze stoi w pokorze przed mym ojcem i wiecznie wychwala go i mu się przypochlebia, a ty jesteś córką tego człowieka, który musi prosić. Ja natomiast jestem córką człowieka, który daje, a nie otrzymuje i którego się wychwala, a nie który wychwala. O córo żebraka, stoisz przede mną, która ma pełną władzę, bezbronna i opuszczona. Znajdź sobie kogoś, kto byłby ci równy, gdyż ja nie uważam, abyś była mi równa".

Gdy oburzona jej słowami Dewajani spróbowała wyrwać swą spódniczkę, rozwścieczona Śarmistha wepchnęła ją do studni i przekonana o jej śmierci, pobiegła do pałacu swego ojca. Tymczasem tak się złożyło, że król Jajati, zmęczony polowaniem na jelenie i spragniony, zatrzymał się koło studni. Spojrzał w dół, lecz w studni nie było wody. Zamiast wody zobaczył Dewajani, piękną jak bogini. Jajati rzekł: „O piękności o ciemnej karnacji, która zdobisz swe paznokcie farbą o kolorze miedziano-czerwonym, wpinasz w swe włosy drogie kamienie i zdobisz swe uszy drogimi kolczykami, powiedz mi, kim jesteś? I dlaczego tak ciężko wzdychasz? Jak to się stało, ze znalazłaś się w tej studni pokrytej słomą? Powiedz mi, kto jest twym ojcem?" Dewajani wyjaśniła, że jest córką bramina Śukry, który potrafi przywracać życie demonom zabitym przez bogów i podając królowi rękę, poprosiła o wyciągnięcie jej ze studni. I król Jajati wziął prawą rękę tej córki bramina i po wyciągnięciu jej ze studni, pożegnał się i wrócił do swego pałacu.

Uwolniona ze studni Dewajani posłała szybko służącą do swego ojca, którzy mieszkał w zamku należącym do króla asurów, ojca Śarmisthy, z prośbą o opowiedzenie mu wszystkiego i wyjaśnienie, że nie postawi już więcej swej stopy w tym zamku. Wysłuchawszy opowieści przyniesionej przez służącą, Śukra w pośpiechu udał się do lasu, aby spotkać się ze swą córką. Uściskawszy ją po ojcowsku rzekł: „O córko, ludzie zbierają smutek lub szczęście z nasion, które sami posiali. Musiałaś w przeszłości uczynić coś złego, co teraz się mści". Przepełniona goryczą Dewajani rzekła: „O ojcze, bez względu na to, jaka jest przyczyna mojego nieszczęścia, pewne jest to, że wypełniona pychą Śarmistha powiedziała prawdę nazywając cię żebrakiem. I miała rację, że ja jestem córką tego, który musi prosić wyciągając rękę i komplementować, a nie tego, kto daje i jest komplementowany". Śukra rzekł: „O Dewajani, nie jesteś córką żebraka wyciągającego po prośbie rękę. Jesteś córką tego, kto jest wysławiany, a nie tego, kto wysławia. Źródłem mej suwerennej władzy jest niepojęty *Brahman* (modlitwa) i wiedzą o tym nie tylko król bogów Indra, ale także król asurów, ojciec Śarmisthy i Jajati, król ludzi".

Śukra kontynuował: „O Dewajani, człowiek, który musi znosić obraźliwe słowa innych jest w rzeczywistości zwycięzcą. Potrafi on opanować swój wzrastający gniew dzięki umiejętności wybaczenia i jest jak woźnica powożący końmi, lub jak wąż zrzucający swą starą skórę. Ten, który nie odpowiada ciosem na cios, pokornie składa ofiary i nie pozwala sobie na gniew, stoi w hierarchii najwyżej. Nie należy imitować tych, którzy dali się porwać cyklowi nieustającej wendety, gdyż oni nie potrafią odróżnić słabości od siły".

Dewajani rzekła: „O ojcze, choć jestem jeszcze dzieckiem, znam różnice między ładem różnych kast zamieszkujących ziemię i wiem, co jest siłą i co jest słabością w umiejętności reagowania łagodnością na obelgi. Mimo tego nie mogę dłużej żyć w zamku króla asurów i ojca Śarmisthy. Nikt rozsądny, motywowany osiągnięciem najwyższego dobra, nie zgodzi się na to, aby żyć z ludźmi motywowanymi złem. I ja, aspirująca do tego, aby być nauczycielem Śarmisthy, nie mogę tolerować jej lekceważenia. Mogę żyć tyko wśród tych, u których różnice w zachowaniu wynikają jedynie z różnic w urodzeniu. We wszystkich trzech światach nie ma dla mnie niczego, co byłoby gorsze od plugawego języka Śarmisthy. Nie potrafię cieszyć się sukcesem mojej rywalki".

Słysząc te słowa swej córki, Śukra udał się do Wrszaparwana, króla asurów, ojca Śarmisthy i rzekł: „O królu asurów, grzech i zło wynikłe z nieposzanowania Prawa przynosi w końcu swe owoce. Jeżeli nie widzisz ich u siebie, to z całą pewnością dostrzeżesz je u swego potomstwa. Postąpiłeś źle, nakazując dajtjom zabicie bramina Kaći, choć nie popełnił on żadnego przestępstwa i był moim uczniem. O dajtjo, z powodu tego zabójstwa i z powodu zranienia mej córki przez twą córkę opuszczam ciebie i twój ród. Czyżbyś uważał mnie za kłamcę, skoro nigdy nie potępiłeś wspomnianych przeze mnie występków?"

Przerażony tymi słowami król asurów rzekł: „O braminie, potomku Bhrigu, nigdy nie wątpiłem w twą prawość i nigdy nie nazwałbym cię kłamcą. Błagam cię, nie opuszczaj nas, gdyż jesteś jedynym źródłem naszej siły. Bez ciebie nie pozostanie nam nic, jak pogrążyć się w oceanie". Śukra odpowiedział: „O królu asurów, jeżeli chcesz, abym pozostał w twym mieście, musisz ułagodzić gniew mej córki Dewajani, gdyż nie potrafię znieść wyrządzonej jej krzywdy."

Słysząc to, król asurów zapytał Dewajani, czy ma jakieś życzenie, które mógłby spełnić i ona zażyczyła sobie, aby jego córka Śarmistha została jej niewolnicą i żeby w towarzystwie tysiąca swoich służących towarzyszyła jej jako jej świta do miejsca jej przyszłego męża, którego wybierze dla niej jej ojciec. Zarówno król asurów jak i sama Śarmistha zgodzili się bez wahania na to żądanie mając na uwadze to, że jest to cena za pozostanie bramina Śukry w ich mieście i służenie im swą wiedzą, co uratuje ich ród od wyginięcia.

Z kolei Dewajani widząc, że mądrość jej ojca, który rzekomo przypochlebia się innym, złamała dumę Śarmisthy, rzekła do swego ojca: „O ojcze, teraz mogę spokojnie wrócić do zamku asurów. Twoja bramińska wiedza jest nie do pokonania". Słysząc to Śukra ponownie zamieszkał w zamku króla asurów, gdzie wszyscy danawowie oddawali mu należną cześć.

Po pewnym czasie Dewajani w towarzystwie swej niewolnicy Śarmisthy, otoczonej tysiącem służących, udała się nad rzekę do tego samego lasu, gdzie swego czasu Indra pomieszał ich ubrania, aby popijając miód i jedząc zakąski oddać się ekstazie. I tak się zdarzyło, że przybył tam również spragniony i zmęczony polowaniem na jelenia król ziemi Jajati. Gdy zobaczył słodko uśmiechającą się Dewajani, w otoczeniu rozweselonych niewolnic i pięknej Śarmisthy przygotowującej dla niej masaż stóp, zapytał je o imiona. Dewajani wyjaśniła, że jest córką kapłana asurów o imieniu Śukra, a jej towarzyszką jest córka króla asurów, jej niewolnica. Zdziwiony król zapytał: „O piękna córko bramina, jak to jest możliwe, aby ta piękna córka króla asurów była twoją niewolnicą?" Dewajani odpowiedziała: „O Panie, każdy jest ofiarą własnego losu. Nie zadawaj więc takich dziwnych pytań. Lepiej powiedz nam swoje imię, szczególnie, że ubrany jesteś jak wojownik i król, a mówisz jak bramin". Jajati odpowiedział: „Jestem królem ziemi, ale jestem także królewskim mędrcem, gdyż w dzieciństwie poznałem dogłębnie mądrość *Wed*".

Dewajani rozpoznając Jajatiego, który pomógł jej kiedyś wydostać się ze studni, rzekła: „O królu, zostań mym przyjacielem i mężem". Jajati odpowiedział: „O córko bramina, twój ojciec nigdy nie zaakceptuje króla na swego zięcia. Najlepszą partią dla ciebie jest równy ci bramin".

Dewajani powiedziała: „O królewski mędrcu i znawco *Wed*, królewscy znawcy *Wed* są jak braminami, którzy są znawcami *Wed*". Jajati odpowiedział: „O Dewajani, jako król nie jestem wart córki bramina. Wszystkie kasty mają swój początek w jednym i tym sam ciele Człowieka, który na początku świata sam siebie złożył w ofierze, lecz ich ład i obowiązki są odmienne. W hierarchii bramini stoją najwyżej".

Słysząc to, nie zbita z tropu Dewajani spróbowała użyć innego argumentu, mówiąc: „O królu, musisz się ze mną ożenić, gdyż już raz wziąłeś mą rękę, gdy wyciągałeś mnie ze studni. Jak więc kobieta, tak dumna jak ja, mogłaby pomyśleć o oddaniu swej już wziętej ręki komuś innemu?"

Jajati rzekł: „O córko bramina, łatwiej pokonać trującą kobrę lub wściekły ogień niż rozgniewanego bramina, który potrafi zniszczyć królestwa i ich stolice. Nie mogę pojąć cię za żonę w obawie, że rozgniewam bramina, twego ojca. Mógłbym się na to zgodzić tylko wówczas, gdyby twój ojciec sam oddał mi twą rękę". Dewajani rzekła: „O królu, tego możesz być pewien. Mój ojciec z całą pewnością odda ci moją rękę, gdy dowie się, że sama i dobrowolnie cię na męża wybrałam". I tak też się stało i gdy król Jajati wyraził swe obawy, że będąc królem i biorąc za żonę córkę bramina łamie Prawo, bramin Śukra uspokoił go: „O królu, nie obawiaj się, gdyż osobiście oczyszczę cię z tego grzechu. Weź bez obaw mą córkę za żonę i znajdź z nią niewysłowione szczęście. Miej również szacunek do pięknej córki króla asurów Śarmisthy, która będzie jej towarzyszyła do twego domu i pamiętaj, aby nigdy nie uczynić z niej swej nałożnicy".

Uszczęśliwiony Jajati z pełnym szacunkiem okrążył bramina w należyty sposób i udał się wraz z Dewajani i jej świtą do swego zamku, który zbudowany był na podobieństwo zamku Indry. Dewajani zamieszkała w pokojach kobiet, podczas gdy dla Śarmisthy i jej tysiąca służących zbudowano dom wśród drzew *aśoka*. Przez wiele lat król żył ze swą żoną Dewajani w stanie ekstatycznej radości, zapominając o całym świecie. Gdy Dewajani

Księga I Opowieść 2 61

urodziła swego pierwszego syna o imieniu Jadu, Śarmistha, która przestała być dzieckiem, zaczęła się martwić, że jej nowo zdobyta kobiecość pozostanie bezowocna. Pamiętając doskonale o tym jak Dewajani przekonała króla Jajatiego, że powinien zostać jej mężem, zadecydowała, że pójdzie w jej ślady i też wybierze sobie prawego króla Jajatiego za męża i otrzyma od niego synów.

Pewnego dnia Śarmistha zobaczyła króla spacerującego samotnie po lesie niedaleko jej domu. Wyszła mu więc na spotkanie i złożywszy pobożnie dłonie, rzekła: „O królu, któż zechce pojąć mnie za żonę, skoro zamiast mieszkać w pałacu mego ojca, mieszkam w twoim? Proszę cię więc o to, abyś wykonał swój obowiązek, został moim mężem i dał mi synów". Król rzekł: „O Śarmistha, znam twą urodę i nieskazitelne maniery, ale nie mogę zostać twym mężem, gdyż zakazał mi tego ojciec Dewajani. Nie mogę złamać mej obietnicy i zmienić jej w kłamstwo. Król jest przykładem dla swego ludu i jeżeli król skłamie, wówczas wszyscy zaczną kłamać i wtedy on i cały jego lud będą zgubieni".

Słysząc to Śarmistha rzekła: „O królu, niczego nie pragnę tak jak unikania łamania Prawa i proszę cię, ucz mnie jego przestrzegania. Jednakże o ile wiem, nie zawsze niedotrzymywanie obietnic jest uznawane za kłamstwo i okłamanie kobiety owładniętej żądzą nie jest grzechem. A poza tym mąż i przyjaciel są tym samym i ślub przyjaciela powinien być traktowany jak własny ślub. O królu, ty jesteś mężem mej przyjaciółki, a więc jesteś moim przyjacielem i twój ślub jest moim ślubem. Musisz więc zgodzić się na poślubienie mnie, gdyż wybrałam cię na swego męża właśnie dlatego, że jesteś mężem mojej przyjaciółki". Jajati rzekł: „O Śarmistha, prosisz mnie o przysługę jak żebrak, a Prawo uczy, że nie wolno odmawiać daru żebrakowi. Powinienem więc spełnić twą prośbę. Cóż więc mogę dla ciebie uczynić?" Śarmistha rzekła: „O królu, Prawo mówi, że żona, niewolnik i syn są tymi, którzy nie posiadają żadnej własności. Ja jestem Dewajani niewolnicą, a ona służy tobie. Obie jesteśmy więc tak samo od ciebie zależne i do ciebie należy dbałość o nasze potrzeby". Słysząc ten ostatni argument, król Jajati nie potrafił zaprzeczyć jego słuszności i zgodziwszy się na prośbę Śarmisthy, dał jej trzech synów o imionach Druhju, Anu i Puru.

Gdy Śarmistha urodziła swego pierwszego syna, zaniepokojona Dewajani udała się do jej domu i gniewnie zapytała: „O pięknobrewa przyjaciółko, cóż za przestępstwo popełniałaś z głodu miłości?" Śarmistha odpowiedziała: „O moja słodko uśmiechająca się przyjaciółko, nie padłam ofiarą żądzy. Mój syn jest darem od prawego mędrca, znawcy *Wed*, który przechodził niedaleko mojego domu". Słysząc to, Dewajani poprosiła Śarmisthę o ujawnienie jego imienia. Jednakże Śarmistha wyjaśniła, że nie potrafiła zapytać mędrca o imię, gdyż całkowicie nią zawładnął, błyszcząc jak słońce dzięki mocy nagromadzonego gorąca. Dewajani rzekła: „O Śarmistha, jeżeli powiedziałaś prawdę, to nie pożałujesz" i obie przyjaciółki serdecznie się roześmiały. Uspokojona Dewajani wróciła do swego pałacu, nie wiedząc, że nie dowiedziała się całej prawdy i że ów „znawca *Wed*" i mędrzec był jej mężem.

Po pewnym czasie Dewajani w towarzystwie króla Jajatiego udała się na przechadzkę w kierunku lasu, gdzie znajdował się dom Śarmisthy i zobaczyła trzech bawiących się chłopców o boskim wyglądzie, uderzająco podobnych do króla, jej męża. Zapytani o ich ojca wskazali na króla Jajatiego, który jednak bojąc się Dewajani, nie przywitał ich w sposób oczekiwany od ojca.

Dewajani przeczuła jednak prawdę i udawszy się do Śarmisthy rzekła: „O córko króla asurów, oszukując mnie wróciłaś znowu do ładu asurów. Czy ty nie masz wstydu?" Śarmistha odpowiedziała: „O moja słodko uśmiechająca się przyjaciółko, nie okłamałam cię, lecz powiedziałam prawdę, mówiąc, że mój syn jest darem otrzymanym od mędrca i znawcy *Wed*, gdyż mąż twój jest znawcą *Wed*. Nie mam więc powodu, aby się wstydzić, gdyż zachowałam się zgodnie z Prawem i obyczajnością. Zrobiłam poza tym tylko to, co ty sama zrobiłaś przede mną. Wybrałam sobie tego króla na męża, naśladując ciebie i traktując męża mojej przyjaciółki tak jakby był moim mężem. Zostałam więc żoną twego męża z szacunku do ciebie jako żony królewskiego mędrca i znawcy *Wed* i dlatego, że twojego męża, królewskiego znawcę *Wed*, szanuję jeszcze bardziej.

Słysząc to, Dewajani zwróciła się do króla Jajatiego, mówiąc: „O królu, źle uczyniłeś i dlatego moja stopa nie postanie już więcej w twoim pałacu!" Rzekłszy to, Dewajani udała się z powrotem do miasta asurów, do swego ojciec Śukry, a za nią podążał zaniepokojony i złamany bólem król Jajati, próbując bezskutecznie ułagodzić jej gniew. I tak oboje stanęli przed obliczem bramina Śukry.

Dewajani rzekła: „O ojcze, bezprawie (*adharma*) zniszczyło Prawo (*dharma*) i świat stanął na głowie. Śarmistha, córka króla asurów, pokonała mnie i okpiła. I ten stojący przed twym obliczem król Jajati, rzekomo słynny ze swej prawości, dał jej trzech synów, podczas gdy ja otrzymałam jedynie dwóch. Król ten swym postępowaniem przekroczył dopuszczalny limit!"

Słysząc to, bramin Śukra zapłonął gniewem i rzucił na króla Jajatiego klątwę, mówiąc: „O wielki królu, staniesz się natychmiast zniedołężniały i niezdolny do doznawania zmysłowych przyjemności, co będzie zemstą za to, że ty, który znasz Prawo, złamałeś je". Przerażony Jajati próbował się bronić, wyjaśniając, że nie kierował się w swym postępowaniu żądzą, lecz uczynił to, co nakazują święte księgi, czyli dał syna żebrzącej o syna opanowanej przez żądzę kobiecie. Śukra odpowiedział: „O królu, obłuda w dziedzinie Prawa zmienia cię w przestępcę. Powinieneś zwrócić się do mnie o radę, gdyż jesteś wobec mnie podrzędny!"

Klątwa bramina Śukry natychmiast się wypełnia, zamieniając króla Jajatiego w nieudolnego starca. Przerażony Jajati zwrócił się do bramina z błagalną prośbą o wycofanie klątwy. Śukra nie chciał jednak poddawać w wątpliwość wartości swych słów i wycofać swej klątwy. Zgodził się jednak ją złagodzić, mówiąc: „O królu, jeżeli tak bardzo pragniesz powrotu swej młodości bez rozsiewania zła, uczyń, co następuje: skupiając swój umysł na mnie, przenieść swój starczy wiek na jednego ze swoich synów. I niech ten syn, który zgodzi się na przejęcie twego starczego wieku, otrzyma w spadku twoje królestwo, zyskując sławę i gdy oddasz mu z powrotem jego młodość, zyskując bogate potomstwo". Król Jajati rzekł: „O braminie, niech tak się stanie".

4. Puru, syn króla Jajatiego dziedziczy królestwo

Z małżeństwa króla Jajatiego z Dewajani narodzili się Jadu i Turwasu, a z jego małżeństwa z Śarmisthą narodzili się Druhju, Anu i Puru.

Gdy Jajati gwałtownie i przedwcześnie się zestarzał i stracił całe swe fizyczne piękno z powodu klątwy, zwrócił się z prośbą do swych synów: „O synowie, pomóżcie mi, chciałbym raz jeszcze zaznać przyjemności, jaką daje spotkanie młodej i pięknej kobiety, a tymczasem z powodu klątwy nie potrafię doznawać żadnej zmysłowej przyjemności. Proszę was więc o to, aby jeden z was zgodził się zamienić ze mną swe ciało. Po upływie milenium obiecuję zwrócić mu wypożyczone młode ciało i mianować go następcą tronu".

Gdy starsi synowie odmówili królowi tej przysługi, rzucił na nich różne klątwy. Swego najstarszego syna Jadu, który zgodnie z Prawem powinien zostać dziedzicem królestwa, przeklął, mówiąc: „O synu, niech twoi potomkowie nigdy nie staną się królami". Swego syna Turwasu przeklął, mówiąc: „O synu, niech twoi potomkowie wyginą". Swego syna Druhju przeklął, mówiąc: „O synu, niech twoje marzenie o uzyskaniu tytułu zachodnich władców nigdy się nie spełni". Swego syna Anu przeklął, mówiąc: „O synu, niech twoi potomkowie staną się barbarzyńcami". Jedynie najmłodszy syn Puru zgodził się na oddanie ojcu swego młodego ciała i wówczas król Jajati mocą swych umartwień przeniósł na niego swą starość, odzyskując młodość na okres tysiąca lat, podczas których doświadczał wielu przyjemności, dozwolonych przez Prawo. W swoim królestwie był jak inkarnacja samego Indry i kierując się Prawem, przynosił zadowolenie wszystkim żywym istotom: bogom i przodkom składał ofiary, spełniał prośby uciskanych, dobrych braminów obsypywał darami, gości witał chlebem i wodą, pospólstwo wziął pod swą opiekę, służących obdarzał swą dobrocią, a złych dasjusów zwalczał.

W końcu, gdy król nasycił się przyjemnościami i poczuł się zmęczony, zgodnie z obietnicą zwrócił swemu najmłodszemu synowi Puru jego młodość i przeniósł na niego swą królewską władzę, mówiąc: „O synu, choć jesteś najmłodszy, ty zostaniesz moim dziedzicem i twoi potomkowie od twego imienia będą nazywani Paurawami. Daję ci we władanie sam środek ziemi, pozostawiając dla twych braci jej obrzeża. Pamiętaj jednak o tym, że człowiek cnotliwy zawsze opanowuje swój gniew, wybacza i nigdy nie popada w fałszywą dumę. Obrzucany klątwami nie odpowiada tym samym. Nie zadaje bólu, nie stosuje przymusu i nie rani słowami. Wyrzeka się rzucania klątw na zło, lecz jedynie stara się naśladować dobro. We wszystkich trzech światach najlepszym sposobem na zdobycie przyjaciół jest współczucie, życzliwość dla wszystkich istot, szczodrość i uprzejme słowa".

Koronowanie najmłodszego syna wydawało się jednak niezgodne z Prawem, lecz Jajati wyjaśnił braminom i swemu ludowi okoliczności swej decyzji, mówiąc, że podejmując ją, kierował się tym, że jego starsi synowie nie posłuchali jego rozkazu i odnieśli się do niego z lekceważeniem. Poza tym w swym postępowaniu kierował się nakazem bramina Śukry, aby uczynić następcą tronu tego syna, który wyraził zgodę na oddanie mu na jakiś czas swego młodego ciała. Wyjaśnienie to wszystkich zadowoliło.

Po oddaniu władzy królewskiej swemu najmłodszemu synowi król Jajati udał się do lasu, aby spędzić resztę życia żyjąc jak pustelnik w otoczeniu braminów, żywiąc się jedynie owocami i korzonkami znalezionymi w lesie i w ten sposób zebrać zasługi potrzebne, aby dostać się do nieba. Praktykując dyscyplinę zdobył kontrolę nad swym umysłem i językiem i w rezultacie dostał się do nieba, gdzie długo przebywał pogrążony w stanie radosnej ekstazy, odbierając honory od trzydziestu bogów. Następnie ze świata bogów udał się do świata Brahmy i jakiś czas tam przebywał.

Pewnego dnia przyszedł jednak kres jego pobytu w niebie, gdyż jego zasługi się wyczerpały. Stało się to jasne, gdy spotkał Indrę, który zapytał go, czy zna kogoś, kto byłby mu równy w sile umartwiania się, które praktykował w dżungli po porzuceniu królestwa. Jajati przepełniony pychą powiedział: „O Indra, wśród bogów, wielkich proroków i boskich muzyków gandharwów i wśród ludzi nie znajdziesz nikogo, kto dorównywałby mi w sile swej religijności". Usłyszawszy to, Indra rzekł: „O królu, w swej wypowiedzi wyraziłeś bezpodstawnie pogardę zarówno dla tych, którzy są ci równi jak i dla tych, którzy stoją ponad tobą jak i tych, co stoją poniżej i w ten sposób wyczerpałeś swoje zasługi, które zebrałeś przez cnotliwe życie. Musisz więc ponownie narodzić się na ziemi. Narodzisz się jednak wśród uczciwych, abyś mógł szybko odzyskać swoje utracone morale". Jajati rzekł: „O Indra, niech tak się stanie". I jak wieść niesie, w swym nowym wcieleniu król Jajati był tak cnotliwy, że w jego królestwie nikt nie umierał i bogowie musieli błagać boga śmierci Jamę, aby zaczął przynosić ludziom śmierć i uwolnił ziemię od ciężaru trudnej do wyżywienia populacji.

5. Narodziny króla Bharaty

Król Duhszanta, syn króla Puru z dynastii księżycowej i wnuk króla Jajatiego, był równy bogom w swej umiejętności władania bronią i był tak silny, że sam potrafił wyrwać i unieść górę Mandarę. Był on również prawy i cnotliwy i gdy władał ziemią, kasty nie mieszały się między sobą i ludzie kierowali się ładem i zyskiem swej własnej kasty. W swych aktach oddawania czci bogom nie kierowali się własnym interesem, lecz Prawem. Pod jego władaniem nikt nie musiał obawiać się choroby, głodu, czy złodzieja. Wszyscy ufali mu, jako strażnikowi ziemi i nie musieli obawiać się żadnego niebezpieczeństwa. Indra lał deszczem w odpowiednim czasie, a ziemia rozkwitała dobrobytem.

Pewnego dnia ten bohaterski król stojąc w pełnym uzbrojeniu na czele potężnej armii, udał się głęboko w dżunglę, aby oddać się rozrywce polowania. Gdy tak jechał w kierunku dżungli, otoczony przez tysiące uzbrojonych po zęby wojowników dmących w konchy i bijących w bębny, rozsiewał wokół dźwięk podobny do grzmotu. I gdy tak wysławiał swą królewską potęgę, z balkonów i okien mijanych pałaców goniły za nim spojrzenia dam widzące w nim samego Indrę władającego piorunem. I ten super-władca ziemi idąc na polowanie, wypełnił ziemię i niebo grzmotem swego rydwanu pędzącym jak Garuda w swym locie po eliksir nieśmiertelności. I krocząc w ten bohaterski sposób na czele swej armii, dotarł głęboko w las do miejsca, które przypominało raj Indry. Choć las był tu bezludny i pozbawiony wody, obfitował w zwierzynę łowną. W lesie tym pasły się niezliczone stada jeleni i grasowały drapieżniki. Widząc to, król Duhszanta popadł w ekstatyczny zapał i ustrzelił swymi strzałami lub zabił swym mieczem wiele tygrysich rodzin, a swą włócznią pozbawił życia wiele antylop. Gdy tak grasował wraz ze swymi wojownikami po lesie jak drapieżnik, wybijając zwierzęta i ptaki przy pomocy swej potężnej broni, teren łowny przekształcał się powoli w zgliszcza i chaos. Rozproszone jelenie wzywały pomocy pobawione swego stada i przywódców i nie mogąc zaspokoić pragnienia w wyschniętej rzece, wyczerpane do ostateczności padały omdlałe na ziemię. Część wygłodniałych myśliwych pożerała je żywcem, choć inni pamiętali o rozpaleniu ognia i o przygotowaniu należytego posiłku. Ranne słonie brocząc krwią, miotały się chaotycznie, siejąc spustoszenie. Las, który najpierw przypominał raj Indry, zalany monsunem potęgi i deszczem strzał, wyglądał tak jakby go stratowały stada dzikich bawołów.

Zabiwszy już tysiące jeleni, nienasycony król Duhszanta i jego jeźdźcy nie ustawali w poszukiwaniu zwierzyny i zapuszczając się coraz głębiej w dżunglę, dotarli do miejsca odmiennego w swym charakterze. Król, choć głodny i spragniony, ciągle pełen sił, zobaczył liczne pustelnie świętych ascetów. Minąwszy je wjechał do lasu o niezwykłym pięknie, gdzie wiał lekki orzeźwiający wiatr, wszystkie drzewa obsypane były kwiatami, a przestrzeń wypełniona była śpiewem ptaków. Widząc to, możny król popadł w zachwyt. Wśród drzew pokrywających brzeg rzeki Malini, dostrzegł idylliczną pustelnię mędrca Kaśjapy jarzącą się od płomieni ognia ofiarnego płonącego w różnych miejscach, ozdobioną dywanami kwiatów, otoczoną przez pozostające w idealnej harmonii stada ptactwa i dzikich zwierząt i wypełnioną po brzegi tłumem ascetów i pustelników. Zbliżył się więc do tej czarownej pustelni, w której jak w lustrze odbijał się świat bogów i przepełniony pragnieniem, aby tam wejść, spojrzał ku rzece karmiącej swymi wodami jak matka wszystkie żywe istnienia, ptaki, słonie, tygrysy i potężne węże, nad której wodami unosił się święty dźwięk wedyjskich pouczeń. Wydało mu się, że jest to miejsce Nary i Narajana, park Citraratha, otoczony świętymi wodami Gangesu i wypełniony wrzaskiem zapamiętałego w tańcu pawia. Stojąc u bram, król Duhszanta, władca ludzi, zapragnął złożyć wizytę wielkiemu ascecie Kaśjapie, wnukowi Brahmy. Rzekł więc do towarzyszącej mu eskorty: „O wojownicy, pozostańcie tutaj u bram i czekajcie na mój powrót. Pragnę złożyć wizytę Kaśjapie, beznamiętnemu, umartwiającemu się pustelnikowi". I gdy król Duhszanta przekroczył bramy wiodące do pustelni, zapomniał o głodzie i pragnieniu i popadł w stan ekstatycznego zachwytu. Pozbył się oznak swej królewskiej władzy i jedynie w towarzystwie swego doradcy i kapłana ruszył dalej.

W pustelni jak w lustrze odbijał się świat Brahmy, wypełniony echem bzyczenia pszczół i dźwiękami drapieżnego ptactwa. Ze wszystkich stron dochodziły głosy najprzedniejszych braminów recytujące hymny *Rigwedy*. Pustelnię wypełniał blask bijący od bezgranicznego ducha surowych w swych religijnych praktykach kapłanów, ekspertów w dziedzinie składania ofiar i recytowania *Wed*. Znawcy *Atharwywedy* w otoczeniu ofiarników recytowali hymny *Samhita*. Przestrzeń wypełniał dźwięk wytwornego języka braminów, znawców sakramentów i tajników składania ofiary, znawców świętej fonetyki i ról interpretacji, mistrzów w dziedzinie *Wed*, biegłych w kombinowaniu i wiązaniu różnego typu zdań, uczonych w różnych rodzajach rytów, skoncentrowanych na Zbawieniu i Prawie, którzy zdobyli wiedzę o ostatecznej Prawdzie dzięki praktykowaniu argumentowania, zaprzeczania i wyciągania wniosku. Król Duhszanta, pogromca wrogów, widział wszędzie wokół siebie doskonałych w swych religijnych praktykach braminów, ograniczających samych siebie poprzez swe przysięgi, wyszeptujących magiczne formułki, składających ofiary i wykonujących *pudżę* w sanktuariach poświęconych różnym bogom. Trafiwszy do tego świata Brahmy, chronionego przez nieprzerwane religijne praktyki samoumartwiania mędrca Kaśjapy, król Duhszanta popadł w jeszcze większy zachwyt.

Zwolniwszy swego doradcę i kapłana ruszył samotnie w kierunku sanktuarium mędrca Kaśjapy, otoczonego wokół przez nucących modlitwy świętych proroków. Jednakże mędrca Kaśjapy nie było w tym czasie w pustelni i na powitanie króla wyszło młode dziewczę w pustelniczym stroju, piękne jak sama bogini dobrobytu, o imieniu Śakuntala, aby dopełnić wszystkich należnych gościowi powitalnych rytów. Poinformowała ona oczarowanego jej słodkimi biodrami króla, że jej ojciec Kaśjapa poszedł do dżungli w poszukiwaniu leśnych owoców. Król Duhszanta nie mógł uwierzyć, że stojąca przed nim piękność jest córką Kaśjapy, przekonany, że wielki znawca Prawa i asceta, ścisły w swych religijnych praktykach powstrzymywania nasienia, nigdy nie pozwoliłby swemu nasieniu upaść na jakikolwiek przedmiot. Zaczął się więc dopytywać o jej prawdziwe pochodzenie i przyczynę, dla której znalazła się w pustelni Kaśjapy. I Śakuntala opowiedziała królowi to, czego sama dowiedziała się pewnego dnia, słysząc rozmowę Kaśjapy z pewnym prorokiem.

Jej biologicznym ojcem był król Wiśwamitra, który poddał się praktykom umartwiania tak surowym, że stał się rywalem samego króla bogów Indry. Indra, obawiając się, że religijne praktyki Wiśwamitry pobawią go władzy w królestwie bogów, postanowił przerwać je, nasyłając na Wiśwamitrę piękną i uwodliwą apsarę

Menakę. Indra rzekł: „O Menaka, ty jesteś wśród apsar najpiękniejsza. Weź sobie do serca moje dobro. Ów wielki asceta Wiśwamitra tak się umartwia, że cały drżę z przerażenia. Zajmij się nim, żeby nie obalił mnie z tronu. Uwiedź go swą pięknością, słodyczą i młodością i w ten sposób przerwij jego umartwianie się". Menaka odpowiedziała: „O Indra, ów czcigodny Wiśwamitra nagromadził wiele żaru dzięki swym umartwieniom i łatwo wybucha gniewem. Skoro ty sam się go obawiasz, jakże ja, słaba kobieta, mam się go nie obawiać? On ma ogromną moc. Choć urodził się w kaście wojowników i jest królem, to jednak siłą własnej woli stał się braminem i wygrał w rywalizacji z potężnym mędrcem Wasisztą. To on stworzył świętą rzekę Kauśiki. To on przeprowadził ofiarę, zarządzoną przez króla Matangę, na którą ty sam stawiłeś się ze strachu, chcąc wypić somę. To on dzięki swym umartwieniom stworzył nową galaktykę. Jak nie bać się kogoś zdolnego do takich czynów! Jak mam uniknąć żaru jego gniewu? Żarem, który nagromadził, może spalić cały świat, tupnięciem nogi może spowodować trzęsienie ziemi, a świętą górą Meru może rzucać jak piłką. Czyż słaba kobieta jak ja może pokonać człowieka o tak ogromnej duchowej sile, płonącego jak ogień, pana własnych zmysłów? Jego usta są jak płonący ogień ofiarny, źrenice jego oczu są jak słońce i księżyc, a jego język jest jak niszczący wszystko czas. Jak ja mogę go pokonać? O Indra, skoro jednak dałeś mi rozkaz pokonania tego człowieka przy pomocy mej uwodliwości, muszę być ci posłuszna. Chroń mnie jednakże i rozkaż wiatrowi, aby rozchylił moje szaty, gdy pojawię się przed Wiśwamitrą, a Kamie, bogowi miłości, aby wypuścił na czas swą miłosną strzałę". Indra rzekł: „Niech tak się stanie" i dał rozkaz wiatrowi, aby towarzyszył Menace i udał się z nią tam, gdzie siedział Wiśwamitra, ciągle pogrążony głęboko w umartwianiu się, choć dotychczasowe religijne praktyki już dawno wypaliły wszelkie zanieczyszczające go zło. Gdy Wiśwamitra zobaczył piękną nimfę w zwiewnych szatach rozwianych przez wiatr poczuł nieodpartą żądzę i zapomniał o swych ascetycznych praktykach. W rezultacie Menaka wykonała zadanie, powierzone jej przez Indrę i gdy urodziła córkę Śakuntalę, porzuciła ją jako niemowlę na brzegu rzeki Malini, a sama wróciła w przestworza, gdzie było jej zwykłe miejsce pobytu. Porzucone niemowlę, chronione przed dzikimi zwierzętami przez ptaki, zostało odnalezione przez mędrca Kaśjapę, który uratował jej życie, wyżywił ją jak własną córkę, przez co, zgodnie z Prawem, stał się jej ojcem.

Wysłuchawszy opowieści Śakuntali, król Duhszanta rzekł do niej: „O Śakuntala, choć wychował cię bramin Kaśjapa, jesteś córką króla Wiśwamitry, który został braminem dzięki sile swej samokontroli. I jako córka króla możesz zostać moją żoną, o co cię gorąco proszę. Jeszcze dziś przyniosę należne ci złote ozdoby i będziesz dzielić ze mną całe królestwo. Zostań więc natychmiast moją żoną na modłę bóstw unoszących się w przestworzach, czyli gandharwów, gdyż małżeńskie ryty gandharwów są najlepsze dla króla i wojownika". Śakuntala początkowo niezbyt przekonana, co do słuszności takiego postępowania, poprosiła króla, aby zaczekał na powrót Kaśjapy, który sam odda mu ją za żonę. Rozpalony miłością król Duhszanta rzekł: „O słodko pachnąca Śakuntala, po co czekać na powrót twojego ojca. Zadecyduj sama. Nie łamiąc Prawa, sama możesz mi się oddać. Zgodnie z Prawem istnieje osiem form małżeństwa, z których niektóre są zalecane braminom, inne wojownikom, jeszcze inne ludziom z gminu i służącym, a niektóre są w ogóle zakazane. Małżeńskie ryty gandharwów i rakszasów są zalecane wojownikom przez Prawo. Ja jestem zakochany w tobie, a ty we mnie, zostań więc mą żoną natychmiast i bez zwłoki, jak nakazują tego małżeńskie ryty gandharwów". Śakuntala rzekła: „O królu, jestem zdecydowana oddać ci się natychmiast i zostać twoją żoną, skoro przekonujesz mnie, że jest to zgodne z Prawem królów. Zrobię to jednak tylko wtedy, gdy obiecasz mi, że syn, który narodzi się z naszego związku będzie twoim następcą tronu". Król zgodził się bez wahania, obiecując jej również, że przyśle po nią odpowiedni orszak, złożony z konnicy, piechoty, rydwanów i słoni, aby zabrać ją z pustelni Kaśjapy do królewskiego pałacu. I w ten sposób poczęty został syn o imieniu Bharata.

Opuściwszy Śakuntalę i udawszy się w drogę powrotną do Hastinapury, król Duhszanta zaczął się martwić o to, co o tym wszystkim pomyśli mędrzec Kaśjapa, gdy wróci do swej pustelni i czy przypadkiem nie wybuchnie gniewem i nie przeklnie go. Tymczasem, gdy mędrzec Kaśjapa, który wie wszystko, wrócił do swej pustelni, jego córka Śakuntala powitała go w milczeniu, gdyż była zbyt zawstydzona tym, co się stało. Kaśjapa rzekł: „O córko, postąpiłaś słusznie i swym zignorowaniem mojej zgody nie złamałaś Prawa, gdyż małżeństwo w stylu boskich muzyków gandharwów zawarte w sekrecie bez odpowiednich zaklęć między kochającym mężczyzną i kochającą kobietą jest odpowiednie dla wojowników. Król Duhszanta jest dobrym człowiekiem o wielkim duchu i prawym umyśle. Dzięki niemu urodzisz wspaniałego syna o ogromnej sile, którego wpływy obejmą całą ziemię. Dzięki twemu synowi wszechwładne koło Świętego Tokarza Koła będzie się zawsze obracało bez przeszkód". Śakuntala rzekła: „O ojcze, sama wybrałam tego dobrego człowieka na swojego męża. Obdarz więc go i jego doradców swoją łaską". Kaśjapa rzekł: „O córko, niech tak się stanie. Powiedz mi, jakie konkretnie jest twoje życzenie?" Śakuntala odpowiedziała: „O ojcze, pragnę, aby dynastia księżycowa, wywodząca się od Paurawów, w której mój mąż i syn są królami, nigdy nie zboczyła ze ścieżki Prawa i aby nigdy nie straciła swego królestwa". Kaśjapa rzekł: „O córko, niech tak się stanie".

Choć minęły trzy lata, król Duhszanta, mimo obietnicy, nie przysłał swej świty po Śakuntalę, która tymczasem urodziła syna silnego jak lew, noszącego na swej dłoni znak koła, promieniującego jak rozpalony ogień, bogato wyposażonego przez naturę w cnoty piękna i szczodrobliwości. Kaśjapa, pierwszy wśród znawców tego, co święte udzielił mu wszelkich należnych sakramentów. Chłopiec wyglądający jak młody bóg rozwijał się szybko i bez przeszkód i wsławił się szczególnie swą umiejętnością oswajania dzikich zwierząt. Kaśjapa, obserwując jego nadprzyrodzone umiejętności, rzekł do swej córki: „O córko, czas, aby twój syn stał się królem" i poprosił swych uczniów, aby zabrali Śakuntalę obdarzoną wszelkimi znakami dobrej żony i jej syna o ogromnej sile do Hastinapury, do zamku jej męża króla Duhszanty.

Stanąwszy przed królewskim obliczem, Śakuntala, ubrana w skromny strój ascety, rzekła: „O królu, oto przed tobą stoi twój podobny bogom syn. Zgodnie z obietnicą, mianuj go następcą tronu". Choć król doskonale pamiętał o danej obietnicy, to jednak zaparł się jej, twierdząc, że nie poznaje Śakuntali, a tym bardziej jej syna. Słowa króla zabolały Śakuntalę, okrywając ją bezgranicznym wstydem i cierpieniem. Z trudem powstrzymała się od rzucenia na króla spojrzenia, które, dzięki gorącu nagromadzonemu przez jej ascetyczne życie, było w stanie spalić go w jednej chwili. Ochłonąwszy nieco, rzekła z wielkim gniewem: „O królu, wiesz doskonale, że mówię prawdę i kłamiesz jak człowiek z plebsu. Nie ubliżaj samemu sobie! Wiesz doskonale, że kłamiąc, okradasz swoją duszę. Myślisz, że jesteś panem swego ja i zapominasz o starożytnym proroku, który żyje w twym sercu i który jest świadkiem twoich wszystkich złych czynów. To przed nim kłamiesz. Bogowie również wiedzą, gdy człowiek popełnia zły uczynek.

Nie lekceważ mnie, gdyż jestem twoją wierną żoną i przyszłam do ciebie z własnej woli. Zamiast powitać mnie odpowiednimi prezentami, traktujesz mnie, jakbym była z gminu. Jeżeli nie uczynisz tego, o co cię proszę, twoja głowa rozpadnie się na sto drobnych kawałków.

Żona jest zwiastunem szczęśliwego losu. Dzięki niej mąż rodzi się ponownie w formie syna, który z kolei ratuje ojca przed piekłem, kontynuując jego linię i oddając mu honory należne przodkom. Syn jest dla mężczyzny nim samym, poczętym z niego samego i dlatego powinien on się troszczyć o matkę swego syna jak o swą własną matkę. Jest on dla niego jak lustrzane odbicie, w które spogląda, aby znaleźć bezgraniczną radość, której doświadcza tylko dzięki żonie. Żona znaczy więcej niż przyjaciel, gdyż jest przyjacielem męża w godzinie śmierci. Jest korzeniami, z których wyrasta Prawo, Zysk i Miłość. Mężczyzna, który ma żonę, jest bardziej godny zaufania, gdyż może zrealizować nakazane rytuały, ma ognisko domowe, jest szczęśliwy. Dlatego też, mając na uwadze zarówno życie doczesne jak i życie wieczne, mężczyzna pragnie małżeństwa. Od posiadania żony zależy nie tylko jego radość, ale także miłość i zasługi, które zbiera. Kobieta jest dla mężczyzny świętym polem narodzin, bez którego nawet prorocy nie potrafią mieć synów. Jak możesz odrzucać radość płynącą z obejmowania syna? Przez trzy lata nosiłam go pod mym sercem, aby mógł rozproszyć twój smutek, a gdy się narodził, głos z nieba rzekł: 'O Śakuntala, twój syn złoży setki Ofiar Konia'. O królu, ty, który znasz Prawo, jak możesz odrzucać swego syna, który spogląda na ciebie z miłością?".

Słysząc to, król Duhszanta rzekł: „O Śakuntala, skąd mogę mieć pewność, iż twój syn jest moim synem. Twój syn jest zbyt duży i zbyt silny jak na małe dziecko. Kobiety kłamią i nie mam podstaw, aby wierzyć twym słowom. Twoja matka apsara Menaka była bezlitosną ladacznicą, która porzuciła cię w Himalajach jak zużytą girlandę. Twój ojciec Wiśwamitra, król z urodzenia, który stał się braminem, był rozpustnikiem. Jesteś urodzona z żądzy i twoje pochodzenie jest bardzo skromne. Ty sama pewnie jesteś ladacznicą w przebraniu ascety. Wróć tam, skąd przyszłaś, gdyż nie chcę cię znać!"

Śakuntala rzekła: „O królu, moje urodzenie jest lepsze niż twoje. Moja matka Menaka należy do trzydziestu bogów i podczas gdy ty chodzisz po ziemi, ja poruszam się w powietrzu. Kłamiesz, podczas gdy Prawda jest Najwyższym Prawem, a kłamstwo jest na ziemi najgorszym złem. Prawda jest najwyższym *Brahmanem* i suwerennym zobowiązaniem. Nie zaniedbuj zobowiązania, które podjąłeś, gdyż Prawda jest twoim największym sprzymierzeńcem. Skoro jednak upierasz się przy kłamstwie, nie chcę mieć z tobą nic do czynienia i wolę wrócić do mej pustelni. Niezależnie od tego, czy pomożesz swojemu synowi, czy też nie, on i tak zostanie władcą ziemi".

Rzekłszy to, Śakuntala przygotowała się do opuszczenia królewskiego pałacu i swego męża króla Duhszanty, który siedział wśród swych kapłanów, doradców, nauczycieli i kapelana, gdy rozległ się głos z nieba: „O królu, o potomku Paurawów, zaopiekuj się swym synem, nie odrzucaj Śakuntali, gdyż ona powiedziała prawdę. Zatrzymaj swego syna, uczyń go następcą tronu i daj mu imię Bharata". Słysząc ten boski głos króla Duhszanta rzekł do kapelana i doradców: „O panowie, wsłuchajcie się w to, co mówi wysłannik bogów. Ja doskonale wiedziałem, że Śakuntala mówiła prawdę i że Bharata jest moim synem. Jednakże, gdybym uznał go za syna bez poparcia bogów, ludzie nigdy nie pozbyli się wątpliwości, co do mojego ojcostwa".

Oczyszczony z wątpliwości swego ludu przez boski głos, szczęśliwy i przepełniony radością, objął swego syna, całując go w czoło z miłością, podczas gdy bramini i poeci wychwalali jego syna w swych pieśniach. Znając swe obowiązki, uhonorował odpowiednio swą żonę, wyjaśniając jej, co następuje: „O żono, moi ludzie nie wiedzieli nic o umowie, którą z tobą zawarłem i dlatego zachowywałem się tak wrogo, licząc na to, że bogowie pomogą ci się oczyścić się z podejrzeń i zaakceptują to, że Bharata, nasz syn, ma prawo do królestwa".

Następnie król Duhszanta nadał uroczyście swemu synowi imię Bharaty i mianował go następcą tronu. I od tego czasu sławne koło bohaterskiego króla Bharaty obraca się grzmiąco we wszystkich światach, znacząc początek słynnego królewskiego rodu Bharatów, który władał ludem Kuru. Król Bharata był władcą ziemi, który pokonał wielu królów, czyniąc ich swymi wasalami. Żył według Prawa, co przyniosło mu sławę. On, Tokarz Koła, majestatyczny król, stał się tak jak Indra fundatorem setek ofiar. W swym celebrowaniu ofiar był jak Daksza i Kaśjapa i gdy składał Ofiarę Konia, obdarował Kaśjapę tysiącem krów.

Napisane na podstawie fragmentów *Mahābharāta*,
1. The Book of the Beginning,
1(6) The Descent of the First Generation,
1(7) The Origins, 1(7.b) Śakuntalā, 1(7.c) Yayāti,
1(7.d) The Latter Days of Yayāti.

Opowieść 3
Grzech króla Mahabhisy

1. Zapowiedź apokalipsy; 2. Grzech króla Mahabhisy; 3. Pożądliwy król Śamtanu; 4. Uwodliwa Satjawati; 5. Citrangada i Wikitrawirja, krótko żyjący potomkowie Śamtanu i Satjawati; 6. Dhritarasztra, Pandu i Widura, synowie bramina Wjasy z wdowami po Wikitrawirji; 7. Pandawowie, potomkowie Pandu; 8. Kaurawowie, potomkowie Dhritarasztry.

> *Ardżuna zapytał*:
> „O Kryszna wytłumacz mi proszę, czym jest ta potężna siła pchająca człowieka do czynienia zła wbrew własnej woli?"
> *Kryszna rzekł*:
> „O Ardżuna, są to żądza i gniew, które mają swe źródło w namiętności. To one są nienasyconym wrogiem i czystym złem!"
> (*The Bhagavad-Gita*, The Third Teaching, 37)

1. Zapowiedź apokalipsy

Nowy eon rozpoczął się szczęśliwie, gdy zrozpaczonym żonom królów udało się zapewnić kontynuację swej kasty wybitej do nogi przez potomka Bhrigu, pustelnika Paraśuramę. Udały się one do braminów, aby błagać ich o synów i córki i surowi w swej ascezie bramini, oczyszczeni z wszelkiej żądzy, zgodzili się spełnić ich prośbę. Przez dłuższy okres czasu odrodzona w nowym pokoleniu kasta wojowników uznawała pierwszeństwo braminów i żyła zgodnie z ładem nakreślonym przez Prawo. Wyrzekłszy się występków wynikłych z gniewu i żądzy, rządziła sprawiedliwie Matką Ziemią, chroniąc swych poddanych od chorób i trosk. Gdy królowie podążali ścieżką Prawa, Indra oblewał Ziemię słodkim deszczem, nie umarło żadne dziecko i żaden mężczyzna nie znał kobiety przed wyznaczonym przez Prawo czasem. Wszystkie cztery kasty były wierne swemu Prawu i wykonywały właściwe dla siebie zadania. Królowie składali ofiary, otrzymując w zamian od bogów hojne wynagrodzenie. Bramini studiowali *Wedy* i *Upaniszady* i żaden z nich nie sprzedawał swych religijnych usług dla zysku i nie recytował *Wed* w obecności służby. Farmerzy nie używali krów do zaprzęgu i nie odbierali mleka ich młodym, a kupcy nie fałszowali wagi swych towarów.

W miarę jak Eon Zwycięskiego Rzutu Kośćmi (*kritajuga*) starzał się, Ziemia wypełniała się coraz liczniejszymi żywymi istotami. I wówczas, gdy świat ludzi był w pełni rozkwitu, na Ziemi zaczęły się rodzić demony. Niektóre z nich spadały na Ziemię po przegraniu wojny z bogami i utracie swej niebiańskiej własności. Inne były przepełnionymi pychą mieszkańcami Ziemi, których żądza bycia równym bogom przekształciła w demony. Demony rodziły się wśród królów i pijane swą mocą, ciemiężyły braminów, wojowników, kupców i nawet służących, siejąc postrach i zabijając wszystko, co żywe. Demony włóczyły się po całej Ziemi, strasząc pustelników w ich pustelniach i w miarę jak ich liczba na Ziemi rosła, Ziemia coraz bardziej traciła siły i w końcu całkowicie sterroryzowana udała się wraz z bogami, braminami i prorokami do dziadka wszystkich żyjących istnień Brahmy i powitawszy go należycie, poskarżyła się na swój los. Jej tragiczna sytuacja była od dawna znana Samo-Stwarzającemu Się Ożywicielowi Materii, który wiedział o wszystkim, co działo się w umysłach bogów i demonów i ów Pan Ziemi, źródło wszelkich istot, suweren Pradżapati przemówił do Ziemi głosem Brahmy: „O Matko Ziemio, na twój ratunek zaangażuję wszystkich mieszkańców nieba".

Wypowiedziawszy te słowa, dziadek Brahma pozwolił Ziemi odejść, a wszystkim bogom rozkazał: „O bogowie, każdy z was musi w swej istotnej części narodzić się na Ziemi, aby udzielić jej pomocy". Podobny rozkaz dał on tłumowi boskich muzyków gandharwów i boskich nimf apsar i wszyscy niebianie łącznie z królem bogów Indrą wziąwszy sobie głęboko do serca te pełne sensu słowa najstarszego z nich, udali się do ciemnoskórego Narajany o lekko skośnych łagodnych oczach, ubranego w żółte szaty, zbrojnego w dysk i maczugę, który jest obrońcą bogów i pogromcą ich wrogów i zwrócili się do niego z prośbą o pomoc w oczyszczeniu Ziemi z demonów, gdyż cierpienia Ziemi zapowiadały zmierzch bogów.

Indra przemówił do Narajany, Najwyższej Osoby w te słowa: „O Wisznu, broń nas i zstąp na Ziemię w swej istotnej części". I Wisznu odpowiedział: „O Indra, niech tak się stanie". I wówczas Indra, mając obietnicę Wisznu, iż narodzi się on w swej istotnej części na Ziemi, dał bogom rozkaz, aby udali się na Ziemię i mając na uwadze dobro wszystkich żywych istnień, pomagali Wisznu w zniszczeniu panoszących się tam demonów. I zgodnie z Indry rozkazem różni bogowie zaczęli się rodzić wśród braminów i królów, przygotowując grunt do wielkiej apokaliptycznej bitwy, która miała oczyścić Ziemię z pożerających ludzi danawów, rakszasów i wężów.

2. Grzech króla Mahabhisy

Król Mahabhisa z dynastii słonecznej zapoczątkowanej przez pierwszego króla Ajodhji Ikszwaku był za życia dobrym królem i w pełni zasłużył sobie na niebo, które zdobył, dowodząc swej dzielności, dotrzymując zawsze danego słowa oraz sprawiając przyjemność królowi bogów Indrze poprzez dedykowanie mu tysiąca Ofiar Konia oraz stu festiwali wyścigów konnych. Jednakże pewnego dnia czas jego pobytu w niebie dobiegł kresu. A stało się to wówczas, gdy na spotkanie wszystkich bogów z Brahmą przyszła bogini Gangesu Ganga wnuczka Brahmy i wiatr rozwiał jej delikatne szaty. Podczas gdy wszyscy bogowie natychmiast skromnie spuścili oczy, król Mahabhisa nie potrafił opanować swej żądzy i nie mógł oderwać wzroku od pięknej bogini. Zasłużył sobie tym na pogardę wielkiego boga Brahmy, który uznał, że jego zasługi się wyczerpały i rzucił nań klątwę ponownych narodzin na ziemi, aby mógł tam podjąć próby oczyszczenia się ze skutków swego grzechu. Gdy Brahma dał królowi możliwość wyboru łona, z którego chce się narodzić, król Mahabhisa wybrał żonę króla Pratipa z dynastii księżycowej, aby ponownie narodzić się na ziemi jako syn króla Pratipa Śamtanu.

Skutki żądzy króla Mahabhisy nie dały długo na siebie czekać, gdyż jego spojrzenia nie pozostały bez wpływu na boginię Gangę, która widząc, że stracił dla niej głowę, zaczęła o nim w głębi swego serca z przyjemnością rozmyślać. I gdy tak spacerowała po niebie, rozmyślając o jego spojrzeniach, spotkała na swej drodze ośmiu bogów Wasu pogrążonych w rozpaczy, gdyż mędrzec i pustelnik Wasiszta, syn boga oceanu Waruny, mający swą pustelnię u stóp góry Meru rzucił na nich klątwę narodzin na ziemi ze śmiertelnego łona. Przyczyną klątwy było to, że jeden z nich za namową swej żony ukradł Wasiszcie jego krowę ofiarną zwaną „wielką krową obfitości", która swego czasu została poczęta przez córkę Dakszy i jej męża Kaśjapę w celu służenia dobru całego świata i została podarowana Wasiszcie. Klątwa Wasiszty odnosiła się do wszystkich ośmiu bogów Wasu, lecz na ich błagania, aby wycofał klątwę, złagodził ją, mówiąc, że jedynie ósmy Wasu, który ukradł krowę, będzie musiał żyć i pokutować na ziemi przez dłuższy czas, podczas gdy pozostali będą żyć na ziemi jedynie przez rok. Będzie on człowiekiem o ogromnej prawości i dzielności i mistrzem we władaniu wszelkiego rodzaju bronią. Odmówiona mu jednak zostanie przyjemność poznania kobiety i pozostanie bezdzietny.

Bogów Wasu bardzo niepokoiła rzucona na nich klątwa, gdyż niosła ze sobą groźbę, że łono, w którym się znajdą, będzie nieczyste. I nagle, gdy zobaczyli spacerującą po niebie zakochaną w człowieku boginię Gangę, w ich sercach zaświtała nadzieja narodzenia się na ziemi z czystego łona bogini. Zwrócili się do niej z gorącą prośbą, aby urodziła ich na ziemi jako swoich synów. Słysząc to, bogini zapytała, czy wybrali już kogoś na swego ziemskiego ojca i ucieszyła się niezmiernie, gdy dowiedziała się, że ich wybór padł na króla Śamtanu syna Pratipa, o którym wiedziała, że miał być reinkarnacją króla Mahabhisy. Pragnienie bogów Wasu, aby połączyła się z królem Śamtanu węzłem małżeńskim, aby mogli się z niej narodzić, było w całkowitej zgodzie z jej własnym pragnieniem. Ganga zgodziła się więc ochoczo na ich prośbę, obiecując, że natychmiast po ich urodzeniu utopi ich w Gangesie, aby maksymalnie skrócić ich pokutowanie na ziemi. Bogowie Wasu z kolei zgodzili się na jej prośbę, aby najmłodszy z nich poświęcił się i pozostał na ziemi przez pełny okres ludzkiego życia, gdyż w ten sposób jej związek z królem Śamtanu nie będzie całkowicie jałowy i bezowocny.

3 Pożądliwy król Śamtanu

Król Śamtanu z dynastii księżycowej z linii Bharata, dziedzic Hastinapury, który narodził się na ziemi jako reinkarnacja króla Mahabhisy z dynastii słonecznej był obciążony jego grzechem, którego skutki w następnych pokoleniach miały zachwiać ładem społecznym w jego królestwie, zapowiadając nadchodzący zmierzch eonu.

Ojcem króla Śamtanu był prawy król Pratipa, który obdarzał dobrem każdą, choćby najmniejszą, żywą istotę. Wielkim smutkiem napawał go jednak brak dziedzica, choć przez wiele lat siadywał nad brzegiem Gangesu i pogrążał się w modlitwie, prosząc o syna. Pewnego dnia, gdy tak siedział pogrążony w modlitwie, pojawiła się przed nim bogini Gangesu Ganga, przybrawszy postać idealnie urodziwej i uwodzicielskiej kobiety i usiadła na jego prawym kolanie. Będąc pod wrażeniem jej urody, król zapytał, czy ma ona jakąś prośbę, którą mógłby z przyjemnością spełnić. Słysząc to, Ganga poprosiła go o miłość, przypominając, że Prawo nakazuje, aby nie odrzucać miłości zakochanej kobiety. Król jednakże oświadczył, że spełnienie jej prośby byłoby w niezgodzie z podjętym przez niego ślubem wyrzeczenia się chęci posiadania kobiety, która należy do innego mężczyzny lub nie jest jego żoną. Bogini upierała się jednak przy swej prośbie, twierdząc, ze nie jest niczyją żoną. Król Pratipa jednakże nie chciał się zgodzić i złamać swego ślubu, twierdząc, że łamanie ślubów jest niezgodne z Prawem, a łamanie Prawa obróci się w końcu przeciw niemu.

Król rzekł: „O bogini, zauważ ponadto, że usiadłaś na moim prawym kolanie, które jest przeznaczone dla dzieci i synowej, a nie na lewym kolanie, które jest miejscem dla żony lub nałożnicy i w związku z tym powinnaś zostać żoną mojego nie narodzonego jeszcze syna". Bogini Gangesu ucieszyła się, gdyż odpowiedź króla była zgodna z jej intencją poślubienia Śamtanu i rzekła: „O królu, na całej ziemi nie ma takiej drugiej dynastii, która byłaby równie silnie motywowana dobrem i przywiązana do Prawa jak twoja. Zgadzam się więc na to, aby zostać żoną twego mającego się narodzić syna Śamtanu. Nie zdradź jednak przed nim faktu, że jestem boginią oraz nakaż mu, aby nigdy nie kwestionował sensu mych działań". Po tych słowach bogini Gangesu znikła, pozostawiając królowi, który wraz ze swą żoną poddał się ciężkiej pokucie, cierpliwe oczekiwanie na narodziny zapowiedzianego syna. I wkrótce, mimo ich późnego wieku, narodził im się syn Śamtanu, w którego wcieliła się dusza króla Mahabhisy.

Gdy Śamtanu osiągnął odpowiedni wiek, król Pratipa przygotował ceremonię koronowania go na swego następcę. Przedtem jednak, zgodnie z obietnicą daną bogini, wyjaśnił mu, że powinien zawrzeć związek małżeński z piękną młodą kobietą, która pewnego dnia niespodziewanie pojawi się na jego drodze. Pratipa rzekł: „O synu, nie osądzaj jednak nigdy celowości jej czynów i nie pytaj jej o to, kim jest i skąd przybywa, lecz poddaj się całkowicie swej miłości do niej tak jak ona podda się całkowicie swej miłości do ciebie". Wkrótce po koronacji król Pratipa wycofał się z aktywnej służby rządzenia, pozostawiając królestwo swemu synowi.

Pewnego dnia, gdy król Śamtanu gonił za jeleniem wzdłuż brzegu Gangesu, zobaczył nagle wynurzającą się z wody piękną młodą kobietę o kształtach tak doskonałych, że nie potrafił oderwać od niej wzroku tak jak swego czasu uczynił to król Mahabhisa. Na prośbę króla zgodziła się z ochotą, aby zostać jego żoną i król oddał się całkowicie miłości, zapominając o królestwie i nie domyślając się tragicznego biegu wydarzeń, który był mu od dawna przypisany.

Wkrótce narodził mu się pierwszy syn, lecz nie było mu dane cieszyć się nim długo, gdyż pewnego ranka jego piękna żona zaniosła go nad brzeg świętej rzeki i utopiła w jej wodach. Zobowiązany do milczenia król mimo wielkiej rozpaczy nie powiedział ani słowa. Wkrótce urodził im się drugi syn. Jednakże i tym razem Ganga utopiła go w wodach Gangesu i to samo uczyniła aż siedem razy, topiąc swych siedmiu synów. I gdy narodził im się ósmy syn, zrozpaczony król widząc swą żonę niosącą go nad brzeg Gangesu, nie mógł się powstrzymać, złamał obietnicę daną swej żonie i rzekł: „O piękna żono, pozwoliłaś mi poznać największe rozkosze miłości, ale dlaczego chcesz by miłość ta pozostała jałowa. O okrutna, powiedz mi, kim jesteś i co daje ci prawo do okrutnego dzieciobójstwa?!" Ganga odpowiedziała: „O królu, złamałeś dane mi słowo i będę musiała odejść. Zostawię ci jednak tego syna, którego nazwij Gangadattą, czyli Darem Gangesu, który będzie cię darzył wielką miłością. Muszę ci też wyjaśnić, że nie jestem człowiekiem, lecz boginią Gangą i przybrałam ludzką postać, by móc cieszyć się miłością króla Mahabhisy, którego jesteś inkarnacją. Nasi synowie byli naprawdę bogami Wasu przeklętymi ponownymi narodzinami na ziemi, którzy poprosili mnie o skrócenie ich pokuty i utopienie ich w wodach Gangesu".

Wraz z narodzinami ósmego syna i złamaniem danego słowa przez króla Śamtanu zadanie bogini na ziemi wypełniło się i Ganga opuściła króla. Zabrała ze sobą do nieba ich ósmego syna, lecz obiecała, że po otrzymaniu odpowiedniego wykształcenia wróci on na ziemię. I tak też się stało. Gangadatta wrócił do swego ojca już jako dorosły mężczyzna, nauczywszy się mądrości *Wed* od samego mędrca Wasiszty, zdobywszy umiejętność władania bronią równą królowi bogów Indrze i uzyskawszy szacunek zarówno bogów jak i demonów asurów. Nikt nie mógł mu dorównać ani w prawości, ani w znajomości zasad rządzenia i walki. Król Śamtanu zapłonął do niego wielką ojcowską miłością i aby zapewnić królestwu dziedzica mianował go swym następcą tronu.

4. Uwodliwa Satjawati

Król Śamtanu był dobrym królem i dzięki swym czynom i poszanowaniu Prawa zdobył szacunek całego świata. Zasłynął jako ten, kto zawsze dotrzymuje danego słowa i którego czyny są zawsze inspirowane przez Prawo, a nie przez kalkulację zysków lub dążenie do przyjemności. W związku z tym zarówno bogowie jak i ziemscy książęta widzieli w nim dobrego „pasterza" własnego rodu i wszystkich tych, którzy byli motywowani przez dobro i uznawali jego prawo do rządzenia całą ziemią. Pod jego rządami na ziemi panowała idealna harmonia i porządek zgodny z zasadami boskiego porządku. Kasta braminów zdobyła należną jej dominującą rolę, gdyż dzięki swemu przykładowi król Śamtanu ukierunkował i ograniczył pragnienia pozostałych kast. Książęta podporządkowali swe zachowanie nakazom braminów i Prawu, a pozostałe kasty podporządkowały się woli książąt. Ostatecznie król Śamtanu wyzbył się wszelkich żądz i namiętności. Zaprzestał kontaktu z kobietami i stał się pustelnikiem. W królestwie ściśle przestrzegano wszelkich rytów należnych bogom i przodkom. Mową rządziła Prawda, a myślami Prawo i ofiara składana bogom. Król był ojcem dla każdej żywej istoty i odnosząc się do wszelkich żywych istot bez żądzy i namiętności, unikał wszelkiej wobec nich niesprawiedliwości i żadna żywa istota nie doświadczyła niesprawiedliwej śmierci.

Wydawało się, że nie ma takiej siły, która byłaby w stanie zaszkodzić doskonałości królestwa. Jednakże pewnego dnia miało miejsce następujące wydarzenie. Gdy król Śamtanu spacerował po lesie nad brzegiem rzeki Jamuny, poczuł nagle niezwykle piękny i słodki zapach i szukając jego źródła, znalazł niewielką łódkę, a w niej młodą przewoźniczkę piękną jak bogini o imieniu Satjawati, córkę króla rybaków. Nie potrafił oderwać od niej wzroku i poddawszy się opanowującemu go pożądaniu, zapragnął mieć ją za żonę.

Piękna Satjawati była córką króla kraju Kedisów o imieniu Uparikara, który wywodził się z linii dynastii księżycowej zapoczątkowanej przez króla Puru. Uparikara był zapalonym myśliwym, lecz pewnego dnia wyrzekł się swego miecza i udał się na pustkowie, gdzie rozpoczął skromne pustelnicze życie. Zaniepokoiło to bardzo króla bogów Indrę, który obawiał się, że Uparikara rozpoczął swe praktyki ascetyczne po to, aby stać się jego rywalem i pozbawić go jego boskiego królestwa. Aby zniechęcić Uparikarę do pustelniczego życia, król bogów Indra postanowił oddać mu we władanie kraj Kedisów oraz boską girlandę i boski rydwan, który był w użyciu wyłącznie przez bogów, tak że jadąc na tym rydwanie ozdobiony girlandą będzie się czuł jak nieśmiertelny bóg w śmiertelnym ciele. Stawił się przed obliczem pokutującego Uparikary i rzekł: „O Uparikara, jesteśmy przyjaciółmi i jako mój przyjaciel rezyduj na ziemi, podczas gdy ja będę rezydował w niebie. Jako zwierzchnikowi ludzi daruję ci kraj Kedisów, który obfituje we wszelkie cnoty ziemi: jest święty, bogaty w bydło i ryż, chroniony przez niebo i ma boga Somę za swego przyjaciela. O królu Kedisów, żyj więc na żyznej Matce Ziemi w darowanym ci kraju Kedisów! W kraju tym wieśniacy są obeznani z Prawem, zadowoleni i uczciwi, nikt nie kłamie nawet żartem, synowie szanują starszych i nie separują się od swych ojców, wszystkie kasty żyją zgodnie ze swym ładem, a krowy dają mleko i nigdy nie są używane do zaprzęgu".

Indra pouczył też króla Uparikarę, że powinien być obrońcą Prawa, mówiąc: „O władco ziemi, dbaj o to, aby Prawo nigdy nie pogrążało się w chaosie, gdyż poszanowanie Prawa jest fundamentem, na którym opierają się wszystkie światy. Broń tego doczesnego, ziemskiego Prawa, gdyż będąc prawy, zdobędziesz świat, który jest wieczny". Indra dał też królowi bambusowy pal i nauczył go własnego kultu, mówiąc, że na zakończenie każdego roku król powinien wbijać pal w ziemię i ozdobiwszy go girlandami i ornamentami oraz skropiwszy go perfumami, powinien oddać się swawoleniu, powtarzając to, co Indra kiedyś zrobił ze swej wielkiej sympatii dla bohaterskiego króla Uparikary. Król Uparikara rzekł: „O Indra, niech tak się stanie!" I Indra widząc, że król postępuje zgodnie z zaleceniami, był zadowolony i rzekł przepełniony uczuciem: „O królu, wszyscy ludzie i królowie powinni podążać za twym przykładem i oddawać cześć boską mojemu *Maha* z taką samą radością i w formie takiego samego festiwalu jak ty to czynisz, gdyż przyniesie to im szczęśliwy los i zwycięstwo. Niech więc mieszkańcy twego kraju będą syci i szczęśliwi!" I od tego czasu ludzie, którzy powtarzają festiwal Indry i oczyszczają się z grzechów, robiąc darowizny ziemi, spełniając prośby oraz składając ofiary, przywołują na ziemię samego Indrę i uzyskują od niego błogosławieństwo.

Pewnego dnia inteligentna góra Kolahala zakochała się w rzece Śuktimati płynącej przez stolicę kraju króla Uparikary, tarasując jej przepływ. Widząc to król kopnął górę i uwolnił bieg rzeki do powstałego wąwozu. Rzeka z wdzięczności zaoferowała mu swoje bliźnięta, dziewczynkę i chłopca, które się z niej narodziły. Król poślubił Girikę, a jej brata bliźniaka obdarował bogactwem i uczynił szefem swej armii.

Pewnego dnia królowa Girika oświadczyła, że chce mieć syna. Poddała się w związku tym rytualnej, oczyszczającej kąpieli, podczas gdy król udał się na polowanie, aby ustrzelić jelenia i oddać należną cześć przodkom. Podczas polowania nie mógł jednak zaprzestać myślenia o swej pięknej żonie i upuścił swe nasienie, które jednak szybko uchwycił na upadający liść, myśląc o tym, że nie może się ono zmarnować, gdyż było przeznaczone dla jego żony. Gdy dostrzegł, że niedaleko na gałęzi przysiadł drapieżny ptak, rzekł do niego: „O ptaku, zanieś szybko moje nasienie do mej żony". Ptak uniósł się szybko w powietrze z listkiem w dziobie, lecz natychmiast rzucił się nań inny ptak z jego gatunku, który myślał, że w listku jest mięso, które można zjeść. Gdy wywiązała się między nimi walka, listek z nasieniem wpadł do rzeki Jamuny i został połknięty przez rybę, która faktycznie była piękną nimfą apsarą Adriką przeklętą przez Brahmę. Wkrótce rybę tę złowił rybak, który rozciął jej brzuch i znalazł tam ludzkie bliźnięta, chłopca i dziewczynkę, o czym natychmiast doniósł królowi, który uczynił chłopca królem, nadając mu imię Matsja. Dziewczynce nadano imię Satjawati. Była ona wielkiej urody i obdarzona wielością cnót, lecz ponieważ rozsiewała wkoło zapach ryby, król Uparikara oddał ją pod opiekę królowi rybaków przekonany, że u niego jest jej właściwe miejsce. Apsara z kolei, z której bliźnięta się narodziły, została uwolniona od klątwy bycia rybą, gdyż było powiedziane, iż tak się stanie, jeżeli urodzi ludzkie bliźnięta.

Satjawati wychowana przez króla rybaków uważała go za swojego ojca i na jego polecenie przewoziła wędrowców na drugi brzeg Jamuny. Pewnego dnia przewoziła w swej łódce pielgrzymującego pustelnika Paraśarę, który będąc pod wrażeniem jej urody nie potrafił opanować swej żądzy. Aby ukryć swą miłość przed oczami mędrców, którzy czekali na powrót łódki na brzegu rzeki, stworzył zakrywającą wszystko mgłę. Tego samego dnia Satjawati pozostając dziewicą, urodziła syna, słynnego bramina Wjasę. Gdy pustelnik Paraśara w zamian za oddaną mu przysługę zaoferował Satjawati spełnienie jej jednej prośby, poprosiła o zmianę jej rybiego zapachu, na co pustelnik chętnie się zgodził i od tamtego czasu rozsiewała ona wokół boski zapach, który przyciągnął do niej spacerującego nad brzegiem Jamuny króla Śamtanu.

Król Śamtanu widząc piękno Satjawati i czując jej słodki zapach, zapałał do niej miłością i zapragnął, aby została jego żoną. Udał się więc do króla rybaków z prośbą o jej rękę. Król rybaków, który od dawna nosił w sercu ukryte pragnienie, aby oddać rękę swej córki potężnemu królowi Śamtanu, chętnie się zgodził, stawiając jednak warunek, aby syn jego córki został następcą tronu. Warunek ten bardzo zmartwił króla, gdyż jego ukochany syn Gangadatta otrzymał już od niego tytuł następcy tronu. Król wyrzekł się więc swej miłości, lecz nie potrafił zapomnieć o pięknej Satjawati i jej uwodzicielskim zapachu i w związku z tym pogrążył się w głębokim smutku. Gangadatta, przewiązany do ojca głęboką miłością, widząc jego smutek, bardzo się martwił. Gdy zapytał króla o przyczynę jego smutku, król wykrętnie wyjaśnił, ze martwi się o przyszłość dynastii. Rzekł do swego syna: „O synu, zarówno ja jak i ty jesteśmy śmiertelni i jako wojownicy jesteśmy gotowi zginąć bohatersko z bronią w ręku. Lecz co się wówczas stanie z naszą dynastią, jeżeli nas obu zabierze bohaterska śmierć? Jak to jest zapisane w świętych księgach, posiadanie tylko jednego syna znaczy tyle samo, co nie posiadanie żadnego. Posiadanie synów jest obowiązkiem, gdyż bez synów tracą wartość zarówno codzienne religijne rytuały jak i same *Wedy* i składanie ofiar bogom". Gangadatta nie uwierzył jednak w kompletność ojcowskiego wyjaśnienia i dowiedział się od wiernego doradcy ojca, że przyczyną jego smutku była prośba ojca Satjawati, aby jej syn został następcą tronu, na co Śamtanu nie chciał się zgodzić.

Poznawszy prawdziwą przyczynę smutku ojca, Gangadatta udał się wraz z licznymi wojownikami do domu króla rybaków, aby poprosić go o rękę Satjawati dla swego ojca. Król rybaków powiedział: „O Gangadatta, od dawna marzyłem, aby moja córka, która jest aryjskiej krwi, zastała żoną tak wspaniałego władcy jak Śamtanu. Kocham moją córkę i boję się rywalizacji o następstwo tronu między jej potomstwem a tobą, który słyniesz ze swej umiejętności władania bronią". Gangadatta przepełniony miłością do swego ojca rzekł: „O królu rybaków, nie martw się o to, gdyż dla dobra mego ojca wyrzekam się mych praw do tronu". Król rybaków odpowiedział: „O Gangadatta, znana jest mi doskonale twoja prawość i przywiązanie do Prawdy i wiem, że nigdy nie złamiesz danego słowa. Nie mam jednak żadnych gwarancji, że twoi synowie będą tak samo motywowani i muszę mieć pewność, że rywalizacja nie odrodzi się w następnym pokoleniu". Gangadatta odpowiedział: „O królu rybaków, aby cię uspokoić zobowiązuję się do życia w celibacie i pozostanę bezdzietnym". Bogowie widząc to wielkie poświęcenie i słysząc tę równie przeraźliwą jak i godną podziwu przysięgę Gangadatty, rzekli: „Niech od tej chwili Gangadatta nosi imię Bhiszmy, czyli tego kto budzi zarówno grozę jak i podziw". Król Śamtanu pełen wdzięczności i podziwu dla poświęcenia syna ofiarował mu dar zadecydowania o czasie własnej śmierci.

5. Citrangada i Wikitrawirja, krótko żyjący potomkowie Śamtanu i Satjawati

Małżeńskie szczęście króla Śamtanu nie trwało jednak długo, gdyż zmarł on, zanim jego młodszy syn Wikitrawirja, wielki łucznik, osiągnął wiek męski. Po jego śmierci na prośbę Satjawati Bhiszma koronował jej starszego syna, bohaterskiego Citrangadę, na króla. Syn ten miał wielkie ego i wyzywał do walki ludzi i demony, aby dowieść im, że na całym świecie nie ma nikogo, kto byłby mu równy. Gdy pokonał już wszystkich mistrzów we władaniu bronią żyjących na ziemi, został wyzwany do walki przez potężnego króla boskich muzyków gandharwów unoszącego się w powietrzu i stoczył z nim wielką bitwę na polach Kurukszetry. Bitwa trwała trzy lata i w ostatecznym pojedynku magiczna moc króla gandharwów okazała się silniejsza i pokonał on i zabił króla Citrangadę. Wówczas Bhiszma na prośbę Satjawati wykonał ostatnie ryty należne zmarłemu i koronował jego młodszego brata Wikitrawirję na króla. Młody król nie był jeszcze pełnoletni, więc prawy Bhiszma sprawował rządy w jego imieniu, chroniąc młodego króla, który z kolei odwzajemniał mu się, oddając mu cześć.

Gdy nadszedł właściwy czas, Bhiszma, myśląc o przyszłości królestwa, zajął się poszukiwaniem żony dla młodego króla. Dowiedział się, że król Benarów zwołuje wojowników, chcąc wydać za mąż swoje trzy córki Ambikę, Ambalikę i Ambę. Za przyzwoleniem Satjawati dosiadł swego rydwanu i udał się do Benarów, gdzie ściągnęli wojownicy ze wszystkich stron świata i bohaterski Bhiszma na oczach wszystkich tych potężnych konkurentów porwał trzy córki króla Benarów do swego rydwanu, mówiąc: „O królowie i książęta, mędrcy mówią o różnych sposobach zdobywania żon przez wojowników. Najlepszym z nich jest jednak uprowadzanie ich siłą!" Widząc Bhiszmę uciekającego z księżniczkami na swym rydwanie, zebrani wojownicy i magnaci rzucili się w pogoń i dogoniwszy go, otoczyli go ze wszystkich stron. Zbrojny tłum rozognił się, wszyscy przeciw jednemu, zalewając go deszczem strzał, lecz Bhiszma bez trudu odparł ich atak. Widząc jego samotną walkę i to jak sam jeden pokonywał ich w walce, tłum jego rywali spoglądał ku niemu z coraz większym podziwem.

Wówczas do ataku na swym rydwanie ruszył rozwścieczony król Śalwa, potężny jak słoń walczący o samicę, wołając „O rozpustniku, staw mi czoła!" Oburzony jego słowami Bhiszma uniósłszy się gniewem potężnym jak ogień, stanął do pojedynku tak jak nakazuje tego ład wojowników. Gdy natarli na siebie jak dwa byki walczące podczas rui, obserwujący ich tłum zawył z podziwu, widząc króla Śalwę obsypującego Bhiszmę deszczem strzał. Słysząc ten aplauz dla swego rywala, Bhiszma rzekł do woźnicy swego rydwanu: „O znawco rydwanów, gnaj konie wprost na tego króla, abym mógł go zabić tak jak Garuda zabija węża". I wówczas Bhiszma przy pomocy pojedynczej strzały boga oceanu Waruny zabił woźnicę króla Śalwy i wygrywając w ten sposób pojedynek o prawo do trzech córek króla Benarów, ruszył z powrotem do Hastinapury, traktując uprowadzone księżniczki z szacunkiem należnym synowej, młodszej siostrze lub córce, gdyż porwał je nie dla siebie, lecz dla swego młodszego brata i króla.

Gdy Bhiszma zajmował się przygotowywaniem ślubu swego młodszego brata, jedna z córek króla Benarów, Amba, rzekła: „O Bhiszma, od dawna oddałam moje serce królowi Śalwie, który odwzajemnił i zaakceptował mą miłość i planowałam za zgodą i aprobatą mego ojca wybrać go na męża podczas mojej uroczystości wybierania męża. Zadecyduj, co należy zrobić w obecnej sytuacji, kierując się Prawem, którego jesteś znawcą". Bhiszma mając poparcie braminów, którzy znali wszystkie *Wedy*, zadecydował, aby odesłać Ambę do króla Śalwy, który jednakże odmówił małżeństwa, twierdząc, że nie może zaakceptować kobiety, która została porwana i wygrana w walce przez innego mężczyznę i że zgodnie z ładem wojowników Amba należy teraz do Bhiszmy, który powinien wziąć ją za żonę. Bhiszma jednakże nie mógł tego uczynić, gdyż ślubował celibat. Kobiecość Amby miała więc pozostać na zawsze niezrealizowana, co Amba odczuła jako niesprawiedliwość i zaprzysięgła Bhiszmie śmierć.

Pozostałe dwie córki króla Benarów, Ambika i Ambalika, poślubiły Wikitrawirję podczas uroczystej ceremonii ślubnej nakazanej przez Prawo. Młody król, który był dumny ze swej młodości i wyglądu, zobaczywszy swoje młode i piękne żony, natychmiast się w nich zakochał. Młode księżniczki, wysokie i ciemnoskóre, z czarnymi puklami włosów i pomalowanymi na czerwono paznokciami, odpowiedziały mu takim samym uwielbieniem. Przez siedem lat młody król cieszył się swymi żonami, lecz po siedmiu latach, ciągle młody i bezdzietny, umarł na niestrawność.

6. Dhritarasztra, Pandu i Widura, synowie bramina Wjasy z wdowami po Wikitrawirji

Skutki grzechu króla Mahabhisy, których prawy król Śamtanu, jego inkarnacja, nie zdołał przezwyciężyć za życia, sięgnęły w ten sposób następnego pokolenia, stawiając dynastię księżycową w obliczu groźby wyginięcia. Synowie Śamtanu i Satjawati zmarli bezdzietnie, a pozostający przy życiu syn króla Śamtanu i bogini Gangi, Bhiszma, wyrzekł się zarówno królestwa jak i potomstwa.

Po śmierci swych synów Satjawati o pięknym zapachu spoglądając z nadzieją ku Bhiszmie, rzekła: „O synu Gangi, na twych barkach spoczywa teraz spełnienie obowiązku należnego przodkom i utrzymanie przy życiu naszej królewskiej linii. Mój zmarły syn, który był twym bratem, zostawił swe żony w kwiecie młodości, które modlą się o synów. Spełnij swój braterski obowiązek, zostań ich mężem i królem i daj im synów, gdyż tego nakazuje w tej sytuacji Prawo". Bhiszma odpowiedział: „O matko, wiesz dobrze, że nie mogę spełnić twej prośby z powodu przysięgi, którą złożyłem. I prędzej ziemia wyrzeknie się swego aromatu, światło swego koloru, słońce swego blasku, ogień swego gorąca, powietrze swych dźwięków, księżyc chłodu swych promieni, bóg Prawa swego Prawa, a Indra swej władzy niż ja wyrzeknę się danego słowa!" Satjawati rzekła: „O synu, znam moc twej przysięgi, gdyż twe słowo jest twą siłą i potrafi stwarzać nowe światy. Wiem też, że dałeś je, poświęcając się dla dobra swego ojca. Weź jednak pod uwagę Prawo odnoszące się do katastroficznej sytuacji i wykonaj swój obowiązek wobec przodków. Działaj tak, aby nie wygięła nasza królewska linia i żeby zniszczeniu nie uległo samo Prawo!" Słuchając jej żebraniny o wnuka, coraz bardziej zbaczającej ze ścieżki Prawa, Bhiszma rzekł: „O królowo, wróć na ścieżkę Prawa, zanim doprowadzisz nas wszystkich do ruiny! Nie ma takiego Prawa, które pozwalałoby wojownikowi złamać dane słowo! Dowiedz się jednak, że istnieje Wieczne Prawo odnoszące się do katastroficznej sytuacji, które może pomóc nam w utrzymaniu linii króla Śamtanu na ziemi. Wysłuchaj mnie uważnie, abyś mogła wprowadzić je w życie".

Bhiszma wyjaśnił, że gdy kasta wojowników znajduje się pod groźbą wyginięcia tak jak to się stało z powodu wybicia jej przez mędrca Paraśuramę, może odrodzić się dzięki pomocy braminów i ich nasieniu, które jest oczyszczone z wszelkiej żądzy przez ich religijne praktyki. Rzekł: „O matko, zaproś do naszego pałacu bramina o wielkiej cnocie i poproś go, aby zasiał swe nasienie na polu twego zmarłego syna i dał synów jego młodym żonom". Rada ta bardzo ucieszyła Satjawati, która, choć sama była królewską córką, miała syna-bramina, słynnego mędrca Wjasę, którego otrzymała od bramina Paraśary jeszcze przed jej małżeństwem z królem Śamtanu. Rzekła: „O Bhiszma, twe usta mówią słowa Prawdy i dla naszej dynastii ty jesteś Prawem, Prawdą i ratunkiem".

Satjawati skupiając wszystkie myśli na swym synu Wjasie wezwała go przed swe oblicze i gdy się stawił, oddała mu należną braminowi cześć, a potem owładnięta przez matczyne uczucie wzięła go w ramiona i zalała go łzami wzruszenia i radości. Wjasa spryskał swą bolejącą matkę wodą i rzekł: „O matko, która znasz wszystkie tajniki Prawa, przybyłem posłusznie na twe wezwanie, aby uczynić to, co mi rozkażesz". Satjawati odpowiedziała: „O braminie, daj synów młodym żonom twego przedwcześnie zmarłego brata Wikitrawirji, których one bardzo pragną i których potrzebuje królestwo i dynastia". Wjasa rzekł: „O matko, niech tak się stanie. Wiem, że twój umysł jest skoncentrowany na Prawie i ma na uwadze dobro tego, co żyje. Nie mogę jednak spotkać młodych wdów przed upływem roku, gdyż tyle potrzeba czasu, aby mogły się na spotkanie ze mną przygotować, czyniąc odpowiednie ślubowania". Jednakże Satjawati przerażona perspektywą pozostawienia królestwa bez dziedzica, nie chciała tak długo czekać i posłuszny jej mędrzec Wjasa zgodził się na skrócenie czasu oczekiwania, stawiając jednak warunek, że wdowy po Wikitrawirji muszą przysiąc, że się go nie przestraszą, gdyż tylko wówczas, gdy przyjmą go w swym łożu bez lęku i obdarzą miłością, którą miały dla swego męża, poczną synów, którzy przewyższą wszystkich mądrością, zdrowiem, siłą i urodą.

Starsza wdowa Ambika przychyliła się do prośby królowej Satjawati, aby przyjąć w głębi nocy swego szwagra i począć z nim syna. Po rytualnej kąpieli i namaszczeniu wonnymi olejkami oczekiwała go uroczyście w swym łożu, nakazując służącym, aby zapaliły wszystkie światła, myślała bowiem, że ujrzy urodziwego Bhiszmę, który był jedynym jej szwagrem, którego znała. Gdy zobaczyła pustelnika Wjasę, przestraszyła się tak bardzo jego wyglądu, że zamknęła oczy i w rezultacie tego czynu jej syn Dhritarasztra urodził się silny jak słoń, lecz niewidomy.

Satjawati widząc, że Ambika urodziła niewidome dziecko, nie mogła sobie wyobrazić, aby król, który jest pierwszym rycerzem w królestwie, mógł być niewidomy i nie widząc w Dhritarasztrze właściwego następcy tronu, poprosiła mędrca Wjasę o drugiego syna z młodszą wdową Ambaliką. Lecz gdy Wjasa wszedł nocą to jej sypialni, Ambalika tak bardzo przestraszyła się jego widoku, że zbladła i w rezultacie tego czynu jej syn o imieniu Pandu urodził się blady, co nadawało mu niezdrowy wygląd.

Satjawati nie widząc również w Pandu właściwego następcy tronu, poprosiła bramina Wjasę, aby dał drugiego syna starszej wdowie Ambice. Ambika jednakże tak bardzo się bała spotkania z Wjasą, że na swe miejsce podstawiła piękną służącą i w rezultacie tego czynu jej syn Widura nie mógł zostać królem, gdyż urodził się ze służącej.

W Widurę wcielił się faktycznie sam bóg Prawa Dharma, który narodził się na ziemi w rezultacie klątwy bramina Mandawi. A było to tak: pewnego dnia, gdy bramin ten uprawiał pokutę, stojąc nieruchomo przed wejściem do swej pustelni, ukryli się w niej ścigani przez strażników złodzieje. Zapytany o to, czy widział złodziei, nie odpowiedział, gdyż nie pozwalał mu na to jego ślub milczenia. Jednakże strażnicy uznali to za dowód, że jest z nimi w zmowie i wbili go na pal. Gdy dowiedział się o tym król, rozkazał natychmiast zdjąć go z pala, gdyż bał się jego klątwy. Okazało się to jednak niemożliwe i mędrzec do końca życia musiał nosić znaczą część złamanego pala wewnątrz swego ciała, cierpiąc straszne męki. Pewnego dnia spotkał na swej drodze boga Prawa Dharmę i zapytał, za co został tak ciężko ukarany. Dharma odpowiedział: „O braminie, czyżbyś zapomniał już o swym przestępstwie i o tym jak będąc jeszcze dzieckiem, wbiłeś na źdźbło ostrej trawy małą bezbronną muszkę?" Mandawia rozgniewał się i rzekł: „O Dharma, jak mogłeś dopuścić do tego, aby za tak małe przestępstwo spotkała mnie tak wielka kara! Mocą mych sił duchowych pozbawiam cię władzy nad grzechami popełnionymi przed czternastym rokiem życia i przeklinam cię, abyś narodził się na ziemi jako syn służącej!"

Choć dzięki pomocy mędrca Wjasy zażegnano groźbę bezkrólewia i w dynastii księżycowej narodziło się trzech królewiczów, nie rozwiązało to jednak automatycznie problemu następcy tronu, gdyż każdy z nich z winy swej matki obdarzony był pewną niedoskonałością. Dhritarasztra, choć był najstarszy, urodził się niewidomy, a Widura, choć narodził się w nim sam bóg Prawa Dharma, urodził się ze służącej. Następcą tronu został więc Pandu, choć nie był wśród królewiczów najstarszy i był blady, co nadawało mu niezdrowy wygląd.

Do czasu, gdy król Pandu uzyskał pełnoletniość, królestwem zarządzał w jego imieniu Bhiszma, kierując się nakazami *Wed*. Pod jego rządami Koło Prawa obracało się bez żadnych przeszkód. W królestwie panowała doskonała harmonia i kraj był w rozkwicie ozdobiony licznymi świątyniami i słupkami ofiarnymi. Indra lał deszczem we właściwym czasie, ziemia dawała doskonałe plony, drzewa kwitły i rodziły wspaniałe owoce, a zwierzęta były szczęśliwe. Miasta były pełne kupców i rzemieślników, ludzie kroczyli ścieżką Prawa i wykonywali przypisane im działania i rytuały. Byli odważni, wykształceni, dokładni i zadowoleni, gotowi do składania ofiar i robienia ślubów, skłonni do czynienia dobra, odwzajemniania uczuć i pomagania innym w rozwoju. Byli szczodrzy, pozbawieni próżnej dumy, gniewu i chciwości. Znikła miedzy nimi rywalizacja i nie było wśród nich ani nędzarzy, ani wdów. Szczęśliwie spędzali czas w lasach i nad rzekami, gdzie pełno było miejsc grupowych spotkań, studni i zbiorników wodnych oraz domów dla braminów.

Bhiszma troszczył się także o wychowanie i edukację młodych królewiczów, traktując ich jak własnych synów. Poddawał ich odpowiednim oczyszczającym rytuałom, nauczał praktyki składania ślubów, zapoznawał z treścią *Wed*, przekazywał wiedzę o uprawie ziemi, posługiwaniu się bronią i zarządzaniu państwem. W całym kraju celebrowano każdy najdrobniejszy sukces królewiczów.

Pewnego dnia Bhiszma rzekł do Widury: „O Widura, nasza wspaniała, motywowana prawością dynastia zdobyła suwerenność i zwierzchnictwo nad innymi dynastiami. Musimy podjąć dalsze kroki, aby ją umocnić i rozszerzyć jej wpływy dzięki małżeństwu królewiczów z córkami sąsiadujących z nami Subalów, Madrasów i Jadawów". Widura rzekł: „O Bhiszma, uczyń to, co uważasz za korzystne dla naszej rodziny, gdyż ty jesteś naszym ojcem, matką i nauczycielem".

Córkę króla Subali o imieniu Gandhari, inkarnację istotnej części bogini mądrości, gorliwą wielbicielkę boga Śiwy, który obiecał jej setkę synów, poślubił najstarszy z królewiczów Dhritarasztra. Król Subala początkowo się wahał, czy oddać swą córkę niewidomemu, lecz ostatecznie się zgodził, biorąc pod uwagę sławę dynastii, której był on potomkiem. Gandhari z kolei słysząc, że ma być żoną niewidomego, przysięgła mu całkowite oddanie i nie chcąc przewyższać go zmysłowymi doznaniami, dobrowolnie pozbawiła się wzroku, przewiązując oczy grubą przepaską.

Córkę szefa rodu Jadawów Śury o imieniu Kunti, inkarnację istotnej części bogini cierpliwości, poślubił następca tronu Pandu. Była ona siostrą Wasudewy, ojca Kryszny, inkarnacji istotnej części boga Wisznu. Kunti ukrywała przed całym światem swą wielką tajemnicę sięgającą jej wczesnej młodości, którą spędziła w domu bezdzietnego kuzyna swego ojca, mając za zadanie opiekowanie się bogami i gośćmi. Pewnego dnia przybył tam pustelnik Durwasasa i chcąc nagrodzić ją za pełną poświęcenia opiekę nad nim, nauczył ją zaklęcia, dzięki któremu mogła przywołać obecność dowolnego boga i otrzymać od niego syna. Będąc jeszcze dzieckiem, ciekawa tego jak zaklęcie działa, przywołała boga słońca Surję, który dał jej syna znanego później pod imieniem Karna. Kunti przerażona swym nieślubnym synem zdała się na wyrok losu i puściła go z prądem rzeki w niewielkiej łódce, którą jednak wyłowiła bezdzietna Radha, żona woźnicy rydwanu o imieniu Adhiratha i wychowała go jak własnego syna. Kunti słynęła nie tylko z piękności, ale także z prawego charakteru i sama wybrała sobie Pandu na męża podczas ceremonii wybierania męża, którą specjalnie dla niej zorganizował jej ojciec.

Córka króla Madrasy o imieniu Madri, inkarnacja istotnej części bogini sukcesu, była drugą żoną króla Pandu, którą Bhiszma kupił dla niego za wysoką cenę.

Podczas jego zaślubin wszyscy patrzyli na młodego króla z podziwem. On sam hojnie obdarzony zarówno siłą jak i inicjatywą, postanowił wyruszyć na podbój świata i pokonać wszystkich przestępczych królów, jego wrogów. Królowie ci ostatecznie uznali go za władcę świata, równego królowi bogów Indrze. Bijąc pokorne pokłony i składając pobożnie ręce, przynosili mu w darze perły, drogie kamienie, złoto, srebro, zwierzęta i rydwany. Wszystkie te dary z gotowością przyjął, po czym udał się w drogę powrotną do Hastinapury, aby przynieść ze sobą szczęcie swemu królestwu i stolicy. I gdy po udanym podboju bohatersko wkraczał do Hastinapury, książęta z sercami przepełnionymi śmiałością i pewnością siebie, mówili: „O wojownicy, cieszmy się, gdyż chlubny zgiełk bitewny króla Śamtanu, który ucichł na tak długo, powrócił do nas wraz z rządami króla Pandu. I wszyscy ci, którzy zagarnęli naszą ziemię, zostali jego poddanymi". To samo szeptali między sobą pozostali mieszkańcy miast i wsi i witali zwycięskiego króla z radością, gdy wracał do swej stolicy, pokrywając ziemię aż po horyzont jeńcami, pojazdami pełnymi drogich kamieni, słoniami, końmi, rydwanami, krowami, wielbłądami i owcami.

Zwycięski Pandu pokłonił się do stóp przepełnionego ekstatycznym szczęściem Bhiszmy i równie szczęśliwej matki i mając zgodę swego starszego brata Dhritarasztry, zaoferował swe łupy wojennie Bhiszmie, Satjawati i swej matce Ambalice, która objęła ekstatycznie swego bohaterskiego syna. Dhritarasztra z kolei złożył bogom liczne ofiary i hojnie obdarował braminów.

7. Pandawowie, potomkowie Pandu

Po wszystkich tych ceremoniach celebrujących jego zwycięstwo, król Pandu, który zasłużył sobie na luksusowy odpoczynek, opuścił swój pałac i udał się ze swoimi dwiema żonami Kunti i Madri do lasu, gdzie żyjąc z nimi samotnie, oddał się całkowicie niepohamowanemu polowaniu na zwierzynę.

Pewnego dnia, gdy zobaczył przywódcę stada jeleni kopulującego ze swoją samicą, zastrzelił ich oboje przy pomocy pięciu szybkich, ostrych, ozdobionych złotem strzał. Jeleń umierając przemówił doń ludzkim głosem: „O królu, jak mogłeś dokonać tak podłego czynu. Nawet człowiek opanowany przez żądzę i gniew, motywowany złem i pozbawiony zdrowego rozsądku zna granicę ohydy. Dlaczego więc ty, który urodziłeś się we wspaniałej królewskiej dynastii kroczącej ścieżką Prawa, pozwoliłeś sobie na to, by opuściło cię poczucie rozsądku i opanowała lubieżność i nienasycenie!"

Pandu odpowiedział: „O jeleniu, dlaczego oskarżasz mnie w swym szaleństwie. Królowie zabijają jelenie tak jak wrogów, czyniąc to po rycersku bez zastawiania na nie pułapek. Takie jest Prawo królów. Czyżbyś zapomniał o tym, jak prorok Agastja udał się na polowanie podczas sesji ofiarnej i pokropił żyjące w dżungli jelenie wodą, poświęcając je w ten sposób bogom. To dzięki jego magii twój gatunek zalicza się do zwierząt ofiarnych".

Jeleń odpowiedział: „O królu, nie winię cię za zabicie mnie, lecz za to, że nie byłeś na tyle uprzejmy, aby zaczekać na zakończenie kopulacji. Jak ktoś przy zdrowych zmysłach może zabijać jelenia, gdy znalazł się on w stanie najbardziej błogosławionym, ku któremu dąży wszystko, co żywe? Jest to niehonorowe, grzeszne i przestępcze. Taki akt jest niegodny ciebie, który przypominasz boga, znasz święte pisma, pochodzisz ze znakomitej linii królewskiej i masz obowiązek karania tych, którzy popełniają czyn okrutny i zły skierowany przeciw trzem pragnieniom życia, jakimi są Zysk, Przyjemność i Prawo. Jaką masz korzyść z zabicia w ten sposób mnie niewinnego, który żywi się korzonkami, mieszka w lesie i poszukuje spokoju?"

Jeleń kontynuował: „O królu, dowiedz się, że nie jestem jeleniem, lecz pustelnikiem o imieniu Kimdama i uprawiam bardzo surowe umartwienia. Przybrałem postać jelenia i żyję wśród jeleni, gdyż jestem bardzo nieśmiały i krępuję się ludzi. Zabiłeś mnie w momencie, gdy pokonała mnie miłość i dlatego spotka cię ten sam los. Za twój czyn przeklnę cię i sam staniesz się ofiarą miłości: umrzesz natychmiast, gdy zaślepi cię namiętność, a twoja partnerka podąży za tobą do krainy śmierci! Tak jak ty obróciłeś mnie w niwecz w momencie, gdy zanurzyłem się w błogości tak i ty obrócisz się w niwecz jak tylko znajdziesz błogość!"

Słysząc te straszne słowa, Pandu i jego dwie żony pogrążyli się w rozpaczy. Pandu rzekł: „Ci, których duch jest nie uformowany i wpadli w sidła nienasyconej żądzy, zostają zniszczeni przez swoje własne czyny, choć urodzili się w rodzinie kierującej się dobrem. Mój ojciec, Wikitrawirja, który był synem prawego Śamtanu, umarł jako dziecko, bo żył jedynie dla przyjemności. Ja sam, choć nie zostałem poczęty przez szukającego przyjemności króla, lecz przez ascetę Wjasę, padłem łupem nienasycenia, które opanowało moją niedojrzałą duszę i opuszczony przez bogów poświęciłem się wyłącznie polowaniu i zabijaniu, co jest ewidentnym złem".

Pandu kontynuował: „Nienasycenie jest jak kajdany, od których muszę się uwolnić, wybierając wiecznie słuszną ścieżkę mego ojca mędrca Wjasy i poddając się surowej ascezie. Mieszkając w lesie będę żywił się tym, co zaoferują mi inni. Przemierzając ziemię z ciałem pokrytym prochem, wyrzeknę się wszystkiego, co wywołuje namiętności takie jak nienawiść, czy miłość. Stanę się obojętny zarówno na pochwały jak i nagany. Pozbawię się wszelkich możliwości wyborów, wszelkiej własności i błogosławieństwa. Nie będę szydził z niczego i nie będę na nic narzekał, poświęcając się całkowicie dobru wszystkich żywych istot".

Kunti i Madri zrozumiawszy, że ich mąż Pandu skoncentrował swój umysł na życiu jako pustelnik, zaczęły go błagać, aby zmienił swój zamiar i pozwolił im mu towarzyszyć, gdyż bez możliwości służenia mu są skazane na śmierć. Pandu przychylił się do ich próśb i zgodził się na to, aby tak jak on wyrzekły się przyjemności życia w ludzkich osiedlach i rozpoczęły ascetyczne życie w dżungli, gdzie skromnie ubrani będą żywić się jedynie owocami i korzonkami znalezionymi w lesie, składając do ognia należną bogom ofiarę i oczyszczając się z wszelkiego zła. Po podjęciu tej decyzji, król Pandu odesłał do pałacu wszystkie klejnoty i całą służbę i przekazał wiadomość, że razem ze swymi żonami rozpoczął ascetyczne życie w dżungli, rezygnując z dążenia do zysku, wygody i najwyższej przyjemności, jaką daje miłość.

Po jakimś czasie Pandu dzięki swej ascezie stał się równy braminom. Martwił go jednak fakt, że był bezdzietny, gdyż nie mając synów, nie mógł dostać się do nieba. Chociaż spłacił dług wobec bogów składając ofiary, wobec mędrców uprawiając ascezę i zdobywając wiedzę i wobec zwykłych ludzi hojnie ich obdarowując, to jednak nie mając synów zabijał swych przodków.

Gdy zwrócił się z prośbą do Kunti, aby dała mu synów, prosząc o pomoc jakiegoś surowego w swych religijnych praktykach bramina, Kunti opowiedziała mu o magicznym zaklęciu, które otrzymała od bramina Durwasasa, które pozwalało jej uzyskać synów od dowolnie wezwanego boga. Uszczęśliwiony tą wiadomością Pandu rzekł: „O Kunti, wezwij najpierw boga Prawa Dharmę i jego poproś o syna, gdyż bóg ten wybiera jedynie stronę tych, co kroczą ścieżką Prawa i gdy ludzie zobaczą, że mamy go po naszej stronie, nie będą mieć żadnych wątpliwości, co do naszej prawości. Umysł tego syna nie będzie zdolny do pomyślenia o czymś, co byłoby niezgodne z Prawem i w ten sposób dostarczy on nam standardów właściwego postępowania". Kunti rzekła: „O mężu, niech tak się stanie" i po wezwaniu Dharmy otrzymała od niego syna o imieniu Judhiszthira, który był najstarszy w czwartym pokoleniu potomków króla Śamtanu. Gdy się urodził w szczęśliwym dniu, o szczęśliwej godzinie głos z nieba rzekł: „O Kunti, twój syn Judhiszthira, najstarszy z Pandawów, będzie największą podporą Prawa i zostanie królem sławnym we wszystkich trzech światach".

Pragnąc mieć drugiego syna, Pandu poprosił Kunti o syna o nadzwyczajnej sile, gdyż siła jest tym, czego potrzebuje dobry wojownik i Kunti po wezwaniu boga wiatru, otrzymała od niego syna o imieniu Bhima. Gdy się urodził w szczęśliwym dniu, o szczęśliwej godzinie głos z nieba rzekł: „O Kunti, twój syn Bhima będzie najsilniejszym z silnych".

Pandu zaczął rozmyślać nad sposobem zdobycia trzeciego syna, który prześcigałby wszystkich we wszystkim, będąc w tym co robi najdoskonalszy i doszedł do wniosku, że może uzyskać go jedynie od Indry. Myślał: „Świat zależy od wyroków losu i od realizowanych przez żywe istoty uczynków. Wyrokami losu kieruje przeznaczenie i Czas. Indra z kolei jest bogiem wielkich uczynków. On jest królem bogów i bogiem najdoskonalszym. Jego władza i inicjatywa nie mają granic. To od niego mogę dostać syna, który będzie we wszystkim najlepszy". Poddawał się więc surowej ascezie tak długo, aż Indra ukazał się przed nim i rzekł: „O królu, jestem z ciebie zadowolony i obiecuję ci syna o jakiego prosisz.

Zyska on sławę we wszystkich trzech światach, będąc realizatorem celów przyświecających zarówno wszystkim bogom i braminom, jak i jego własnym przyjaciołom i krewnym. Będzie zawsze najlepszy i zdoła zniszczyć wszystkich wrogów".

Zdobywszy tę obietnicę Indry, Pandu rzekł do Kunti: „O moja słodko uśmiechająca się żono, zawezwij teraz Indrę, gdyż obiecał mi dać syna, który będzie wcieleniem wszystkich cnót wojownika. Będzie on człowiekiem o wielkim duchu, obeznanym ze sztuką rządzenia, świetlistym jak słońce, niepokonanym i rześkim w działaniu". Kunti rzekła: „O mężu. niech tak się stanie" i gdy wezwała Indrę otrzymała od niego syna o imieniu Ardżuna. Gdy się urodził w szczęśliwym dniu, o szczęśliwej godzinie głos z nieba rzekł: „O Kunti, twój trzeci syn Ardżuna będzie piewcą twej chwały i przyniesie ci radość równą radości matki bogów Aditi, którą przyniósł jej najmłodszy syn Wisznu. Tak jak Indry nie zdoła go pokonać żaden wróg. Pozostanie niezwyciężony, podążając za przykładem Kryszny, inkarnacji boga Wisznu i dzięki zdobyciu niebiańskiej broni odwróci od twej dynastii zły los, budując pod nią nowy fundament. Dzięki sile swych własnych ramion nasyci ogień ofiarny tłuszczem wszystkich żywych istot zamieszkujących Las Khandawa i stojąc na czele swych ludzi, zabije wszystkich wojowników".

Niesiony przez wiatr głos z nieba dawał się słyszeć aż w Himalajach o tysiącu szczytów, wprawiając żyjących tam pustelników w stan ekstatycznej radości. Z nieba dobiegał hałaśliwy pomruk Indry, bogów i mędrców, któremu towarzyszył głośny dźwięk bębna. W niebie zebrały się tłumy niebian, aby sławić Kunti i jej synów.

Zadowolony ze swych synów Pandu pozostał jednak nienasycony i poprosił Kunti o czwartego syna, lecz Kunti rzekła: „O mężu, zatrzymaj się, gdyż czwarty syn zrobiłby ze mnie ladacznicę".

Druga żona króla Pandu Madri patrzyła z zazdrością na trzech synów Kunti i czując się nieszczęśliwa poprosiła swego męża, aby uzyskał dla niej od Kunti pozwolenie na użycie chociaż raz jej magicznego zaklęcia. Pandu rzekł więc do Kunti: „O moja piękna żono, aby sprawić mi przyjemność i dla własnej sławy zdobądź się na wielkie bohaterstwo i uczyń to, co najtrudniejsze. Pozwól Madri, aby użyła twego zaklęcia i otrzymała syna. Uczyń tę ofiarę, pamiętając o tym, że nawet Indra, choć uzyskał najwyższą władzę, nie zaprzestał składania ofiar i poszukiwania sławy. Podobnie bramini, choć znają magiczne zaklęcia i potrafią czynić największe wyrzeczenia, ciągle dla swej własnej chwały poszukują nowej wiedzy". Kunti zgodziła się spełnić prośbę Pandu i rzekła do Madri: „O Madri, weź ode mnie moje zaklęcie i pomyśl, ale tylko jeden raz, o którymś z bogów i z całą pewnością pojawi się on przed tobą i da ci syna". Madri chcąc przechytrzyć Kunti wezwała do siebie boskich bliźniaków Aświnów, synów boga słońca Surji i otrzymała od nich dwóch synów bliźniaków Nakulę i Sahadewę. Gdy się urodzili w szczęśliwym dniu, o szczęśliwej godzinie głos z nieba rzekł: „O Madri, twoi synowie bliźniacy obdarzeni będą wielką urodą, odwagą i cnotą".

Zadowolony z bliźniaków Pandu pozostał jednak nienasycony i poprosił Kunti, aby pozwoliła Madri mieć jeszcze jednego syna. Kunti rzekła: „O mężu, nie dam jej więcej mego zaklęcia, bo boję się, że znowu mnie okpi! Powiedziałam jej, że zgadzam się na jednego syna, a ona wezwała bogów bliźniaków i otrzymała dwóch! Oto jak postępują kobiety!"

W taki to cudowny sposób przyszło na świat pięciu synów króla Pandu znanych jako pięciu braci Pandawów, urodzonych pod znakiem wielkości, o wyglądzie dobrotliwym, dumnych i kroczących jak lwy, wielkich łuczników o potędze równej bogom. Wzrastali u stóp Himalajów i swą prawością wprowadzali w zdumienie mieszkających tam mędrców. W ich osobach narodził się na ziemi w swej częściowej inkarnacji bóg Prawa, bóg wiatru, król bogów Indra, oraz bliźniacy Aświnowie, aby pod kierunkiem Kryszny zrealizować powierzone im zadanie oczyszczenia ziemi z demonów.

8. Kaurawowie, potomkowie Dhritarasztry

W czasie gdy Pandu z powodu klątwy prowadził ascetyczne życie w lesie, królestwem zarządzał jego niewidomy brat Dhritarasztra. Pewnego dnia do Hastinapury zawitał zmęczony i wyczerpany głodem mędrzec Wjasa i gdy żona Dhritarasztry Gandhari nakarmiła go i napoiła, zadowolony Wjasa upewnił ją, że wkrótce urodzi stu synów. Faktycznie Gandhari była brzemienna, lecz choć minęły już dwa lata, nie przyszło oczekiwane rozwiązanie. Fakt ten bardzo ją niepokoił i unieszczęśliwiał, szczególnie wówczas, gdy dowiedziała się, że Kunti urodziła swego najstarszego syna Judhiszthirę wspaniałego jak poranne słońce. Motywowana zazdrością zadała sobie ogromny ból, wydzierając siłą z własnego brzucha kulistą masę ciała pełną zakrzepłej krwi, którą zrozpaczona chciała natychmiast wyrzucić. Mędrzec Wjasa powstrzymał ją jednak od wykonania tego desperackiego aktu, choć nie był zadowolony z jej niecierpliwości i nakazał jej, aby podzieliła tę masę ciała na sto jeden drobnych części, włożyła do oddzielnych pojemników i czekała. I faktycznie po pewnym czasie przyszło na świat stu wspaniałych synów i jedna córka.

Syn, który narodził się pierwszy otrzymał imię Durjodhana. I tak się złożyło, że dokładnie w tej samej co on godzinie przyszedł na świat drugi syn Pandu Bhima. Dhritarasztra zwołał radę złożoną z braminów, Bhiszmy i Widury, aby zadecydować, kto zostanie następcą tronu. Nikt nie miał wątpliwości, że powinien nim być Judhiszthira, syn Pandu, gdyż był najstarszy. Dhritarasztra zażądał jednak, aby jego syn Durjodhana, który urodził się równocześnie z Bhimą, został uznany za następcę tronu w wypadku przedwczesnej śmierci Judhiszthiry. I w momencie, gdy kończył to mówić, ze wszech stron rozległ się potworny wrzask ptaków żywiących się padliną i wycie szakali. Bramini i Widura słysząc te złe znaki, rzekli: „O królu, narodziny twego syna oznaczają śmierć dynastii! Zniszcz go póki czas, bo utrzymywanie go przy życiu i wychowywanie przyniesie naszej dynastii wielkie nieszczęście! Zadowól się pozostałymi dziewięćdziesięcioma dziewięcioma synami i poświęć tego jednego dla dobra całego świata i dynastii. Wiesz dobrze, że należy poświecić syna dla dobra rodziny, rodzinę dla dobra wioski, a dla dobra duszy należy poświęcić całą ziemię!" Dhritarasztra jednakże nie chciał wyrzec się swego najstarszego syna, bo go pokochał.

Wkrótce przyszło na świat pozostałych dziewięćdziesięciu dziewięciu synów i jedna córka. Stu synów Dhritarasztry z najstarszym Durjodhaną, w którego osobie narodził się na ziemi w swej istotnej części bóg Kali, jest znanych jako Kaurawowie.

Napisane na podstawie fragmentów *Mahābhārāta*,
1. The Book of the Beginning,
1(7) The Origins, 91.1-115.25.

Opowieść 4
Ziarna namiętności

1. Śmierć króla Pandu; 2. Zawistna rywalizacja: Durjodhana i Bhima; 3. Bramin-wojownik: Krypa; 4. Mściwi przyjaciele: bramin-wojownik Drona i król Drupada; 5. Niepokonani rywale: Karna i Ardżuna.

> *Wjasa spojrzał na pogrążony w żałobie lud Kuru i rzekł do swej matki Satjawati:*
> *„O matko, szczęśliwe czasy skończyły się i nadchodzą złe czasy. Każdy następny dzień będzie gorszy, gdyż sama ziemia się starzeje. Przed nami straszliwe czasy zaciemniane przez czary, niszczone przez rozpustę i występek, w których wszystkie działania i zwyczaje wyznaczone przez Prawo ulegną splamieniu. Porzuć swe królestwo i zamieszkaj w dżungli w pustce prostoty, aby nie być zmuszoną do patrzenia na upadek swej dynastii".*
> (*Mahābhārāta*, 1(7) The Origins, 119.5-10)

1. Śmierć króla Pandu

Król Hastinapury Pandu żyjąc pod klątwą natychmiastowej śmierci w momencie, gdy ulegnie żądzy miłości, wyrzekł się wszelkich namiętności łącznie z namiętnością do zabijania, która przyniosła na niego klątwę. Jednakże pewnego pięknego wiosennego dnia, gdy cała przyroda budziła się do życia, drzewa rozkwitały i wszystkie żywe istoty traciły głowę z miłości, spacerując samotnie po lesie ze swą młodszą żoną Madri owładniętą z równą siłą przez ducha wiosny, nie potrafił opanować wzrastającej w nim namiętności i gdy pokonany przez żądzę wziął swą żonę w ramiona, umarł przy pierwszym pocałunku.

Madri trzymając w swych ramionach martwe ciało króla, nie mogła powstrzymać się od krzyku przerażenia. Starsza żona Pandu Kunti słysząc żałosny płacz Madri, ruszyła w pośpiechu w kierunku, skąd dochodził jej głos i gdy zobaczyła martwe ciało ich męża w jej ramionach, nie mogła powstrzymać się od lamentu. Rzekła: „O Madri, jak mogłaś stracić nad sobą kontrolę i zamiast chronić króla i naszego męża przed skutkami klątwy, skusiłaś go i uwiodłaś w tym cichym zakątku! Twoja wina jest pewna, gdyż bez twego udziału nasz mąż Pandu, który zawsze pamiętał o skutkach klątwy, nie straciłby rozumu i nie szukałby nagle fizycznej rozkoszy. Jak wielkie jest jednak twoje szczęcie w porównaniu z moim, gdyż przynajmniej dane ci było, aby w godzinie jego śmierci widzieć jego wypełnioną szczęśliwością twarz!" Madri rzekła: „O Kunti, mylisz się, winiąc mnie za śmierć Pandu. Nasz bohaterski mąż został pokonany przez ducha wiosny i sam spieszył na spotkanie swego losu!"

Kunti skierowała swą myśl ku rytom pogrzebowym i rzekła: „O Madri, ponieważ to ja jestem pierwszą i starszą żoną naszego męża Pandu, przeto ja a nie ty podążę za nim do krainy śmierci, gdyż taki obowiązek narzuca na mnie Prawo. Dla ciebie pozostanie obowiązek opieki nad naszymi dziećmi". Madri odpowiedziała: „O Kunti, choć mówisz słowa prawdy, pozwól mi zamiast ciebie spłonąć na stosie razem z martwym ciałem Pandu i połączyć się z nim w śmierci, gdyż to moja i jego żądza została oszukana przez śmierć i pozostaje nienasycona. Pozwól mi podążyć za nim do świata boga śmierci Jamy, by nie pozostawał tam samotny, na próżno łaknąc miłości. To mnie a nie ciebie zabrudziło zło jego śmierci, pozwól mi więc spłonąć w oczyszczającym ogniu jego stosu pogrzebowego". Kunti rzekła: „O Madri, niech tak się stanie!"

Gdy boscy prorocy zamieszkujący dżunglę dowiedzieli się o śmierci króla Pandu, zgromadzili się tłumnie, aby oddać mu ostatnią przysługę, wykonać odpowiednie ryty i zastanowić się nad tym, co uczynić w sprawie jego starszej żony Kunti pozostającej przy życiu i jego nieletnich synów. Szeptali między sobą: „O boscy prorocy, Pandu wyrzekł się królestwa i schronił się wśród nas, aby poddać się umartwieniom i prowadzić proste, wolne od żądzy życie. I teraz, gdy odszedł do nieba, na które sobie w pełni zasłużył, pozostawił pod naszą opieką swą żonę i nieletnie dzieci. Musimy więc zadecydować o ich przyszłym losie. Najlepiej będzie, jeżeli sami udamy się w wielkiej procesji do Hastinapury i oddamy ich uroczyście pod opiekę Bhiszmy i Dhritarasztry. Oddamy im również ciała Pandu i Madri, by mogli je uhonorować odpowiednimi rytami".

Jak postanowili, tak uczynili. Gdy mieszkańcy Hastinapury dostrzegli nadciągającą procesję boskich pustelników, zgromadzili się tłumnie, aby ich powitać i dotknąć wzrokiem boskich ascetów. Na ulice miasta wyległy tłumy kobiet, wojowników i braminów. Przybyły również tłumy pospólstwa i służby, lecz nikt nikomu nie zazdrościł, gdyż umysły wszystkich skoncentrowane były na Prawie. Na spotkanie procesji wyszli też w towarzystwie swych domowych kapłanów dziedzice Hastinapury, senior Hastinapury Bhiszma oraz Dhritarasztra i Widura ze swymi żonami i dziećmi i Satjawati z wdowami po swym zmarłym synu. Pokłoniwszy się z szacunkiem przed przybyłymi ascetami, zaoferowali im zajęcie najbardziej zaszczytnych miejsc. Pokłon swoich władców powtórzyły tłumy mieszkańców, siadając na ziemi u ich stóp. Gdy zapadła pełna szacunku cisza, Bhiszma powitał boskich ascetów, przypominając wszystkim, że to do nich należy całe królestwo i że w ich zgodzie ma swe źródło królewska władza. Słysząc te pełne szacunku słowa, najstarszy z ascetów rzekł, zwracając się w swych słowach do dziedziców i władców Hastinapury: „O Bharatowie, weźcie pod waszą opiekę i powitajcie przy pomocy odpowiednich rytów tych pięciu młodych królewiczów, synów króla Pandu, który choć wyrzekł się wszelkich wygód i prowadził skromne życie ascety, dzięki boskiej interwencji uratował waszą dynastię przed zagładą. Bóg Prawa Dharma dał mu jego najstarszego syna Judhiszthirę, Wiatr dał mu syna Bhimę, najsilniejszego z silnych, a Indra dał mu syna Ardżunę, którego siłą jest Prawda. Narodzili się oni z jego starszej żony Kunti. Z jego młodszej Madri narodzili się z kolei jego dwaj synowie bliźniacy, dar bliźniaków Aświnów. Uhonorujcie także odpowiednio zmarłego króla Pandu, wykonując ryty ofiarne należne przodkom". I po wypowiedzeniu tych słów wszyscy boscy asceci w cudowny sposób znikli, wprowadzając tym wszystkich zebranych w stan głębokiego zdumienia i podziwu.

Widura i Bhiszma zajęli się wypełnianiem ich życzeń i wykonaniem odpowiednich rytów, gdyż autorytet ich słów wystarczył, aby przekonać wszystkich zebranych o cudownym poczęciu synów Pandu i o ich prawach do królewskiego dziedzictwa. Jedynie prorok Wjasa patrząc dalekosiężnym wzrokiem na pięciu synów zmarłego króla Pandu i na stu synów niewidomego króla Dhritarasztry zobaczył nadchodzące nieszczęście i rzekł do swej matki Satjawati: „O matko, szczęśliwe czasy skończyły się i nadchodzą złe czasy. Każdy następny dzień będzie gorszy, gdyż sama ziemia się starzeje. Przed nami straszliwe czasy zaciemnione przez czary, niszczone przez rozpustę i występek, w których wszystkie działania i zwyczaje wyznaczone przez Prawo ulegną splamieniu. Porzuć królestwo i zamieszkaj w dżungli w pustce prostoty, aby nie być zmuszoną do patrzenia na upadek swej dynastii". Usłyszawszy słowa swego boskiego syna, Satjawati udała się do komnat matki Dhritarasztry Ambiki i rzekła: „O Ambika, błędna polityka twego syna Dhritarasztry zniszczy Bharatów i ich sprzymierzeńców, nie oszczędzając nawet ich wnuków. Dlatego też ja i pogrążona w smutku matka zmarłego króla Pandu Ambalika opuszczamy królestwo i udajemy się do dżungli, aby nie patrzeć na upadek dynastii". Ambika postanowiła dołączyć do nich i udać się do dżungli, gdzie trzy królewskie wdowy poddały się surowym umartwieniom i po pewnym czasie pożegnały się na zawsze ze swym ciałem, udając się wprost do nieba.

2. Zawistna rywalizacja: Durjodhana i Bhima

Pięciu synów Pandu (Pandawowie) i stu synów Dhritarasztry (Kaurawowie) rosło i wychowywało się razem, ciesząc się wszelkimi przyjemnościami życia i oddając się z zapałem wszelkim dziecinnym grom i zawodom, w których Pandawowie z łatwością pokonywali Kaurawów. W tej dziecinnej społeczności prym wiódł syn boga wiatru Bhima, który będąc najsilniejszy z nich wszystkich, terroryzował synów Dhritarasztry. Ciągnął ich za włosy lub za nogi i tarzał w piasku. Raz złapawszy dziesięciu z nich jedną ręką, zanurzył ich głowy pod wodą i uwolnił ich dopiero wówczas, gdy wydali z siebie niemal ostatnie tchnienie. Innym razem, gdy wdrapywali się na drzewo, aby zerwać dojrzałe owoce, tak długo trząsł drzewem aż pospadali na ziemię razem z owocami. Nie czynił tego jednak z ambicji lub szaleństwa, lecz dlatego, że był dzieckiem i eksperymentował ze swą potężną siłą. Natomiast najstarszy z Kaurawów Durjodhana poznawszy ogromną siłę Bhimy, pozwolił na to, by ambicja i szaleństwo opanowały jego umysł. Myślał: „Muszę zabić Bhimę przy pomocy podstępu lub oszustwa, gdyż jest on najsilniejszy z Pandawów. Bez Bhimy z łatwością pokonam jego młodszych braci i zakuję w kajdany jego najstarszego brata Judhiszthirę, który jest następcą tronu i sam stanę się władcą całej ziemi!"

Powziąwszy takie postanowienia, Durjodhana szukał pilnie okazji, aby wprowadzić je w czyn. Pewnego dnia, gdy zmęczony zabawą Bhima usnął w namiocie nad brzegiem Gangesu, Durjodhana spętał mu ręce i nogi i wrzucił w wartki nurt rzeki. Bhima jednakże obudził się i z łatwością zerwał pęta. Innym razem Durjodhana przyniósł do namiotu, gdzie spał Bhima jadowite węże, skłaniając je, by go ukąsiły, lecz węże nie potrafiły przebić się przez jego twardą skórę i zabić go swą trucizną. Jeszcze innym razem Durjodhana dodał trucizny do posiłku Bhimy, lecz Bhima był tak silny, że z łatwością truciznę strawił, nie ponosząc żadnego uszczerbku na zdrowiu. Pandawowie szybko zorientowali się w złych intencjach Durjodhany, lecz za radą swego stryja Widury powstrzymali się od rewanżu, wierząc, że zaogniłby jedynie sytuację, nie przynosząc żadnego rozwiązania.

3. Bramin-wojownik: Krypa

Wkrótce Widura i Bhiszma widząc, że zabawy chłopców stały się zbyt złośliwe i niebezpieczne, zaczęli myśleć o znalezieniu dla nich odpowiednich nauczycieli, którzy zadbaliby o ich rozwój duchowy, ucząc ich samokontroli i perfekcji oraz rycerskiej walki. Po pewnym okresie poszukiwań znaleźli takich nauczycieli w osobach dwóch niezwykłych braminów Krypy i Drony, którzy wyróżniali się zarówno swą umiejętnością władania bronią, jak i znajomością mądrości *Wed*.

Bramin Krypa od dawna był mieszkańcem Hastinapury. On sam i jego bliźniacza siostra Krypi zostali swego czasu znalezieni w lesie przez polującego na jelenia króla Śamtanu, który zaadoptował bliźnięta i wychowywał je w swoim pałacu. Gdy król Śamtanu dostrzegł leżący obok niemowląt łuk, strzały i skórki czarnej antylopy, domyślił się, że muszą one być dziećmi bramina, który poznał tajemnice władania bronią. I faktycznie przed królem stanął prorok Gautama i rzekł: „O królu, to są moje dzieci". Wielki proroka Gautama, choć narodzony w kaście bramińskiej, nie miał wielkiego zapału do studiowania *Wed* i umartwiał się nie po to, by zdobyć wiedzę, lecz by wydrzeć bogom tajemnice władania różną bronią. Król bogów Indra niepokoił się jego rosnącą władzą i chcąc przerwać jego ascezę, wysłał do niego boską nimfę apsarę, aby pobudziła w nim pożądanie. Gautama spojrzał na nią i upuścił swe nasienie na badyl trzciny, który podzielił się na dwie części i z nich narodziły się bliźnięta Krypa i Krypi. Gdy król Śamtanu zgodził się na ich zaadoptowanie, prorok poświęcił się całkowicie praktykowaniu łucznictwa i gdy poznał już wszelkie tajemnice tej broni, przekazał je swemu synowi Krypie, który w międzyczasie dorósł i po otrzymaniu tej wiedzy został nauczycielem łucznictwa.

Bramin Krypa był inkarnacją istotnej części jednego z rudrów, bogów burzy, którzy podobnie jak marutusi towarzyszą Indrze. Pięciu synów Pandu z kolei, choć spłodzeni przez różnych bogów, byli częściowymi inkarnacjami króla bogów Indry, gdyż pierwotną przyczyną ich narodzin na ziemi była klątwa, jaką wielki asceta bóg Śiwa rzucił na Indrę, gdy oznajmił on, że jego władza nie ma granic i jest równa władzy wielkich bogów stwarzania i niszczenia świata Wisznu i Śiwy.

4. Mściwi przyjaciele: bramin-wojownik Drona i król Drupada

Drugim nauczycielem królewiczów został bramin Drona,

inkarnacja wielkiego kapłana bogów Brihaspatiego, który narodził się na ziemi w swej istotnej części, aby pomóc inkarnacji boga Wisznu w oczyszczeniu ziemi z demonów.

Bramin Drona był synem sławnego proroka Bharadwadży. Narodził z nasienia, które jego ojciec upuścił na ziemię, gdy pewnego dnia wykonując codzienne zabiegi rytualne na ołtarzu ofiarnym, gdzie przechowywano somę, zobaczył przez mgnienie oka piękną boską nimfę apsarę cierpiącą właśnie na swą comiesięczną przypadłość, której szaty rozwiał nagły powiew wiatru. Bramin Bharadwadża zebrał staranie swe nasienie i włożył je do korytka. Po pewnym czasie narodził się z niego bramin Drona.

Bramin Drona na życzenie swego ojca, a także pragnąc posiadania syna, ożenił się z bliźniaczą siostrą bramina-wojownika Krypy Krypi, która słynęła ze swej pobożności. Urodziła mu ona upragnionego syna, który był inkarnacją aspektów śmierci, żądzy i szału wściekłości Najwyższego Boga Śiwy. W momencie, gdy zobaczył on po raz pierwszy światło dzienne i wydał z siebie swój pierwszy dźwięk, głos z nieba rzekł: „O braminie, nazwij swego syna Aświatthaman (rżenie konia), gdyż zapłakał on głosem tak donośnym i sięgającym tak daleko jak rżenie ogiera Ukkaihśrawasa, w momencie gdy wyłonił się z ubijanego oceanu".

Bramin Drona krył w swym sercu wielką urazę i namiętność, która sięgała korzeniami do czasów wczesnego dzieciństwa. Wówczas to nawiązał przyjaźń z następcą tronu Pańcalów Drupadą (inkarnacją jednego z marutusów, którzy towarzyszą Indrze), którego ojciec był przyjacielem jego ojca i który przychodził do pustelni jego ojca, aby studiować *Wedy*. Drona z kolei uczył się u Pańcalów tajników sztuki walki, mając za nauczyciela proroka Agniweśję. Ich przyjaźń była tak wielka, że Drupada obiecał Dronie, że gdy zostanie królem odda mu połowę swego królestwa. Gdy chłopcy dorośli, ich drogi na jakiś czas się rozeszły, gdyż Drona pozostał w bramińskiej pustelni swego ojca, podczas gdy Drupada po śmierci swego ojca został królem Pańcalów. Zafascynowany sztuką walki bramin Drona, który już od dawna nie kierował się motywacją czysto bramińską, nie na długo pozostał w pustelni swego ojca. Motywowany chęcią dorównania swemu przyjacielowi królowi Drupadzie, marzył o zdobyciu odpowiedniej dla siebie broni i królestwa. Szczęście mu dopisało i otrzymał wymarzoną broń łącznie z tajemnicą jej użycia od bramina-wojownika Paraśuramy, który wycofując się z aktywnego życia, rozdawał swój majątek braminom. Z kolei prorok Agniweśja obdarował go potężną ognistą broń zwaną *agneja*.

Zdobywszy godną wojownika broń, uszczęśliwiony bramin Drona udał się do pałacu króla Drupady, spodziewając się, że ucieszy się on, widząc swego przyjaciela z dzieciństwa i odda mu połowę królestwa. Drupada jednakże rzekł: „O dobry braminie, chyba straciłeś rozum, nazywając mnie swym przyjacielem! Któż to słyszał, aby wyniosły król taki jak ja mógł przyjaźnić się z kimś całkowicie pozbawionym dóbr jak ty. Nasza dawna przyjaźń zestarzała się. To prawda, że w dzieciństwie byliśmy przyjaciółmi, ale przyjaźń ta bazowała na tym, co wówczas posiadaliśmy. Przyjaźń starzeje się i umiera. Niszczy ją żądza i okalecza ją gniew. Nie licz więc na starą przyjaźń i rozejrzyj się za nową. Byłem twym przyjacielem, gdy było to zgodne z moimi interesem. Jednakże biedak nie może być przyjacielem bogatego tak jak głupiec nie może być przyjacielem mędrca. I po co komu stary przyjaciel? Przyjaźń i małżeństwo są możliwe jedynie wśród tych, którzy są sobie równi zarówno pod względem bogactwa, jak i urodzenia. Jaki król zechciałby przyjaźnić się z kimś, kto królem nie jest?"

Bramin Drona słysząc te słowa, nie posiadał się z oburzenia, lecz powstrzymał się od natychmiastowego okazania swego gniewu, aby skupić całą swą myśl na przygotowaniu odpowiedniej zemsty. Postanowił udać się do Hastinapury, myśląc o tym, że jeżeli uda mu się zostać nauczycielem młodych królewiczów, będzie mógł poprosić ich o to, aby zapłacili mu za otrzymaną wiedzę pomocą w realizacji jego zemsty.

Gdy Drona zbliżył się do królewskiego pałacu, zobaczył pięciu młodych Pandawów pochylonych bezradnie nad studnią i próbujących bezskutecznie dosięgnąć zabawki, która tam przypadkiem wpadła. Drona roześmiał się i rzekł: „O hańba kaście wojowników i ich umiejętnościom walki, skoro wy, potomkowie królów z linii Bharata nie potraficie wyciągnąć ze studni swej zabawki". I na oczach zdumionych i zachwyconych chłopców połączył razem kilka badyli trzciny i wyciągnął uwięzioną w studni zabawkę. Młodzi królewicze zawołali jednym głosem: „O braminie, niech ci będzie chwała, gdyż tylko ty jeden potrafiłeś tego dokonać. Powiedz nam, kim jesteś i w jakiś sposób możemy odwzajemnić oddaną nam przysługę?" Bramin Drona rzekł: „O młodzi królewicze, opowiedzcie Bhiszmie o moim przybyciu do Hastinapury i o moich zdolnościach i on z cała pewnością będzie wiedział, kim jestem i jak moją obecność wykorzystać".

Gdy chłopcy opowiedzieli Bhiszmie o całym wydarzeniu, rozpoznał natychmiast w zręcznym braminie Dronę i pomyślał, że byłby on znakomitym nauczycielem dla królewiczów. Myśl ta była w całkowitej zgodzie z pragnieniem Drony, który poinformował o tym Bhiszmę i nie zawahał się opowiedzieć mu o swej palącej żądzy zemsty na królu Drupadzie. Drona rzekł: „O Bhiszma, uczyłem się sztuki walki u samego wielkiego proroka Agniweśji. Byłem dobrym uczniem, nieskażonym złem, zdyscyplinowanym, z włosami związanymi w ciężki węzeł. U tego samego nauczyciela uczył się krzepki syn króla Pańcalów Drupada, pracując równie ciężko i z dużą gorliwością. Od lat dziecinnych studiowaliśmy razem, ciesząc się nawzajem swoją obecnością i pragnąc nawzajem się sobie przypodobać. Sprawiało mi przyjemność wszystko, co mówił i robił i w związku z tym bardzo go polubiłem. Pewnego dnia powiedział: 'O przyjacielu, gdy odziedziczę królestwo po mym ojcu o wielkim duchu, chcę byś cieszył się nim razem ze mną. Przysięgam, że mówię prawdę i że całe moje bogactwo, przyjemności i wygody będę dzielił równo z tobą'".

Drona kontynuował: „O Bhiszma, gdy uzyskałem perfekcję w walce różną bronią, udałem się w świat w poszukiwaniu szczęścia. Usłyszałem, że mój dawny przyjaciel został królem. Udałem się więc do niego, by przypomnieć mu o naszej przyjaźni i jego obietnicy, na co król Drupada odpowiedział śmiechem, twierdząc, że musiałem stracić rozum, uważając się za jego przyjaciela. Od momentu gdy usłyszałem te słowa, płonę gniewem i przyszedłem tutaj, aby zdobyć uczniów, którzy po otrzymaniu ode mnie całej wiedzy zapłacą mi za naukę, pomagając mi w realizacji mej zemsty".

Bhiszma uznał bramina Dronę za odpowiedniego nauczyciela dla młodych królewiczów i przedstawił go swym młodym uczniom. Gdy znaleźli się oni sam na sam ze swym nauczycielem, siedząc z szacunkiem u jego stóp, bramin Drona rzekł: „O moi niewinni uczniowie, głęboko w swym sercu chowam straszną urazę, którą chcę pomścić. Dajcie mi swe słowo, że pomożecie mi w tym w zamian za przekazanie wam całej mojej wiedzy o sztuce walki". Zarówno synowie króla Dhritarasztry jak i króla Pandu odpowiedzieli milczeniem. Tylko jeden Ardżuna w stanie ekstatycznego entuzjazmu dał swe słowo, że zniszczy jego wroga, co spowodowało, że Drona pokochał go najbardziej i zawsze go wyróżniał wśród swoich uczniów.

Po zakończeniu edukacji Drona poprosił królewiczów o realizację zapłaty, mówiąc: „O uczniowie, teraz, gdy przekazałem już wam wszelkie tajemnice broni, zrewanżujcie mi się godziwą zapłatą i napadnijcie niespodziewanie na króla Pańcalów Drupadę, odbierzcie mu władzę nad jego królestwem i oddajcie go w moje ręce". Królewicze zgodzili się i gdy przyprowadzili pokonanego i upokorzonego króla Drupadę przed oblicze Drony, bramin rzekł:

"O królu, kazałem mym uczniom na ciebie napaść, gdyż raz jeszcze poszukuję twej przyjaźni. Powiedziałeś mi, że żaden król nie może być przyjacielem kogoś, kto nie posiada żadnego majątku. Pozbawiłem cię więc twego majątku, abyś był mi równy i abym mógł raz jeszcze prosić cię o przyjaźń. Daję ci moje słowo, że jeżeli uznasz mnie teraz za swego przyjaciela, potraktuję cię po przyjacielsku i oddam ci połowę twego królestwa na północ od Gangesu, podczas gdy dla mnie zostanie jego część południowa". Król Drupada powstrzymał swój narastający w nim gniew i rzekł zaciskając zęby: „O braminie, chcę być twym przyjacielem po wieczne czasy". Lecz od momentu, w którym wypowiedział te wymuszone słowa przyjaźni, jego umysł nie zaznał spokoju. Chowając w sercu wielką urazę i żądzę zemsty, czuł się jednak wobec swego wroga bezsilny, zrozumiał bowiem, że trudno mu będzie pokonać Dronę w otwartej walce, gdyż, choć był mu równy w rzemiośle wojennym, Drona będąc braminem, przewyższał go swymi władzami duchowymi, które wzmacniały jego rycerską potęgę, czyniąc go nie do pokonania. Drupada zaczął więc rozmyślać nad sposobem uzyskania syna, który tak jak Drona byłby wyposażony zarówno w cnoty rycerskie jak i moce duchowe i byłby zdolny do zabicia jego śmiertelnego wroga, który śmiał mianować się jego przyjacielem. I tak jak sam bramin Drona narodził się z żądzy swego ojca, która opanowała go przez chwilę w miejscu ofiarnym, tak i przyszły zabójca Drony dzięki staraniom króla Drupady narodzi się wkrótce z ognia ofiarnego i bramińskiej nieczystości.

5. Niepokonani rywale: Karna i Ardżuna

Lekcje, których bramin Drona udzielał młodym Bharatom, stały się wkrótce sławne w całym kraju i wielu synów wojowników przyjeżdżało do Hastinapury, chcąc się uczyć władania bronią u Drony. U niego uczył się także jego syn Aświatthaman oraz Karna, syn Kunti, którego otrzymała ona od boga słońca, zanim została żoną zmarłego króla Pandu i który na dworze Dhritarasztry uchodził za syna królewskiego woźnicy. Błyszczący słonecznym blaskiem Karna ukrywał w swym sercu wielką ambicję bycia najlepszym i przewyższenia w swych umiejętnościach władania bronią najlepszego z młodych Bharatów. Gdy szybko stało się jasne, że najlepszy jest trzeci z kolei syn Pandu Ardżuna, Karna z umysłem opanowanym przez żądzę pokonania Ardżuny stał się sojusznikiem Durjodhany i dopingował go w okazywaniu pięciu Pandawom swego lekceważenia.

Ardżuna wyróżniał się wśród uczniów Drony swym ogromnym zaangażowaniem zarówno w doskonalenie swych umiejętności jak i w okazywanie mu szacunku. W ten sposób nie tylko ćwiczył gorliwiej niż inni, ale także stał się faworytem Drony, który chwaląc gorąco jego zaangażowanie, obiecał mu, że zrobi z niego najlepszego łucznika, którego żaden z jego uczniów nie potrafi pokonać. Ardżuna przywiązywał dużą wagę do tej obietnicy. Jednakże pewnego dnia, gdy Pandawowie udali się do dżungli na polowanie, pędząc bohatersko na swych rydwanach, zobaczyli włóczącego się psa ze strzałami w pysku umieszczonymi tam przez łucznika, który musiał być lepszy lub co najmniej równy Ardżunie. Pełni podziwu i nie posiadając się ze zdumienia, nie mogli powstrzymać się od wychwalania umiejętności nieznanego im łucznika i ruszyli w głąb dżungli na poszukiwania, chcąc poznać, kim jest ów tajemniczy rywal Ardżuny. Wkrótce odkryli, że był nim królewicz Niszadów o imieniu Ekalawja, któremu swego czasu bramin Drona odmówił udzielania lekcji łucznictwa, lecz który tak bardzo pragnął zostać jego uczniem, że zrobił sobie z gliny jego podobiznę, której składał codziennie cześć i obserwując z ukrycia jego lekcje, sam ćwiczył się w łucznictwie, osiągając doskonałość.

Pandawowie opowiedzieli o całym wydarzeniu braminowi Dronie, słusznie sławiąc umiejętności Ekalawji, lecz Ardżuna czuł w swym sercu żądło zazdrości i gdy został sam na sam ze swym nauczycielem, rzekł: „O braminie, czyż nie obiecałeś mi kiedyś gorąco, gdy byliśmy sami, że wśród twoich uczniów będę najlepszy? Z całą pewnością nie mówiłeś prawdy, gdyż wielbiący twój posąg królewicz Niszadów przewyższył mnie w swych umiejętnościach". Drona rzekł: „O Ardżuna, moje usta nie kłamią".

Chcąc zagwarantować prawdziwość swym słowom, bramin Drona udał się natychmiast do kryjówki Ekalawji, który kontynuował swą naukę, oddając cześć jego posągowi i deklarując się w ten sposób jego uczniem. Rzekł: „O Ekalawja, skoro jesteś moim uczniem, zapłać mi za zdobytą wiedzę swym kciukiem". Ekalawja z szacunkiem dla Prawdy i bez najmniejszego wahania, z twarzą wypełnioną ekstatycznym szczęściem i z czystym umysłem odciął sobie własny kciuk i w ten sposób płacąc Dronie za zdobytą nielegalnie wiedzę, pozbawił się dobrowolnie możliwości dorównania Ardżunie w jego łuczniczych umiejętnościach.

Gdy nadszedł czas egzaminów końcowych żaden z królewiczów, oficjalnych uczniów bramina Drony, nie potrafił dorównać Ardżunie. Choć Judhiszthira po mistrzowsku walczył na rydwanie, Durjodhana i Bhima osiągnęli doskonałość w walce na maczugi, a bracia bliźniacy Nakula i Sahadewa w walce na miecze, Ardżuna był najlepszy nie tylko w łucznictwie, ale w walce z użyciem dowolnej broni. Drona chcąc go nagrodzić, dał mu będącą w jego posiadaniu boską broń nie do pokonania zwaną Głową Brahmy, ostrzegając go jednak, że można jej użyć jedynie w walce z istotami nadprzyrodzonymi i że nigdy nie powinna być użyta przeciw człowiekowi, gdyż użyta w ten sposób może zniszczyć cały świat.

W czasie, gdy Pandawowie cieszyli się ze swego sukcesu, synowie króla Dhritarasztry nie mogli uwolnić się od uczuć zazdrości. Durjodhana szczególnie zazdrościł Bhimie jego umiejętności walki na maczugi, gdyż były one równe jego zdolnościom i w związku z tym nie potrafił go pokonać.

Bramin Drona zadowolony z wyników uzyskanych przez jego królewskich uczniów zaproponował królowi Dhritarasztrze przygotowanie specjalnych zawodów, aby jego uczniowie mogli rywalizować między sobą i popisywać się swymi umiejętnościami walki. Dhritarasztra zgodził się z wielką ochotą i rozkazał Dronie, aby bazując na swej bramińskiej wiedzy wybrał dzień pod szczęśliwą gwiazdą i miejsce, gdzie można by bezpiecznie zbudować teatr potrzebny do takich zawodów. Drona z pomocą Widury, trzymając się ściśle nakazów *Wed*, wybrał teren równy i nie zalesiony, lekko opadający w kierunku Gangesu, gdzie złożono ofiary i wzniesiono teatr, budując platformę areny otoczoną miejscami dla widowni uszeregowanymi według porządku kast.

Gdy wreszcie nadszedł dzień zawodów, do teatru zaczęły ściągać tłumy ludzi z różnych kast ciekawe rycerskich popisów, zajmując przeznaczone dla nich miejsca w odpowiednim porządku. Najpierw przybył Bhiszma i pierwszy nauczyciel królewiczów Krypa, zajmując zaszczytne miejsca pod baldachimem ozdobionym złotem i perłami. Następnie przybyły Gandhari i Kunti w towarzystwie wszystkich innych kobiet z królewskiego dworu, służącymi i świtą i zająwszy przeznaczone dla nich miejsca, wyglądały jakby były małżonkami bogów. Wkrótce zgromadził się tam tłum bez granic, wielki jak ocean falujący w rytmie dźwięków boskiej muzyki i poruszany ciekawością.

Ostatni przybył cały w bieli bramin Drona w towarzystwie swego syna Aświatthamana—z włosami i brodą pokrytą siwizną, ubrany w białe bramińskie szaty i namaszczony bramińskimi olejami z dumą noszący swą śnieżno białą bramińską świętą nić. Złożył odpowiednie ofiary należne bogom i gdy bramini ciągle jeszcze recytowali święte słowa *Wed*, na arenę wkroczyli młodzi królewicze, niosąc ze sobą wszelkie rodzaje broni. Prowadzeni przez najstarszego z nich Judhiszthirę prezentowali swoje strzeleckie umiejętności, wypuszczając ze swych łuków tysiące strzał. Niektórzy z widzów pochylali głowy, bojąc się zbłąkanych strzał, podczas gdy inni mimo lęku odważnie patrzyli w kierunku areny. Lecz bali się niepotrzebnie, gdyż wszystkie strzały dosięgły swego celu oznaczonego imieniem królewicza, wywołując tym wielki aplauz tłumu. Królewicze kontynuowali swe popisy, używając różnych rodzajach broni.

Gdy syn Pandu Bhima i syn Dhritarasztry Durjodhana stanęli do pojedynku na maczugi, rozgorączkowany tłum widzów podzielił się na dwie połowy dopingujące swojego faworyta. Niezadowolony z tego bramin Drona rzekł do swego syna Aświatthamana: „O synu, idź i przerwij walkę tych dwóch walecznych championów, gdyż inaczej wywoła ona zamieszki w tłumie, skłócając między sobą zwolenników Bhimy i Durjodhany". Posłuszny rozkazowi swego ojca Aświatthaman wyszedł na środek areny i powstrzymał tych dwóch walczących ze sobą braci, gdy wznosili przeciw sobie swe potężne maczugi, potężni jak dwa zderzające się oceany w godzinie apokalipsy.

Bramin Drona wystąpił następnie na środek areny i po uciszeniu hałaśliwych muzyków rzekł: „O szlachetni widzowie, nadszedł czas, abyście skupili całą swą uwagę wyłącznie na Ardżunie, który jest największym z wielkich łuczników i którego ja sam kocham bardziej niż własnego syna". Zapowiedziany w ten sposób Ardżuna, imponujący w swej srebrnej zbroi, potężny jak zaciemniająca słońce chmura, mieniący się jak tęcza towarzysząca błyskawicy wkroczył samotnie na środek areny, trzymając łuk gotowy do strzału. Powitał go wielki aplauz widzów wzmocniony dodatkowo przez eksplozję dźwięków bębnów i konch. Rozgorączkowany tłum krzyczał: „Niech będzie chwała wielkiemu łucznikowi, synowi Kunti. Na kanwie jego talentu zbudowane jest bezpieczeństwo naszego królestwa. On jest najpotężniejszym rycerzem i obrońcą Prawa i Moralności".

Kunti słysząc ten aplauz tłumu, zalała się łzami radości. Nawet niewidomy król Dhritarasztra poczuł w swych oczach łzy szczęścia i zapytał: „O Widura, wyjaśnij mi przyczynę tego nagłego entuzjazmu tłumu, gdyż nie potrafię jej zobaczyć". Widura rzekł: „O królu, tłum wiwatuje na cześć Ardżuny, który w pełnej zbroi wkroczył na arenę". Dhritarasztra zanurzywszy się w słodkiej ekstazie, rzekł: „O Widura, chwała niech będzie losowi, który obdarował mnie synami mego brata Pandu i dzięki temu pozbawił mnie zmartwień o bezpieczeństwo kraju".

Gdy okrzyki tłumu nieco przycichły, Ardżuna rozpoczął prezentowanie boskiej broni, którą zdobył i swych umiejętności posługiwania się nią. Dzięki darowi od boga ognia wywołał ogień, dzięki darowi od boga oceanu stworzył wodę, dzięki darowi od boga wiatru wywołał wiatr, a dzięki darowi od boga deszczu wywołał deszcz. Wyuczony aż do perfekcji i faworyzowany przez swego nauczyciela potrafił w sposób nieomal magiczny użyć swego łuku i dosięgnąć swymi strzałami niewyobrażalnie trudnego celu.

Zawody miały się już ku końcowi i tłum widzów zaczął rzednąć, ruszając w kierunku bram, gdy nagle od strony jednej z bram dał się słyszeć dźwięk podobny do grzmotu. Zaniepokojeni widzowie zaczęli pytać się nawzajem: „Cóż się dzieje? Czy to ziemia się trzęsie, góry drżą, czy też nadchodzi nieoczekiwany, potężny sztorm?" Ku bramie spojrzał również bramin Drona otoczony zwartym kręgiem pięciu synów Pandu i Durjodhana stojący razem z synem Drony Aświatthamanem w kręgu pozostałych synów Dhritarasztry—wszyscy gotowi do obrony królestwa i pokonania wroga. Dostrzegli w osłupieniu Karnę w jego złotej zbroi i złotych kolczykach, w których się urodził, jak szedł w kierunku areny, trzymając w dłoniach naprężony łuk. Karna nie miał prawa do brania udziału w królewskich zawodach przeznaczonych dla królewskich synów, bo choć biła od niego potęga zdradzająca królewskie pochodzenie, uchodził na dworze za syna *suty*, królewskiego woźnicy. Miał jednak siłę królewskiego lwa lub słonia i bił od niego blask piękna i świetności równy blaskowi jego potężnego ojca, ognistego boga słońca, którego był częściową inkarnacją.

Gdy tłum zamarł w oczekiwaniu, chcąc znać imię tego nowego, nieznanego im wojownika, Karna złożył pokłon swym nauczycielom Dronie i Krypie i rzekł butnie do Ardżuny: „O synu Kunti, przestań się tak sobą zachwycać, gdyż mogę dowieść na oczach całego tłumu, że nie tylko potrafię dokonać tych samych co ty sztuczek, ale nawet potrafię zrobić to lepiej!"

Słysząc to wyzwanie, tłum zerwał się z siedzeń jak jeden mąż, wydając groźne pomruki. Bramin Drona dał pozwolenie Karnie na pokazanie swych umiejętności i Karna dowiódł, że są one co najmniej równe umiejętnościom Ardżuny. Gniew i upokorzenie zmieszały Ardżunie umysł, podczas gdy Durjodhana i jego bracia rozpływali się w ekstatycznej szczęśliwości.

Durjodhana uścisnął Karnę z wielką wylewnością i rzekł: „O wielki herosie, dziękuję dobremu losowi, który cię tu zesłał, gdyż ty jeden potrafiłeś zniszczyć pychę Ardżuny! Witaj w mym królestwie i czuj się u mnie jak u siebie w domu". Karna odpowiedział: „O Durjodhana, dziękuję ci za twą życzliwość i w odpowiedzi na nią pozwól mi zostać twym dozgonnym przyjacielem. I jako mój przyjaciel dowiedz się, że chcę natychmiast pojedynkować się z Ardżuną!" Durjodhana rzekł: „O Karna, dziel ze mną wszystkie moje przyjemności i niech ci się uda pokonać w walce twych zagorzałych wrogów!"

Ardżuna słysząc wyzywające słowa Karny i widząc go entuzjastycznie witanego przez synów Dhritarasztry, poczuł się dogłębnie urażony i rzekł donośnym głosem: „O Karna, śmierć tobie! Nie dość, że przyszedłeś tu nie zaproszony, to jeszcze wypowiadasz obraźliwe słowa!" Karna odpowiedział: „O Ardżuna, śmierć tobie! Arena jest otwarta dla wszystkich i na niej liczy się tylko siła i zręczność. W walce wygrywa ten, kto jest najlepszy. Zamiast mówić na próżno o obrazie, skieruj ku mnie strumień swoich strzał i pozwól mi, abym na oczach twych nauczycieli mógł pozbawić cię głowy moimi strzałami!"

Gorąca krew bramina Drony zawrzała i słysząc tę wymianę obelg oraz widząc po jednej stronie Ardżunę otoczonego przez Pandawów, a po drugiej Karnę otoczonego przez Kaurawów, wydał zgodę na pojedynek. Sam razem z Bhiszmą i braminem Krypą stanął po stronie Ardżuny, podczas gdy jego syn Aświatthaman stanął po stronie Durjodhany. Nawet bogowie będący ojcami tych gotowych do walki na śmierć i życie herosów, obserwując tę scenę z wysokości, nie potrafili pozostać bezstronni. Król bogów i bóg burzy Indra, ojciec Ardżuny, zakrył chmurami niebo po stronie Pandawów. Bóg słońca Surja, ojciec Karny, oświetlał Karnę i stojących po jego stronie synów Dhritarasztry. Tymczasem Kunti rozpoznając zbroję i kolczyki, w których Karna się urodził straciła przytomność, gdyż rozpoznała w nim swojego najstarszego syna przygotowującego się do śmiertelnej walki ze swym młodszym bratem.

Choć dwaj przeciwnicy palili się do walki, pojedynek nie mógł się odbyć bez odpowiednich, poprzedzających go ceremonii. Szaradwata, który był biegły w etykiecie i znał Prawo, rozpoczął od przedstawienia sobie nawzajem pojedynkujących się wojowników. Po przedstawieniu Karnie Ardżuny, jako królewskiego potomka z linii Bharata, poprosił Karnę o podanie Ardżunie swego imienia i królewskiej linii, z której się wywodzi. Rzekł: „Prawo głosi, że nie można rozpocząć pojedynku, zanim nie usłyszy się, kim jest przeciwnik, gdyż dopiero wówczas pojedynkujący się może zadecydować, czy przeciwnik jest jego godny i czy chce z nim walczyć".

Słysząc te słowa, Karna pobladł ze wstydu, zrozumiał bowiem, że jeżeli Ardżuna zechce go upokorzyć, może odmówić mu prawa do walki, twierdząc, że jest synem *suty* i nie należy do kasty wojowników. Ta sama myśl zaświtała w umyśle Durjodhany i zanim któryś z pojedynkujących się zdążył wypowiedzieć słowo, Durjodhana widząc nagle przywiędłą twarz wroga swego wroga, zerwał się w pośpiechu ze swojego miejsca i rzekł: „O Karna, nie trać ducha, mianuję cię bowiem natychmiast królem kraju Angów i w ten sposób Ardżuna nie będzie miał prawa odmówić ci walki!" I Durjodhana mianując Karnę królem i zdobiąc go wszelkimi insygniami królewskiej władzy, rozkazał braminom, aby natychmiast polali ceremonialnie jego głowę wodą tak jak nakazuje tego święty rytuał.

Nie posiadający się ze wzruszenia Karna, rzekł: „O Durjodhana, powiedz mi, czy jest na świecie coś, czym mógłbym odpłacić ci za dar, jakim jest królestwo". Durjodhana odpowiedział: „O Karna, daj mi w zamian swą dozgonną lojalność i przyjaźń". Karna rzekł: „O Durjodhana, niech tak się stanie!" I ci dwaj przyjaciele w ekstatycznym uniesieniu serdecznie się uściskali.

Na wszystko to patrzył ze swego odległego miejsca na widowni królewski woźnica, który wychował Karnę i uchodził za jego ojca i coraz bardziej zalewała go fala potężnej radości. Widząc swego syna ukoronowanego sukcesem, zerwał się ze swego miejsca i drżąc na całym ciele z miłości, wybiegł na arenę, krzycząc: „O mój synu". Karna zobaczywszy ojca, odłożył łuk i z należnym ojcu szacunkiem pochylił do jego stóp swą głowę mokrą jeszcze od namaszczającej wody, którą jego ojciec dodatkowo oblał łzami swej szczęśliwości.

Bhima widząc tę skromną postać królewskiego woźnicy, zagubioną i śmieszną wśród uzbrojonych i ozdobionych złotem królewskich wojowników, będącą ojcem Karny, wybuchnął okrutnym śmiechem i zawołał: „O Karna, wszyscy widzą, ze jesteś synem woźnicy i że nie masz większego prawa do królestwa niż zbłąkany pies do pożerania składanej bogom ofiary. Ardżuna nie będzie z tobą walczył". Na te słowa wargi Karny zadrżały i boleśnie wzdychając, spojrzał błagalnie w kierunku słońca, jakby poszukując u niego pomocy. Tymczasem Durjodhana, słysząc słowa Bhimy, zawołał: „O Bhima, nie masz prawa do wypowiadania takich obraźliwych słów. O byciu wojownikiem decydują umiejętności walki i osobowość danej osoby, gdyż nie można z całą pewnością odróżnić wojownika od kogoś, kto wojownikiem nie jest na podstawie jego nazwiska, gdyż jak napisano w *Wedach*, źródło kasty wojowników nie jest całkowicie jasne. Spójrz na Karnę! To nie łania urodziła tego lwa! Jego złota zbroja i kolczyki, w których przypomina on słońce, są znakami jego królewskiego urodzenia. Mocą swych ramion zasługuje na to, aby rządzić całym światem, a nie jedynie Angą! Jeśli ktoś temu zaprzeczy, odpowiem mu moimi strzałami".

Choć zgiełk i dopingowanie coraz bardziej rosło, słońce coraz bardziej chyliło się ku zachodowi, aż wreszcie znikło całkowicie za horyzontem, dając sygnał, że czas udać się do domów. Durjodhana z Karną opuścili arenę, oświetlając sobie drogę pochodniami. Podobnie uczynili Pandawowie w towarzystwie Bhiszmy, Krypy i Drony. Wzburzony tłum widzów podzielił się na obozy, wykrzykując imiona Ardżuny, Karny lub Durjodhany. Choć pojedynek Karny z Ardżuną nie doszedł do skutku uniemożliwiony przez zachód słońca, wyzwanie rzucone przez Karnę, wzburzyło myśli i serca Bharatów. Kunti, którą Widura ocucił z omdlenia, patrzyła na swego nowo odnalezionego najstarszego syna Karnę, króla Angi, z sercem zalewanym coraz potężniejszą falą miłości. Durjodhana mając u swego boku Karnę, przestał się śmiertelnie obawiać Ardżuny, podczas gdy najstarszy z Pandawów Judhiszthira, syn boga Prawa, chroniony i mający oparcie w sile i umiejętnościach Ardżuny, nie mógł pozbyć się myśli, że być może nie Ardżuna, lecz Karna jest najlepszym na świecie łucznikiem.

Napisane na podstawie fragmentów *Mahābharāta*,
1. The Book of the Beginning,
1(7) The Origins, 116.1-123.75,
1(8) The Fire in the Lacquer House, 124.1-129.1.

Opowieść 5
Płonący pałac Pandawów

1. Spisek; 2. Pałac-pułapka; 3. Obronna strategia Pandawów; 4. Ucieczka z płonącego pałacu; 5. Małżeństwo Bhimy z demonką Hidimbą i jego walka z demonem Hidimbem.

> *Gniewny Durjodhana jest wielkim drzewem opartym na Karnie. Śakuni jest jego gałęziami, Duhśasana owocem a niewidomy Dhritarasztra korzeniami.*
> (*Mahābhārata*, 1(1) The Lists of Contents, 1.65-70)

1. Spisek

Durjodhana cierpiał straszne męki zazdrości, patrząc zawistnym okiem na potężną siłę Bhimy i perfekcję Ardżuny, którym w żaden sposób nie potrafił dorównać. Motywowany ambicją bycia przyszłym królem Hastinapury, której ziarno zasiał w jego sercu jego ojciec król Dhritarasztra, nie zaprzestał obmyślania różnych podstępnych sposobów zabicia swych kuzynów Pandawów i pozbycia się w ten sposób prawowitego następcy tronu Judhiszthiry. Snuł swe mordercze plany wspomagany radami pokrętnego brata swej matki Śakuniego oraz swego niedawno zdobytego dozgonnego przyjaciela i śmiertelnego rywala Ardżuny Karny, z których każdy motywowany był w swej akcji swą własną namiętnością. Pandawom udawało się jednak szczęśliwie unikać zastawianych na nich zasadzek i wierni radzie Widury powstrzymywali się od rewanżu, wierząc, że odpowiadanie na przemoc przemocą zrodziłoby jedynie dalszą przemoc i zniszczenie.

Tymczasem obywatele Hastinapury widząc prawość Pandawów, którzy zakończyli w międzyczasie swą edukację i osiągnęli pełnoletniość, zaczęli poddawać w wątpliwość prawo króla Dhritarasztry do pozostawania na tronie i wyrażać swe życzenie, aby najstarszy syn króla Pandu Judhiszthira został królem. W swych rozmowach pytali siebie nawzajem: „Dlaczego Dhritarasztra jest ciągle królem, skoro królestwo nie należy do niego, gdyż z powodu swej ślepoty został go pozbawiony. Królestwo od początku było dziedzictwem jego młodszego, zmarłego przedwcześnie brata Pandu i teraz, gdy jego najstarszy syn Judhiszthira osiągnął dojrzałość, Dhritarasztra powinien się wyrzec królestwa i oddać je Judhiszthirze, któremu się ono słusznie należy. Prawość Judhiszthiry gwarantuje, iż zarówno on jak i jego synowie zostaną odpowiednio uhonorowani i otrzymają należne im przywileje".

Gdy szpiedzy Durjodhany donieśli mu o tych szemraniach obywateli i ich miłości dla Pandawów, jego zazdrość jeszcze bardziej się zaogniła. Udał się do swego ojca i znalazłszy go w samotności, rzekł: „O ojcze, przyszedłem do ciebie, gdyż dowiedziałem się, że obywatele złowieszczo szemrają, że powinieneś wyrzec się królestwa tak jak Bhiszma i oddać je synowi twego młodszego brata Judhiszthirze. Bhiszma sam wyrzekł się królestwa i nie chciał być królem, lecz jeśli chodzi o nas, to mieszkańcy naszego kraju wyraźnie chcą nas zmusić do wyrzeczenia się czegoś, co nam się słusznie należy. To ty byłeś najstarszym z braci i zgodnie z Prawem do ciebie i twoich synów należy królewskie dziedzictwo. Ty sam nie mogłeś zostać królem z powodu twego fizycznego defektu i królem został twój przedwcześnie zmarły młodszy brat, lecz ja, twój najstarszy syn, jestem w doskonałym zdrowiu i jako syn starszego brata mam większe prawo do ojcowizny niż Judhiszthira, syn młodszego brata. Jeżeli dopuścisz do tego, że syn twego młodszego brata zostanie królem, królestwo całkowicie wymknie się z rąk twoich potomków i dostanie się na zawsze w ręce potomków twego młodszego brata. Twoi potomkowie zostaną zredukowani do roli żebraków żyjących na cudzej łasce! Musisz umocnić swą pozycję w królestwie, aby zapewnić powrót królewskiego dziedzictwa w ręce twego potomstwa!"

Dhritarasztra rzekł: „O synu, mój młodszy brat Pandu szanował Prawo i był bardzo serdeczny dla całej swej rodziny, a szczególnie dla mnie. Był bardzo szczodry i nigdy niczego nie chciał wyłącznie dla siebie. Gdy opuszczał swe królestwo i wierny swej przysiędze udał się do lasu, aby żyć w ascezie, oddał mi je pod opiekę z tak wielką łatwością jak oddawał mi w dzieciństwie swe ulubione jedzenie, które ze mną dzielił. Jego synowie są tacy sami jak on: wierni Prawu, pełni rycerskich cnót, szanowani przez obywateli. Jak więc możemy pozbawiać ich dziedzictwa ich ojca i dziada? Pandu miał też wielu sprzymierzeńców wśród królów i zwykłych żołnierzy, gdyż dobrze wszystkich traktował i oni z całą pewnością staną w obronie jego synów, jeżeli pozbawimy ich praw i zmusimy do opuszczenia królestwa".

Durjodhana rzekł: „O ojcze, wiem doskonale, jakie mogą być konsekwencje wygnania Pandawów z królestwa, wynikłe z faktu, że zarówno Pandu jak i jego synowie mają poparcie wielu królów i obywateli. Obywateli można jednak przekupić prezentami i honorami i w ten sposób uczynić ich naszymi zwolennikami. Sam mogę się tym z łatwością zająć, gdyż mam kontrolę nad królewskim skarbem i jego ministrami. Królów można z kolei oszukać. Nie musimy bowiem otwarcie wyrzucać Pandawów z królestwa. Wystarczy, że pod jakimś pretekstem wyślemy ich podstępnie razem z ich matką do Waranawety, która znajduje się poza granicami naszego kraju i skłonimy ich do przebywania tam wystarczająco długo, abyśmy mogli się umocnić. Będą mogli oczywiście wrócić, ale dopiero wtedy gdy nasza linia zostanie mocno osadzona na tronie".

Dhritarasztra rzekł: „O synu, muszę przyznać, że podobny plan zrodził się w mojej głowie. Wydał mi się jednak zbyt podły, aby mógł zyskać poparcie Bhiszmy, Widury, Drony i Krypy, dla których zarówno synowie Pandu jak i moi synowie reprezentują tę samą linię i podlegają temu samemu Prawu. Nie zgodzą się na faworyzowanie żadnej ze stron".

Durjodhana rzekł: „O ojcze, nie masz racji, gdyż z łatwością uda nam się zdobyć ich poparcie. Bramin Drona będzie po tej stronie, po której jest jego syn Aświatthaman, a on jest po naszej stronie. Bramin Krypa będzie po tej stronie, po której jest Drona i jego syn, gdyż Aświatthaman jest również synem jego siostry Krypi, która jest żoną Drony. Jeśli chodzi o Widurę, który jest twoim ministrem i Bhiszmę to ich losy są nierozerwalnie związane z twoimi i nie mogą działać przeciw twoim interesom, choćby i ich serce rwało się do Pandawów. O ojcze, możesz spokojnie zesłać Pandawów do Waranawety, gdyż z całą pewnością nie będzie to miało dla nas żadnych złych skutków i zniszczy bolesny cierń, który noszę w sercu i który odbiera mi sen oraz ugasi ogień mojej boleści!"

Jak postanowili, tak uczynili. Durjodhana i jego bracia zaczęli obdarowywać swych poddanych prezentami i honorami, chcąc kupić ich życzliwość. Król Dhritarasztra z kolei chcąc skusić Pandawów, aby udali się poza granice swego królestwa z własnej woli, namówił różnych gorliwców, aby snuli opowieści o pięknie Waranawety i namawiali wszystkich do udania się tam i uczestnictwa w mającym się tam odbyć wielkim festiwalu ku czci boga Śiwy. Opowieści te dotarły do Pandawów, którzy pod ich wpływem nabrali ochoty, aby tam pojechać, o czym poinformowali króla. Dhritarasztra, który tylko na to czekał, natychmiast zaczął ich gorąco zachęcać do wyjazdu, mówiąc: „O synowie, od dawna już słyszę od różnych ludzi, że Waranaweta jest najpiękniejszym w świecie miastem. Nie wahajcie się ani chwili i wyruszcie natychmiast. Weźcie ze sobą swoje wojsko i całą swoją świtę i czujcie się tam jak nieśmiertelni. Weźcie ze sobą drogie kamienie, aby obdarować bogato braminów i śpiewaków i czujcie się jak bogowie. Pozostańcie tam przez dłuższy okres czasu, aby móc w pełni nacieszyć się miastem".

Gdy Judhiszthira to usłyszał, zrozumiał, że wpadł w pułapkę i że ulegając chęci wyjazdu z własnego kraju, uczynił jedynie to, czego życzył sobie Dhritarasztra—zgodził się na wygnanie i pozostawienie Hastinapury Kaurawom. Nie chcąc zaprzeczać prawdziwości swych słów i widząc całą królewską starszyznę jak i wszystkich synów Dhritarasztry skupionych wokół króla, zrozumiał, że sprawy zaszły za daleko i że nie ma nikogo, kto by się pomysłowi ich wyjazdu sprzeciwił. Wyraził więc zgodę na opuszczenie swego królestwa, mówiąc ze smutkiem: „O przyjaciele, udam się już wkrótce wraz z moimi braćmi i naszymi ludźmi do pięknego miasta Waranawety, które będzie wypełnione świętującym tłumem, gdyż taki jest rozkaz króla Dhritarasztry. Proszę więc o wasze błogosławieństwo, aby nas chroniło przed wszelkim złem".

Po otrzymaniu błogosławieństwa starszyzny Hastinapury i wykonaniu wszelkich wymaganych rytów Pandawowie wyruszyli w kierunku Waranawety odprowadzani do bram miasta przez posmutniałego Widurę i ciągnący za nimi w milczeniu tłum mieszkańców. Pozbawieni lęku bramini zaczęli buntować się przeciw losowi Pandawów, mówiąc: „Umysł podłego króla Dhritarasztry musiał całkowicie pogrążyć się w ciemnościach. Wydaje mu się, że widzi niebezpieczeństwo, a nie potrafi dostrzec Prawa i skazuje na banicję tych, którzy są bez grzechu. Nie może znieść tego, że to Pandawowie odziedziczyli królestwo po swoim ojcu. Oburzające jest również milczenie Bhiszmy, który dopuścił do tego jawnego bezprawia. Skoro Dhritarasztra nie może znieść samego widoku szlachetnych synów króla Pandu, który był dla nas jak ojciec, odpowiedzmy mu tym samym i żeby nie patrzeć już dłużej na takiego podłego króla, porzućmy nasze domy i udajmy się na wygnanie razem z Judhiszthirą".

Jednakże Judhiszthira, który był synem boga Prawa Dharmy i nie potrafił zejść ze ścieżki Prawa, rzekł z głębokim smutkiem: „O bramini, zaprzestańcie żalów, gdyż króla należy czcić jak własnego ojca i traktować go z honorem należnym największemu nauczycielowi. Wszyscy musimy mu być posłuszni, bo przysięgaliśmy, że bez wahania uczynimy to, co nam rozkaże. Jesteście naszymi wielkimi przyjaciółmi, dlatego proszę was, abyście zgodnie ze świętym zwyczajem okrążyli nas pobożnie kilka razy, udzielili nam swego błogosławieństwa i udali się z powrotem do domów". Znający Prawo bramini rzekli: "O Judhiszthira, niech tak się stanie" i posłusznie zawrócili do Hastinapury.

Księga I   Opowieść 5   115

2. Pałac-pułapka

Durjodhana widząc skuteczność strategii swojego ojca i łatwość, z którą pozbył się Pandawów z Hastinapury, pogrążył się w ekstatycznej radości i zaczął w cichości za plecami swego ojca knuć swój własny plan pozbycia się swych rywali raz na zawsze. Pewnego dnia odwołał na stronę swego ministra Purokanę i rzekł, ściskając namiętnie w swych dłoniach jego prawą dłoń: „O przyjacielu, gdy pozbędę się Pandawów raz na zawsze, cała ziemia ze swym wielkim bogactwem będzie należała do mnie. A będąc moja, może być również twoja, gdyż nie ma na świecie nikogo, komu ufałbym bardziej niż tobie! Zawrzyj ze mną tajemny pakt i aby ochraniać ziemię, zniszcz moich rywali!"

Durjodhana kontynuował: „O przyjacielu, zaprzęgnij do wozu szybkiego osła i jeszcze dzisiaj wyrusz do Waranawety. Użyj całego swego sprytu i zbuduj tam wspaniały godny królów pałac z łatwopalnego, lecz trudnego do wykrycia materiału i umebluj go z pełnym przepychem, aby zadowolić mego ojca. W ten sposób nie wzbudzisz niczyich podejrzeń. Gdy budowa będzie już ukończona, zaproś tam Pandawów i witając ich z wszystkimi należącymi się królom honorami, zaproponuj im, żeby w nim razem ze swą matką i całą służbą zamieszkali. Uprzyjemniaj im ich pobyt w Waranawecie, jak tylko potrafisz. Spełniaj ich wszystkie życzenia, usypiając w ten sposób ich czujność i czekaj aż nadejdzie właściwy moment. Gdy będziesz pewien, że nie mają żadnych podejrzeń i śpią w swych łóżkach spokojnie, nie czując z nikąd żadnego zagrożenia, podpal ich pałac. W tej sposób nikt nie będzie niczego podejrzewał i wszyscy będą przekonani, że był to nieszczęśliwy wypadek i że Pandawowie zginęli podczas snu z powodu przypadkowego zaprószenia ognia". Purokana rzekł: „O przyjacielu, niech tak się stanie" i zgodnie z poleceniem udał się natychmiast do Waranawety.

Z kolei Widura, który odprowadzał Pandawów do bram miasta, domyślał się knowań Durjodhany i chcąc ich w jakiś sposób ostrzec przed grożącym im niebezpieczeństwem bez łamania jednak swego obowiązku lojalności wobec króla Dhritarasztry zbyt otwartą mową, rzekł do Judhiszthiry ogólnikowo: „O synu boga Dharmy, pamiętaj o istnieniu zabójczej broni, która, choć nie jest wykuta z żelaza, może być równie śmiertelna. Kto nie zapomina o jej istnieniu, potrafi uniknąć skutków jej użycia i odwrócić jej ostrze przeciw podstępnemu wrogowi. Choć broń ta jest zdolna wypalić cały las, nie zdoła zabić kreta, który schował się pod ziemią". Słysząc te słowa, Judhiszthira zrozumiał, że powinien obawiać się ognia i chronić się przed nim, budując w ziemi ochronny tunel, który w razie niebezpieczeństwa może zostać użyty jako droga ucieczki.

3. Obronna strategia Pandawów

Tłumy mieszkańców Waranawety zgromadziły się u bram miasta, aby zgodnie z nakazami świętych ksiąg powitać Pandawów dobrze wróżącymi podarkami, otoczyć ich kołem i życzyć im zwycięstwa. Pandawowie z kolei, aby odwzajemnić czynione im honory, złożyli wizytę braminom, władcom miasta, właścicielom rydwanów, a także artystom i służącym. Po tych ceremoniach powitalnych udali się na spotkanie z Purokaną, którego król Dhritarasztra uczynił odpowiedzialnym za przygotowanie dla nich godnego królów pałacu. Purokana uhonorował ich powitalną ucztą w pięknie umeblowanej sali i pozwolił im odpocząć po podróży w bogato ozdobionej sypialni, aby po upływie kilku dni zaprosić ich do zamieszkania w pałacu-pułapce, którego budowę zgodnie z zaleceniami Durjodhany sam dozorował i który nazywano „świątynią", gdyż swym przepychem przypominał miejsce, w którym mieszkają bogowie. Pandawowie wkroczyli tam witani jak bogowie, lecz Judhiszthira nie dał się zwieść pozorom i szybko się zorientował, że pałac ten jest łatwopalną pułapką. Rzekł do swych braci: „O bracia, pałac ten zbudowano ze znawstwem z konopi i słomy, które polano tłuszczem. Nie ma więc cienia wątpliwości, że wznoszono go z myślą, aby go podpalić. Ten podły Purokana chce nas spalić żywcem, jak tylko poczujemy się bezpiecznie".

Bhima rzekł: „O bracia, odmówmy zamieszkania w tym pałacu i wróćmy lepiej tam, gdzie dotychczas spędziliśmy już kilka dni i gdzie wydało się być bezpiecznie".

Judhiszthira jednakże nie chciał postąpić zgodnie z radą Bhimy i rzekł: „O bracia, ucieczka jest ze wszech miar niedobrą strategią obronną. Powinniśmy zostać tutaj i udając, że nie domyślamy się niczego, zbudować podziemne przejście, aby w odpowiedniej chwili móc chronić się ucieczką. Za taką strategią przemawia choćby to, że mamy tutaj do czynienia z podstępnym i podłym przeciwnikiem. Jeżeli Purokana zorientuje się, że odkryliśmy jego podstęp, popadnie w panikę, zacznie działać natychmiast i podpali pałac, zanim zdążymy przygotować jakieś środki obrony. Jest on zdolny do największej podłości, gdyż działa z rozkazu Durjodhany, który z kolei chce królestwa. Ponadto, jeżeli Durjodhana zorientuje się, że odkryliśmy jego podstęp, z całą pewnością nie zaniecha dalszych prób zabicia nas i powybija nas podstępnie przez swych szpiegów, których może z łatwością przekupić. To on, a nie my ma dostęp do skarbca i władzy. Poza tym Bhiszma i inni członkowie naszej rodziny kroczący ścieżką Prawa z całą pewnością nie chcą naszej śmierci i prawdopodobnie nie wiedzą nic o przestępczych poczynaniach Durjodhany, które możemy udowodnić tylko wówczas, gdy pałac spłonie, lecz my nie damy się spalić. Nie mamy innego wyjścia i musimy działać równie podstępnie jak nasi podstępni wrogowie i starać się ich przechytrzyć, dokładając wszelkich starań, aby nie domyślili się, że odkryliśmy ich przestępcze zamiary".

Tymczasem Widura, który od samego początku domyślał się złych intencji Durjodhany, wysłał do Pandawów zręcznego budowniczego, aby pomógł im zbudować w ziemi odpowiedni schron, gdzie mogliby się schronić przed pożarem i ponieważ wiedział, że w stosunki rodzinne wkradła się podejrzliwość i fałsz, chcąc upewnić Judhiszthirę, że pojawienie się budowniczego nie jest nowym podstępem Durjodhany, dał mu hasło, będąc pewien, że Judhiszthira rozpozna je jako pochodzące od niego. Gdy Judhiszthira usłyszał hasło rzekł do budowniczego: „O dobry człowieku i bez tego hasła rozpoznałbym w tobie uczciwego, godnego zaufania i lojalnego przyjaciela Widury. Mędrzec o intencjach tak czystych jak ty, żyjący według Prawa i podążający za Prawdą nie potrzebuje pośrednictwa hasła. Należysz do nas tak jak i my należymy do ciebie. Dowiedz się więc, że niebezpieczeństwo, którego Widura się domyślał, okazało się rzeczywistością. Pomóż nam więc go uniknąć". Budowniczy rzekł: „O Judhiszthira, niech tak się stanie" i w samym centrum pałacu-pułapki wydrążył głęboki kanał, maskując go podłogą, gdzie Pandawowie spali, nie wypuszczając z dłoni swej broni. I choć żyli w dużym napięciu i czuli się bardzo nieszczęśliwi, aby zwieść Purokanę i swoich wrogów, oddawali się w ciągu dnia polowaniu i różnym innym królewskim rozrywkom, udając spokój i zaufanie.

4. Ucieczka z płonącego pałacu

W końcu po upływie roku Pandawowie nabrali przekonania, że udało im się zwieść Purokanę, który zdawał się być w coraz lepszym nastroju, wierząc w to, iż nie domyślają się pułapki i mają do niego pełne zaufanie. Doszli więc do wniosku, że zbliża się moment, w którym zechce on wprowadzić w czyn swój przestępczy zamiar. Judhiszthira rzekł do swych braci: „O bracia, ten pokrętny Purokana uwierzył, że rozwiał wszelkie nasze podejrzenia. Nadszedł więc czas, aby uprzedzić jego działanie i przygotować naszą ucieczkę. Musimy sami podpalić nasz pałac i spalić w nim Purokanę. Co więcej, aby oszukać Durjodhanę i móc ukryć się przed nim razem z naszą matką w dżungli, musimy poświęcić sześciu niewinnych ludzi, których spalone ciała zostaną uznane za dowód naszej śmierci".

Wkrótce, aby wprowadzić podjęty zamiar w czyn, Kunti pod pretekstem rytualnego obdarowywania braminów urządziła wielką ucztę, na którą przybyli nie tylko bramini, ale również ludzie z innych kast. Uczta przyciągnęła również pewną kobietę Niszadów i jej pięciu synów, którzy wypiwszy zbyt dużo wina pozostali w pałacu do późnej nocy i zasnęli tam kamiennym snem, nie bacząc na to, że wszyscy goście udali się dawno do domów. Gdy Bhima odkrył, że w kamienny sen zapadł również Purokana, podpalił pałac-pułapkę, grzebiąc w nim Purokanę razem z kobietą Niszadów i jej pięcioma synami.

Szybko pochłaniający pałac ogień obudził mieszkańców miasta, którzy natychmiast zaczęli szemrać między sobą, obwiniając o pożar działającego z rozkazu Durjodhany Purokanę. Rzucali też przekleństwa na umysłowość króla Dhritarasztry, który do tego dopuścił i wyrażali radość na myśl, że ogień zapewne pochłonął również przebywającego w pałacu podłego Purokanę. Obwiniali też Bhiszmę, Krypę i Dronę o to, że nie potrafili powstrzymać tego straszliwego biegu wydarzeń. Rankiem, gdy po pałacu pozostały już jedynie zgliszcza, jako pierwszy przybył tam zręczny budowniczy przysłany przez Widurę, aby zakryć starannie wejście do podziemnego kanału, którym uciekli Pandawowie. Gdy mieszkańcy miasta rozpoczęli swe poszukiwania spalonych ciał, badając zgliszcza, nabrali pewności, że pałac był pułapką specjalnie zbudowaną z łatwopalnego materiału i gdy znaleźli zwęglone zwłoki niewinnej kobiety Niszadów i jej pięciu synów, wzięli je za dowód śmierci pięciu Pandawów i ich matki. Obwiniając o uczynione zło również króla Dhritarasztrę, wysłali do niego gońca z następującą wiadomością „O królu, twój wielki plan się udał. Ogień pochłonął Pandawów razem z twym podłym ministrem Purokaną".

Gdy król Dhritarasztra otrzymał wiadomość o pożarze i o śmierci Pandawów, rzekł: „Teraz mój drogi brat Pandu naprawdę umarł, gdyż oprócz niego samego umarli również wszyscy jego potomkowie jak i jego obie żony". Wysłał swych wysłanników do Waranawety, aby zebrali kości Pandawów i ich matki do pięknych urn i polecił nie szczędzić pieniędzy na ryty pogrzebowe. I gdy wszyscy pozostali przy życiu królewscy potomkowie Bharatów pogrążyli się w żałobie, Widura nie rozpaczał, gdyż znał całą prawdę.

Tak jak Widura przypuszczał, Pandawowie i ich matka uniknęli bezpośrednich skutków pożaru, ratując się ucieczką, wyniesieni z pałacu przez najsilniejszego z nich Bhimę, który pędząc z siłą swego potężnego ojca Wiatru w kierunku południowym, przewracał po drodze drzewa i rwał ziemię pod swymi stopami. Gdy wreszcie dotarli do gęstej dżungli byli zupełnie wyczerpani z pragnienia i oślepli z braku snu. Pozbawieni sił rzekli do Bhimy: „O bracie, czy można sobie wyobrazić większą katastrofę niż konieczność przebywania w tej gęstej dżungli? Nie potrafimy odnaleźć tu kierunku i nie mamy dość siły, żeby biec. Nie mamy też pewności, co do tego, czy ten podły Purokana naprawdę spłonął i czy nie będzie nas ścigał. Nieś nas więc dalej jak wiatr, krocz wielkimi krokami, bo ty jesteś z nas najsilniejszy". I Bhima pędził dalej z szybkością huraganu, tratując po drodze potężne drzewa uginające się pod ciężarem owoców i ścierając na proch stojące mu na drodze pnie i krzaki. Będąc potęgą bez granic chwiał gałęziami i oszałamiając swych braci swą szybkością przekraczał wiele rzek, szukając kryjówki przed Durjodhaną.

5. Małżeństwo Bhimy z demonką Hidimbą i jego walka z demonem Hidimbem

Zapadający zmierzch zastał Pandawów głęboko w dżungli, w dzikim zakątku rozbrzmiewającym głosami drapieżnych ptaków i zwierząt, ubogim w jadalne korzonki i wodę. Byli jednak zbyt wyczerpani ucieczką, brakiem snu i pragnieniem, aby czuć się na siłach iść dalej. Gdy Bhima dostrzegł w pobliżu rozłożyste drzewo banianowe, zaniósł tam swą matkę i braci i rzekł do Judhiszthiry: „O bracie, pozwól mi wyruszyć na poszukiwanie wody pitnej, która musi być niedaleko stąd, gdyż wyraźnie słyszę głosy ptaków wodnych sugerujące obecność wody". Kierując się głosami ptaków, dotarł do jeziorka, gdzie wziął oczyszczającą kąpiel i skąd nabrał wody do swego szala, aby zanieść ją z powrotem swej spragnionej matce i braciom. Gdy powrócił na miejsce, gdzie ich zostawił, zastał ich śpiących na gołej ziemi i widok ten tak nim poruszył, że zalał się łzami.

Szlochając, rzekł: „O nieszczęsny losie, dlaczego każesz im teraz spać na gołej ziemi, podczas gdy w Waranawecie, choć dałeś im łoża bogato zdobione złotem, nie pozwoliłeś im zmrużyć oka. Dlaczego tak ciężko doświadczasz moją matkę, która jest córką potężnego szefa rodu Jadawów, siostrą samego Wasudewy, który z łatwością obraca w proch swych wrogów i żoną króla Pandu. Dlaczego zmuszasz do spania na gołej ziemi właśnie ją, choć obdarzona jest niezliczonymi zaletami, rozświetla przestrzeń jak kwiat lotosu, wychowywała się w najwspanialszych pałacach i jest najdelikatniejszą z wszystkich dam przyzwyczajoną do posiadania wszystkiego, co najwytworniejsze? I czy może być dla mnie coś bardziej bolesnego od patrzenia na mych braci leżących na ziemi obok niej? Dlaczego mój najstarszy brat, syn samego boga Prawa, który powinien rządzić wszystkimi trzema światami i moi pozostali bracia leżą na ziemi jak ludzie z pospólstwa? Dlaczego skazujesz nas wygnanych przez podłego króla Dhritarasztrę i jego syna Durjodhanę na samotność życia w dżungli? Uciekliśmy szczęśliwie przed pożarem, który był dla nas przeznaczony, ale cóż nam pozostało poza spędzeniem nocy pod tym drzewem banianowym? Dokąd mamy pójść? Gdzie się schronić? O szczęśliwi są ci, którzy żyją w otoczeniu swych życzliwych krewnych!"

Nie chcąc budzić swej matki i braci, aby napoić ich przyniesioną wodą, postanowił czuwać u ich stóp całą noc i chronić ich przed ewentualnym niebezpieczeństwem. Tak postanowił, choć nie wiedział, że ułożyli się do snu niedaleko drzewa *śala* zamieszkałego przez okrutnego i silnego żółtookiego demona-rakszasę o wielkich kłach i ciele wstrętnie zdeformowanym o imieniu Hidimba, który żywił się ludzkim mięsem. Demon był bardzo wygłodzony i gdy poczuł nagle ludzki zapach wciągnął go z przyjemnością w swe wielkie nozdrza i rzekł do swej siostry noszącej to samo co on imię: „O Hidimba, czuję zapach mojego ulubionego posiłku, którego nie miałem w ustach już od wieków i oblizuję się na samą myśl o momencie, gdy zatopię w nim moich osiem kłów. Nie mogę się jednak nasycić samym zapachem. Idź więc pod drzewo banianowe, gdzie ułożyli się do snu ci nierozważni śmiertelnicy, dowiedz się kim są, a potem zabij ich i przynieś mi ich smakowite mięso do pożarcia. Nie obawiaj się niczego, gdyż nie grozi ci z ich strony żadne niebezpieczeństwo, zasnęli bowiem na terenie, który należy do nas. Ugotujemy z nich nasz ulubiony obiad i najemy się do syta!"

Posłuszna rozkazowi swego brata demonka Hidimba udała się więc pod drzewo banianowe, gdzie spali Pandawowie, aby ich zabić, lecz jak tylko zobaczyła Bhimę czuwającego nad spokojnym snem swych braci i swej matki, pięknego i wysokiego jak pień drzewa *śala*, zakochała się w nim natychmiast bez pamięci. Zamruczała: „O piękny człowieku o śniadej skórze, silnych ramionach i lotosowych oczach, będziesz dla mnie doskonałym mężem! Nie posłucham mojego brata, który chce cię zjeść i nie zabiję cię, gdyż moje pragnienie, aby mieć cię za męża jest silniejsze od mojej siostrzanej lojalności. Zabity i zjedzony zaspokoisz nasz apetyt najwyżej przez godzinę lub dwie, natomiast jako mój żywy mąż będziesz dostarczać mi nieskończonej przyjemności!"

Demonka Hidimba przybrała postać pięknej kobiety i ozdobiwszy swe ciało pięknymi klejnotami, zbliżyła się zalotnie do Bhimy i rzekła: „O niewinny człowieku, powiedz mi, kim jesteś i skąd przybywasz? Kim są ci podobni do bogów mężczyźni pogrążeni w głębokim śnie? Kim jest ta wysoka, ciemnoskóra, delikatna kobieta, która zasnęła w tym dzikim lesie, jakby był jej domem? Czyżby nie wiedziała, że roi się on od okrutnych rakszasów i że mieszka tu również mój niegodziwy brat Hidimba? To on wysłał mnie tutaj, aby na was zapolować, gdyż w swej niegodziwości chce was zjeść. Byłam w pełni gotowa zrealizować jego zamiar, lecz gdy ciebie ujrzałam, opanowała mnie żądza i myślę tylko o tym, żebyś został moim mężem. O boski człowieku, powiedziałam ci prawdę i teraz ty, który znasz Prawo, spełnij moje życzenie. Moje serce i ciało jest w szponach żądzy, kochaj więc mnie, tak jak ja kocham ciebie. Będąc twą żoną, obronię cię przed moim niegodziwym bratem. Potrafię bowiem unosić się w powietrzu i wędrować po niebotycznych górach. Ze mną doświadczysz głębi nieporównywalnej przyjemności".

Bhima odpowiedział: „O piękna rakszini, widać, że nie znasz mojej natury, skoro wyobrażasz sobie, że mógłbym oddać na pożarcie twemu bratu swą matkę i braci królewskiej krwi, kierując się chęcią zaspokojenia żądzy?" Hidimba rzekła: „O człowieku o boskim wyglądzie, spełnij moją prośbę, a zrobię wszystko, czego sobie zażyczysz i obronię was wszystkich przed głodem mojego brata". Bhima rzekł: „O słodko-oka rakszini, moja matka i bracia śpią tak spokojnie w tym dzikim lesie, bo mają mnie do pilnowania spokoju ich snu. Nie ma na świecie takiego demona, który byłby w stanie mnie pokonać. Przyślij więc do mnie twego niegodziwego brata, aby mógł go zabić!"

Tymczasem zniecierpliwiony oczekiwaniem na powrót swej siostry demon rakszasa sam zszedł z drzewa i rozwścieczony do ostateczności, z oczami i twarzą nabiegłą krwią, włosami nastroszonymi i kłami wyostrzonymi ruszył w kierunku śpiących Pandawów. Demonka rakszini dostrzegła zdeformowaną postać swego niegodziwego brata i drżąc cała ze strachu, rzekła do Bhimy: „O waleczny człowieku, widzę, że mój brat ludożerca zszedł ze swego drzewa i idzie w naszym kierunku. Jest wściekły! Obudź jak najszybciej swą matkę i braci. Wdrapcie się na moje biodra, a ja uniosę was wszystkich w powietrze!"

Bhima rzekł: „O kobieto o szerokich biodrach, nie martw się o nas i nie lekceważ mnie wyłącznie dlatego, że jestem człowiekiem. Dopóki stoję na straży mojej rodziny, nikt nie potrafi jej skrzywdzić. Zaraz pokonam tego zniczemniałego demona, twojego brata. Zobaczysz całą moją potęgę, która jest równa potędze króla bogów Indry". Rakszini rzekła: „O człowieku o sile tygrysa, nie lekceważę cię, lecz ostrzegam, gdyż znam spustoszenie, które mój brat rakszasa potrafi uczynić wśród ludzi".

W czasie ich rozmowy demon rakszasa zbliżył się do nich na tyle, aby usłyszeć słowa swej siostry i gdy dostrzegł ludzką formę, którą przybrała, jej włosy ozdobione kwiatami, twarz rozjaśnioną jak księżyc w pełni, piękne oczy i klejnoty zdobiące jej ciało zrozumiał, że rozpala ją żądza, aby mieć tego stojącego przed nią człowieka, którego on chciał zjeść, wyłącznie dla siebie i zrobił się jeszcze bardziej wściekły. Rzekł do swej siostry: „O Hidimba, jak śmiesz stawać mi na drodze, gdy jestem głodny! Czyżbyś postradała zmysły i przestała się bać skutków mojej wściekłości? Bądź przeklęta za to, że uganiasz się za człowiekiem i przynosisz wstyd całemu rodowi rakszasów! Zaraz zabiję wszystkich tych ludzi łącznie z tobą!" Rzekłszy to, rozwścieczony rakszasa rzucił się na swą siostrę, zgrzytając groźnie zębami.

Na ten widok Bhima wybuchnął gromkim śmiechem i rzekł: „O groźnie wyglądający przybyszu, witaj. Zgaduję, że to ty jesteś tym niegodziwym demonem ludożercą Hidimbem. Nie krzycz jednak tak głośno, bo obudzisz moją matkę i mych braci, którym należy się odpoczynek. Nie atakuj też swej siostry, która nie uczyniła nic złego, gdyż nie z własnej woli zakochała się we mnie, lecz z woli boga miłości Kamy, którego strzała dosięgła jej w momencie, gdy mnie zobaczyła. Lepiej stań do walki ze mną! Jeden przeciw jednemu! Zaraz strzaskam twą głowę i wyślę cię na spotkanie z bogiem śmierci Jamą! Jeszcze dziś sępy rozszarpią twoje martwe ciało i twoja siostra zobaczy je ciągnięte po ziemi, jak ciało potężnego słonia, którego zabił lew. W ten sposób uwolnię ten dziki las od twej niegodziwej obecności i ludzie będą mogli spokojnie spacerować po dżungli!

Rakszasa rzekł: „O marny człowieku, po co ta fanfaronada i przechwałki! Weź się lepiej do czynu! Skoro jesteś tak zarozumiały, zaatakuj mnie i wówczas przekonasz się, że jestem silniejszy. Dopóki cię nie pokonam, pozwolę twej rodzinie spać spokojnie. Lecz jak już opiję się twą krwią, zabiję ich i zjem. Zjem też tę zakochaną w tobie nieposłuszną kobietę, która jest moją siostrą!"

Wypowiedziawszy te groźne słowa, rozzłoszczony rakszasa ruszył do ataku, na co Bhima odpowiedział natychmiastowym kontratakiem, przewracając go na ziemię i ciągnąc go po ziemi. Wijący się po ziemi demon spróbował z kolei uchwycić i obalić Bhimę, wydając z siebie przeraźliwy ryk. I tak atakując się nawzajem ze swą pełną siłą i mocą, obalali tarasujące im drogę drzewa i wyrywali pnącza, będąc jak dwa oszalałe młode słonie walczące ze sobą podczas rui.

Choć Bhima walcząc z rakszasą odciągnął go od drzewa, pod którym spała jego matka i bracia, odgłos walki w końcu ich obudził. Kunti otworzyła oczy i wzrok jej padł na demonkę rakszinię w jej pięknej ludzkiej postaci. Kunti zapytała: „O doskonała piękności, kim jesteś i skąd się tu wzięłaś? Czy jesteś córką boga lub piękną nimfą apsarą?" Hidimba rzekła: „O królowo, nie jestem ani boginią ani apsarą, lecz demonką rakszinią, siostrą nikczemnego ludożercy demona rakszasy o groźnym wyglądzie, z którym twój syn Bhima właśnie walczy. Mój brat wysłał mnie tutaj z rozkazem zabicia was, bo chciał was zjeść. Lecz ja nie wypełniłam jego rozkazu, gdyż dosięgła mnie strzała boga miłości Kamy. Pokochałam twego syna Bhimę i pragnę zostać jego żoną".

Słowa te usłyszeli obudzeni ze snu Pandawowie i widząc swego brata w bojowym uścisku z groźnie wyglądającym demonem, wybuchli śmiechem i zaczęli rozgrzewać go do walki. Ardżuna rzekł: „O bracie, nie baw się za długo i nie zwlekaj z zabiciem tego podłego rakszasy, gdyż zbliża się świt, a o świcie demony są najsilniejsze! Zabij tego ludożercę olbrzyma, zanim zdoła użyć swych czarów. Zgnieć go w swych silnych ramionach!" Bhima w odpowiedzi na te słowa dopingu podrzucił ciało straszliwego rakszasy aż sto razy wysoko w górę i rzekł do niego: „O wstrętny i bezużyteczny demonie, jaki z ciebie pożytek? Bezużytecznie wzrastałeś, żywiąc się bezużytecznie ludzkim mięsem. Twoje bezużyteczne istnienie zasługuje na śmierć!" Ardżuna zawołał: „O Bhima, nie marnuj czasu na próżne gadanie, pozostawiając rakszasę przy życiu. Jeśli jesteś zbyt zmęczony walką i nie potrafisz go zabić, chętnie cię w tym wyręczę". Dopingujące słowa Ardżuny uraziły Bhimę i chcąc dowieść swemu bratu swej siły, uderzył rakszasą o ziemię i udusił go tak jak dusi się zwierzęta ofiarne. Rakszasa wydając ostatnie tchnienie, zawył potężnie, wydając z siebie dźwięk podobny do głosu bębna i wówczas Bhima przycisnął jego ciało do ziemi kolanem i złamał z hukiem jego kręgosłup, radując tym Pandawów, którzy rozpływali się w pochwałach i podziwie dla potężnej siły swego brata Bhimy.

Gdy nadszedł świt, Ardżuna rzekł: „O matko i bracia, opuśćmy dżunglę i udajmy się do najbliższego miasta". Pandawowie ruszyli w drogę, a za nimi jak cień podążała demonka rakszini. Bhima rzekł: „O bracia, siostra zabitego przeze mnie rakszasy chce zemsty, gdyż idzie za nami krok w krok. Muszę więc ją zabić tak jak zabiłem jej brata". Syn boga Prawa Judhiszthira był niezadowolony, gdy usłyszał gniewną wypowiedź Bhimy i rzekł: „O bracie, czyżbyś zapomniał, że Prawo, które należy cenić wyżej niż własne życie, zakazuje wojownikowi zabijania kobiety. Słusznie uczyniłeś zabijając jej brata, gdyż on chciał nas zabić i zjeść. Jednakże jego siostra jest bez niego bezsilna i nie może nam niczym zagrozić, choćby i nawet zapłonęła gniewem".

Podążająca za Pandawami demonka Hidimba zbliżyła się do Kunti i rzekła: „O dobra kobieto, ulżyj memu cierpieniu, gdyż sama wiesz doskonale jak bardzo kobiety muszą cierpieć z powodu miłości. Dla twego śmiertelnego syna Bhimy wyrzekłam się mych przyjaciół, krewnych i mojego Prawa. Osądź mnie więc według swego Prawa i ponieważ sama wybrałam twojego syna na męża, daj mi go za męża. Dając mu mnie za żonę pozwolisz mu podążać za jego własnym Prawem wojowników, co jest szczególnie ważne w katastroficznej sytuacji, w której się znaleźliście. A zasługi z uporczywego kroczenia ścieżką własnego Prawa utrzymują życie. Kto nie schodzi ze ścieżki Prawa, nie będzie potępiony".

Judhiszthira usłyszał słowa Hidimby i rzekł: „O Hidimba, masz rację, człowiek nigdy nie powinien zbaczać ze ścieżki swego Prawa. Dlatego zgadzam się na to, aby Bhima po rytualnej kąpieli i odpowiednich rytach poddał się rytom małżeńskim. Jednakże poświęci się on miłości do ciebie tylko w ciągu dnia, a o zmierzchu musisz go przynosić z powrotem do nas". Hidimba rzekła: „O Judhiszthira, niech tak się stanie".

Demonka uniosła się w powietrze, aby zanieść swego męża Bhimę do najpiękniejszych zakątków świata wysoko na szczytach gór, gdzie znajdują się miejsca zamieszkałe przez bogów wypełnione dźwiękami śpiewu ptaków i pełne pasących się jeleni i przybrawszy na siebie piękne ozdobione drogimi kamieniami ludzkie ciało, oddała się całkowicie miłości, z której narodził się ich syn Ghatotkaka. Wygląd miał demoniczny i nie był człowiekiem, lecz swą siłą i zręcznością przewyższał zarówno ludzi jak i demony. Przyszedł na świat tego samego dnia, w którym został poczęty i choć był noworodkiem wyglądał od razu jak dorosły, demonstrując natychmiast wszystkie swe niezwykłe umiejętności. Syn ten był głęboko przywiązany zarówno do swej matki jak i do swego ojca i jego braci. Został on stworzony za podszeptem króla bogów Indry z myślą o udzieleniu pomocy Ardżunie, gdy w przyszłej apokaliptycznej bitwie stanie on do równej walki z Karną. Wraz z jego narodzinami cel miłości Bhimy z demonką Hidimbą zrealizował się i Bhima wrócił na stałe do swej matki i swych braci, podczas gdy Ghatotkaka udał się wraz ze swą matką w kierunku północnym.

Napisane na podstawie fragmentów *Mahābhārata*,
1. The Book of the Beginning,
1(8) The Fire in the Lacquer House, 129.1-138.30,
1(9) The Slaying of Hidimba, 139.1-143.35.

Opowieść 6
Narodziny pięknej Draupadi

1. Przepowiednia bramina Wjasy; 2. Bhima zabija rakszasę Bakę; 3. Dochodzące Pandawów wieści ze świata wojowników: opowieść o narodzinach pięknej Draupadi i jej brata bliźniaka Dhrisztadjumny; 4. Koncentrujące się na Draupadi pożądanie.

> *I jeszcze nie przebrzmiały dźwięki boskiego głosu, gdy w samym centrum ofiarnego ołtarza ukazała się bliźniacza siostra Dhrisztadjumny Draupadi przyciągająca ku sobie wszystkie serca, o tali wąskiej jak u osy i rozłożystych biodrach przywodzących na myśl ołtarz, z którego powstała; o ciemnej karnacji i lotosowych oczach, o czarnych włosach opadających na ramiona ciężkimi splotami—bogini, która przybrała ludzką postać. Rozsiewała wokół zapach niebieskiego lotosu, a doskonałość kształtu jej ciała nie miała sobie równej na całej ziemi. Głos z nieba rzekł: „Ta kobieta o ciemnej karnacji (Kryszna) i wąskiej talii, najpiękniejsza wśród wszystkich kobiet, sprowadzi na kastę wojowników apokaliptyczną zagładę, realizując w ten sposób cel bogów".*

(Mahābhārāta, 1(11) Citaratha, 155.40-45)

1. Przepowiednia bramina Wjasy

Po ucieczce z płonącego pałacu-pułapki i zabiciu demona Hidimby waleczni Pandawowie i ich matka w przebraniu ascetów, z włosami związanymi w ciężki węzeł i ciałami okrytymi skórami jelenia wędrowali po dżungli bez wyraźnego celu, szukając dla siebie kryjówki. Polowali na jelenie i poświęcali sporo czasu na studiowanie bramińskich *Wed* i nauk o państwie. Bojąc się rozpoznania, wędrowali przez wiele królestw gęsto pokrytych dżunglą. W końcu pewnego dnia los zaczął się do nich znowu uśmiechać. Na swej drodze spotkali swego dziadka bramina Wjasę i dając mu się rozpoznać, powitali go z wielkim szacunkiem, chyląc swe czoła ku złożonym dłoniom.

Bramin Wjasa rzekł: „O Bharatowie, pojawiłem się przed wami, aby was podnieść na duchu i zasiać w waszych sercach ziarno nadziei, że ten żałosny stan, w którym się znaleźliście, niedługo się skończy. Już od dawna przewidywałem, iż synowie Dhritarasztry wybiorą ścieżkę bezprawia i wygnają was z waszego królestwa. Wszystko to jednak będzie ścieżką prowadzącą do waszego szczęścia. Dotychczas nie było dla mnie różnicy między wami, synami Pandu i Kaurawami, synami Dhritarasztry, gdyż wszyscy jesteście moimi wnukami. Teraz jednak macie mnie po waszej stronie. Zdobyliście moje serce i sympatię, bo zostaliście niesłusznie skrzywdzeni. Miłuję was teraz bardziej niż synów Dhritarasztry i chcę wam pomóc. Posłuchajcie więc mojej rady. Niedaleko stąd jest urocze i niezepsute miasto Ekaczakra. Udajcie się tam w swym bramińskim przebraniu, zamieszkajcie w domu pewnego bramina, którego wam wskażę i czekajcie na moje ponowne przybycie".

Wjasa odprowadził Pandawów do miasta i rzekł do ich matki: „O Kunti, wkrótce twój najstarszy syn Judhiszthira, którego otrzymałaś od boga Prawa i którego umysł nie potrafi nawet pomyśleć o czymś, co nie byłoby Prawem, zostanie Królem Prawa i podporządkuje swej władzy całą królewską kastę władającą ziemią. Opierając się na rycerskiej potędze Ardżuny i Bhimy, ustanowi na ziemi rządy Prawa i pod jego rządami każdy z twoich synów zdobędzie szczęście w swym własnym wymiarze. Po podbiciu przez nich całej ziemi i złożeniu ofiar należnych bogom, Judhiszthira ukończy szczęśliwie Ofiarę Konia i zostanie uroczyście namaszczony na imperatora. Twoi synowie odzyskają królestwo swego ojca i dziada i będą pomnażać bogactwo i szczęście swych przyjaciół".

2. Bhima zabija rakszasę Bakę

Pandawowie zamieszkali więc w mieście Ekaczakra w domu bramina poleconego im przez Wjasę, gdzie nie ujawniając swej prawdziwej tożsamości, prowadzili życie braminów-żebraków, żywiąc się darami od mieszkańców, które udało im się zebrać w ciągu dnia. Co wieczór oddawali je w ręce swojej matki i ona sprawiedliwie dzieliła je między nich wszystkich. Dzięki swej cnocie i prawości szybko stali się ozdobą miasta.

Pewnego dnia, gdy pozostali bracia udali się jak zwykle między ludzi, aby zebrać pożywienie, Bhima, który pozostał w domu i jego matka Kunti usłyszeli rozpaczliwy lament gospodarzy. Bramin mówił do swej żony: „O ukochana żono, niech będzie przeklęte życie na tej ziemi, gdyż jest ono pozbawione sensu, wypełnione cierpieniem, zależnością od innych i nieszczęściami! Żyć znaczy cierpieć, gdyż życie jest jak gorączka i nie pozostawia nic poza wiecznym wyborem mniejszego zła. Nawet jeżeli człowiek w swym życiu podąża za Prawem, Zyskiem i Przyjemnością, to ich nie osiąga, co powoduje jego cierpienie.

Powiadają, że aby zdobyć szczęście, należy się wszystkiego wyrzec. Ale wyrzeczeniu nie ma końca! Ten, kto czegoś pragnie i nie może tego zdobyć, cierpi, a ten, kto to zdobywa, zanurza się w jeszcze większej piekielnej otchłani. To właśnie groźba utraty tego, co posiadam i kocham stała się przyczyną mojego własnego cierpienia. I nie widzę wyjścia z sytuacji chyba, że ucieknę stąd, próbując znaleźć bezpieczniejsze miejsce!"

Poruszona do głębi Kunti, pełna współczucia i dobroci, nie potrafiła pozostać obojętna wobec tego lamentu i rzekła do Bhimy: „O synu, już od tak dawna żyjemy szczęśliwie w domu tego bramina, który nie pozwolił na to, aby odnaleźli nas ludzie króla Dhritarasztry. Przez cały ten czas myślałam o tym, aby zwrócić mu jego dobro, gdyż za dobro należy odpłacać jeszcze większym dobrem. Teraz, gdy jego rodzina pogrążyła się w głębokim smutku, przyszedł właściwy czas na nasz dobry uczynek". Bhima rzekł: „O matko, masz rację, spróbujmy odkryć przyczynę ich smutku i podejmijmy choćby największy trud, aby ją zlikwidować".

Odczekawszy na odpowiedni moment, Kunti w swym bramińskim przebraniu zbliżyła się do zalanego łzami bramina, jego żony, córki i ich malutkiego syna i rzekła: „O braminie, zdradź mi przyczynę twej rozpaczy, abym mogła ci pomóc w znalezieniu na nią lekarstwa".

Bramin odpowiedział: „O kobieto ascetko, nikt nie potrafi uleczyć mego smutku. Jej przyczyną jest to, że nasz król jest zbyt słaby i nie potrafi obronić nas przed żądaniami potężnego demona rakszasy o imieniu Baka, który żywi się ludzkim mięsem i który wybrał na swą siedzibę okolice naszego miasta. Będąc potężnym królem demonów, broni nas przed atakiem innych demonów i wrogów, lecz w zamian za to żąda zapłaty w postaci wozu wypełnionego ryżem, dwóch bawołów i człowieka, który zanosi mu tę daninę. Wszyscy mieszkańcy po kolei muszą mu jej dostarczać i jeżeli ktoś jej odmówi, demon zabija go i zjada całą jego rodzinę".

Bramin kontynuował: „Rozpaczam, gdyż tej nocy kolej przyszła na mnie i powinienem przygotować dla demona złaknionego ludzkiego mięsa wóz wypełniony ryżem, dwa bawoły i człowieka. Jestem zbyt biedny, abym mógł kupić dla niego ludzką ofiarę, co zmusza mnie do poświęcenia kogoś z mojej rodziny, lecz ja nie potrafię wybrać nikogo z nas, choć każdy z nas jest gotowy poświęcić się dla dobra pozostałych, gdyż takie poświęcenie nie przynosi w konsekwencji mej rodzinie dobra, lecz jej zniszczenie. Sam jestem gotów oddać się mu na pożarcie, lecz moja śmierć pozbawi mą rodzinę środków do życia, których im dostarczam i spowoduje ich śmierć głodową. Poświęcając mą żonę lub córkę popełniłbym z kolei ciężki grzech. Jakże mógłbym poświęcić mą bezgrzeszną i wierną żonę, która została mi dana przez jej rodziców po to, aby razem ze mną tworzyć rodzinę? Nie mogę też dać na pożarcie mej nieletniej córki, które jeszcze nie wie, co znaczy być kobietą, gdyż w ten sposób zniszczę mych przodków, którzy czekają na jej synów. Nie mogę też poświęcić mego syna, który choć dopiero co się narodził, jest już gotowy, aby nas bronić i zabić rakszasę. Nie widzę wyjścia z tej sytuacji i nie widzę żadnego sposobu obrony mej rodziny przed głodem rakszasy. Poświęcenie kogokolwiek z nas, nie uratuje mojej rodziny, przeto najlepiej będzie, jeżeli wszyscy razem udamy się do tego potwornego ludojada i damy się zjeść".

Kunti pomyślała o swym synu Bhimie i o tym, że potrafił on bez trudu obronić swą własną rodzinę przed głodem rakszasy ludojada Hidimby, zabijając go i że z całą pewnością potrafiłby też zabić ludojada Bakę. Rzekła więc do bramina: „O braminie, otrzyj swe łzy, gdyż znam sposób na uratowanie ciebie i twej rodziny przed głodem rakszasy. Mam pięciu synów i poproszę jednego z nich, aby zastąpił was i sam udał się na spotkanie z ludojadem Baką, zawożąc mu wóz pełen ryżu i dwa bawoły".

Przerażony i oburzony tą propozycją bramin odpowiedział: „O dobra kobieto, nie wyobrażaj sobie, że mógłbym się zgodzić na ratowanie własnego życia za cenę śmierci twojego syna bramina i mojego gościa! Czyżbyś zapomniała, że świadome zabicie bramina jest najcięższym grzechem, którego nie wymaże najsurowsza pokuta? Stojąc przed wyborem między zabiciem samego siebie i twego syna bramina, bez wahania wybiorę zabicie siebie jako mniejszy grzech. Grzech samobójstwa nie spadnie zresztą na mnie, gdyż to demon rakszasa pozbawi mnie życia. Czyżbyś także zapomniała o tym, że zabicie gościa, który schronił się w mym domu, szukając obrony, byłoby aktem największego okrucieństwa i że nasi wielcy przodkowie uczyli nas, aby unikać tego, co jest złe i okrutne?"

Kunti rzekła: „O braminie, mylisz się, sądząc, że chcę poświęcić życie mego syna dla ratowania życia twej rodziny, że kocham go mniej niż mych pozostałych synów i że nie znam Prawa. Oferuję ci jego pomoc, gdyż jest on potężny, chroniony przez magiczne zaklęcia i żaden demon nie potrafi go pokonać. Niech on zawiezie Bace wóz ryżu i dwa bawoły, gdyż z całą pewnością potrafi go zabić i uwolnić miasto od jego obecności. Wiem o tym, bo na mych oczach dzięki swej gigantycznej sile zabił ludożercę Hidimbę. Musisz mi jednak przyrzec, że nie zdradzisz nikomu, że to mój syn zabił demona. Nie chcę bowiem, aby ktokolwiek próbował wydrzeć od niego jego tajemną wiedzę, gdyż zdobywanie wiedzy bez zgody nauczyciela nie przyniesie nikomu żadnej korzyści".

Słowa Kunti spowodowały, że nieszczęsny bramin poczuł ogromne szczęście, równe szczęściu bogów pijących eliksir nieśmiertelności podczas składanej ofiary i rzekł: „O dobra kobieto, niech tak się stanie!" I gdy Kunti zapytała Bhimę, czy zgadza się na wykonanie tego bohaterskiego czynu, odpowiedział krótko: „O matko, tak".

Gdy pozostali bracia wrócili do domu, przynosząc zebrane dary, najstarszy z braci Judhiszthira wyczuł, że jego brat Bhima przygotowuje się do wykonania jakiegoś bohaterskiego czynu. Zwrócił się do swej matki z pytaniem: „O matko, jakie plany ma mój brat Bhima, na które wyraziłaś zgodę?" Kunti rzekła: „O synu, zobowiązałam Bhimę do udzielenia pomocy braminowi, z którego gościnności korzystamy i uwolnienia miasta od terroru demona rakszasy Baki". Judhiszthira rzekł: „O matko, jak mogłaś podczas mojej nieobecności popełnić czyn tak podły i okrutny i zdecydować się na poświęcenie życia własnego syna, aby uratować życie kogoś innego! Taka ofiara nie przyniesie nic dobrego i jest wbrew naturze. Poświęcając Bhimę skazałaś na śmierć nas wszystkich. To dzięki jego silnym ramionom mogliśmy dotychczas spać spokojnie i myśleć o odzyskaniu naszego królestwa. To jego silnych ramion boją się nasi wrogowie Durjodhana i Śakuni. To dzięki jego odwadze udało nam się uciec z płonącego pałacu-pułapki, zabić Purokanę i żyć w przekonaniu, że udało nam się przechytrzyć synów króla Dhritarasztry. O matko, czyżby twój smutek pozbawił cię rozumu, żeś z własnej woli zdecydowała się poświęcić życie swego syna?"

Kunti odpowiedziała: „O synu, nie straciłam rozumu i nie martw się o Bhimę! Czy nie nabrałeś zaufania do jego sił, widząc jak wyniósł nas z płonącego pałacu i zabił demona ludożercę Hidimbę? Siła Bhimy równa się sile setek słoni lub sile samego Indry uzbrojonego w swój piorun. Prosząc Bhimę o zaniesienie żywności rakszasowi i uratowanie rodziny bramina od pewnej zagłady, miałam na uwadze jego wielką siłę i jego zdolność do zabicia demona. To nie zachłanność, szaleństwo, czy też głupota skłoniły mnie ku temu, lecz Prawo. Z pomocą Bhimy odpłacimy goszczącemu nas braminowi dobrem za jego życzliwe ochranianie nas. Poza tym, dla wojownika uratowanie bramina od pewnej śmierci wróży powodzenie".

Po wysłuchaniu wyjaśnienia matki, skruszony Judhiszthira rzekł: „O matko, postąpiłaś słusznie, reagując współczuciem na rozpacz bramina. Bhima z całą pewnością zabije rakszasę. Zobowiążmy jednak bramina do milczenia, gdyż inaczej ludzie zaczną podejrzewać, że jesteśmy wojownikami w bramińskim przebraniu".

Wczesnym rankiem Bhima zabrał od bramina wóz pełen ryżu i dwa bawoły i udał się na obrzeża miasta, do dzikiej dżungli, gdzie mieszkał rakszasa ludojad o imieniu Baka wraz z podporządkowanymi mu licznymi demonami. Gdy Baka usłyszał Bhimę przywołującego go po imieniu, wybiegł mu na spotkanie w bardzo złym nastroju. Choć był olbrzymi, poruszał się niezwykle szybko, marszcząc groźnie brwi i zgrzytając zębami. Nastrój rakszasy jeszcze się pogorszył, gdy zobaczył Bhimę jedzącego ze smakiem ryż, który dla niego przywiózł. Krzyknął złowrogo: „O marny człowieku, jak śmiesz zjadać moje śniadanie! Zaraz cię zabiję!"

Bhima wybuchnął śmiechem i nie przestając jeść, nawet nie spojrzał w kierunku olbrzyma i choć rozwścieczony rakszasa rzucił się najpierw na niego z pięściami, a potem zaatakował go wyrwanym z korzeniami drzewem, Bhima nie przerywał jedzenia. Po zjedzeniu całego ryżu, wypłukał usta wodą i dopiero wtedy ruszył w kierunku już bardzo rozgniewanego ludożercy. Gdy Baka wydał z siebie dziki ryk, Bhima odpowiedział donośnym śmiechem i chwytając zręcznie drzewa wyrywane przez Bakę i rzucane w jego kierunku, odrzucał je w kierunku Baki. I tak rzucając w siebie drzewami, walcząc ze sobą, niszczyli dziewiczy las. Uchwycili się nawzajem w swe silne ramiona, uderzając na przemian potężnym ciałem przeciwnika o ziemię. W końcu demon Baka zaczął tracić siły. Gdy Bhima to dostrzegł, przycisnął do ziemi wrzeszczącego przeraźliwie demona, grzmocąc go pięściami, po czym przewróciwszy go na brzuch, przycisnął go do ziemi kolanem i trzymając go prawą ręką za gardło lewą złapał za przepaskę biodrową i złamał mu kręgosłup jakby był zwierzęciem ofiarnym i krew popłynęła rzeką z jego ust. Dokonawszy tego czynu rzekł do tłumu demonów rakszasów, którzy zwabieni odgłosami walki, otoczyli walczących zwartym kręgiem: „O demony, niech żaden z was nawet nie próbuje atakować jakiegoś mieszkańca Ekaczakry, gdyż w przeciwnym wypadku spotka go taka sama śmierć jak waszego króla Bakę". Bhima uniósł w górę martwe ciało Baki i rzucił je u stóp bramy prowadzącej do miasta i po dokonaniu tego czynu bez najmniejszego zadrapania wrócił potajemnie do swych braci nie zauważony przez nikogo.

Następnego ranka, gdy pierwsi mieszkańcy znaleźli u bram miasta ciało martwego Baki wielkie jak góra, przeraźliwe i całe pokryte krwią, zanieśli natychmiast wieść o jego śmierci do miasta i tysiące mieszkańców z żonami i dziećmi ruszyło ku bramie oglądać jego zwłoki. Patrząc ze zdumieniem na jego nieludzkie stopy, z dziękczynieniem złożyli ofiary bogom. Następnie udali się do bramina, na którego przypadała zeszłej nocy kolej ofiarowania żywności Bace, chcąc dowiedzieć się, komu zawdzięczają to nagłe uwolnienie ich od terroru rakszasy. Bramin jednak zgodnie z danym Pandawom słowem nie zdradził imienia Bhimy, lecz rzekł ogólnie: „O mieszkańcy, czynu tego dokonał pewien bardzo potężny bramin znający liczne potężne zaklęcia, który zobaczył nasz smutek, gdy przygotowywaliśmy dla Baki naszą daninę i sam zaoferował się nas zastąpić i zabić demona".

Rozradowani śmiercią Baki mieszkańcy miasta wszystkich kast, chcąc uhonorować swego anonimowego wyzwoliciela, ustanowili specjalną bramińską ucztę ku jego czci, nie zakłócając spokoju Pandawów, którzy w swym bramińskim przebraniu nadal mieszkali w tym samym bramińskim domu, zdobywając religijną wiedzę i czekając na przybycie ich dziadka, bramina Wjasy.

3. Dochodzące Pandawów wieści ze świata wojowników: opowieść o narodzinach pięknej Draupadi i jej brata bliźniaka Dhrisztadjumny

W kilka dni po śmierci ludożercy Baki do domu bramina, w którym mieszkali Pandawowie, przybył pewien uprawiający bardzo surowe umartwienia bramin pielgrzym, który przewędrował pieszo szmat drogi i na prośbę Pandawów zaczął im opowiadać o różnych świętych miejscach, które odwiedził i o różnych królestwach, które zobaczył. Od niego też Pandawowie dowiedzieli się o mającym się wkrótce odbyć wielkim festiwalu wyboru męża przez piękną córkę króla Pańcalów Draupadi, na który ze wszystkich stron ściągały tysiące wojowników najszlachetniejszej krwi, by konkurować o jej rękę. Wieść o tym wzburzyła w Pandawach ich rycerską krew i nie zdradzając przed braminem swej tożsamości, zaczęli zarzucać go pytaniami, ciekawi każdego szczegółu.

Bramin nie wiedząc, że ma do czynienia z Pandawami, zaczął swe opowiadanie od tego, o czym oni od dawna wiedzieli, wskazując, że historia narodzin pięknej Draupadi, ma swe korzenie w wielkiej namiętności bramina Drony, którego umysł opanowała nieodparta chęć zemsty na swym przyjacielu z dzieciństwa królu Drupadzie, który gdy dorósł i został królem, zapomniał o ich dawnej przyjaźni i nie chciał mu oddać przyrzeczonej połowy swego królestwa, twierdząc, że posiadający wielkie bogactwa król nie może się przyjaźnić z braminem, który nic nie posiada. Chcąc zrealizować swą zemstę, bramin Drona poprosił swych uczniów Pandawów, aby zapłacili mu za otrzymaną naukę odebraniem Drupadzie jego królestwa. Gdy stało się tak jak sobie życzył, Drona rzekł do uwięzionego Drupady, że odda mu połowę królestwa za cenę jego deklaracji dozgonnej przyjaźni. Drupada uczynił to, o co Drona go prosił, lecz od tamtego momentu żył jedynie myślą o pomszczeniu swego upokorzenia.

Nosząc w sercu swą wielką urazę, król Drupada zajął się poszukaniem znającego wszelkie tajniki świętych rytuałów bramina, aby zechciał mu pomóc w uzyskaniu walecznego syna, który by swą moc rycerską uzupełniał siłą duchową wystarczającą do zabicia bramina Drony. Wiedziony swą obsesją o własnych synach myślał: „Cóż za przeklęta rasa, żaden z nich nie jest wystarczająco dobry, aby zrealizować mój cel". Myśląc tak, ciężko wzdychał, nie widział bowiem możliwości, aby zwyczajny śmiertelnik mógł pokonać bramina, który obok umiejętności posługiwania się bronią był wyposażony w moce duchowe zdobyte dzięki dyscyplinie i nauce.

Jego poszukiwania pozostawały długo bezowocne, aż pewnego dnia wędrując nad brzegiem Gangesu i kierując się ku rzece Jamunie, natrafił na ciche miejsce zamieszkałe przez braminów praktykujących bardzo surowe umartwienia i dotrzymywanie surowych przysiąg. Wśród nich spotkał dwóch potomków mędrca Kaśjapy, braci Jadżę i Upajadżę, którzy studiowali święte hymny *Samhita* i wystawiając się na wszelkie możliwe pokusy, ćwiczyli się w wyrzeczeniu, łagodności i wierności swym przysięgom. Wybadawszy siłę ich ducha, król Drupada skupił całą swą uwagę na młodszym Upajadży i pełen pokory umizgał się do niego, przysięgając mu swe posłuszeństwo, zarzucając go komplementami i obiecując dać mu wszystko, czego tylko zapragnie. Pewnego dnia nabrał odwagi i rzekł: „O braminie, powiedz mi, czy istnieje taki rytuał, dzięki któremu mógłbym otrzymać syna, który byłby zdolny do zabicia bramina Drony. Za wykonanie takiego rytuału dam ci setki krów i wszystko inne, czego twa dusza zapragnie". Upajadża rzekł: „O królu, nic ze mną nie wskórasz, gdyż już od dawna zobojętniałem na wszelkie nagrody".

Drupada jednakże nie zaprzestawał swych starań przekupienia Upajadży. Po upływie roku, gdy nadszedł odpowiedni moment, Upajadża wierząc, że zabójca bramina Drony może narodzić się jedynie z zanieczyszczenia świętego rytuału ofiarnego, rzekł do króla Drupady swym łagodnym, uduchowionym głosem: „O królu, już ci mówiłem, że ze mną nic nie wskórasz. Udaj się lepiej ze swą prośbą do mego starszego brata Jadży, gdyż na własne oczy widziałem, jak spacerując po lesie niedaleko wodospadu, dokonał czynu prawdziwie nieokrzesanego. Podniósł z ziemi opadły z drzewa owoc bez sprawdzenia czystości ziemi, na którą on upadł! Co więcej, nie zbadał też czystości samego owocu i nie dostrzegł na nim wyraźnie widocznego zanieczyszczenia! Skoro nie zadbał o czystość w jednej sytuacji, to z całą pewnością nie zadba o nią także w innej sytuacji i z tego zanieczyszczenia narodzi się zabójca bramina Drony. Po za tym przypuszczam, że mój starszy brat nie zdołał wyrzec się całkowicie nagród i swymi darami będziesz mógł go skłonić do tego, aby został twym kapłanem i wykonał dla ciebie rytuał, którego tak pragniesz. Wnoszę to stąd, że zawsze zjada wszystkie resztki, które pozostają z zebranych przez nas darów i wychwala ich znakomitość".

Po długim namyśle Drupada zdecydował się skorzystać z rady Upajadży i zwrócił się ze swą prośbą do bramina Jadży, choć nim pogardzał. Po oddaniu należnych mu hołdów, rzekł: „O braminie, dam ci osiemdziesiąt tysięcy krów, jeżeli wykonasz dla mnie rytuał ofiarny, który ugasi palący mnie ogień nienawiści do bramina Drony. Pragnę rewanżu, lecz zwykły wojownik jak ja nie potrafi go pokonać, gdyż posiadł on pełną znajomość *Wed*. Nie mam wątpliwości, że został on stworzony po to, aby wybić do nogi całą kastę wojowników tak jak to już raz uczynił bramin Paraśurama. Na całej ziemi nie ma bowiem nikogo, kto potrafiłby obronić się przed jego śmiercionośną bronią, której używa podczas bitwy, pyszniąc się swą bramińską wspaniałością, płonąc łaską swej modlitwy i uduchowienia jak ogień ofiarny karmiony lanym weń ofiarnym tłuszczem. Posiadając jedynie cnoty rycerskie, w walce z nim skazany jestem na niepowodzenie, gdyż dzięki swym bramińskim cnotom przewyższa on w sztuce zabijania każdego wojownika".

Król Drupada kontynuował: „O braminie, w swym znawstwie *Brahmana* (modlitwy) stoisz wyżej od bramina Drony i w twej osobie zawiera się cała bramińska wspaniałość. Wykonaj dla mnie rytuał ofiarny, z którego narodzi się mój syn zdolny do zabicia bramina Drony. Dam ci za to tysiące krów".

Bramin Jadża zgodził się na wykonanie rytuału ofiarnego, o który król Drupada go prosił. Będąc starszym bratem Upajadży, zmusił swego młodszego brata zobowiązanego starszemu do posłuszeństwa, aby poinstruował króla Drupadę w sprawie środków potrzebnych do przygotowania ofiarnego rytuału. Wypowiadając głośno swą intencję uzyskania syna zdolnego do zabicia bramina Drony, król Drupada zebrał wszystko to, co było wymagane, aby rytuał przyniósł oczekiwany skutek.

Podczas sesji ofiarnej przed wrzuceniem ofiary do ognia, bramin Jadża rzekł do królewskiej żony: „O królowo, zbliż się do mnie, gdyż nadszedł właściwy moment na współżycie". Królowa rzekła: „O braminie, moja twarz jest namaszczona, a ciało rozsiewa boski zapach. Dla dobra syna, o którego proszę, bądź dla mnie łaskaw". Jadża rzekł: „O królowo, ofiara została ugotowana przez Jadżę w czasie, gdy Upajadża wypowiadał odpowiednie magiczne zaklęcia. Zdecyduj się, czy zbliżysz się do mnie, czy też nie?"

Po wypowiedzeniu tych rytualnych słów, Jadża wrzucił dobrze ugotowaną ofiarę do ognia i przy akompaniamencie dźwięków bitewnych z ognia wyłonił się młodzieniec w kolorycie ognia o boskim wyglądzie w diademie i z tarczą w ręku, zbrojny w miecz, łuk i strzały, któremu bramin Jadża nadał imię Dhrisztadjumna. Gdy wsiadł do wspaniałego rydwanu i zaciął konie, obserwujący go tłum Pańcalów wydał pełen zachwytu okrzyk. Wówczas głos z nieba rzekł: „Ten wspaniały młodzieniec przyniesie chlubę rodowi Pańcalów i rozproszy smutek króla, gdyż narodził się po to, aby zabić bramina Dronę".

I jeszcze nie przebrzmiały dźwięki boskiego głosu, gdy w samym centrum ofiarnego ołtarza ukazała się bliźniacza siostra Dhrisztadjumny Draupadi przyciągająca ku sobie wszystkie serca, o tali wąskiej jak u osy i rozłożystych biodrach przywodzących na myśl ołtarz, z którego powstała; o ciemnej karnacji i lotosowych oczach, o czarnych włosach opadających na ramiona ciężkimi splotami—bogini, która przybrała ludzką postać. Rozsiewała wokół zapach niebieskiego lotosu, a doskonałość kształtu jej ciała nie miała sobie równej na całej ziemi. Głos z nieba rzekł: „Ta kobieta o ciemnej karnacji (Kryszna) i wąskiej talii, najpiękniejsza wśród wszystkich kobiet, sprowadzi na kastę wojowników apokaliptyczną zagładę, realizując w ten sposób cel bogów".

Na prośbę żony króla Drupady i aby zadowolić samego króla, bramin Jadża, obiecał, że urodzone ze złożonej ofiary bliźnięta będą uważały ją zawsze za swoją matkę.

Wieść o narodzinach Draupadi i jej brata Dhrisztadjumny szybko się rozeszła daleko po świecie i dotarła do bramina Drony. I choć wiedział on doskonale o tym, że syn króla Drupady narodził się po to, aby go zabić, dbając o swą sławę, zaakceptował go jako swego ucznia i sam osobiście nauczył go tego, co sam umiał.

Narodzona z ognia ofiarnego Draupadi o ciemnej karnacji, zwana również Kryszną, była inkarnacją istotnej części bogini dobrobytu Lakszmi, która narodziła się na ziemi w swej istotnej części, aby pomagać swemu boskiemu mężowi Wisznu, który narodził się na ziemi w swej istotnej części jako syn Wasudewy z rodu Jadawów o imieniu Kryszna w uwolnieniu ziemi od maltretujących ją demonów.

4. Koncentrujące się na Draupadi pożądanie

Słysząc opowieść bramina pielgrzyma o narodzinach pięknej Draupadi i przygotowaniach do festiwalu wyboru przez nią męża, Pandawowie posmutnieli, gdyż każdy z nich zgodnie z wezwaniem swej królewskiej krwi zapragnął w cichości ducha wygrać ją dla siebie, rywalizując o nią z innymi wojownikami.

Kunti widząc, że jej synowie tracą rozum i upadają na duchu, rzekła: „O waleczni synowie, nadszedł czas, aby opuścić miasto Ekaczakra, które było dla nas gościnne i gdzie hojnie nas obdarowywano. Nie pozwólmy jednak zniszczyć naszej przyjemności przebywania w nim poprzez zbyt długie w nim przebywanie. Nie pozwólmy, aby nasze oczy cieszyły się mniej parkami i okolicznymi lasami, które już tyle razy oglądały i aby mieszkańcy zmuszeni byli do dawania nam mniej hojnych darów. Pozostawanie zbyt długo w tym samym miejscu nie jest dobre. Nie widzę przeszkód, aby wkrótce wyruszyć w kierunku królestwa Pańcalów należącego do króla Drupady, gdyż Pańcalowie słyną ze swych hojnych darów oferowanych braminom".

Judhiszthira rzekł: „O matko, twoje życzenie jest dla nas rozkazem i przyniesie nam na pewno jedynie pożytek". Pozostali Pandawowie wyrazili zgodę z równym entuzjazmem.

Życzenie Kunti poparł również bramin Wjasa zwany niekiedy Kryszną, na którego przybycie i dalsze instrukcje Pandawowie od dawna czekali. Pewnego dnia—tak jak obiecywał—pojawił się w domu bramina i gdy Pandawowie powitali go, składając z szacunkiem dłonie i chyląc ku nim głowy, Wjasa rzekł: „O Pandawowie, nadszedł czas, abyście opuścili Ekaczakrę i ruszyli w drogę na poszukiwanie dla siebie żony. Posłuchajcie, co mam wam do powiedzenia. Dawno temu pewien wielki prorok uprawiający surowe umartwienia miał córkę o wąskiej tali, szerokich biodrach i pięknych brwiach, wyposażoną we wszelkie kobiece zalety. Była ona bardzo nieszczęśliwa, gdyż z powodu swych przeszłych czynów nie miała szczęścia w miłości i nie mogła znaleźć dla siebie męża. Szukając wyjścia z sytuacji zaczęła się umartwiać, prosząc o męża boga Śiwę. Gdy jej asceza zadowoliła Śiwę, stanął przed jej obliczem i rzekł: 'O świetlista panno, jestem z ciebie zadowolony. Powiedz mi więc, jakiego pragniesz otrzymać męża, to spełnię twoje życzenie'. Córka bramina odpowiedziała: 'O stwórco, chcę męża, który miałby wszystkie męskie zalety:

szanowałby Prawo jak sam bóg Prawa Dharma, miałby siłę wiatru, swe natchnienie czerpałby z Prawdy i byłby piękny jak bliźniacy Aświnowie'. Pełna zapału powtórzyła swą prośbę aż pięć razy. Śiwa powiedział: 'O piękna, spełnię twą prośbą i dam ci pięciu mężów'. Przestraszona córka bramina rzekła: 'O stwórco, jeden mąż mi wystarczy'. Śiwa nie chciał jednak zaprzeczyć prawdzie swych słów i rzekł: 'O niewinna kobieto, poprosiłaś mnie o męża aż pięć razy. Otrzymałaś więc to, o co prosiłaś. I dlatego pewnego dnia, gdy ponownie urodzisz się na ziemi, będziesz miała pięciu mężów'".

Wjasa kontynuował: „O Pandawowie, udajcie się do królestwa Pańcalów, gdyż przeznaczeniem córki króla Drupady Draupadi jest bycie waszą żoną. Właśnie w niej narodziła się piękna córka bramina, której Śiwa przyrzekł pięciu mężów. I gdy ją zdobędziecie, pokonując w uczciwej walce o jej rękę innych wojowników, przyniesie wam ona szczęście".

Po wypowiedzeniu tych ważkich słów, bramin Wjasa pożegnał swych wnuków i odszedł, aby kontynuować swe religijne praktyki.

Napisane na podstawie fragmentów *Mahābhārata*,
1. The Book of the Beginning,
1(9) The Slaying of Hidimba, 144.1-144.20,
1(10) The Slaying of Baka, 145.1-152.15,
1(11) Citraratha, 153.1-157.15.

Opowieść 7
Obrona przed skutkami
żądzy i gniewu

1. Ardżuna pokonuje magię zazdrosnego króla boskich muzyków gandharwów przy pomocy swej duchowej broni i zostaje jego przyjacielem; 2. Król gandharwów wyjaśnia Ardżunie niebezpieczeństwo zanieczyszczenia żądzą i gniewem i wskazuje na obronną moc domowego kapłana i ofiarnego rytuału; 3. Król gandharwów opowiada Ardżunie o tym, jak bramin Wasiszta obronił królestwo jego przodków przed skutkami pożądliwości króla Samwarany; 4. Król gandharwów opowiada Ardżunie o tym, jak bramin Wasiszta przy pomocy swej siły duchowej pokonał przemoc opanowanego żądzą króla Wiśwamitry; 5. Król gandharwów opowiada Ardżunie o tym, jak bramin Wasiszta dzięki recytowaniu *Wed* uwalnia się od gniewu będącego skutkiem kumulowania się przemocy wynikłej z żądzy i gniewu; 6. Król gandharwów opowiada Ardżunie o tym, jak Paraśara, jedyny żyjący potomek bramina Wasiszty, przerywa rytualną masakrę gatunku rakszasów, niesłusznie obwinianych o zagładę jego rodu i wyrzuca ogień ofiarny palący rakszasów w pustynne Himalaje; 7. Pandawowie, obawiając się skutków zanieczyszczenia żądzą i gniewem, korzystają z rady króla gandharwów i znajdują dla siebie domowego kapłana.

> *Po zawarciu przyjacielskiego przymierza z królem boskich muzyków gandharwów, Ardżuna zapytał: „O gandharwo, wyjaśnij mi proszę, dlaczego, podróżując nocą, zostaliśmy przez ciebie zaatakowani, choć czuliśmy się bezpiecznie, bo znamy modlitwy i studiowaliśmy święte księgi?"*
> *Król gandharwów odpowiedział: „O Ardżuna, znajomość modlitwy i świętych ksiąg nie wystarcza, aby uniknąć potyczki ze mną. Brakuje wam ognia ofiarnego i składanej do niego ofiary oraz kapłana, który wskazywałby wam drogę".*
> (*Mahābhārata*, 1(11) Citraratha, 159.1-10)

1. Ardżuna pokonuje magię zazdrosnego króla boskich muzyków gandharwów przy pomocy swej duchowej broni i zostaje jego przyjacielem

Pandawowie opuścili pospiesznie miasto Ekaczakrę i ruszyli na północ w kierunku królestwa Pańcalów, aby uczestniczyć w festiwalu wyboru męża przez piękną Draupadi narodzoną z ognia ofiarnego, o której sławie dowiedzieli się od bramina pielgrzyma. Choć planowali przybyć tam w bramińskim przebraniu, każdy z nich żywił w swym sercu ukrytą nadzieję na zdobycie jej ręki, ożywianą dodatkowo przez słowa bramina Wjasy, według których bycie jej pięcioma mężami od dawna było ich przeznaczeniem, gdyż w jej ciele odrodziła się córka pewnego bramina, która otrzymała od Śiwy obietnicę pięciu mężów łączących w sobie wszystkie rycerskie zalety. Ponadto według słów Wjasy będąc ich żoną, powinna przynieść im szczęście i odmianę losu, gdyż w jej ciele narodziła się w swym istotnym aspekcie sama bogini dobrobytu Lakszmi.

Prowadzeni przez Ardżunę, który oświetlał drogę pochodnią, wędrowali niestrudzenie dniem i nocą, aż pewnego dnia o zmierzchu dotarli do świętego brodu Somaśrawajana nad brzegami Gangesu nieświadomi tego, że właśnie w tym cichym zakątku król boskich muzyków gandharwów zwykł się oddawać grze miłosnej ze swymi kobietami. Rozchodzące się daleko odgłosy nieproszonych gości rozwścieczyły króla gandharwów i gdy dostrzegł potężne sylwetki walecznych Pandawów i ich matkę, wrzasnął: „O marne istoty ludzkie, jak śmiecie zakłócać mą prywatność! Czyżbyście zapomnieli, że dla człowieka najbardziej niebezpieczny jest moment o zmierzchu, gdy ciemność nocy pokonuje słońce, gdyż święte brody Gangesu należą wówczas do jakszów i rakszasów oraz do nas, boskich muzyków gandharwów? Czyżbyście zapomnieli, że ludzie, którzy wędrują bezmyślnie o tej porze po brodzie tej świętej rzeki, zostaną zaatakowani i ukarani przez nas za swą głupotę? Znawcy sił duchowych ostro krytykują nawet królów kroczących na czele swych armii, jeżeli udają się o zmierzchu w kierunku brodów Gangesu?"

Król gandharwów kontynuował: „O marne istoty ludzkie, jak mogliście nie rozpoznać mojej obecności i podejść do mnie tak blisko! Jestem królem o imieniu Angaraparna (*o żarzących się liściach*), który jest przyjacielem samego boga Kubery decydującego o bogactwie! Trzymajcie się ode mnie z daleka, gdyż z łatwością potrafię was zniszczyć przy pomocy swej magii! Jestem bardzo dumny i zazdrosny. Czyżbyście nie wiedzieli, że do miejsca, w którym przebywam, boją się zbliżyć nawet bogowie i że omijają je z daleka zarówno zmarli jak i rogate bestie i ludzie?"

Słysząc te buńczuczne słowa, Ardżuna równie buńczucznie odpowiedział: „O głupcze, jak śmiesz zabraniać nam dostępu do boskich wód Gangesu? Zignorowaliśmy twą obecność mimo zapadającego zmierzchu, bo wiemy, że jesteśmy od ciebie silniejsi. Tylko słabi liczą się z twą obecnością i oddają ci cześć. Święte wody Gangesu, które mają swój początek w boskich Himalajach, docierają do oceanu siedmioma strumieniami, przepływając poprzez przestworza, które należą do bogów i docierając do świata przodków. Te święte wody prowadzą wprost do nieba i nikt nie może nikomu zabronić do nich dostępu. Skąd wzięło się w tobie bezpodstawne i sprzeczne z odwiecznym Prawem przekonanie, że wody te należą do ciebie i że usłuchamy twego rozkazu, aby się do nich nie zbliżać?"

Rozwścieczony i głęboko urażony król gandharwów nie rzekł na to ani słowa, lecz chwycił za łuk i wysłał w kierunku Ardżuny strumień strzał groźnych jak trucizna węży. Ardżuna jednakże z łatwością się przed nimi obronił, zakrywając się przed nimi tarczą. Ardżuna rzekł: „O gandharwo, nie nadymaj się tak i nie próbuj mnie zastraszyć przy pomocy swej magii i swego imienia. Bez trudu wypuszczę powietrze z twej nadętej pychy przy pomocy mej duchowej broni. Wiem doskonale, że człowiek nie może cię pokonać przy pomocy zwykłej broni. W mym posiadaniu jest jednak broń duchowa *agneja*, która należała kiedyś do kapłana bogów Brihaspatiego, który dał ją braminowi Paraśuramie, który dał ją z kolei braminowi Dronie, memu nauczycielowi, od którego ja ją otrzymałem. Tej broni użyję przeciw tobie!"

I rzekłszy to, rozgniewany Ardżuna wypuścił ze swego łuku *agneję* i spalił rydwan króla gandharwów. Potężny gandharwa pozbawiony rydwanu zachwiał się i upadł twarzą na ziemię oszołomiony siłą użytej broni. Wówczas Ardżuna chwyciwszy go za włosy, powlókł go po ziemi i rzucił u stóp swych braci.

Żona króla gandharwów widząc sromotną klęskę swego męża i niepokojąc się o jego życie, nie bacząc na rany zadawane jego dumie, zwróciła się do Judhiszthiry z gorącym błaganiem o darowanie mu życia. Judhiszthira przychylił się do jej prośby i rzekł do Ardżuny: „O bracie, daruj życie temu bezsilnemu wrogowi, którego już pokonałeś, niszcząc jego dobre imię. Zostało mu jedynie jego życie, które ochrania kobieta". I Ardżuna rzekł: „O bracie, niech tak się stanie".

Król gandharwów nie zawahał się, aby przyjąć darowane mu życie i rzekł: „O Ardżuna, twój brat Judhiszthira ma rację. Darowałeś mi życie, lecz pokonałeś mnie przy pomocy swej duchowej broni, pozbawiając mnie dobrego imienia. Nie mogę już chwalić się mą potęgą, nazywając się Angaraparną (*o żarzących się liściach*). Atakując cię, myślałem, że jesteś zwykłym młodzieńcem w kwiecie młodości i chciałem cię zniszczyć przy pomocy mej magii, lecz ty okazałeś się istotą ze szczerego złota uzbrojoną w duchową broń! Pokonałeś mnie przy pomocy swej broni, paląc mój wspaniały rydwan i powodując, że ja, który nazywałem sam siebie z dumą Citrarathą (*ze wspaniałym rydwanem*), stałem się Dagdharathą (*ze spalonym rydwanem*)!"

Król gandharwów kontynuował: „O Ardżuna, przyjmij ode mnie moją broń, którą zdobyłem dzięki ascezie i staniu przez sześć miesięcy na jednej nodze. Jesteś bowiem człowiekiem o wielkim duchu i darując mi życie, zasłużyłeś na największy dar. Pozwól mi wyjaśnić ci jej pochodzenie i nauczyć cię jej działania. Otóż posiadana przeze mnie broń jest magią wizji, która traci swą moc, jeżeli nauczyciel daje ją tchórzowi. Pochodzi ona od mitycznego praojca ludzkości Manu, który dał ją Somie, który dał ją królowi gandharwów Wiświawasu, który z kolei dał ją mi. Ten, kto ją posiada, potrafi widzieć w trzech światach wszystko, czego tylko zapragnie w sposób, w jaki zapragnie. I właśnie dzięki posiadaniu tej magii, mój gatunek przewyższa ludzi, stając się równy bogom".

Król gandharwów zaoferował również Ardżunie i jego braciom po sto koni ze swej stadniny, gdzie gandharwowie hodują je dla siebie i bogów. Konie te nie zaprzestają biegu, nawet gdy są zmęczone, potrafią dowolnie zmieniać kolor i szybkość i spełniają każdą zachciankę woźnicy. Rzekł: „O herosi, rumak dla wojownika jest jak piorun pierwotnie uformowany dla króla bogów Indry, służący mu do pokonaniu demona Wrtry, gdyż koń pozwala zrealizować wojownikowi jego cel i wygrać bitwę. Dla kupców ich piorunem są ich dobra, a dla służących ich praca".

Ardżuna odmówił jednak przyjęcia darów oferowanych przez króla gandharwów, mówiąc „O gandharwo, nie mogę przyjąć twej broni, skarbów i twej nauki, gdyż oferujesz mi je z wdzięczności za to, że darowałem ci życie". Król gandharwów odpowiedział: „O Ardżuna, nie oferuję ci ich w zapłacie za darowane mi życia, lecz dlatego, że darując mi życie, sprawiłeś mi przyjemność i że w zamian za nie chcę od ciebie otrzymać boską broń *agneję*, którą niemalże pozbawiłeś mnie życia i w ten sposób zawrzeć z tobą pakt przyjaźni".

Ardżuna rzekł: „O gandharwo, skoro tak, zgadzam się na zostanie twym przyjacielem. Przyjmij więc ode mnie w darze mą duchową broń *agneję*, którą cię pokonałem. W zamian za nią nie chcę jednak oferowanej mi przez ciebie magii, która pozwoliłaby mi przewyższyć ludzi i stać się równym bogom. Nie chcę bowiem być do ciebie podobny, wręcz przeciwnie, chcę znaleźć sposób obrony przed atakiem ze strony twej rasy. Przyjmę natomiast oferowane mi konie, gdyż jestem człowiekiem i wojownikiem i pomogą mi one pokonać w uczciwej walce zaciętego wroga". Król gandharwów rzekł: „O Ardżuna, niech tak się stanie".

2. Król gandharwów wyjaśnia Ardżunie niebezpieczeństwo zanieczyszczenia żądzą i gniewem i wskazuje na obronną moc domowego kapłana i ofiarnego rytuału

Po zawarciu przyjacielskiego przymierza z królem boskich muzyków gandharwów Ardżuna zapytał: „O gandharwo, wyjaśnij mi proszę, dlaczego, podróżując nocą, zostaliśmy przez ciebie zaatakowani, choć czuliśmy się bezpiecznie, bo znamy modlitwy i studiowaliśmy święte księgi?"

Król gandharwów odpowiedział: „O Ardżuna, znajomość modlitwy i świętych ksiąg nie wystarcza, aby uniknąć potyczki ze mną. Brakuje wam ognia ofiarnego i składanej do niego ofiary oraz kapłana, który wskazywałby wam drogę".

Król gandharwów kontynuował: „O Ardżuna, wielkie duchowe zalety twojej dynastii są mi dobrze znane. Wiedzą o nich także inni gandharwowie, demony i węże. Lecz pomimo tego, że znam wasz wzniosły umysł i ducha, nie potrafiłem się powstrzymać od zaatakowania was, gdy wkroczyliście na teren, gdzie oddawałem się miłosnej grze z moimi kobietami. Żaden mężczyzna polegający na sile swych ramion nie potrafi wybaczyć, jeżeli pomniejsza się jego siłę na oczach kobiety. Wkroczyliście ponadto na mój teren o zmierzchu, gdy nasze siły rosną i ani ja ani moja żona nie potrafiliśmy opanować wywołanego waszą obecnością gniewu.

O Ardżuna, mój gniew zaślepił mnie, lecz ty mnie pokonałeś, używając swej duchowej broni *agneji* i niszcząc mój gniew przy pomocy swej nieskazitelności i duchowości. Nieskazitelność jest najpotężniejszą bronią króla i wojownika w walce z nami, lecz rzadko jest cechą samego króla. Żaden wojownik zanieczyszczony przez pożądliwość nie potrafi nas pokonać. Jednakże nawet zanieczyszczony żądzą król staje się dla nas groźnym przeciwnikiem, gdy za swego przewodnika ma kapłana o wielkiej sile duchowej. Dzięki sile duchowej swego kapłana i jego umiejętności oczyszczania świata ze skutków żądzy, król może zarówno zaspakajać swe ziemskie żądze jak i myśleć o zdobyciu nieba. Żaden król nie potrafi władać ziemią wyłącznie dzięki swej dzielności i dobremu urodzeniu. Bezpieczne jest jedynie takie królestwo, w którym najwyższa władza należy do braminów, którzy potrafią oczyścić świat ze skutków królewskiej pożądliwości i bronią go w ten sposób przed atakiem demonów i istot takich jak my, które mogą zagrozić jego istnieniu".

I aby poprzeć swe słowa faktami, król boskich muzyków gandharwów Citraratha opowiedział Ardżunie znane mu przypadki, gdy słynny mędrzec i bramin Wasiszta o wielkiej sile duchowej zapobiegł groźbie zagłady, która zawisła nad światem, gdy ziemią rządził król zanieczyszczony swą pożądliwością.

3. Król gandharwów opowiada Ardżunie o tym, jak bramin Wasiszta obronił królestwo jego przodków przed skutkami pożądliwości króla Samwarany

Król gandharwów rzekł: „O Ardżuna, posłuchaj opowieści o twym jak twój odległy przodek król Samwarana zapłonął wielką miłością do Tapati i o tym jak bramin Wasiszta dzięki swym siłom duchowym uratował jego królestwo przed zagładą, której groźbę przyniosła jego miłość.

Tapati, która była córką boga słońca Wiwaswata, słynęła we

wszystkich trzech światach ze swych zalet i jej ojciec bardzo się niepokoił, że nie będzie mógł znaleźć dla niej męża, który dorównywałby jej urodą, pochodzeniem, wychowaniem i wykształceniem. W tym czasie ziemią rządził urodziwy i pobożny król Samwarana, który oddawał cześć wschodzącemu słońcu, witając je każdego poranka jak gościa należnymi gościowi darami, a także poszcząc i umartwiając się. Bóg słońca obserwował go przez dłuższy okres czasu i doszedł do wniosku, że ten miłujący Prawo władca ziemi zasługuje na małżeństwo z jego córką Tapati i postanowił je sam zaaranżować.

Pewnego dnia król Samwarana udał się na polowanie i gdy zapędził się za leśną zwierzyną wysoko w góry, jego wyczerpany głodem i pragnieniem koń padł martwy na ziemię. Pozbawiony swego rumaka i równie wyczerpany jeździec ruszył pieszo w dalszą drogę, gdy nagle dostrzegł stojącą tuż przed nim kobietę o boskiej urodzie i poczuł jak dosięga go strzała boga miłości. Spoglądając ku niej pomyślał, że musi ona być samą boginią dobrobytu Lakszmi lub opadłym na ziemię słonecznym blaskiem. Ciesząc oczy jej widokiem, doszedł do wniosku, że żył tylko po to, aby pozwolić swym oczom ją zobaczyć. I gdy jego wzrok i umysł coraz głębiej wpadał w sidła jej doskonałości, coraz bardziej tracił świadomość wszystkiego, co go otaczało i nie był w stanie zrobić dalej ani jednego kroku. Płonąc ogniem miłości, ów bohaterski król rzekł: 'O istoto o boskich biodrach, kim jesteś? O słodko uśmiechająca się piękności, skąd się wzięłaś na tym bezludziu? O ty o smukłych dłoniach udekorowanych drogimi kamieniami, twej urody zazdroszczą ci nawet twoje klejnoty! Wśród bogiń, demonek i węży nie ma nikogo, kto dorównałby ci urodą!'

I choć uderzony strzałą miłości król przemawiał do niej w ten żarliwy sposób, ona nie rzekła ani słowa i rozpłynęła się w chmurach jak znikająca błyskawica. Straciwszy rozum, ów bohaterski pan ziemi zaczął biegać w kółko po dzikiej dżungli, poszukując swej ukochanej i gdy nie mógł jej odnaleźć, niezdolny do wykonania jakiegokolwiek sensownego ruchu oddał się lamentowi i upadł bez zmysłów na ziemię pokonany przez boga miłości. Widząc to, Tapati o pięknym uśmiechu i rozłożystych biodrach raz jeszcze ukazała się przed jego obliczem i rzekła swym słodkim głosem: 'O królu, podnieś się z upadku! To mój wygląd cię tak zniszczył! Jak ty, który jesteś tygrysem wśród królów i z łatwością niszczysz swych wrogów, możesz na oczach całego świata odchodzić od zmysłów z powodu miłości!'

Król spojrzał w kierunku dochodzącego głosu i gdy dostrzegł tam swą umiłowaną, rzekł niepewnym głosem: 'O czarująca niewiasto, pokochaj mnie, gdyż głęboko we mnie utkwiła strzała boga miłości i trucizna miłości spala mnie! Daj mi swą miłość i zaspokój mój głód, gdyż tylko w ten sposób mogę odzyskać utracone zmysły! O niewinna piękności, nie potrafię bez ciebie żyć o własnych siłach. Miej dla mnie litość i nie odchodź! Uzdrów mnie, oddając mi się natychmiast i zawierając ze mną małżeństwo w stylu boskich muzyków gandharwów'.

Tapati odpowiedziała: 'O królu, jakaż dziewczyna nie chciałaby mieć za męża króla, takiego ja ty, pochodzącego ze wspaniałej dynastii, której sława rozciąga się na wszystkie na trzy światy? Jednakże jeśli chodzi o mnie, to weź po uwagę to, że nie jestem panią samej sobie, gdyż kobieta zawsze do kogoś należy. Ja należę do mego ojca i będę mogła dostarczyć ci przyjemności, o którą prosisz, tylko wtedy, gdy mój ojciec zgodzi się na to, aby mnie tobie oddać. Mam na imię Tapati i jestem córką boga słońca, który jest pochodnią wszechświata. Jego poproś o moją rękę, oddając mu cześć swą czołobitnością i umartwieniami i odpowiednimi rytuałami'.

Po wypowiedzeniu tych słów piękna Tapati uniosła się ku niebu, podczas gdy król Samwarana ponownie opadł ciężko na ziemię bez zmysłów. I leżał tam dopóty, dopóki nie odnalazł go jego minister ze zbrojną eskortą, który od dawna szukał go po lesie. I ów minister, choć był zaawansowany w wieku, posiadał wiedzę, sławę i samokontrolę, gdy ujrzał swego króla, wielkiego łucznika, bez konia i powalonego na ziemię, podbiegł do niego przepełniony uczuciem i podniósł go z ziemi jak ojciec. Pełen obaw, że upadł wyczerpany głodem i pragnieniem skropił wodą jego głowę, unikając starannie dotykania królewskiego diademu.

Gdy król odzyskał zmysły, kazał odejść całemu wojsku, prosząc o pozostanie jedynie swego ministra. Oczyścił się, złożył pobożnie dłonie i wyciągnąwszy ramiona ku słońcu stanął bez ruchu, aby w ten sposób błagać boga słońca o oddanie mu Tapati za żonę. Ponieważ czuł się bezradny, jego myśl pobiegła w kierunku wielkiego mędrca i ascety Wasiszty, który był jego domowym kapłanem i którego chciał prosić o pomoc i przewodnictwo w swych staraniach. I gdy tak stał bez ruchu cały dzień i noc przez dwanaście dni, wzywany przez niego bramin Wasiszta stanął przed jego obliczem. Wasiszta natychmiast zrozumiał, że ów zdolny do samokontroli król o wielkim duchu został pokonany przez boga miłości i mając na uwadze jego dobro udał się wprost do nieba, aby złożyć wizytę bogowi słońca. Sam wspaniały jak słońce, rozświetlony swymi umartwieniami stanął przed obliczem boga słońca z pobożnie złożonymi dłońmi i rzekł: 'O bogu o tysiącu promieni, nazywam się Wasiszta'. Bóg słońca odpowiedział: 'O wieki proroku, witaj. Powiedz mi, czego sobie życzysz?' Gdy bramin Wasiszta wyjaśnił, że złożył mu wizytę, aby prosić go o rękę jego córki Tapati dla króla Samwarany, bóg słońca, który już od dawna miał zamiar oddać mu ją za żonę, rzekł: 'O Wasiszta, tak jak ty jesteś pierwszy wśród proroków, a moja córka Tapati jest pierwsza wśród kobiet tak król Samwarana jest pierwszy wśród królów. Trudno więc znaleźć dla niej bardziej odpowiedniego męża niż król Samwarana. Niech więc się stanie tak jak sobie tego życzysz'. I rzekłszy to, bóg słońca nakazał Tapati, aby udała się w towarzystwie bramina Wasiszty na ziemię i poślubiła króla Samwaranę.

Poślubiwszy Tapati, król Samwarana oddał się całkowicie ekstazie miłości. Za zgodą bramina Wasiszty odesłał swą świtę, wojsko i ministra do miasta, pozostając ze swą żoną w górach odwiedzanych jedynie przez bogów i boskich muzyków gandharwów, honorując w ten sposób miejsce, gdzie po raz pierwszy ją zobaczył i gdzie pojął ją za żonę. I gdy król przez dwanaście lat swawolił ze swą żoną w górach i nad brzegami górskich potoków, żyjąc jak nieśmiertelny, w opuszczonym przez niego królestwie zapomniany i nie czczony król bogów Indra przestał polewać ziemię deszczem, a wygłodniali i nieszczęśliwi obywatele zmienili się w żywe trupy, jakby żyli w królestwie rządzonym przez króla śmierci. Gdy błogosławiony prorok Wasiszta zobaczył kraj w takim stanie, aby ratować go przez zagładą, dzięki swym mocom duchowym udał się szybko w góry i sprowadził z powrotem do królestwa dobrego króla Samwaranę wraz z jego żoną Tapati, którzy posłuszni jego radzie przez następnych dwanaście lat poświęcili się całkowicie oddawaniu czci bogom i składaniu ofiary. Odpowiednio czczony król bogów Indra polał wysuszony kraj słodkim deszczem i od tego czasu dobrobyt kraju zaczął znowu rosnąć, gdyż miał króla, który przez swe praktyki religijne doskonalił swą duszę.

I w ten sposób pośrednictwo bramina Wasiszty dwukrotnie uratowało królestwo przed groźbą zagłady. Wasiszta, który dzięki swym umartwieniom jest równy słońcu swą wspaniałością, uleczył króla z choroby miłości. Najpierw otrzymał od boga słońca jego córkę Tapati, by król mógł ją poślubić, a po dwunastu latach oczyścił króla ze skutków jego żądzy, sprowadzając go z powrotem wraz z żoną do jego królestwa i skłaniając go do doskonalenia swej duszy poprzez fundowanie sesji ofiarnych i wzmacnianie siły bogów".

4. Król gandharwów opowiada Ardżunie o tym, jak bramin Wasiszta przy pomocy swej siły duchowej pokonał przemoc opanowanego żądzą króla Wiświamitry

Ardżuna zapragnął dowiedzieć się czegoś więcej o sile duchowej bramina Wasiszty i jego umiejętności ochraniania świata przed wynikłą z żądzy i gniewu groźbą zagłady. Król gandharwów rzekł: „O Ardżuna, przed żądzą i gniewem nie potrafią obronić się nawet nieśmiertelni i jedynie bramini potrafią pokonać je dzięki mocy swej ascezy. Magnat i wojownik potrzebuje przewodnictwa kapłana, gdyż w jego naturze leży chęć podbijania, posiadania i zwycięstwa i tylko kapłan przy pomocy ofiary może go bronić przed skutkami jego własnej natury. Posłuchaj teraz mej opowieści o tym, jak bramin Wasiszta dzięki swym umartwieniom obronił świat przed skutkami żądzy króla Wiśwamitry".

Król gandharwów kontynuował: „O Ardżuna, Wiśwamitra był synem króla Kaniakubdży o imieniu Gadhi. Stał on na czele potężnej armii i miał zwyczaj włóczyć się z nią i swymi ministrami po pustkowiach, polując na jelenie i niedźwiedzie. Pewnego dnia goniąc za jeleniem, wyczerpany głodem i pragnieniem dotarł do pustelni, w której mieszkał bramin Wasiszta razem ze swą spełniającą wszystkie życzenia krową Nandini.

Gdy bramin Wasiszta zobaczył zmęczonego polowaniem króla, powitał go z pełnym szacunkiem i zaprosił go do swej pustelni, gdzie obmył mu nogi, obsypał podarkami należnymi gościowi, nakarmił i napoił mlekiem, które otrzymał od krowy Nandini. Powitany w ten sposób król Wiśwamitra, jego ministrowie i zbrojna eskorta byli bardzo zadowoleni. Mędrzec Wasiszta wyjaśnił, że wszystko co ma, pochodzi od spełniającej wszystkie życzenia krowy Nandini i gdy nienasycony król Wiśwamitra ją dostrzegł, nie potrafił oderwać od niej wzroku, płonąc nieodpartą żądzą jej posiadania.

Król Wiśwamitra rzekł: 'O wielki pustelniku, oddaj mi twą krowę Nandini, gdyż cały płonę chęcią jej posiadania. Dam ci za nią setki moich krów i całe moje królestwo'. Bramin Wasiszta odpowiedział: 'O królu, nie mogę ci jej oddać za żadne skarby, gdyż ona daje mi to, co mogę ofiarować bogom i przodkom oraz stopione masło, które wlewam do ognia ofiarnego'.

Wiśwamitra rzekł: 'O braminie, który wyrzekasz się wszystkiego i nie posiadasz nic poza swymi umartwieniami i znajomością *Wed*, czyżbyś zapomniał, że to ja, a nie ty jestem magnatem i posiadaczem? Dlaczego odmawiasz wyrzeczenia się i oddania mi swej krowy i schodzisz w ten sposób ze ścieżki swego własnego Prawa? Jak może istnieć w praktykującym łagodność i samokontrolę braminie, takim jak ty, jakikolwiek opór? Jeżeli nie oddasz mi swej krowy dobrowolnie za setki moich krów, zachowam się zgodnie z Prawem mojej kasty i odbiorę ci ją siłą!' Bramin Wasiszta odpowiedział: 'O królu, mówisz samą prawdę. Jesteś królem i stoisz na czele potężnej armii, podczas gdy ja dla swej obrony mam jedynie swe umartwienia. Uczyń więc to, czego sobie życzysz, nie tracąc czasu na rozmyślania'.

Wiśwamitra uprowadził więc krowę Wasiszty siłą i gdy

popędzano ją i bito kijem, krowa zaczęła boleśnie ryczeć. W końcu udało jej się uciec i wrócić do mędrca Wasiszty, który pozostając wierny swym przysięgom, nie przerywał medytacji. Stanęła przed nim z uniesioną głową. Wasiszta rzekł: 'O moja droga krowo Nandini, nie myśl, że nie słyszę twojego rozpaczliwego ryku o pomoc. Jestem jednak bezsilny i nie potrafię ciebie bronić, gdy uprowadzają cię siłą, bo jestem wybaczającym wszystko braminem'.

Nandini widząc zbliżającą się armię i przerażona jej siłą, przysunęła się bliżej Wasiszty i zapytała: 'O mój dobry panie, jak możesz pozostawać obojętny, gdy ja mam przeciw sobie całą armię i płaczę jak sierota, będąc bita kijem i obrzucana kamieniami?'

Wasiszta rzekł: 'O moja droga krowo Nandini, opętała mnie wyrozumiałość i wybaczanie. Będąc braminem, którego siłą jest wybaczanie, wybaczam wojownikowi, którego siłą jest przemoc. Muszę pozostawić ciebie samej sobie, gdyż nie mogę obwiniać wojownika. Sama musisz wybrać, czy pójdziesz z nim, czy zostaniesz ze mną'.

Słysząc to, spełniająca każdą prośbę krowa sprytnie zapytała: 'O panie mój, powiedz mi tylko, czy wyrzekłeś się mnie i nie chcesz, abym została, bo jeżeli się mnie nie wyrzekłeś, wówczas nie będzie na świecie takiej siły, która mogłaby mnie od ciebie odebrać'.

Wasiszta odparł: 'O moja najmilsza, nie wyrzekłem się ciebie i nie oddałem cię dobrowolnie i dlatego próbują odebrać cię siłą. Jeżeli potrafisz, proszę cię zostań'. Spełniająca każdą prośbę krowa tylko na to czekała i gdy usłyszała 'proszę cię, zostań', natychmiast przybrała groźny wygląd. Z oczami czerwonymi z gniewu i potężnie rycząc, rzuciła się na armię Wiśwamitry, rozpraszając ją na wszystkie strony. Jej ciało płonęło wściekłością, a z ogona sypały się iskry. Gdy prawie omdlała z wściekłości, wówczas z jej zadka, łajna, moczu i piany toczonej z pyska zrodziły się barbarzyńskie plemiona, które zasypując armię Wiśwamitry deszczem kamieni, zmusiły ją do ucieczki.

Wiśwamitra widząc ten cud, doszedł do wniosku, że bramińska władza nad światem zdobyta dzięki ascezie i wyrzeczeniu przewyższa władzę wojownika i nie mogąc pogodzić się z przegraną, zapłonął żądzą stania się braminem. Rzekł: 'Niech będzie przeklęta ścieżka wojownika i magnata, gdyż nie ona, lecz bramiński ascetyzm daje prawdziwą władzę nad światem'. I od tego momentu król Wiśwamitra porzucił swe kwitnące królestwo, wyrzekł się swego królewskiego losu i wszelkich przyjemności i skupił swój umysł całkowicie na umartwianiu się. Wkrótce uzyskał w swych religijnych praktykach perfekcję i wówczas zalewając trzy światy powodzią swej potężnej siły, osiągnął stan bramiński".

5. Król gandharwów opowiada Ardżunie o tym, jak bramin Wasiszta dzięki recytowaniu *Wed* uwalnia się od gniewu będącego skutkiem kumulowania się przemocy wynikłej z żądzy i gniewu

Król gandharwów kontynuował: „O Ardżuna, posłuchaj teraz o tym, jak bramin Wasiszta dzięki swym mocom duchowym uwolnił się od własnego skądinąd słusznego gniewu na swego rywala Wiświamitrę i jak dzięki nim wyleczył pewnego króla z opętania przez demona rakszasę nasłanego na niego przez Wiświamitrę.

Mędrzec Wasiszta miał stu synów, z których najstarszym był Śakti. Choć Śakti dorównywał swemu ojcu w surowości swych umartwień, to jednak nie zawsze potrafił tak jak on panować nad swym gniewem. Pewnego dnia, gdy wędrując po lesie, pogrążył się w głębokich medytacjach, natrafił na wąską ścieżkę, na której zobaczył idącego w jego kierunku i tarasującego mu drogę króla Kalmasapadę, dalekiego potomka króla Ikszwaku z dynastii słonecznej, który zagubił się w lesie, goniąc za jeleniem.

Król Kalmasapada, który nie znosił oporu i pragnął zwycięstwa w każdej bitwie, wrzasnął: 'O braminie, zejdź mi natychmiast z drogi'. Bramin Śakti przemówił do króla łagodnym głosem, chcąc go uspokoić, lecz sam nie zamierzał ustąpić mu z drogi, gdyż uważał, że ścieżka, którą kroczył, należy do niego. Król rozzłościł się z powodu oporu pustelnika i tracąc rozum, uderzył go batem, jakby był demonem rakszasą. Takie potraktowanie rozzłościło bramina, który przeklął króla, mówiąc: 'O zwyrodniały królu, ponieważ potraktowałeś mnie, jakbym był demonem ludożercą, ty sam wkrótce stracisz swe człowieczeństwo i przekształcisz się w rakszasę, który żywi się ludzkim mięsem! Precz mi z oczu!'

Tak się złożyło, że scenę tę obserwował z ukrycia król Wiświamitra, który śledził każdy krok Kalmasapady w związku z tym, że rywalizował z braminem Wasisztą o zdobycie patronatu jego królewskiego ojca i poszukiwał środków na zwiększenie swych własnych szans na wygraną. Mniej mu zależało na samym patronacie niż na pokonaniu Wasiszty, z którym ciągle przegrywał. Obserwując scenę, z łatwością rozpoznał, że przekleństwo wypowiedział najstarszy syn jego rywala i postanowił wykorzystać zapalczywość jego syna, aby doszczętnie zniszczyć zarówno samego rywala jak i całe jego potomstwo. I gdy przerażony klątwą król Kalmasapada zaczął błagać bramina o jej wycofanie, próbując go przekupić, Wiświamitra rozkazał rakszasowi o imieniu Kimkara, aby opętał króla Kalmasapadę i skłonił go do pożarcia całego rodu Wasiszty, zaczynając od jego syna Śaktiego.

Opętany przez demona ludożercę król Kalmasapada potrafił przez jakiś czas bronić się przed opętaniem i pozostawał nadal człowiekiem. Jednakże pewnego dnia, gdy był poza domem, spotkał pewnego bramina, który poprosił go o przygotowanie dla niego mięsnego posiłku. Król rzekł: 'O braminie, nie śmiem odmówić ci tego daru, poczekaj jednak tutaj przez krótką chwilę, gdyż muszę najpierw wrócić do mego pałacu. Tam rozkażę memu kucharzowi, aby przygotował dla ciebie odpowiedni mięsny posiłek'. Gdy wrócił do swego pałacu, zapomniał natychmiast o danym słowie i udał się do kwater kobiet. Przypomniał sobie o obietnicy w środku nocy, lecz gdy zawezwał kucharza i poprosił go o przygotowanie mięsnego posiłku dla bramina, kucharz poinformował go, że w kuchni nie ma mięsa. Opętany przez rakszasę Kimkarę król za jego podszeptem rozkazał kucharzowi pójść do kwater kata i przygotować posiłek z ludzkiego mięsa. Gdy zaniósł tak przyrządzony posiłek cierpliwie czekającemu braminowi, poznał on natychmiast, że posiłek został przygotowany z zakazanego mięsa i rozwścieczony rzucił na króla klątwę, aby on sam żywił ludzkim mięsem.

Gdy klątwa o tej samej treści dosięgła króla po raz drugi, król ten nie potrafił już dłużej stawiać oporu ludożercy Kimkarze, który od dawna go opętał. Stracił głowę i opuścił swój pałac, aby włóczyć się po lesie jak dzika bestia. I gdy po raz drugi spotkał na swej drodze syna bramina Wasiszty Saktę, rzekł: 'O braminie, twoje przekleństwo zrealizowało się. Zostałem w końcu pokonany przez Kimkarę i nie mogę się już dłużej powstrzymywać od jedzenia ludzkiego mięsa. A ponieważ to ty spowodowałeś moje nieszczęście, przeto zacznę moją praktykę od zjedzenia ciebie'.

Gdy Wiśwamitra dowiedział się o śmierci bramina Śakti, zrozumiał, że król Kalmasapada został w końcu pokonany przez demona i rozkazał mu, aby zjadł wszystkich stu synów Wasiszty, mszcząc się w ten sposób na nim za to, że nie chciał mu swego czasu oddać jego spełniającej wszystkie życzenia krowy Nandini.

Dowiedziawszy się o śmierci wszystkich swych synów pożartych przez rakszasę nasłanego na króla Kalmasapadę przez Wiśwamitrę, bramin Wasiszta zapłonął strasznym gniewem. Jednakże wierny bramińskiemu Prawu wyrzekł się zemsty i powstrzymał się od zniszczenia całego rodu Wiśwamitry, choć przy pomocy ognia swej ascezy mógł spalić cały świat. Nie potrafił jednak w żaden sposób uciszyć swego gniewu i chcąc się go pozbyć, skierował go przeciw sobie. Choć wiele razy próbował popełnić samobójstwo, nie mógł jednak umrzeć. Gdy rzucił się w przepaść ze szczytu góry Meru i uderzył głową o skałę, skała zamieniła się w miękką poduszkę. Gdy wszedł do ognia, ogień stał się zimny. Gdy próbował utopić się w oceanie, ocean wyrzucił go na brzeg.

Bezradny wrócił do swej pustelni, która jednak bez jego stu synów wydała mu się pozbawiona życia. Opuścił więc ją w pośpiechu, ruszając w kierunków rzeki wypełnionej wodami, gdyż była wówczas pora deszczowa. Związawszy się wielokrotnie sznurami, spróbował się utopić, lecz wody zerwały pęta i wyrzuciły go na brzeg. Gdy zobaczył spływającą z Himalajów rzekę pełną krokodyli, próbował się do niej rzucić, lecz rzeka uciekała przed nim, myśląc, że jest ogniem. Poddał się wówczas całkowicie swemu smutkowi i nie mogąc ustać w miejscu, włóczył się bez celu po górach, lasach i nad brzegami rzek i jezior.

Rzekł do siebie: 'Nie potrafię umrzeć' i gdy tak kroczył przed siebie jak w malignie, usłyszał nagle za sobą cichy chłopięcy głos recytujący *Wedy* tak jak to zwykł robić jego syn Śakti. Zadziwiony odwrócił się, aby rozpoznać źródło głosu, lecz za swymi plecami zobaczył jedynie podążającą za nim od jakiegoś czasu samotną wdowę po jego synu Śakti. Zapytał: 'O nieszczęsna kobieto, wyjaśnij mi proszę, kim jest ów chłopiec recytujący *Wedy*, którego głos od pewnego czasu słyszę?' Wdowa odpowiedziała: 'O braminie, jest to twój wnuk, syn twego syna Śakti, którego już od dwunastu lat noszę w mym łonie'. Gdy Wasiszta to usłyszał, cały jego gniew go opuścił i zawładnęła nim wielka radość. Rzekł: 'Niech bogom będą dzięki, że mam wnuka, gdyż w ten sposób mój ród doszczętnie nie wyginie' i od tego momentu zaprzestał poszukiwania własnej śmierci.

Razem z wdową po swym synu i matką wnuka, którego schowała ona na długo w swym łonie, udał się na dzikie pustkowie, gdzie grasował opętany przez rakszasę król Kalmasapada, który na ich widok zerwał się natychmiast z miejsca gotowy, aby ich pożreć. Wdowa po Śaktim rzekła do mędrca Wasiszty: 'O ty, który jesteś pierwszy wśród znawców świętych *Wed*, w osobie tego króla opętanego przez rakszasę widzisz samą śmierć zbliżającą się do nas z szybkością błyskawicy. Nikt poza tobą nie ma wystarczającej mocy, aby ją powstrzymać. Obroń mnie, słabą kobietę i mego syna przed tym potworem, gdyż z całą pewnością ten głodny rakszasa chce nas zjeść'.

Wasiszta odpowiedział: 'O córko, nie obawiaj się tej dziko wyglądającej bestii, która pędzi w naszym kierunku, gdyż nie jest ona wcale demonem rakszasą, lecz człowiekiem. Jest to król Kalmasapada z dynastii słonecznej, którego sława rozciąga się na całą ziemię. To on zamieszkał na tym pustkowiu i sieje wokół postrach'. I błogosławiony prorok Wasiszta, który nie spuszczał wzroku ze szturmującego jak burza opętanego króla, zatrzymał go u swych stóp wypowiadając świętą sylabę 'OM'. Pokropił go następnie wodą i oczyścił przy pomocy magicznych mantr, uwalniając w ten sposób dobrego króla od groźnego rakszasy, który go opętał.

Gdy król odzyskał swe zmysły, złożył pobożnie dłonie, by z

szacunkiem powitać wielkiego proroka Wasisztę. Rzekł: 'O panie, mym ojcem jest Sudasa, o którego patronat rywalizuje z tobą król Wiświamitra, który postanowił stać się braminem. Powiedz mi, czy jest coś, co mógłbym dla ciebie uczynić, aby odpłacić ci za twój uczynek? Czy mam skłonić mego ojca do wyboru ciebie zamiast twego rywala Wiświamitry?' Bramin Wasiszta odpowiedział: 'O królu, to, co się wydarzyło, było od dawna ci przeznaczone. Wracaj więc do swej pięknej stolicy Ajodhji i rządź sprawiedliwie swoim królestwem. Pamiętaj jednak o tym, abyś nigdy więcej nie lekceważył siły duchowej bramina i abyś nigdy nie odnosił się do niego z lekceważeniem!' Król Kalmasapada odpowiedział: 'O braminie, będę posłuszny twemu życzeniu i już nigdy więcej nie okażę pogardy braminom, lecz będę oddał należną im cześć'".

6. Król gandharwów opowiada Ardżunie o tym, jak Paraśara, jedyny żyjący potomek bramina Wasiszty, przerywa rytualną masakrę gatunku rakszasów, niesłusznie obwinianych o zagładę jego rodu i wyrzuca ogień ofiarny palący rakszasów w pustynne Himalaje

Po zakończeniu swej opowieści o tym, jak bramin Wasiszta wyrzekł się zemsty na królewskim rodzie Wiświamitry i pozbył się swego gniewu, król gandharwów rzekł do Ardżuny: „O Ardżuna, skutki żądzy króla Wiświamitry, aby przewyższyć bramina Wasisztę jeszcze się nie wyczerpały, gdyż gdy jedyny ocalały wnuk Wasiszty Paraśara odkrył jak zginął jego ojciec Śakti, zapłonął żądzą pomszczenia jego śmierci i spalenia ogniem swego gniewu całego wszechświata. Opowiem ci teraz, jak bramin Wasiszta powstrzymał jego zemstę i dzięki ofiarnemu rytuałowi uwolnił go od jego gniewu.

Po uwolnieniu króla Kalmasapady od opętującego go rakszasy, bramin Wasiszta wraz z wdową po jego synu Śaktim udał się z powrotem do swej pustelni i wkrótce potem wdowa urodziła syna, którego nosiła w swym łonie przez dwanaście lat i którego nazwali Paraśarą. Przez pewien okres czasu Paraśara sądził, że to bramin Wasiszta jest jego ojcem, lecz gdy dowiedział się, że jego ojcem był naprawdę syn Wasiszty Śakti pożarty przez ludożercę rakszasę, który opętał króla Kalmasapadę i pożarł również wszystkich innych potomków Wasiszty, zapłonął strasznym gniewem i postanowił spalić w ogniu swego gniewu cały wszechświat. Wasiszta rozpoznawszy jego zamiar, nie był zadowolony i chcąc wskazać mu drogę pozbycia się swego słusznego lecz niszczącego dla wszechświata gniewu, opowiedział mu o braminie Aurwie, który dla dobra wszechświata pozbył się ognia swego słusznego gniewu, wrzucając go do morza.

Bramin Aurwa był jedynym pozostającym przy życiu potomkiem bramińskiego rodu Bhrigów, wywodzącego się od mitycznego mędrca Bhrigu, gdy wszyscy pozostali łącznie z ich nienarodzonymi jeszcze dziećmi zostali wymordowani przez wojowników zazdrosnych o ich ukryte skarby, które otrzymali od swego królewskiego patrona na zakończenie jego sesji ofiarnej poświęconej bogowi Somie (Księżycowi). Aurwa uchował się przy życiu dzięki temu, że matka ukryła go w swoim udzie i nosiła go tam przez sto lat. Pewnego dnia wojownicy odnaleźli jego matkę, która razem z innymi kobietami uciekła w Himalaje i chcieli ją zabić, lecz wówczas Aurwa własną mocą otworzył jej udo i przy pomocy siły swego blasku, który był równy blaskowi słońca w zenicie, wszystkich ich oślepił. Ślepcy sądząc, że to ona pozbawiła ich wzroku, zaczęli błagać ją o łaskę, obiecując, że zaniechają zła. Rzekła: 'O nieszczęśni, to nie mój gniew pozbawił was wzroku, lecz gniew mojego syna o wielkim duchu, którego ukryłam przed wami w mym udzie i który nie potrafi zapomnieć, że wymordowaliście wszystkich jego krewnych. Gdy go nosiłam w mym udzie przez sto lat, otrzymał pełną wiedzę *Wed* z wszystkimi jej odgałęzieniami, aby służyć tą wiedzą rodowi Bhrigów. To jego gniew was oślepił. Do niego się zwróćcie z waszą prośbą i spróbujcie go przebłagać'. Ślepcy zwrócili się więc do bramina Aurwy z prośbą o litość i wybaczający bramin kroczący wiernie ścieżką własnego Prawa ulitował się nad nimi i zwrócił im wzrok.

Choć wojownicy dotrzymali danego słowa i odzyskawszy wzrok wycofali się w pokoju do swych domów, wyrzekając się dalszej przemocy, bramin Aurwa nie potrafił wyzbyć się swego gniewu i postanowił spalić cały wszechświat. Oddawał cześć swym pomordowanym przodkom i poddał się tak surowym umartwieniom, że uzyskał gorąco, którym zaczął palić światy bogów, demonów i ludzi. Patrząc na to, jego wymordowani przodkowie nie byli zadowoleni i zeszli ze swego świata przodków na ziemię, aby go skłonić do zaniechania destrukcji. Stanęli przed jego obliczem i rzekli: 'O Aurwa, pozwoliłeś nam poznać siłę swych strasznych umartwień. Ulituj się jednak nad wszechświatem i pozbądź się swego gniewu. O synu, wcale nie cieszy nas to, co zamierzasz zrobić. Oczyść swój umysł z nieczystych intencji zniszczenia wszechświata. Nie oczekujemy od ciebie zemsty, gdyż nikt nas nie obraził'. Gdy zdziwiony Aurwa poprosił o wyjaśnienie, rzekli, że sami zaaranżowali własną śmierć, gdyż znudzili się już własnym długim życiem na ziemi i chcieli udać się do nieba. Nie mogli popełnić samobójstwa, gdyż to zamknęłoby przed nimi bramy nieba. Zakopali więc swój skarb w ziemi, aby w ten sposób sprowokować wojowników do poszukiwania go i zabicia ich.

Aurwa odpowiedział: 'O ojcowie, wasza prośba stawia mnie w bardzo trudnym położeniu, gdyż nie mogę zignorować słuszności waszych słów, lecz nie potrafię też zaprzestać destrukcji. Mój gniew spali mnie, jeżeli nie zostanie skierowany w jakimś innym kierunku. Nie mogę spełnić waszej prośby, gdyż w gniewie złożyłem przysięgę, że zniszczę cały wszechświat. Nie mogę złamać swego słowa i żyć później jak człowiek, którego przysięga nie ma żadnych materialnych skutków. Nie potrafię również złagodzić mego gniewu, gdyż jest on słuszny i uzasadniony i człowiek, który łagodzi taki gniew, szkodzi trzem celom, którymi są Zysk, Prawo i Przyjemność. Mój gniew jest słuszny, a czyż można uciszyć słuszny gniew i zignorować zło? Wstąpił on we mnie, zanim się narodziłem, gdy przebywałem w udzie mej matki i słyszałem jej rozpaczliwy krzyk, gdy patrzyła na masakrę mego rodu i gdy nikt w całym wszechświecie, śmiertelny czy nieśmiertelny, nie potępił i nie ukarał tych zdegenerowanych wojowników za ich przestępczy akt zabijania braminów. Gdy istnieje w świecie ktoś, kto jest zdolny do udaremniania przestępstwa, nie będzie przestępstwa w żadnym ze światów, ale gdy nikogo takiego nie ma, wielu będzie dokonywać podobnych przestępczych aktów. Jeżeli ktoś wie o przestępczym akcie i go nie potępia, będzie na zawsze przez ten akt skażony. Skoro królowie i inni władcy nie uczynili nic, aby pomóc moim mordowanym bramińskim przodkom, przeto zasługują na zniszczenie, gdyż są przez ten przestępczy akt skażeni.

O przodkowie, powiedzcie mi, cóż powinienem uczynić, aby nie naruszać ani dóbr własnych, ani dóbr wszechświata? Dobrobyt wszystkich istniejących światów jest dla mnie najwyższym celem. Nie mogę ignorować ani waszych słów, ani zła we świecie. Jeżeli moją własną wolą stłumię ogień powstały z mego słusznego gniewu, wypali on mnie samego na garść popiołu'.

Zmarli mędrcy rzekli: 'O dobry braminie, wrzuć ten ogień, który zrodził się z twego słusznego gniewu i chce spalić cały wszechświat do oceanu i bądź błogosławiony. Światy mają w wodach swe fundamenty. Wszystkie esencje znajdują się w wodach. Pozwól palącemu cię ogniowi, aby pozostał w oceanie paląc wody, gdyż światy powstają z wód. Paląc wody nie tylko pozostaniesz wierny swej przysiędze, że zniszczysz wszechświat, ale również nie dopuścisz do tego, aby wszechświat został zniszczony, gdyż ze spalonego oceanu wyłoni się nowy wszechświat'.

Aurwa posłuchał swych przodków i wrzucił ogień swego gniewu do oceanu, który jest królestwem boga oceanu Waruny i ogień ten pochłaniał wody, stając się wielką głową konia, który zieje ogniem i gasi wodą oceanu swe wielkie pragnienie. W ten sposób bramin Aurwa, najmędrszy z ludzi i znający najwyższe zasady powstrzymał się od zniszczenia światów i jednocześnie zdobył błogosławieństwo swych przodków.

Skończywszy swą opowieść mędrzec Wasiszta poprosił swego wnuka Paraśarę, aby w traktowaniu swego gniewu wziął przykład z bramina Aurwy, gdyż tak jak on jest również prawym człowiekiem i mędrcem i zaniechał chęci zniszczenia swym gniewem wszystkich światów. Paraśara posłuchał prośby Wasiszty i ograniczył swój gniew do spalenia w ogniu ofiarnym wszystkich demonów rakszasów. Mędrzec Wasiszta nie powstrzymywał swego wnuka Paraśary od rozpoczęcia ofiarnej sesji Trzech Ogni, wręcz przeciwnie, patrząc na płonące Trzy Ognie ofiarne sam płonął jak Czwarty Ogień. Ognista ofiara przebiegała według świętych reguł, rozświetlając nieboskłon jak słońce po monsunowej ulewie. Wasiszta i inni mędrcy widzieli w niej drugie słońce świecące na nieboskłonie.

Na sesję ofiarną przybyli również wielcy mędrcy, synowie dziadka wszechświata Brahmy, którzy nie chcieli dopuścić do zagłady rodu demonów rakszasów. Mędrzec Pulastja, z którego zrodzili się rakszasowie, rzekł: 'O potomku wielkiego mędrca Wasiszty, dlaczego uparłeś się, aby pozbawić mnie wszystkich moich potomków? Czy ta masakra nieświadomych i niewinnych demonów rakszasów sprawia ci naprawdę przyjemność i czy nie ma sposobu na to, aby ją zatrzymać? Kto potrzebuje twej zemsty? Król Kalmasapada opętany przez rakszasę, który zjadł twych krewnych, już dawno pożegnał się z życiem i zamieszkał w niebie. Podobnie twój ojciec Śakti i inni potomkowie Wasiszty przebywają od dawna w niebie w towarzystwie bogów w stanie nieprzerwanej ekstazy. Przerwij tę straszną sesję ofiarną i bądź błogosławiony'. I gdy słowa Pulastji poparł mędrzec Wasiszta, bramin Paraśara przerwał swą ofiarę, podczas której chciał spalić wszystkich rakszasów. Zebrał starannie ogień swego gniewu, który płonął podczas sesji ofiarnej i rzucił go w kierunku wielkiej pustyni na północnych stokach Himalajów. Ogień ten jest ciągle widoczny podczas zmiany eonów jak bezlitośnie pożera drzewa, skały i rakszasów".

7. Pandawowie, obawiając się skutków zanieczyszczenia żądzą i gniewem, korzystają z rady króla gandharwów i znajdują dla siebie domowego kapłana

Wysłuchawszy pilnie opowieści króla gandharwów o niebezpieczeństwie zanieczyszczenia żądzą i gniewem i o roli domowego kapłana w dostarczaniu obrony przed niszczącymi wszechświat skutkami takiego zanieczyszczenia, Ardżuna rzekł:

„O królu gandharwów, mój nauczycielu, czy znasz bramina o wielkiej sile duchowej i samokontroli, którego moglibyśmy poprosić o bycie naszym domowym kapłanem i który wykonywałby dla nas ofiarne rytuały, aby bronić nas przed skutkami popełnionego przez nas zła?" Król gandharwów odpowiedział: „O Ardżuna, udaj się ze swymi braćmi do mędrca Dhaumji, który oddaje się swym religijnym praktykom w lasach niedaleko brodu Utkokaka. Jego uczyń swoim domowym kapłanem".

Po pożegnaniu króla gandharwów Pandawowie udali się we wskazanym kierunku i wkrótce dotarli do pustelni bramina Dhaumji, który przywitał ich wodą do umycia stóp oraz owocami i korzonkami do jedzenia i zgodził się na zostanie ich domowym kapłanem. Mając swego domowego kapłana, aby wskazywał im drogę, Pandawowie pospiesznie ruszyli dalej w kierunku królestwa Pańcalów, pełni nadziei, że uda im się wygrać rękę córki króla Pańcalów Draupadi, a wraz nią bogactwo i królestwo. Pod opieką swego kapłana, czuli się bezpieczniej z rodzącą się w nich żądzą, gdyż znał on wszelkie tajniki Wed i potrafił ich oczyścić z jej niszczących skutków. On z kolei, gdy na nich patrzył, wiedział, że zdobędą królestwo dzięki własnej prawości i że w swej dzielności, ożywieniu ducha, sile i przedsiębiorczości są równi bogom. I idąc razem z nimi na festiwal wyboru męża przez Draupadi, błogosławił ich drogę.

Napisane na podstawie fragmentów *Mahābharāta*,
1. The Book of the Beginning,
1(11) Citraratha, 158.1-160.1,
1(11.a) Tapati, 160.5-163.20,
1(11.b) Vasistha, 164.1-168.25,
1(11.b.i) Aurva, 169.1-171.20,
1(11.b) Vasistha (concluded), 172.1-172.15,
1(11) Citraratha (concluded), 173.1-173.20.

Opowieść 8
Pięciu mężów Draupadi

1. Kryszna Wasudewa obserwuje rywalizację o rękę Draupadi; 2. Ardżuna w przebraniu bramina wygrywa Draupadi; 3. Kryszna interweniuje i nie dopuszcza do przelewu krwi między wojownikami i braminami; 4. Pięciu mężów Draupadi; 5. Pandawowie odzyskują swoje własne imię; 6. Król Drupada szuka odpowiedzi na pytanie, czy małżeństwo pięciu Pandawów z jego córką Draupadi jest zgodne, czy niezgodne z Prawem; 7. Mędrzec Wjasa przekonuje króla Drupadę, że małżeństwo jego córki z pięcioma Pandawami jest ich przeznaczeniem.

> *I błogosławiony bramin Wjasa wyjaśnił królowi Drupadzie, dlaczego tych pięciu braci powinno mieć jedną żonę.*
> (*Mahābhārāta*, 1(13) The Wedding, 188.10-25)

1. Kryszna Wasudewa obserwuje rywalizację o rękę Draupadi

Pięciu braci Pandawów w bramińskim przebraniu i ich matka Kunti czując się bezpiecznie pod opieką swego domowego kapłana Dhaumji, kontynuowali swą wędrówkę w kierunku królestwa Pańcalów, chcąc zobaczyć zrodzoną z ofiarnego ognia córkę króla Drupady Draupadi znaną ze swej urody i uczestniczyć w jej festiwalu wyboru męża znanego pod nazwą *swajamwara*. Po drodze spotykali licznych braminów idących w tym samym kierunku, którzy biorąc ich za braminów pytali przyjaźnie, skąd pochodzą i dokąd zmierzają. Syn boga Prawa Judhiszthira, odpowiadał ogólnikowo: „O bramini, jesteśmy braćmi podróżującymi razem z naszą matką. Idziemy do królestwa Pańcalów z miasta Ekaczakra".

Bramini zachęcali ich, aby dołączyli w swej wędrówce do nich i wychwalali przed nimi festiwal, malując w swych słowach obraz niezmierzonego bogactwa, które tam zobaczą. Przybędą tam bowiem liczni królowie i królewicze, którzy będą starali się wygrać rękę Draupadi, wykonując zadanie, które postawi przed nimi jej ojciec. Przywiozą ze sobą niezliczone bogactwa tylko po to, aby je rozdać braminom, którym patronują i którzy wykonują dla nich ofiarne rytuały. Na festiwalu będzie również wielu tancerzy, recytatorów, śpiewaków i zapaśników. Zachęcali ich, aby tam się udali, naciszyli się wielkim spektaklem, wielką ucztą i otrzymanymi prezentami, a po jego zakończeniu wrócili z powrotem do lasu. Będąc w dobrym nastroju żartowali z przystojnych Pandawów, że być może piękna Draupadi dostrzeże wśród nich kandydata na męża, choć dobrze wiedzieli, że zgodnie ze zwyczajem o jej rękę mogli konkurować jedynie wojownicy.

Gdy Pandawowie dołączyli do grupy podekscytowanych braminów, dostrzegli wśród nich również swego dziadka Wjasę, który raz jeszcze pobłogosławił ich na drogę. Po przybyciu do kraju Pańcalów Pandawowie zamieszkali wraz ze swą matką w domu pewnego garncarza, gdzie wiedli życie braminów, utrzymując się z darów i nie zdradzając nikomu swej królewskiej tożsamości.

Tymczasem król Drupada od dawna marzył o tym, aby mężem jego córki został Ardżuna. Wierzył, że Pandawowie ciągle żyją gdzieś w ukryciu i że wieść o festiwalu jego pięknej córki rozgrzeje ich gorącą krew i skłoni ich do przybycia do stolicy jego kraju i konkurowania o jej rękę. Chcąc zrealizować swe ukryte marzenie, postawił przed współzawodniczącymi o rękę Draupadi wojownikami zadanie naciągnięcia bardzo twardego łuku i dosięgnięcia strzałami bardzo trudnego celu, które, jak sądził, jedynie Ardżuna potrafi wykonać. Trudność zadania jeszcze bardziej ekscytowała pełnych wiary we własne siły wojowników, których ogromny tłum nadciągał z różnych stron, chcąc sprostać rzuconemu wyzwaniu. Wśród nich byli również synowie króla Dhritarasztry prowadzeni przez najstarszego z nich Durjodhanę i towarzyszącego mu jego przyjaciela Karnę.

Do zawodów przygotowano specjalną arenę, budując ją na równym terenie troskliwie wybranym i poświęconym przez braminów, znajdującym się w północno-wschodniej części miasta. Całą przestrzeń otoczono murem z ozdobnymi bramami i fosą. Arenę ocieniały kolorowe zasłony i unosił się nad nią dźwięk setek muzycznych instrumentów i zapach drogiego aloesu. Spryskano ją wodą sandałową i ozdobiono kwiatami. Otoczona była wkoło pasem dużych namiotów wznoszących się wysoko ku niebu jak szczyty Himalajów, ozdobionych pozłacanymi zasłonami, drogimi kamieniami i elementami wykutymi w metalu. Ich podłogę zdobiły białe dywany spryskane aloesem, którego zapach rozchodził się na milę.

Rywalizujący ze sobą wojownicy zasiedli wokół areny na swych tronach, pyszniąc się pięknością klejnotów zdobiących ich ciała, podczas gdy zwykli ludzie z miast i wsi siedzący na przygotowanych dla nich miejscach z zaciekawieniem spoglądali ku tym nieustraszonym rywalom rozsiewającym wkoło zapach czarnego aloesu, którzy byli obrońcami ich świata kochanymi przez wszystkich za ich bohaterskie uczynki. Pandawowie zasiedli przed areną razem z braminami, patrząc z podziwem na wielkie bogactwo króla Drupady.

Od momentu rozpoczęcia festiwalu przez kolejnych szesnaście dni coraz więcej gości dołączało do tłumu widzów, aby oglądać popisy aktorów i tancerzy. Gdy nadszedł dzień szesnasty na arenę weszła Draupadi świeżo po rytualnej kąpieli w odświętnym nowym odzieniu, niosąc na złotej tacy girlandę przeznaczoną dla zwycięscy. Domowy kapłan Pańcalów, bramin o wielkiej czystości, który znał wszystkie mantry, rozrzucił wokół źdźbła świętej trawy i we właściwy sposób wlał do ognia ofiarnego stopione masło. Zadowoliwszy w ten sposób ogień i braminów, pobłogosławił dzień i uciszył muzyków. Gdy zapadła zupełna cisza, na środek areny wyszedł brat Draupadi Dhrisztadjumna, aby dokładnie opisać cel, do którego konkurenci powinni trafić po naciągnięciu potężnego łuku, powitać Draupadi i przedstawić jej wszystkich zebranych konkurentów po imieniu, rozpoczynając recytację imion od Durjodhany i ich braci, kuzynów Pandawów i władców Hastinapury. Powitanie zakończył, mówiąc: „O moja droga siostro, wszyscy ci wspaniali magnaci i wojownicy przybyli tutaj z odległych krajów, aby starać się o twą rękę. Napinając potężny łuk będą próbowali dosięgnąć wyznaczonego celu swymi strzałami, ale ty sama ostatecznie zadecydujesz, czy chcesz zostać żoną tego, któremu uda się wykonać dane im przez twego ojca zadanie".

Po tych słowach młodzi magnaci w złotych kolczykach z ciałami ozdobionymi wspaniałymi klejnotami, z których każdy uważał się za mistrza we władaniu bronią, rzucili się ochoczo do rywalizacji w naciąganiu twardego łuku. Mając za sobą swe piękno, młodość, dzielność, pochodzenie i zasługi w służeniu Prawu, zachłystywali się swą porywczością podobną do porywczości słoni podczas rui. Przypominając tłum bogów rywalizujących o córkę króla Himalajów Umę, z ciałami wzburzonymi przez zrodzoną z umysłu miłość, spoglądali wyzywająco na rywali i zrywając się ze swych królewskich tronów z okrzykiem: „Draupadi jest moja", czynili ze swych dawnych przyjaciół wrogów.

Toczące się zawody oglądali również bogowie, którzy wyjechali na nieboskłon w swych wspaniałych rydwanach. Wśród nich można było dostrzec synów Aditi (aditjów), rudrów, wasuów, aświnów i marutusów mających na swym czele boga śmierci Jamę i boga bogactwa Kuberę. Przybyły tam również demony, ptaki, węże, boscy muzycy gandharwowie, boskie nimfy apsary i boscy mędrcy. Cały nieboskłon wypełnił się boską obecnością, niebiańskim zapachem i girlandami i rozbrzmiewał dźwiękiem bębnów, lutni, fletów i konch.

Konkurencję oglądał również szef rodu Jadawów Kryszna Wasudewa, w którego śmiertelnym ciele narodził się sam bóg Wisznu w swym istotnym aspekcie, aby uwolnić ziemię od dominacji demonów i chronić tych, którzy kierują się dobrem. Siedział na widowni obok swego starszego brata Balaramy, nie biorąc jednak udziału w zawodach. Rozglądając się z zaciekawieniem wokół, zobaczył siedzących wśród braminów pięciu braci potężnych jak słonie i choć ich twarze pokrywał tak jak ogień ofiarny popiół, zaczął podejrzewać, że są to Pandawowie, co zdawał się potwierdzać Balarama. Kryszna dostrzegł, że choć w swym bramińskim przebraniu wyłączeni byli z konkurencji, to jednak tak jak wszyscy inni wojownicy zostali pokonani przez strzały boga miłości i spoglądali z podziwem ku Draupadi, śledząc każdy jej ruch.

2. Ardżuna w przebraniu bramina wygrywa Draupadi

Gdy zawody zostały ogłoszone za otwarte, przybyli na festiwal wojownicy po kolei podejmowali próby dosięgnięcia swymi strzałami wyznaczonego przez króla Drupadę celu, lecz nie udawało im się nawet naciągnąć twardego łuku, co urażało silnie ich dumę i łamało ducha, szczególnie, że patrzący na ich klęskę lud stawał się niespokojny i wykrzykiwał słowa pogardy.

Wówczas ku zaskoczeniu wszystkich siedzący wśród braminów świetlisty jak tęcza Indry Ardżuna podniósł się ze swego miejsca, gotowy na oczach zgromadzonego tłumu spróbować naciągnąć twardy łuk. Jego czyn bardzo wzburzył otaczających go braminów. Część z nich próbowała go powstrzymać, twierdząc, że niedoświadczony w użyciu broni bramin nigdy nie powinien dać się pokonać podnieceniu i uczuciom pychy i rwać się do walki z doświadczonymi wojownikami, gdyż w ten sposób ośmiesza stan bramiński i pozbawia go autorytetu. Inni jednakże zachęcali Ardżunę do podjęcia rywalizacji z wojownikami, wierząc, że w swym działaniu realizuje on jedynie to, co zostało mu przeznaczone i że jego bramińska moc *(Brahman)* zdobyta dzięki ascezie pozwoli mu na pokonanie nawet doświadczonych w walce wojowników. Mówili: „Nie ma takiego zadania, którego bramin nie potrafiłby wykonać, gdyż bramińska asceza jest siłą potężniejszą od każdej innej broni. Nie wolno pogardzać braminem bez względu na to, czy to, co czyni jest uznawane za dobre lub złe, przyjemne lub nieprzyjemne, drobne lub potężne, gdyż zawsze wykonuje on jedynie swą powinność".

W czasie, gdy bramini spierali się ze sobą, Ardżuna wszedł na arenę i stanął przed potężnym łukiem sam potężny jak nieporuszona góra. Okrążył pobożnie łuk, składając mu pokłony i wziąwszy go w swe dłonie z łatwością go naciągnął i przy pomocy swych pięciu strzał bez trudu osiągnął wyznaczony cel. Jego wyczyn wywołał ogromny aplauz widzów wymachujących w podnieceniu częściami swej garderoby, a z nieboskłonu posypał się na niego deszcz kwiatów. Muzycy uderzyli głośniej w swe instrumenty, śpiewacy w wielkim zachwycie podnieśli swe głosy, a uszczęśliwiony król Drupada stanął na czele swej armii gotowy bronić zwycięzcy. Z kolei Draupadi widząc zwycięzcę wspaniałego jak sam król bogów Indra, podeszła do niego i udekorowała go białą girlandą, uznając go w ten sposób za swego męża. Na ten widok tłum widzów odpowiedział jeszcze większym aplauzem, a z nieboskłonu posypały się ponownie kwiaty.

W tym samym czasie, gdy zgiełk zdawał się rosnąć bez końca, najstarszy z Pandawów Judhiszthira razem w dwójką swych najmłodszych braci bliźniaków wycofał się do domu garncarza, zostawiając Bhimę i Ardżunę własnemu losowi.

3. Kryszna interweniuje i nie dopuszcza do przelewu krwi między wojownikami i braminami

Król Drupada widząc wyczyn Ardżuny i białą girlandę, którą jego córka zawiesiła mu na szyi, zgodził się bez wahania na oddanie mu jej za żonę, choć nie znał nawet jego imienia. Jego zgoda rozgniewała wojowników rywalizujących o jej rękę. Zaczęli szemrać między sobą i knuć zemstę. Mówili: „O wojownicy, przybyliśmy tutaj specjalnie na zaproszenie króla Drupady, a on traktuje nas, jakby nas tu nie było. Pomija naszą obecność i chce oddać swą córkę, najwspanialszą z wszystkich kobiet, braminowi! Zabijmy go, gdyż on nas obraża! Nie zasługuje na nasz szacunek mimo swego wieku i zdobytych zasług. Zabijmy tego prostaka razem z jego synami. Najpierw nas zaprosił i uhonorował, a później uznał nas za nieodpowiednich. Jak to jest możliwe, aby goszcząc u siebie wszystkich królów ziemi, wspaniałych jak sami bogowie, nie potrafił wśród nich znaleźć ani jednego, który byłby mu równy? Oddając rękę swej córki braminowi zszedł też ze ścieżki Prawa, gdyż *swajamwara* jest Prawem wojowników, a nie braminów".

Skierowali również swój gniew przeciw Draupadi, mówiąc: „Skoro nie chce ona wybrać na męża jednego z nas, wrzućmy ją lepiej z powrotem do ognia ofiarnego, z którego się narodziła".

Kontynuowali: „Zabijmy ich wszystkich, za wyjątkiem tego bramina, który ją wygrał, gdyż choć obraził nas swą żądzą czy szaleństwem, nie możemy go zabić, bo zabicie bramina jest największym grzechem. Jednakże chcąc być w zgodzie z naszym Prawem musimy odpowiedzieć siłą na pogardę okazaną nam przez króla Drupadę. Musimy bronić naszego obyczaju bycia wybieranym na męża przez królewskie córki i zapobiec podobnym incydentom w przyszłości".

Zbuntowani wojownicy odkrywszy swą broń, rzucili się wszyscy razem na króla Drupadę, który przestraszył się ich siły i schronił się wśród braminów. Bramini rzekli: "O królu, nie obawiaj się niczego, będziemy cię bronić przed wrogiem".

Usłyszawszy te słowa braminów, Ardżuna rzekł: "O bramini, pozostańcie dalej w tej rozgrywce widzami i pozwólcie, że ja sam spryskam tych rozwścieczonych magnatów deszczem moich strzał. Przy pomocy mych strzał będę trzymać ich od nas na dystans, jakby byli gromadą węży gotowych do ataku trzymanych w potrzasku przez magiczne słowa". I chwyciwszy potężny łuk, który zdobył w zawodach o rękę Draupadi, mając swego brata Bhimę u boku, stanął nieruchomy jak skała, czekając na zbliżenie się wroga.

Wszystko to obserwował nie angażujący się bezpośrednio w walkę Kryszna i nabierał coraz większej pewności, że Draupadi nie została wygrana przez bramina, lecz przez syna siostry jego ojca Wasudewy Ardżunę w bramińskim przebraniu. Gdy ciemnoskóry Kryszna poinformował o tym swego jasnoskórego starszego uzbrojonego w sochę brata, Balarama potwierdził jego słowa, wyrażając radość, że dobry los pomógł ich kuzynom Pandawom uciec z pałacu-pułapki, który został specjalnie dla nich zbudowany za namową Durjodhany.

Tymczasem rozwścieczeni wojownicy pod przywództwem Karny rzucili się na Ardżunę i Bhimę, gdyż zabicie braminów w walce nie jest grzechem, szczególnie, gdy oni sami palą się do walki. Karna, pełen wiary w swe siły, rzucił się z impetem do pojedynku, lecz Ardżuna odparł z łatwością jego atak, wprawiając tym Karnę w zdumienie. Znając własną siłę i będąc przekonany, że jedyny zdolny do stawienia mu czoła wojownik—Ardżuna—nie żyje, zaczął się obawiać, że za swego przeciwnika ma samego boga Indrę, który zstąpił na ziemię w bramińskim przebraniu. Wiedział bowiem, że gdy opanuje go gniew, nikt poza bogami i Ardżuną nie potrafi mu się oprzeć. Karna zapytał: "O braminie, powiedz mi, kim jesteś. Czy ucieleśniła się w tobie sama sztuka łucznictwa, czy też jesteś samym królem bogów Indrą lub Wisznu w bramińskim przebraniu stawiającym mi opór?" Ardżuna odpowiedział: "O Karna, nie jestem ani ucieleśnioną sztuką łucznictwa, ani bogiem. Jestem natomiast największym braminem wśród wojowników, jestem najczystszy wśród tych, co posługują się bronią. Dzięki memu nauczycielowi poznałem tajemnice broni używanej przez Brahmę i Indrę i stoję tu przed tobą, aby cię pokonać!"

Gdy Karna usłyszał te słowa, wycofał się z pojedynku, wierząc, że wielki wojownik, który zdobył bramińską moc, jest nie do pokonania. W tym samym czasie inni wojownicy otoczyli ze wszystkich stron Bhimę, lecz gdy zobaczyli jak powalił on bez trudu na ziemię króla Madrasu Salję, zaczęli szeptać między sobą z niepokojem: "O wojownicy, lepiej zaniechajmy chwilowo walki z tymi braminami i przed jej wznowieniem dowiedzmy się najpierw, kim oni są i skąd pochodzą, że potrafią stawić opór wojownikom tak potężnym jak Karna, Śalja czy Durjodhana. Wrócimy do bitwy, gdy dowiemy się, z kim mamy do czynienia".

Tymczasem Kryszna obserwując bohaterską walkę Bhimy i Ardżuny z napierającymi na nich najpotężniejszymi wojownikami, stracił wszelkie wątpliwości, co do tego, że są to synowie króla Pandu i rzekł do zebranych królów i wojowników łagodnym głosem: „O królowie i wojownicy, rozejdźcie się do domów, gdyż powiadam wam, że Draupadi została wygrana zgodnie z Prawem".

Słysząc słowa Kryszny, wojownicy zaprzestali bitwy i choć z ociąganiem się i wątpliwościami ruszyli w drogę powrotną do swych własnych królestw. Mijając zgromadzonych na arenie braminów z niedowierzaniem powtarzali: „Któż to widział, aby arenę wojowników zdominowali bramini! Któż to słyszał, aby bramini wygrali za żonę córkę króla Pańcalów!"

Ardżuna i Bhima uwolniwszy się wreszcie od nacisku tłumu dzięki pojednawczym słowom Kryszny, ruszyli również w kierunku domu garncarza, gdzie czekała na nich ich matka i pozostali bracia i choć ich wrogowie rzucali za nimi kpiarskie spojrzenia, mając ze sobą podążającą za nimi Draupadi, promieniowali radosnym blaskiem.

4. Pięciu mężów Draupadi

Tymczasem matka Pandawów Kunti czekała w domu garncarza na powrót swych synów, niepokojąc się coraz bardziej opóźnieniem w ich powrocie. Całkowicie zaufała proroctwu bramina Wjasy, że zdobędą rękę Draupadi, lecz teraz obudziła się w niej wątpliwość. Z sercem wypełnionym miłością do swych synów zaczęła się niepokoić, czy przypadkiem nie odkrył ich Durjodhana lub nie zabił ich jakiś mściwy i podstępny rakszasa.

Późnym popołudniem, gdy minął już czas, w którym bramini zwykli zbierać dary, Kunti usłyszała nagle dochodzący z zewnątrz rozradowany głos Bhimy i Ardżuny: „O matko, zobacz, jaki dar przynieśliśmy". Kunti nie widziała swych synów, gdyż była w głębi domu i sądząc, że chcą jej pokazać dary, które zebrali w drodze do domu, rzekła: „O synowie, cokolwiek to jest, podzielcie to równo między sobą". Pospiesznie wyszła im na spotkanie i gdy zrozumiała, że mówiąc o darze mieli na myśli Draupadi, przerażona rzekła: „O nieszczęśni synowie, cóż za grzeszne słowa wypowiedziały moje usta!"

Przekonana, że słów raz wypowiedzianych nie można wycofać, nawet gdy zdają się wypowiadać myśl niezgodną z Prawem, głęboko nimi poruszona uchwyciła dłoń niewinnej i ufnej Draupadi i patrząc błagalnie na swego najstarszego syna

Judhiszthirę, rzekła: „O synu, ciebie otrzymałam od boga Prawa Dharmy. Powiedz mi, co mam teraz uczynić, aby nie zboczyć ze ścieżki Prawa? Czy mam zaprzeczyć mym własnym nieuważnie wypowiedzianym słowom i uczynić z nich kłamstwo, czy też mam skłonić tę niewinną córkę króla Pańcalów do popełnienia przeraźliwego aktu bezprawia?!"

Judhiszthira rzekł do Ardżuny: „O Ardżuna, to ty wygrałeś Draupadi, napinając twardy łuk, przeto należy ona do ciebie. Nikt inny, tylko ty powinieneś zostać jej mężem, składając ofiarę do ognia i wykonując odpowiednie ryty". Oburzony Ardżuna odpowiedział: „O bracie, dlaczego mieszasz mi w głowie i skłaniasz mnie do podobnego aktu bezprawia! Draupadi powinna zostać twoją żoną, gdyż ty jesteś z nas najstarszy. Przemyśl całą sprawę raz jeszcze i poinstruuj nas i rozkaż nam, jak mamy działać, aby być w zgodzie z Prawem i honorem i nie popaść w konflikt z ojcem Draupadi, królem Drupadą".

Judhiszthira zamyślił się i spoglądając na swych braci dostrzegł ich namiętne i tęskne spojrzenia rzucane na piękną Draupadi stworzoną przez samego Stwórcę, aby skupiać na sobie wszystkie męskie serca i zrozumiał, że ich zmysły opanowała miłość. Widząc ich uczucia jak na dłoni i pamiętając o słowach bramina Wjasy, że posiadanie pięciu mężów jest przeznaczeniem Draupadi, rzekł: „O bracia, w swych pozornie nieuważnych słowach nasza matka powiedziała prawdę. Piękna Draupadi powinna mieć pięciu mężów i być żoną dla każdego z nas".

5. Pandawowie odzyskują swoje własne imię

W czasie, gdy Pandawowie ciągle jeszcze rozmyślali nad znaczeniem słów najstarszego z nich, do domu garncarza przybył niespodziewanie Kryszna Wasudewa ze swym bratem Balaramą wiedziony przekonaniem, że Draupadi została faktycznie wygrana przez braci Pandawów, którzy ukrywali się pod przebraniem braminów. Gdy zobaczył pięciu braci, jasnych jak ogień, podszedł do Judhiszthiry i dotknął jego stóp. Powiedział, że jest ich kuzynem Kryszną i przedstawił swego starszego brata Balaramę. Następnie dotknął stóp matki Pandawów, siostry swego ojca Wasudewy. Rozpromieniony Judhiszthira zapytał: „O Kryszna, powiedz nam, jak udało ci się nas rozpoznać i odnaleźć?" Kryszna odpowiedział: „O Judhiszthira, nie można długo ukryć ognia nawet pod szatą bramina. Któż inny poza wami mógłby wybuchnąć tak wielką walecznością jak ta, którą zobaczyłem na festiwalu u króla Drupady?" Kryszna i Balarama nie zabawili jednak u Pandawów długo, obawiając się, aby swą obecnością nie zdradzić ich kryjówki przed tłumem zazdrosnych o ich sukces królów i po wyrażeniu radości, że udało im się uciec przed pożarem pałacu-pułapki, który zbudowano specjalnie dla nich na rozkaz Durjodhany, udali się z powrotem do swego obozu. Kryjówka Pandawów została również odkryta przez syna króla Drupady Dhrisztadjumnę, który na polecenie swego ojca podążał śladem Ardżuny i Bhimy, aby dowiedzieć się, jakie imię nosi ów waleczny bramin, który wygrał Draupadi i jakie konsekwencje może przynieść ta wygrana. Choć król Drupada, licząc na szczęśliwy los, pozostawił wybór męża swej córki losowi, to jednak niepokoił się jego wyrokiem i chciał czym prędzej dowiedzieć się, kim jest ów waleczny człowiek w stroju bramina, który ją wygrał. Czy jest nim zgodnie z jego życzeniem potężny magnat i wojownik Ardżuna, który w cudowny sposób uratował się z pożaru pałacu-pułapki i żył razem ze swymi braćmi pod przebraniem bramina, czy też, być może, jest to jakiś potężny bramin lub też osoba niskiego stanu. Nie znając imienia zwycięscy, król Drupada nie wiedział, czy składać bogom ofiarę w podzięce za szczęśliwy los, czy też przygotowywać się do wojny.

Zaczajony przed domem garncarza Dhrisztadjumna obserwował z ukrycia zachowanie Pandawów, ich matki Kunti i swej siostry Draupadi i nabrał szybko przekonania, że jego siostrę wygrał potężny wojownik i że marzenie jego ojca, aby wydać swą córkę za mąż za jednego z Pandawów prawdopodobnie spełniło się. Dla króla Drupady takie małżeństwo było również realizacją obietnicy, którą dał niegdyś swemu przyjacielowi królowi Pandu, obiecując, że jeżeli będzie miał córkę, to wyda ją za mąż za jego syna.

Dhrisztadjumna widział, jak bracia oddawali zebrane przez siebie dary Judhiszthirze i słyszał, jak Kunti instruowała Draupadi w sprawie zasad ich podziału, mówiąc, aby po złożeniu ich w ofierze bogom, obdarowała nimi braminów i wszystkich tych, którzy czekają przed domem i ich potrzebują. Dopiero to, co pozostanie powinna podzielić na dwie równe części, z których jedną powinna oddać Bhimie, gdyż jego potężne ciało wymaga najwięcej jedzenia, podczas gdy drugą część powinna podzielić między pozostałych czterech braci, siebie samą i Kunti. Gdy Draupadi z nabożeństwem uczyniła to, o co Kunti ją prosiła, wszyscy zasiedli do posiłku, snując opowieści o wojnie i bohaterstwie, jakie opowiadają między sobą jedynie wojownicy. Po skończonym posiłku potężni bracia ułożyli się jeden przy drugim do snu, mając swą matką śpiącą u ich głów i Draupadi śpiącą u ich stóp.

Gdy Dhrisztadjumna opowiedział swemu ojcu, co widział, serce króla przepełniła wielka radość, gdyż zaczął nabierać pewności, że jego córka została zdobyta przez Ardżunę. Wysłał więc do Pandawów swego domowego kapłana, aby zapytał ich o imię zwycięscy.

Dyplomatyczny kapłan udał się więc do domu garncarza i poprosił Judhiszthirę, aby ujawnił królowi Drupadzie imię zwycięscy, gdyż król chce ocenić, czy ten, kto wygrał rękę jego córki zasługuje na dar, jakim jest małżeństwo z nią. Judhiszthira rzekł wymijająco: „O braminie, król Drupada nie ma prawa pytać zwycięscy o to, kim jest, z jakiego pochodzi stanu i czy zasługuje na wygraną nagrodę. Sam bowiem ustalił cenę za rękę swej córki i została ona wygrana zgodnie z zasadami jego własnego królewskiego Prawa i zgodnie z jego własnym życzeniem". Judhiszthira dodał: „O braminie, choć nie wyjawię ci imienia zwycięscy, uspokój króla Drupadę, gdyż zadanie, które postawił przed konkurentami mógł wykonać jedynie potężny i doświadczony w użyciu broni bohater pochodzący z wyższej kasty".

Wkrótce do domu garncarza przybył inny wysłannik króla Drupady, aby zaprosić Pandawów wraz z ich matką i Draupadi na ucztę poprzedzającą ryty ślubne, na co bracia natychmiast wyrazili zgodę. Prowadzeni przez swego domowego kapłana wsiedli do wspaniałych rydwanów przysłanych po nich przez króla Drupadę i udali się do jego pałacu. Podczas uczty król Drupada z radością w sercu zaobserwował, że w naturalny sposób zachowują się jak królowie, wybierając bez wahania miejsca i potrawy przeznaczone dla królewskiego stanu. Gdy on sam, jak i jego syn i radni nabrali pewności, że mają do czynienia z Pandawami, Drupada rzekł do Judhiszthiry: „O braminie, choć nosisz bramińskie szaty, zachowujesz się jak król. Powiedz mi, jak mam się do ciebie zwracać? Zdradź mi swe imię, abyśmy mogli rozpocząć ceremonię ślubną. Powiedz prawdę, gdyż jeżeli należysz do kasty królewskiej, to dobrze wiesz, że królowie stawiają Prawdę wyżej niż składanie ofiar i dawanie darów".

Judhiszthira odpowiedział: „O królu, twoje najskrytsze marzenie ziściło się. Czuj się więc szczęśliwy. Pochodzimy z rodziny królewskiej, będąc synami króla Pandu. Ja jestem jego najstarszym synem Judhiszthirą. To mój młodszy brat Ardżuna wygrał rękę twej córki, konkurując o nią z najlepszymi wśród wojowników".

Oczy króla Drupady zwilgotniały od łez szczęścia i ze wzruszenia nie mógł wyrzec słowa. Gdy wreszcie udało mu się opanować swój własny ekstatyczny stan, zarzucił Pandawów pytaniami o szczegóły ich ucieczki z płonącego pałacu-pułapki i o wszystko to, co ją poprzedziło i wkrótce jego poczucie szczęścia przekształciło się w potrzebę sprawiedliwości i pomstując na niewidomego króla Dhritarasztrę, obiecał Pandawom swą pomoc w odzyskaniu odebranego im podstępem królestwa.

6. Król Drupada szuka odpowiedzi na pytanie, czy małżeństwo pięciu Pandawów z jego córką Draupadi jest zgodne czy niezgodne z Prawem

Król Drupada rzekł do Pandawów: „O Bharatowie, nie zwlekajmy więc dłużej i ponieważ dziś jest pomyślny dzień, niech dziś jeszcze moja córka Draupadi zwiąże się rytuałem zaślubin z Ardżuną, który ją zdobył, naciągając potężny łuk i trafiając do wyznaczonego celu".

Judhiszthira rzekł: „O królu, to ja jestem najstarszym z Pandawów i według królewskiego Prawa powinienem ożenić się przed Ardżuną".

Niezrażony tą odpowiedzią król Drupada rzekł: „O Bharata, zadecyduj więc sam, co jest dla was najlepsze i który z was dziś jeszcze ją poślubi, ty sam, czy Ardżuna".

Judhiszthira rzekł: „O królu, twoja córka powinna być równocześnie żoną dla każdego z nas. Tę prawdę wypowiedziały słowa naszej matki. Ardżuna wygrał ją mocą swego własnego czynu, lecz aby nie zboczyć ze ścieżki Prawa, nie może sam pojąć jej za żonę, zanim ja i starszy od niego Bhima nie otrzymamy żon. Ponadto od dawna łączy nas umowa, że będziemy dzielić równo między siebie wszystkie zdobyte dobra, aby nie wprowadzać między nas konfliktu. Draupadi, którą Ardżuna zdobył w uczciwej walce jest jego wygranym dobrem lub bogactwem, stając się na mocy naszej umowy naszym wspólnym dobrem i bogactwem. Każdy z nas z osobna powinien więc zostać związany z nią rytem małżeńskim przed świętym ogniem".

Strapiony tą odpowiedzią król Drupada rzekł: „O Judhiszthira, jakże to możliwe, abyście wy tak prawi i czyści mogli wymyślić równie wielki występek przeciw *Wedom* i światu? Skąd w waszych głowach wziął się podobny zamiar? Doskonale wiecie, że Prawo pozwala królowi, aby miał równocześnie kilka żon, ale nie zgadza się na to, aby kobieta miała pięciu mężów!"

Judhiszthira rzekł: „O wielki królu, to co trapi ciebie, trapi również mnie. Jednakże ścieżka, którą biegnie Prawo jest trudno uchwytna dla umysłu. Idąc nią podążamy krok za krokiem śladem naszego przodka. Mój głos nie potrafi wypowiedzieć kłamstwa, a mój umysł jest całkowicie zanurzony w prawości, a jednak to, co wypowiedziały słowa mojej matki i co zdaje się być niezgodne z Prawem, jest zgodne z tym, czego pragnę. Jej słowa muszą więc być w zgodzie z Prawem. Pogódź się z nimi bez wahania i odrzuć wszelkie wątpliwości!"

Znękany król Drupada rzekł: „O synu Kunti, odłóżmy działanie do jutra. Zbierzmy się najpierw razem, ty, twoja matka, ja i mój syn Dhrisztadjumna i przedyskutujmy tę sprawę".

Zanim jednak zdążyli rozpocząć swe obrady, do królewskiego pałacu przybył niespodziewane mędrzec Wjasa. Po wykonaniu odpowiednich rytów powitalnych król Drupada zaprosił go do wzięcia udziału w obradach i zwrócił się do niego z pytaniem: „O święty mędrcu, który znasz wszystkie sekrety *Wed*, wyjaśnij nam proszę, jak to jest możliwe, aby jedna kobieta miała równocześnie pięciu mężów i żeby ten jawny występek nie był zbaczaniem ze ścieżki Prawa?

Mędrzec Wjasa rzekł: „O królu, zanim sam odpowiem ci na to pytanie, chciałbym usłyszeć opinię każdego z was na temat właściwości tego małżeństwa, które zdaje się być sprzeczne z *Wedami* i ze światem".

Król Drupada zabrał głos pierwszy, mówiąc: „O braminie, takie małżeństwo jest z całą pewnością występkiem, gdyż nie tylko jest w niezgodzie z *Wedami*, ale również nie było praktykowane w dawnych czasach. Nie może więc należeć do Wieczystego Prawa, któremu należy być zawsze posłusznym. Nie mogę się więc na nie zgodzić, gdyż mam wątpliwości co do jego właściwości".

Dhrisztadjumna rzekł: „O braminie, nie potrafię sobie wyobrazić jak takie małżeństwo mogłoby być uznane za właściwe, skoro w takim małżeństwie starszy brat będzie z konieczności cudzołożył z żoną młodszego brata i w związku z tym trudno będzie go nazywać dalej prawym i cnotliwym. Wiem jednak, że nie potrafimy uchwycić myślą pełnego toru Prawa. Moje własne upodobania wyraźnie nie wystarczają, abym mógł zadecydować, czy małżeństwo takie jest występkiem czy nie i w związku z tym nie potrafię w tej sprawie podjąć żadnej decyzji".

Judhisztira rzekł: „O braminie, w moich opiniach słucham mego głosu, który nie potrafi wypowiedzieć kłamstwa i mego umysłu, który jest niezdolny do występku. Moje myśli opowiadają się za tym małżeństwem, przeto nie może ono być występkiem. Starożytne nauki mówią o przypadku Gautami o imieniu Dżatila, która była żoną siedmiu mędrców Praczetów. Co więcej, powiadają, że dla ucznia słowo nauczyciela i mędrca jest Prawem, a czy istnieje nauczyciel i mędrzec większy od własnej matki? I właśnie dlatego, że to według słów naszej matki powinniśmy podzielić Draupadi równo między sobą, posiadanie przez nią pięciu mężów uważam za Prawo a nie za występek".

Kunti rzekła: „O braminie, fałszu obawiam się bardziej niż ognia. Jak więc mogłoby to być możliwe, aby moje usta wypowiedziały fałsz?"

Wysłuchawszy tych opinii mędrzec Wjasa rzekł: „O Kunti, masz rację, twoje usta wypowiedziały Prawdę, gdyż małżeństwo twych pięciu synów z Draupadi ma swe fundamenty w Wiecznym Prawie. Ty i twój syn Judhisztira wiedzieliście o tym beze mnie i nie muszę wam tego wyjaśniać. Muszę jednak wyjaśnić królowi Drupadzie, kiedy zostało ono zarządzone i jakie jest jego wieczne źródło".

I błogosławiony bramin Wjasa powstał i wycofał się z królem Drupadą do komnat królewskich, podczas gdy Pandawowie, Kunti i Dhrisztadjumna pozostali w sali obrad, czekając cierpliwie na ich powrót. I bramin Wjasa wyjaśnił królowi Drupadzie, dlaczego tych pięciu braci powinno mieć jedną i tę samą żonę.

7. Mędrzec Wjasa przekonuje króla Drupadę, że małżeństwo jego córki z pięcioma Pandawami jest ich przeznaczeniem

Gdy mędrzec Wjasa znalazł się z królem Drupadą sam na sam, wyjaśnił mu, że nawet chociaż małżeństwo jego córki z pięcioma Pandawami zdaje się być niezgodne z Prawem, to jednak nie można go uniknąć, gdyż wynika ono z szeregu przeszłych wydarzeń, które miały miejsce w świecie boskim i jest im wszystkim od dawna przeznaczone. Jest ono bowiem rezultatem działania samego Najwyższego Boga Śiwy.

Losy pięciu braci Pandawów są od dawna zdeterminowane przez klątwę ponownych narodzin, którą bóg Śiwa rzucił na króla bogów Indrę i jego cztery kopie. W jej rezultacie Indra musi narodzić się na ziemi w pięciu śmiertelnych ciałach i chcąc powrócić do boskiego świata musi spowodować śmierć wielu ludzi. Śmierć ta, będąca katastrofą w kategoriach ludzkich, jest jednak błogosławieństwem dla całego wszechświata, gdyż zapobiegnie śmierci bogów osłabionych przez zacieranie się różnicy między światem śmiertelnych i nieśmiertelnych spowodowane przez zbytnie zaangażowanie się boga śmierci Jamy w rytuał ofiarny.

Wjasa rzekł do Drupady: „O królu, pozwól że opowiem ci o tym, jak Najwyższy Bóg Śiwa przeklął Indrę ponownymi narodzinami na ziemi, gdy Indra obraził go swą pyszałkowatością. Wydarzyło się to w odległym eonie, kiedy bogowie prowadzili rytuał ofiarny w Lesie Naimisza. Bóg śmierci Jama otrzymał wówczas funkcję kapłana-rzeźnika i tak silnie zaangażował się w jej wykonywanie, że zapomniał o swych obowiązkach na ziemi i przestał przynosić ludziom śmierć. Zaniepokojeni tym bogowie, mając swego króla Indrę na czele, udali się do dziadka wszechświata Brahmy, by poinformować go, że to rozrastanie się ludzkości budzi w nich przerażenie.

Brahma zapytał: 'O bogowie, dlaczego wy, którzy jesteście nieśmiertelni, boicie się człowieka, który jest śmiertelny?'

Bogowie odpowiedzieli: 'O Pradżapati, bóg śmierci Jama przestał przynosić ludziom śmierć i w ten sposób znikła różnica między śmiertelnymi i nieśmiertelnymi. Ten brak różnicy unieszczęśliwia nas i dlatego prosimy cię o jej przywrócenie'.

Brahma rzekł: 'O bogowie, uspokójcie się, już wkrótce nadejdzie taki moment, że Jama porzuci sesją ofiarną, a jego ciało przez nią wzmocnione i zaopatrzone w waszą energię nabierze takiego wigoru, że śmierć na ziemię powróci i zapanuje nad ludzkością'.

Mając tę obietnicę Brahmy, uspokojeni bogowie wrócili do Lasu Naimisza, gdzie nieprzerwanie trwała przedłużająca się sesja ofiarna, nie przypuszczając nawet, że obietnica ta już wkrótce się spełni, gdyż Śiwa przeklnie Indrę narodzinami na ziemi, co zmusi boga śmierci Jamę do odwrócenia uwagi od ofiarnej sesji i skierowanie jej z powrotem na ziemię.

Gdy bogowie ciągle jeszcze rozmyślali nad słowami Brahmy, zobaczyli nagle złoty lotus płynący z prądem w dół Gangesu. Zaciekawiony tym Indra ruszył ku źródłom rzeki, aby dowiedzieć się, skąd on się tam wziął. U źródeł zobaczył płaczącą boginię o ognistym blasku, zanurzoną w wodzie. To jej łzy wpadając wody, przemieniały się w złote kwiaty lotosu.

Indra podszedł do niej bliżej i zapytał: 'O piękna, powiedz mi, jaka jest przyczyna twych łez?' Bogini odpowiedziała: 'O królu bogów, czyżbyś zapomniał? Nad tobą płaczę. Pójdź za mną i zobacz sam, jaka jest przyczyna mego płaczu'.

Zaprowadziła go niedaleko od źródeł rzeki na szczyt Himalajów, gdzie w towarzystwie przystojnej kobiety siedział przystojny młodzieniec, zabawiając się rzucaniem kości do gry. Na jego widok Indra rzekł: 'O nieznajomy, dowiedz się, że nazywam się Indra. Jestem królem bogów i rządzę wszystkimi światami!' Widząc, że młoda para mimo jego słów nie zwraca na niego uwagi i bezceremonialnie kontynuuje swą grę w kości, zawołał z gniewem: 'O nieznajomy, dowiedz się, że jestem władcą wszechświata!'

Na te słowa grający w kości bóg spojrzał na Indrę ze szczytu góry i roześmiał się. Pod jego spojrzeniem ciało Indry zesztywniało i stało sztywne jak pusty pień drzewa.

W końcu, gdy grający w kości bóg znudził się grą, rzekł do stojącej obok Indry bogini ciągle pogrążonej w łzach: 'O bogini, przysuń trochę bliżej mnie ten pusty pień drzewa, abym mógł zobaczyć, czy ciągle jest taki dumny'.

Pod dotknięciem bogini Indra poczuł się na miękkich nogach i upadł na ziemię. Wówczas grający w kości Śiwa rzekł do niego: 'O Indra, nie czyń tego nigdy więcej. A teraz, skoro twierdzisz, ze twoja moc i siła nie ma granic, podnieś wierzchołek tej potężnej góry i wejdź do jej środka. Zobaczysz tam innych podobnych do ciebie jak dwie krople wody, którzy świecą tam jak słońce'.

Indra podejmując rzucone mu wyzwanie, usunął wierzchołek góry i zobaczył uwięzione w jej wnętrzu cztery kopie samego siebie, równie wspaniałe jak on sam. Zatrwożył się i zapytał: 'O nieznajomy, czyżbym miał stać się jednym z nich?' Wówczas Śiwa, spoglądając na Indrę z gniewem, rzekł: 'O Indra, ponieważ chełpisz się swą władzą, przeto wejdź do środka tej góry, gdyż w swym szaleństwie obraziłeś mnie'.

Przerażony klątwą król bogów Indra zadrżał na całym ciele jak liść poruszany wiatrem i złożywszy pokornie dłonie, zaczął błagać Śiwę, aby ją wycofał. Śiwa jednak tylko się roześmiał i rzekł: 'O Indra, dla tych, co zachowują się jak ty, nie ma ucieczki. Wejdź więc do środka góry. Nie ma z niej ucieczki ani dla ciebie, ani dla twoich czterech kopii. Aby się z niej uwolnić ty sam jak i twoje kopie musicie się narodzić na ziemi w formie ludzkiej. Do świata Indry będziesz mógł wrócić dopiero po dokonaniu na ziemi wielu bohaterskich czynów i spowodowaniu śmierci wielu ludzi, gdyż ponowny dostęp do swego boskiego świata możesz zdobyć jedynie dzięki swym własnym bohaterskim czynom'.

Indra i jego cztery kopie uwięzione w środku góry zrozumieli, że muszą opuścić świat bogów i udać się w swej istotnej części do świata ludzkiego, z którego nie będzie łatwo się wyzwolić. Gdy Śiwa dał im możliwość wyboru łona, z którego się mają się narodzić, cztery kopie Indry poprosiły go o to, aby rodząc się z ludzkiej matki mieli za swych ojców bogów Prawa, Wiatru i bliźniaków Aświnów. Piąty Indra z kolei poprosił o urodzenie się ze śmiertelnego łona, które będzie nosiło jego własnego syna. Śiwa zagwarantował im te dary i w ten sposób Indra w swych pięciu kopiach narodził się na ziemi z dwóch żon króla Pandu Kunti i Madri jako pięciu braci Pandawów".

Wjasa kontynuował: „O królu, dowiedz się również o tym, że przeznaczeniem twej córki Draupadi jest bycie żoną pięciu Pandawów, gdyż tak zadecydował bóg Śiwa. Po uzyskaniu zgody Wisznu, który jest mężem Lakszmi, zarządził on bowiem, że pięciu Indrów podczas swego życia na ziemi będzie miało za żonę tę samą boginię dobrobytu Sri (Lakszmi), która w swym istotnym aspekcie narodzi się na ziemi. I tak jak w świecie bogów Lakszmi wyłoniła się z ubijanego przez bogów i demonów oceanu, tak w świecie ludzi mocą własnego wyboru wyłoni się ona z ognia ofiarnego jako Draupadi. Poproszona bowiem o wybór ciała, w którym się narodzi, wybrała ciało, w które wcieliła się córka pewnego pustelnika, która w swym poprzednim wcieleniu otrzymała od Śiwy obietnicę posiadania pięciu mężów.

Boski małżonek Lakszmi Wisznu także obiecał narodzić się na ziemi w swym istotnym aspekcie, przybierając formę ludzką, aby pomagać swej żonie Lakszmi w realizacji celu, jakim było przywrócenie siły upadającym bogom. Sam zarządził swoje własne narodziny, wyrywając sobie z głowy dwa włosy, biały i czarny i umieszczając je w łonie dwóch kobiet z rodu Jadawów, Rohini i Dewaki, które były dwiema żonami brata Kunti Wasudewy. Z białego włosa narodził się Balarama, a z czarnego jego młodszy brat Kryszna".

Po zakończeniu swych wyjaśnień bramin Wjasa obdarował króla Drupadę na jakiś czas zdolnością widzenia bogów i dzięki niej patrząc na pięciu braci Pandawów i swą córkę Draupadi, mógł ich zobaczyć w ich prawdziwej boskiej formie. W ten sposób jego własna wizja pozwoliła mu zrozumieć słowa bramina Wjasy i nabrać przekonania, że małżeństwo jego córki z pięcioma Pandawami jest od dawna ich przeznaczeniem i że sprzeciwiając się mu, sprzeciwiałby się woli Najwyższego Boga Śiwy. Zrozumiawszy to wszystko, przystąpił bez wahania do realizacji uroczystych zaślubin swej córki z pięcioma Pandawami, rozpoczynając w ten sposób nowy cykl w ich dziejach.

Ardżuna, wygrywając Draupadi dzięki własnym zdolnościom i przy cichej aprobacie obserwującego go boga Wisznu narodzonego na ziemi jako Kryszna i jego brata Balaramy wygrał szczęśliwy los, gdyż Draupadi była inkarnacją istotnych aspektów samej bogini dobrobytu Lakszmi. Losy pięciu Pandawów i ich żony były jednak zdeterminowane także przez to, że w ich śmiertelnych ciałach narodził się Indra w swych pięciu kopiach, przeklęty za swą próżność przez boga Śiwę i zmuszony do narodzin na ziemi, aby skłonić boga śmierci Jamę zbyt zajętego rytuałem ofiarnym do przyniesienia z powrotem na ziemię śmierci. Wygrana Ardżuny wróżąc Pandawom poprawę losu, była więc również zapowiedzią zagłady .

Napisane na podstawie fragmentów *Mahābharāta*,
1. The Book of the Beginning,
1(12) Draupadi's Bridegroom Choice, 174.1-185.25,
1(13) The Wedding, 186.1-188.10,
1(13.a) The Five Indras, 189.1-189.55.

Opowieść 9
Zdobycie władzy przez Króla Prawa

1. Draupadi przynosi Pandawom szczęśliwe odwrócenie losu; 2. Król Dhritarasztra oddaje Pandawom we władanie Las Khandawa; 3. Kryszna pomaga Pandawom w zbudowaniu Indraprasthy, fortecy Króla Prawa.

> *Lord Kryszna rzekł:*
> *„O Ardżuna, wiedz, że pojawiam się w każdym eonie,*
> *gdy autorytet Prawa słabnie i tryumfuje chaos.*
> *Tworzę wówczas samego siebie,*
> *i ustanawiam ponownie autorytet Prawa,*
> *aby ochraniać ludzi cnoty i niszczyć tych, co czynią zło".*
> (*The Bhagavad-Gita*, The Fourth Teaching, 7-8)

1. Draupadi przynosi Pandawom szczęśliwe odwrócenie losu

Po rozmowie z mędrcem Wjasą, król Drupada nabrał przekonania, że małżeństwo jego córki Draupadi z pięcioma Pandawami, choć zdaje się być występkiem, wynika ze zrządzenia losu. Rzekł do Wjasy: „O braminie, sprzeciwiałem się temu małżeństwu, zanim poznałem twe słowa. Teraz jednak wiem, że jest ono zrządzeniem boskim, które bez względu na to, co zrobimy musi się spełnić. Nie sposób bowiem rozplątać węzła przeznaczenia. Człowiek nie jest panem swego własnego losu i los jednego zalotnika jest splątany z losem wielu innych".

Ponieważ czas był pomyślny, przystąpiono natychmiast do wykonania rytuałów ślubnych. Pierwszego dnia król Drupada oddał rękę swej córki Judhiszthirze, a następnie przez cztery kolejne dni odzyskująca każdego dnia swe dziewictwo Draupadi poślubiała pozostałych braci.

Zgodnie z tradycją, oddając swą córkę za żonę pięciu Pandawom, król Drupada hojnie ich obdarował i synowie Pandu zdobywszy wraz z boginią dobrobytu wielkie bogactwo, czuli się w stolicy Pańcalów jak sam król bogów Indra w swej niebiańskiej stolicy. Król Drupada z kolei mając za swych sprzymierzeńców potężnych Pandawów, pozbył się wszelkiego lęku i przestał obawiać się nawet bogów.

Kunti pobłogosławiła swą synową, mówiąc: „O moja piękna synowo, przynieś mym synom szczęśliwy los. Urodź im synów, przynieś im szczęcie, miłość i radość. Podczas składania ofiary bądź oddaną im żoną, oddawaj hołd gościom, mędrcom, dzieciom, starszym i starszyźnie swego rodu. Bądź królową dla Judhiszthiry, gdy odzyska utracone królestwo jako Król Prawa, a gdy twoi potężni mężowie podbiją swą własną mocą całą ziemię, oddaj się braminom podczas wielkiej Ofiary Konia. Zdobądź wszelkie ziemskie bogactwa, które są dla ludzi dostępne".

Z okazji swego ślubu Pandawowie otrzymali również wielkie bogactwa od swego kuzyna Kryszny Wasudewy, które Judhiszthira bez wahania przyjął, gdyż dobrze mu życzył. Od tego momentu Kryszna będzie zawsze towarzyszył Pandawom i jego losy będą się ściśle przeplatać się z losami Pandawów. Od tego momentu datuje się również nierozerwalna przyjaźń Ardżuny z Kryszną.

2. Król Dhritarasztra oddaje Pandawom we władanie Las Khandawa

Pandawowie nie ukrywali już dłużej swej tożsamości i wieść o tym, że Draupadi została wygrana nie przez bramina, lecz przez wojownika Ardżunę w bramińskim przebraniu szybko się rozeszła wśród królów po całej ziemi. Wszelkie ich wątpliwości, co do legalności wygranej rozwiały się i ich serca oczyściły się z wrogości. Doszli do wniosku, że Pandawowie w cudowny sposób narodzili się ponownie na ziemi, gdyż uważali ich za spalonych żywcem przez ogień, który pochłonął pałac-pułapkę zbudowaną, jak sądzili, za zgodą niewidomego króla Dhritarasztry. Opowiadając się po stronie Pandawów, obwiniali o zło i rzucali przekleństwa na niewidomego króla, jego syna Durjodhanę i nawet na Bhiszmę za to, że nie zrobił nic, aby zapobiec zbrodni.

Wieść o tym, że Pandawowie nie spłonęli i że to Ardżuna wygrał Draupadi bardzo przygnębiła Durjodhanę, który ruszył w drogę powrotną do Hastinapury, mając za towarzyszy swych braci oraz przyjaciół Aświatthamana, Śakuniego i Karnę. Towarzyszył mu także bramin Krypa. Za niepowodzenie własnych wysiłków zabicia Pandawów obwiniał ministra Purokanę, który zamiast spalić Pandawów, sam dał się spalić. Z niepokojem myślał o tym, że gdy cały świat dowie się o jego przestępstwie, będzie musiał stawić czoła swym kuzynom, którzy nie byli już dłużej pozbawionymi władzy wygnańcami, lecz dzięki swemu małżeństwu z Draupadi stali się groźnymi przeciwnikami, mającymi po swej stronie potężnych sprzymierzeńców jak król Drupada oraz szef rodu Jadawów Kryszna i jego brat Balarama.

O wygranej Pandawów dowiedział się też wkrótce minister Dhritarasztry Widura i nie mogąc powstrzymać swej radości rzekł do niewidomego króla: „O królu, potomkowie naszej królewskiej linii wygrali szczęśliwy los!" Dhritarasztra, którego wiedza nie sięgała dalej niż jego wzrok, ucieszył się, myśląc, że Widura informuje go w ten sposób o wygranej jego najstarszego syna Durjodhany. Gdy Widura wyprowadził go z błędu, wyjaśniając, że miał na myśli Pandawów, którzy, jak się okazało, nie tylko nie zginęli, ale również w uczciwej walce wygrali rękę Draupadi i dzięki temu małżeństwu mają obecnie pod swym dowództwem potężną armię, nastrój Dhritarasztry się nie zmienił i dalej wyrażał swą wielką radość, twierdząc, że synowie jego brata Pandu są mu nawet drożsi niż jego własny syn.

Entuzjazm niewidomego króla dla Pandawów szybko jednak wygasł wraz z powrotem jego syna Durjodhany, który poprosił ojca o rozmowę na osobności i mając za świadka jedynie Karnę, wyraził swe wielkie oburzenie, że może on rozmawiać w ten sposób z Widurą i brać sukces jego rywali za swój własny. Durjodhana rzekł: „O ojcze, nie powinieneś sprzyjać swym działaniem rozwojowi siły Pandawów, lecz dążyć do jej złamania, gdyż inaczej zaleją nią i pochłoną zarówno twoich synów jak i ich armie". Ślepy król Dhritarasztra przyznał się wówczas swemu synowi, że myślał podobnie, lecz w swej mowie nie chciał zdradzać swych prawdziwych myśli przed Widurą.

Rozgorączkowany Durjodhana chciał raz jeszcze użyć podstępu, aby zniszczyć siłę Pandawów. Proponował podjęcie prób skłócenia synów Kunti z synami Madri, przekupienie króla Drupady i jego synów i przeciągnięcie ich na swoją stronę, uniemożliwienie Pandawom powrotu do Hastinapury i skłonienie ich do osiedlenia się w królestwie Drupady, podburzenie Draupadi przeciw Pandawom, podstępne zabicie Bhimy i osłabienie w ten sposób siły Ardżuny, który w walce potrzebuje ochrony Bhimy, nasłanie na Pandawów pięknych kobiet, itp.

Karna sprzeciwił się jednakże pomysłom Durjodhany, twierdząc, że Pandawów nie można pokonać przy pomocy podstępu, o czym sami mogli się już przekonać, bo wszystkie podstępy dotychczas użyte nie przyniosły oczekiwanych rezultatów, pomimo tego że Pandawowie byli młodzi, ufni i łatwo dostępni. Tym bardziej nie należy więc liczyć na ich skuteczność teraz, gdy rozwinęli w pełni skrzydła, nie przebywają bezpośrednio w ich zasięgu i nie tylko chcą odzyskać własne dziedzictwo, lecz ponadto stali się nieufni i sprzyja im los.

Według Karny jedyną słuszną strategią zniszczenia Pandawów jest natychmiastowa wojna, podjęta zanim zdołają się jeszcze bardziej wzmocnić przez zdobycie nowych sprzymierzeńców i zanim Kryszna Wasudewa stanie w obronie ich praw i przybędzie do Hastinapury na czele wojowników ze swego rodu Jadawów i zażąda zwrócenia im królestwa. Karna rzekł: „O Durjodhana, wojna i prowadzenie jej tak, żeby ją wygrać, a nie używanie podstępu jest czynem godnym wojownika i magnata i jest jego świętym obowiązkiem. Spieszmy się jednak z jej wypowiedzeniem, bo gdy Kryszna pierwszy ją nam wypowie, Pandawowie będą w stanie zdobyć całą ziemię".

Król Dhritarasztra zgodził się ze stanowiskiem Karny i zwołał zgromadzenie swych doradców, gdyż o wojnie nie mógł decydować sam i aby ją rozpocząć musiał uzyskać na nią zgodę seniora Hastinapury Bhiszmy, bramina Drony i swego ministra Widury.

Bhiszma gorąco sprzeciwił się wojnie, twierdząc, że wojny domowej z synami króla Pandu nigdy by sobie nie wybaczył, gdyż Pandawowie są mu równie drodzy jak synowie króla Dhritarasztry i że zarówno jego jak i króla Dhritarasztry obowiązkiem jest troszczenie się o ich dobro, a nie zabijanie ich. Dla Bhiszmy alternatywą wojny był podział królestwa między Kaurawów i Pandawów.

Bhiszma rzekł, zwracając się do króla Dhritarasztry: „O królu, zarówno twoi synowie jak i synowie twego brata Pandu są władcami naszego ludu i królestwo jest ich wspólnym dziedzictwem. Jeżeli odmawiasz im prawa do dziedzictwa, to na jakiej podstawie sam rościsz sobie do niego prawo? Oddaj Pandawom we władanie połowę królestwa i tym kompromisowym rozwiązaniem zadowól wszystkich. Żadne inne rozwiązanie nie przyniesie naszemu królestwu pożytku, lecz hańbę, która spadnie na ciebie. Chroń swe dobre imię, gdyż życie człowieka, który je stracił, staje się jałowe. Kroczenie ścieżką Prawa zawsze było ozdobą naszej królewskiej linii. Krocz więc dalej tą ścieżką tak jak kroczyli nią nasi przodkowie. Zamiast rozpoczynać wojnę, ciesz się z tego, że szczęśliwe zrządzenie losu pozwoliło Pandawom uciec z płonącego pałacu, podczas gdy podły Purokana, który ich śmierć zaplanował, poniósł śmierć".

Po czym Bhiszma rzekł do Durjodhany: „O synu króla Dhritarasztry, cały płonę ze wstydu, gdy myślę o tym, co się przytrafiło twym kuzynom i od czasu pożaru pałacu-pułapki nie śmiem spojrzeć prosto w oczy żadnej żywej istocie. To nie Purokanę ludzie obciążają winą za jego podpalenie, lecz ciebie. Fakt, że Pandawowie przeżyli ten pożar, rozgrzesza cię z twej winy i niczego nie powinieneś bardziej pragnąć niż ich widoku. Teraz nawet król bogów Indra nie może odebrać im dziedzictwa, które im się należy i którego ich bezprawnie pozbawiono. Jeżeli chcesz podążać ścieżką Prawa, sprawić mi radość i zapewnić bezpieczeństwo królestwu, zgódź się na to, by podzielić je równo i oddać Pandawom należną im połowę".

Bramin Drona poparł słowa Bhiszmy, mówiąc, że oddanie Pandawom połowy królestwa jest zgodne z odwiecznym Prawem, honorem i uczciwością. Zaproponował, aby natychmiast wysłać do króla Drupady i Pandawów zręcznego dyplomatę i po obdarowaniu ich wszystkich obfitymi darami, zaoferować im przyjaźń, poprosić o powrót do Hastinapury i po uzyskaniu zgody podwładnych oddać im ich dziedzictwo.

Słowa Bhiszmy i Drony wzburzyły Karnę, który rzekł, że trzymają oni stronę Pandawów i że ich rady są sprzeczne z interesem Dhritarasztry. A gdy w grę wchodzi interes, nie należy ulegać uczuciom takim jak przyjaźń i honor, gdyż nie one rządzą światem tylko los. Dhritarasztra otrzymał królestwo wyrokiem losu, a koronowanemu królowi nie można odebrać królestwa, gdyż zostało mu ono przeznaczone i jego uczciwość czy też nieuczciwość, mądrość czy głupota nie mają w tej sprawie nic do rzeczy.

Oburzony wypowiedzią Karny Drona rzekł: „O Karna, bies przez ciebie przemawia, gdy oskarżasz mnie o tendencyjność i niegodziwość. Twoim celem jest zniszczenie Pandawów, a nie obrona królestwa Bharatów przed zniszczeniem!"

Usłyszawszy tę wrogą wymianę zdań, głos zabrał Widura. Rzekł: „O królu, do ciebie należy decyzja. Podejmując ją nie kieruj się sercem, lecz weź pod uwagę jakość dawanej ci rady. To nie Karna, lecz Bhiszma i Drona przemawiają w twym interesie, gdyż nie stronniczość przez nich przemawia, lecz mądrość i doświadczenie, które zdobyli wraz z wiekiem. Ich siłą jest ich prawość, która nie pozwala im na to, aby bronić tej lub innej strony, kierując się własnym interesem.

Choć rada dana ci przez Karnę jest zgodna z kodem wojowników, to jednak weź pod uwagę to, że wojna z Pandawami nie może przynieść ci zwycięstwa, gdyż Pandawów, którzy mają poparcie i realizują cele bogów nie można pokonać na polu bitewnym. Jak można pokonać Ardżunę, który jest synem samego Indry, lub Bhimę który jest silniejszy od setki słoni, lub bliźniaków Nakulę i Sahadewę, którzy podczas bitwy przypominają synów samego boga śmierci? Jak mógłby przegrać wojnę Judhiszthira, skoro jest uosobieniem wytrwałości, współczucia, cierpliwości, wierności i odwagi? Co więcej, Pandawowie są nie tylko poczęci przez bogów, ale także zdobyli poparcie potężnych władców ziemi jak król Drupada i sam Kryszna".

Widura kontynuował: „O królu, pokaż Pandawom swą przychylność i oczyść się z niesławy, którą przyniósł na ciebie kryminalny uczynek Purokany. Przekształć sprzymierzeńców Pandawów w swoich własnych popleczników. Zdobądź poprzez dyplomację to, co chciałbyś uzyskać przez z góry przegraną wojnę. Lud Hastinapury wie już, że Pandawowie żyją. Zaproś więc Pandawów do Hastinapury i pozwól ludowi odpowiednio ich przywitać. Durjodhana, Karna i Śakuni są krótkowzrocznymi i samowolnymi głupcami! Nie słuchaj ich rady i nie ulegaj wpływowi Durjodhany, gdyż on prowadzi ku zniszczeniu zarówno naszej ziemi jak i ludu!"

Po wysłuchaniu wszystkich tych argumentów Dhritarasztrę nieoczekiwanie przekonały słowa Bhiszmy, Drony i Widury i podzielając ich stanowisko rozkazał Widurze, aby udał się natychmiast do królestwa króla Drupady i sprowadził Pandawów z powrotem do Hastinapury, oddając należne im honory. Widura wykonał powierzone mu zadanie i poinformował króla Drupadę, Pandawów jak i obecnego tam Krysznę Wasudewę, że król Dhritarasztra pragnie mieć ich wszystkich za sprzymierzeńców i że z sercem przepełnionym ojcowską miłością oczekuje powrotu Pandawów do Hastinapury.

3. Kryszna pomaga Pandawom w zbudowaniu Indraprasthy, fortecy Króla Prawa

Król Drupada ucieszył się z przekazanych mu przez Widurę słów Dhritarasztry, gdyż sam od dawna sądził, że Pandawowie powinni wrócić tam, gdzie jest ich dom, choć nie sądził, że on jako pierwszy powinien tę myśl wypowiedzieć. Obecnie decyzja o ich powrocie zależała jedynie od zgody samych Pandawów oraz od zgody Kryszny Wasudewy i jego brata Balaramy, którzy byli potężnymi protektorami Pandawów. Judhiszthira poprosił Krysznę o wyrażenie w tej sprawie swej opinii i Kryszna powiedział, że jeżeli kroczący ścieżką Prawa król Drupada nie ma nic przeciwko ich powrotowi, przeto Pandawowie powinni wrócić do Hastinapury. Drupada z kolei rzekł: „O Kryszna, skoro ty się zgadzasz, Pandawowie nie powinni obawiać się żadnego podstępu i udać się bez obaw do Hastinapury".

Wkrótce Pandawowie w towarzystwie swej żony Draupadi i swej matki Kunti ruszyli w kierunku Hastinapury witani u bram miasta przez braminów Krypę i Dronę wysłanych tam przez króla Dhritarasztrę oraz przez mieszkańców, którzy cieszyli się z powrotu synów króla Pandu, wiedząc, że będą ich chronić przy pomocy Prawa.

Po dotarciu do pałacu Pandawowie powitali wszystkich tych, którzy na to zasłużyli i po odpoczynku zostali zawezwani do stawienia się przed oblicze króla Dhritarasztry, który rzekł: „O Judhiszthira, udaj się ze swymi braćmi na dzikie tereny Lasu Khandawa i w ten sposób przyjmij we władanie połowę królestwa. Pod zbrojną ochroną Ardżuny będziecie się tam czuć jak bogowie pod opieką Indry".

Pandawowie zaakceptowali propozycję króla i mając za swego przewodnika Krysznę ruszyli bez strachu w kierunku przerażającego Lasu Khandawa zamieszkałego przez demony. Zbudowali tam miasto piękne jak niebiańskie królestwo Indry, które przez analogię nazwali Indraprasthą. Pod kierunkiem bramina Wjasy wykonali święte ryty pacyfikacji i na dobrze wróżącym kawałku lądu zbudowali obronny zamek otoczony fosą i murem pokrytym włóczniami i oszczepami przypominającymi węże o rozdwojonych językach. Od miasta-fortecy Pandawów otoczonej przez dziki Las Khandawa bił niebiański blask, czyniąc ją podobną do błyskawicy rozświetlającej chmury. To przepiękne miejsce, wypełnione po brzegi bogactwem było jak tron, na którym zasiada sam bóg bogactwa Kubera. Do miasta zaczęli ściągać bramini i kupcy, artyści i rzemieślnicy w poszukiwaniu szczęścia. Otaczały je wspaniałe ogrody pełne drzew wiecznie obsypanych kwiatami i owocami i pełne ptactwa. Przecinały je liczne ulice i wypełnione było mnóstwem białych domów i zbiorników wodnych pokrytych kwiatami lotosu.

Gdy prace nad budową fortecy Króla Prawa Judhiszthiry zostały zakończone, Kryszna ze swym bratem Balaramą uznali, że mogą opuścić Indraprasthę i udać się do swego miasta Dwaraki, pozostawiając rządy Judhiszthirze, który miał oparcie w sile swych braci. Po pokonaniu swych wrogów, oddani Prawdzie i Prawu Pandawowie żyli w swej fortecy zamieszkałej przez uczciwych ludzi w szczęśliwym uniesieniu i zasiadając na kosztownych tronach, sprawowali z radością swe urzędy. Indraprastha rządzona przez tych pięciu łuczników równych Indrze rozsiewała wokół blask równy blaskowi królestwa Indry lub miasta wężów Bhogawati.

> Napisane na podstawie fragmentów *Mahābharāta*,
> 1. The Book of the Beginning,
> 1(13) The Wedding (concluded), 190.1-191.15,
> 1(14) The Coming of Vidura, 192.1-198.25,
> 1(15) Acquisition of the Kingdom, 199.1-199.50.

Opowieść 10
Obrona przed skłócającą erotyczną miłością

1. Mędrzec Narada ostrzega Pandawów przed skłócającymi skutkami erotycznej miłości i proponuje umowę zapobiegającą nim; 2. Ardżuna łamie braterską umowę i poddaje się karze wygnania; 3. Córka króla wężów zakochuje się w Ardżunie i przekonuje go, ze zaspokojenie jej żądzy miłości nie jest w konflikcie ani z odbywaną przez niego karą, ani z wyższym Prawem; 4. Ardżuna zakochuje się w córce króla Citrawahany i odkrywa, że jego miłość nie jest w konflikcie z życzeniami króla Citrawahany; 5. Dzięki wyzbyciu się lęku Ardżuna uwalnia piękne apsary od klątwy rzuconej na nie przez bramina, który nie potrafił opanować swego gniewu, gdy zgodnie ze swą naturą, próbowały go uwieść; 6. Kryszna wbrew woli swego brata aranżuje porwanie swej siostry Subhadry przez zakochanego w niej Ardżunę i siłą swego tajemniczego autorytetu uspakaja wzburzony tłum, dowodząc, że akt Ardżuny nie jest w konflikcie ani z niczyim interesem, ani z wyższym Prawem; 7. Draupadi dobrowolnie akceptuje drugą żonę Ardżuny Subhadrę, godząc się na to, aby dzielić się nim tak jak jej pięciu mężów dzieli się nią; 8. Narodziny synów Pandawów.

> *Mędrzec Narada rzekł do Judhiszthiry*:
> „*O królu, choć Draupadi jest żoną dla każdego z was, to jednak powinniście ustalić ścisłe reguły dzielenia się nią, żeby nie walczyć o nią między sobą.*
> *Dla przestrogi przypomnę wam o tym, co przytrafiło się dwóm sławnym braciom demonom asurom Sundzie i Upasundzie, którzy nigdy się ze sobą nie rozstawali i nikt nie potrafił ich pokonać.*
> *Wspólnie rządzili swoim królestwem, mieszkali w tym samym domu, spali w tym samym łóżku, jedli te same potrawy i zasiadali na tym samym tronie, a jednak zabili się o Tilottamę*".
> (*Mahābhārata*, 1(16) Arjuna's Sojourn in the Forest, 201.15-20)

1. Mędrzec Narada ostrzega Pandawów przed skłócającymi skutkami erotycznej miłości i proponuje umowę zapobiegającą nim

Pewnego dnia, gdy Pandawowie zasiedli na swych tronach w fortecy Króla Prawa Indraprasthcie, wizytę złożył im mędrzec Narada. Król Prawa z należnym mędrcowi szacunkiem oddał mu swój tron, obdarował go odpowiednimi darami i poinformował o stanie państwa. Narada odwzajemnił się swym błogosławieństwem. Chcąc pobłogosławić również Draupadi, wezwał ją przed swe oblicze i Draupadi po wykonaniu odpowiednich oczyszczających rytuałów opuściła pokoje kobiet, aby stawić się posłusznie na jego wezwanie.

Gdy Draupadi po otrzymaniu błogosławieństwa wróciła do pokojów kobiet, Narada rzekł do Judhiszthiry: „O królu, choć Draupadi jest żoną dla każdego z was, to jednak powinniście ustalić ścisłe reguły dzielenia się nią, żeby nie walczyć o nią między sobą. Dla przestrogi przypomnę wam o tym, co przytrafiło się dwóm sławnym braciom demonom asurom Sundzie i Upasundzie, którzy nigdy się ze sobą nie rozstawali i nikt nie potrafił ich pokonać. Wspólnie rządzili swoim królestwem, mieszkali w tym samym domu, spali w tym samym łóżku, jedli te same potrawy i zasiadali na tym samym tronie, a jednak zabili się o Tilottamę.

Sunda i Upasunda słynęli zarówno ze swej wielkiej dzielności i potężnej fizycznej siły jak i ze swej braterskiej miłości. Ich decyzje były zawsze zgodne i takie same i nie wkradł się między nich nawet cień konfliktu. Gdy dorośli, obaj zdecydowali się zgodnie na podbój wszechświata, zaczynając swą walkę od pokonania bogów. Udali się w święte góry Himalaje, aby praktykować tam ascezę i dzięki niej otrzymać od dziadka wszechświata Brahmy boską broń, która pozwoliłaby im na zrealizowanie ich celu. Po pewnym czasie nauczyli obywać się bez jedzenia i picia, oferować kawałki swego ciała ogniowi i stać bez ruchu i mrugnięcia okiem na czubkach palców z ramionami wzniesionymi ku niebu. W końcu w swych praktykach samoumartwiania się osiągnęli tak wielką perfekcję, że aż rozgrzane mocą ich umartwień góry Windhja zaczęły miotać ogniem.

Bogowie przestraszyli się siły ich ascezy i bojąc się o swą własną pozycję, podjęli szereg prób przerwania ich umartwień. Kusili ich drogimi kamieniami i nasyłali na nich piękne kobiety. Gdy to nie pomogło i bracia ciągle kontynuowali swe umartwienia, rozciągnęli przed ich oczami iluzję, że kobiety ich rodu są gwałcone przez pewnego demona rakszasę i wzywają ich pomocy. Sunda i Upasunda nie ulegli jednak tej iluzji i nie przerywali swych umartwień.

W końcu dziadek wszechświata Brahma poruszony siłą ich umartwień stawił się przed ich obliczem i zapytał o nagrodę, jakiej oczekują od niego w zamian za swe umartwienia. Bracia poprosili go wówczas jednym głosem o dar magii, różnego rodzaju broń oraz nieśmiertelność. Brahma obiecał dać im wszystko o co proszą za wyjątkiem nieśmiertelności. Rzekł: 'O asurowie, ponieważ umartwiacie się po to, aby zdobyć środki do podbicia całego wszechświata, nie mogę dać wam nieśmiertelności. Dar ten jest bowiem nieosiągalny dla tych, co umartwiają się dla jakiegoś celu. Mogę wam jedynie zaoferować możliwość wyboru sposobu, w który umrzecie'.

Usłyszawszy te słowa, dwaj bracia asurowie przekonani, że nic nie potrafi zniszczyć ich braterskiej przyjaźni i miłości, postanowili jednomyślnie okpić Brahmę i każdy z nich z osobna zażyczył sobie, aby nikt inny nie mógł go zabić poza jego własnym bratem. Mądry dziadek wszechświata zagwarantował im ten dar i wówczas zadowoleni z siebie bracia zaprzestali umartwień, gdyż zrealizowali już cel, dla którego je podjęli. Zbrojni w boską broń i praktycznie wolni od groźby śmierci wypowiedzieli wojnę bogom. Swe działania wojenne rozpoczęli od oddania się nieograniczonej konsumpcji i delirycznej radości na festiwalu ku czci boga wojny Karttikeji. Po zakończeniu festiwalu żegnani przez swych krewnych i starszyznę swego rodu, sławieni i błogosławieni w pieśniach, zdolni do poruszania się w przestrzeni w dowolny sposób i żądni wojny unieśli się w powietrze i wkroczyli do krainy bogów. Bogowie wiedząc o ich zbliżaniu się i znając moc darów, które otrzymali od Brahmy, opuścili w pośpiechu królestwo Indry i udali się do królestwa Brahmy, szukając u niego ochrony. Waleczni bracia asurowie nie napotykając oporu ze strony bogów z łatwością zdobyli królestwo Indry, pokonali tłumy jakszów i rakszasów jak i innych istot włóczących się po niebie, a także wszystkie węże żyjące pod ziemią i wszelkie istoty żyjące w morzu oraz wszelkie barbarzyńskie plemiona żyjące na ziemi.

Następnie, chcąc uniemożliwić bogom odzyskanie sił, przystąpili do zabijania wszystkich prawych królów, proroków i braminów, aby w ten sposób zniszczyć wszelkie formy czczenia bogów, gdyż siła bogów zależy od składanych ofiar. Ruszywszy ze swym wojskiem we wszystkich kierunkach, pozbawiali życia każdego, kto składał jakąkolwiek ofiarę, nie bojąc się klątw rzucanych na nich przez braminów, gdyż nie mogły im zaszkodzić. Bramini czując się bezsilni, zaniechali życia zgodnego z bramińskim kodem i rozpierzchli się w panice we wszystkich kierunkach. I choć świat pozbawiany w ten sposób swych zwykłych mieszkańców coraz bardziej pustoszał, bohaterscy bracia nie zaprzestawali ataku i po przybraniu postaci słoni i tygrysów zabijali wszystkich, którzy dotychczas zdołali się ukryć. Gdy wreszcie udało mi się dokonać całkowitego zniszczenia i podboju wszechświata, zamieszkali na polach Kurukszetry. Opustoszała i bezpłodna Ziemia płakała, patrząc na zniszczenie rytów ofiarnych, festiwali, studiów nad *Wedami* oraz wszystkich warstw społecznych. Z jej powierzchni znikli zarówno królowie, bramini, kupujący i sprzedający jak i szacunek dla bogów i pokrywały ją jedynie kości i szkielety.

Widząc tę masakrę Ziemi, święci prorocy i półbogowie zdolni do kontrolowania swego gniewu, jaźni i zmysłów, kierując się współczuciem dla niej, udali się ku miejscu zamieszkałemu przez dziadka wszechświata Brahmę, gdzie zastali czekające na niego tłumy bogów, braminów i proroków. I gdy Brahma przybył wreszcie na spotkanie, wszyscy jednogłośnie zaczęli wyliczać wszelkie podłe czyny dokonane przez nierozłącznych braci asurów Sundę i Upasundę, ganiąc dziadka wszechświata za to, że im to umożliwił, dając im dary, o które prosili.

Słysząc te narzekania, Brahma uznał, że nadszedł czas na działanie i zarządził śmierć dwóch asurów. Aby ją zrealizować wezwał wielkiego architekta świata Wiśwakarmana i rozkazał mu, aby stworzył kobietę, której widokowi nikt nie potrafi się oprzeć. Wiśwakarman zebrał więc wszystko to, co jest w trzech światach najpiękniejsze i stworzył boską niewiastę o imieniu Tilottama, na której ciele skupiały się wszystkie spojrzenia, pożądając jej tak jakby było samą boginią dobrobytu Lakszmi, którą każdy chce mieć dla siebie. Dziadek wszechświata rzekł do Tilottamy: 'O moja piękna, udaj się natychmiast do braci asurów Sundy i Upasundy i uwiedź każdego z nich z osobna przy pomocy swego pięknego ciała. I uczyń tak, aby zobaczywszy cię, pokłócili się natychmiast o ciebie'.

Tilottama rzekła: 'O Brahma, niech tak się stanie'. Pokłoniła się z szacunkiem przed Brahmą i zgodnie z pobożnym zwyczajem okrążyła zgromadzonych bogów i proroków, którzy nie mogąc oprzeć się pokusie spoglądania na nią, podążali wzrokiem za każdym jej krokiem. Sam Indra, choć oparł się pokusie odwracania głowy, tak silnie pragnął na nią patrzeć, że na głowie wyrosły mu śledzące ją oczy i od tego czasu jest nazywany bogiem o tysiącu oczu. I w ten sposób zebrani bogowie i prorocy przekonali się na własnej skórze o wartości dzieła Wiśwakarmana.

W tym czasie dwaj bracia asurowie po wymordowaniu swych rywali i pozbyciu się wszelkich kłopotów nie wiedząc nic o pułapce przygotowanej przez bogów, popadli w słodkie lenistwo i czując się równi nieśmiertelnym, oddawali się samym przyjemnościom. Otoczeni pięknymi kobietami i zapachem perfum, ozdobieni girlandami czerpali przyjemność z niekończącego się jedzenia i picia.

Aż pewnego dnia, gdy jak zwykle oddawali się rozrywce, spoczywając na pięknych łożach u boku pięknych kobiet w pięknej górskiej dolinie porośniętej obsypanymi kwiatami drzewami *śala*, oglądając piękne tancerki i popijając uderzające do głowy wino, nagle w tym pięknym miejscu, gdzie wszystko służyło tylko ich przyjemności, przed ich oczami ukazała się zbliżająca się ku nim powoli od strony rzeki ubrana w zwiewną czerwoną szatę Tilottama z bukietem kwiatów w dłoniach. Dostrzegłszy ją przekrwionymi od alkoholu oczami, obaj zerwali się równocześnie na równe nogi i opanowani żądzą jej posiadania pognali w jej kierunku, oferując swą miłość. Gdy Sunda uchwycił prawą dłoń Tilottamy, Upasunda uchwycił lewą. Ogłuszeni przez poczucie własnej nieśmiertelności i siły oraz przez swe bogactwo, alkohol i żądzę zaczęli się ze sobą kłócić. Sunda rzekł: 'O Upasunda, piękność ta zostanie moją żoną'. Na to Upasunda rzekł: 'O Sunda, ona zostanie moją żoną', i gdy chwyciwszy za broń, zabili się nawzajem, ich potężne ciała pokryte krwią podły na ziemię jak dwa wielkie upadające z nieboskłonu słońca. Na ten widok zabawiające ich przedtem kobiety i zgraje dajtjów w panice się rozbiegli, drżąc ze zgrozy i strachu i schowali się na jakiś czas w podziemnym świecie.

Dziadek wszechświata Brahma pogratulował Tilottamie sukcesu w realizacji danego jej zadania i w nagrodę dał jej dar swobodnego poruszania się po tych światach, po których włóczą się jedynie synowie matki bogów Aditi i obiecał jej, że z powodu jej zmysłowości nikt nie będzie w stanie długo na nią patrzeć".

Zakończywszy swą opowieść, mędrzec Narada rzekł do słuchających go braci Pandawów: „O synowie króla Pandu, to moja miłość do was skłoniła mnie do przypomnienia wam o losie tych dwóch braci demonów, którzy zabili się nawzajem właśnie dlatego, że darzyli się wielkim braterskim uczuciem i zawsze mieli takie same myśli i zamiary. Posłuchajcie więc mojej rady i ustalcie reguły dzielenia się swą piękną żoną Draupadi, aby identyczność waszych myśli i uczuć wobec niej, nie uczyniła was równie bezbronnymi jak tych dwóch braci asurów i żeby nie zrodziła konfliktu między wami".

Pandawowie wzięli sobie do serca słowa mędrca Narady i aby zabezpieczyć się przed skłócającymi skutkami podobieństwa myśli, gdy w grę wchodzi erotyczna miłość, zawarli między sobą pakt, zgodnie z którym ten z braci, który zobaczy swego brata w intymnej sytuacji z Draupadi, będzie musiał wyrzec się erotycznego związku z nią przez rok, udając się na dwanaście miesięcy na wygnanie i prowadząc przez ten czas ascetyczne życie pustelnika.

2. Ardżuna łamie braterską umowę i poddaje się karze wygnania

Po zawarciu między sobą tej umowy Pandawowie żyli szczęśliwie w fortecy Króla Prawa, czerpiąc radość ze swego małżeństwa i rozszerzając wpływy Króla Prawa na sąsiadujące królestwa dzięki swej prawości i sile swych ramion. Pod panowaniem Króla Prawa lud żył bezgrzesznie i szczęśliwie aż do pewnego dnia, gdy do Indraprasthy zawitali złodzieje i ukradli braminowi krowy. Bramin ten pobiegł w kierunku królewskiego pałacu, krzycząc: „O Pandawowie, nędzni, okrutni i tępi złodzieje uprowadzili siłą moje krowy pasące się na waszej ziemi. Ścigajcie złodziei, którzy okradając braminów, okradają królestwo z zasad Prawa i Zysku. Chwyćcie za broń i brońcie mnie, który potrzebuje pomocy".

Gdy Ardżuna usłyszał wrzaski bramina, rzekł: „O braminie, uspokój się, gdyż zaraz pospieszę ci z pomocą". Rzekłszy to, zorientował się jednak, że jest w tym momencie bezsilny, gdyż nie ma dostępu do swej broni. Pandawowie trzymali bowiem swą broń w komnacie, w której Król Prawa Judhiszthira przebywał właśnie ze swą żoną Draupadi i Ardżuna zawahał się, nie wiedząc, co uczynić. Zgodnie z zawartą umową nie mógł wejść do tej komnaty, aby zabrać broń i poprosić Króla Prawa o zgodę na jej użycie, gdyż narażał się na karę wygnania, ale również nie mógł udawać, że nie słyszy lamentów bramina. Myślał: „Osuszenie łez tego bramina bezprawnie pozbawionego swej własności jest mym świętym obowiązkiem i jeżeli go zaniecham, ludzie uznają, że zeszliśmy ze ścieżki Prawa i Król Prawa straci swój autorytet w oczach całego świata. Podważę jednak również jego autorytet, jeżeli nie zapytam go o zgodę na użycie broni i ściganie złodziei, powstrzymując się od wejścia do komnaty, gdzie przebywa on właśnie z Draupadi. Łamiąc naszą umowę, będę musiał udać się na wygnanie i podać me ciało umartwieniom. Uczynię tak jednak, bo zniszczenie ludzkiego ciała jest niczym w porównaniu ze zniszczeniem autorytetu Króla Prawa".

Doszedłszy w swych myślach do takiej konkluzji, Ardżuna bez wahania wkroczył do królewskiej sypialni i po uzyskaniu zgody Judhiszthiry zabrał swą broń i odebrał złodziejom zagarnięty bezprawnie majątek bramina. Po dokonaniu tego czynu stawił się przed obliczem Króla Prawa i rzekł: „O królu, użyj teraz swego autorytetu i rozkaż mi, abym dotrzymał mej przysięgi i udał się do lasu na wygnanie, gdyż złamałem naszą umowę i spojrzałem na ciebie, gdy trwałeś w miłosnym uścisku z naszą wspólną żoną Draupadi".

Przepełniony braterską miłością Król Prawa zawahał się z wyrażeniem swego autorytetu i rzekł: „O Ardżuna, pozwól na to, abym mocą mego autorytetu zwolnił cię z obowiązku kary. Wybaczam ci całkowicie twój uczynek. Twoje złamanie przysięgi nie wyrządziło mi żadnej krzywdy i nie żywię do ciebie cienia urazy. Łamiąc przysięgę, nie złamałeś również Prawa, gdyż Prawo zezwala, aby młodszy brat wkroczył do sypialni starszego, zabrania natomiast, aby straszy wkraczał do sypialni młodszego".

Ardżuna odpowiedział: „O królu, nie lekceważ możliwych skutków złamania naszej umowy. Sam słyszałem, jak mówiłeś, że w przestrzeganiu Prawa nie należy stosować żadnych wykrętów. Muszę więc zostać ukarany, aby pozostać uczciwym wobec samego siebie, gdyż to wierność samemu sobie jest moją siłą".

Słysząc to, Król Prawa przyznał mu rację i zarządził jego roczne wygnanie.

3. Córka króla wężów zakochuje się w Ardżunie i przekonuje go, że zaspokojenie jej żądzy miłości nie jest w konflikcie ani z odbywaną przez niego karą, ani z wyższym Prawem

Ardżuna wyrzekł się więc dobrowolnie przyjemności życia małżeńskiego i życia w pałacu ze swymi braćmi i udał się do lasu na wygnanie, aby odbyć uzgodnioną wcześniej karę za swe drobne przestępstwo, którym było złamanie braterskiej umowy za cenę ochrony autorytetu Króla Prawa.

W jego wędrówce po dżungli towarzyszyły mu tłumy braminów, proroków, poetów i śpiewaków. Przewędrowali razem ogromne połacie ziemi, odwiedzając piękne jeziora i święte brody, aż pewnego dnia dotarli do brzegów Gangesu, gdzie postanowili się na jakiś czas zatrzymać. Gdy kapłani ozdobili brzegi rzeki oferowanymi im kwiatami i obudzili ogień, który swym płomieniem zaczął pochłaniać składaną weń ofiarę, Ardżuna zanurzył się w świętej rzece, aby oczyścić się w jej wodach i móc złożyć ofiarę swoim przodkom. Jednakże w momencie, gdy miał wynurzyć się z wody, został silnie pociągnięty w jej głębiny przez córkę króla wężów Ulupi, gdzie zobaczył wspaniały pałac króla wężów i płonący w nim ogień ofiarny. Widząc ogień, Ardżuna zbliżył się doń bez wahania, aby wykonać zamierzony rytuał i ogień ofiarny bardzo był z niego zadowolony.

Dopełniwszy rytuału, Ardżuna zwrócił się do Ulupi z pytaniem: „O nieśmiała i promieniująca urodą niewiasto, dlaczego zachowałaś się z taką brawurą i ściągnęłaś mnie siłą na dno tej świętej rzeki. Wyjaśnij mi, proszę, do kogo należy ten wspaniały pałac i powiedz mi, kim jesteś?"

Ulupi rzekła: „O Ardżuna, pałac ten należy do króla wężów o imieniu Kaurawja, a ja jestem jego córką. Pociągnęłam cię tutaj w głębinę rzeki, gdyż w momencie, gdy ujrzałam cię podczas kąpieli, dosięgła mnie strzała boga miłości Kamy i z miłości do ciebie straciłam rozum. Uszczęśliw mnie, proszę, darując mi samego siebie!"

Ardżuna rzekł: „O piękna kobieto wężu, nie przebywam w dżungli z własnej woli i nie jestem panem samego siebie. To Król Prawa Judhiszthira zadecydował o losach mego ciała i ponieważ złamałem swe zobowiązanie, nakazał mi, abym przez rok wiódł w tym lesie życie pustelnika. I choć osobiście chciałbym sprawić ci przyjemność, nie mogę tego uczynić, gdyż zobowiązałem się do celibatu, a moje usta nie potrafią wypowiedzieć kłamstwa. Powiedz mi, czy znasz może jakiś sposób na to, abym mógł sprawić ci przyjemność, oddając ci samego siebie be zadawania kłamu mym własnym słowem i bez łamania mego zobowiązania?"

Ulupi odpowiedziała: „O mężczyzno o potężnych ramionach, który zawsze bronisz nędzarzy i tych, co potrzebują obrony. My węże wiemy wszystko. Znam więc doskonale przyczynę twej tułaczki po lesie i wiem o tym, że wynikła ona z rozkazu Króla Prawa. Dowiedz się jednak, że oddając mi samego siebie i sprawiając mi przyjemność, nie będziesz w konflikcie ani ze swoim zobowiązaniem, ani z rozkazem Króla Prawa, gdyż umowa, którą zawarłeś ze swymi braćmi dotyczyła jedynie Draupadi. Twoje zobowiązanie nakazuje ci jedynie wyrzeczenia się kontaktu z Draupadi przez cały rok, lecz nie mówi nic o kontakcie ze mną, córką króla wężów. Nie odrzucaj więc mej miłości i uratuj mnie, gdyż oddając mi samego siebie, wcale nie łamiesz swej przysięgi. Dowiedz się również, że nawet gdybyś ją w ten sposób złamał i tak nie straciłbyś swoich zasług, gdyż oddając mi swe ciało, zwracasz mi moje życie. Pokieruj się więc w swej decyzji Najwyższym Prawem i dając mi swe ciało, zwróć mi moje życie, gdyż ciebie proszę o obronę! Uczyń mi łaskę i daj mi samego siebie na jedną noc!"

Po wysłuchaniu tych gorących słów córki króla wężów Ardżuna uczynił to, o co go prosiła, wierząc, że nakazuje mu to Najwyższe Prawo. I po spędzeniu nocy z córką króla wężów w podwodnym pałacu jej ojca, pojawił się rankiem na brzegu Gangesu wraz z promieniami wschodzącego słońca i wyjaśnił braminom przyczynę swej nieobecności.

4. Ardżuna zakochuje się w córce króla Citrawahany i odkrywa, że jego miłość nie jest w konflikcie życzeniami króla Citrawahany

Ardżuna wędrował dalej przemierzając ogromne połacie ziemi, odwiedzając po drodze liczne królestwa oraz liczne brody i sanktuaria, gdzie ofiarowywał braminom tysiące krów. Gdy w swej wędrówce dotarł do królestwa Manalura zobaczył nagle przechadzającą się podczas spaceru piękną córkę prawego króla Citrawahany o imieniu Citragada i trafiony prosto w serce strzałą Kamy silnie zapragnął mieć ją dla siebie. Złożył więc wizytę królowi Citrawahanie i poinformował go o swym nieodpartym pragnieniu.

Król Citrawahana rzekł: „O Ardżuna, twoje pragnienie nie jest wcale w konflikcie z moim, gdyż moje królestwo potrzebuje następcy tronu. Pragnę więc gorąco, abyś dał mej córce dzielnego syna, ale pod warunkiem, że będę go mógł zatrzymać u siebie. W mojej dynastii żył kiedyś król o imieniu Prabhamkara. Ponieważ był bezdzietny, praktykował tak długo surowe umartwienia, aż zadowolił nimi boga Śiwę, który obiecał mu, że nasza dynastia nie wygaśnie, gdyż każdy z jej przedstawicieli będzie miał zawsze jednego potomka. I tak też się stało. Jednakże podczas gdy wszyscy moi przodkowie mieli syna, ja sam otrzymałem od losu córkę. Ponieważ na jej barkach spoczywa obowiązek zapewnienia kontynuacji naszej dynastii, myślę o niej, jakby była moim synem. Oddam ci ją na trzy miesiące pod warunkiem, że dasz jej syna, który zostanie moim następcą tronu. Czy zgadasz się na zawarcie ze mną takiej umowy?"

Ardżuna rzekł: „O królu, niech tak się stanie", i po upływie trzech miesięcy oddał królowi Citrawahanie jego córkę, która we właściwym czasie urodziła mu upragnionego następcę tronu.

5. Dzięki wyzbyciu się lęku Ardżuna uwalnia piękne apsary od klątwy rzuconej na nie przez bramina, który nie potrafił opanować swego gniewu, gdy zgodnie ze swą naturą, próbowały go uwieść

Po opuszczeniu królestwa Manalury Ardżuna ruszył w kierunku świętych brodów często odwiedzanych przez ascetów znajdujących u brzegów południowego oceanu. Dowiedział się tam o istnieniu pięciu świętych miejsc, które asceci starannie omijają. Zdziwiony zapytał: „O asceci, dlaczego wy, którzy znacie *Brahmana* (modlitwę), który chroni was przed wszelkim niebezpieczeństwem i przed wszelkimi pokusami, obawiacie się tych świętych miejsc?" Asceci odpowiedzieli: „O Ardżuna, unikamy tych miejsc mimo ich wielkiej oczyszczającej mocy, bo zamieszkało w nich pięć krokodyli, które straszą ascetów".

Nieustraszony Ardżuna wbrew radom braminów udał się do pierwszego z tych brodów i gdy bez wahania zanurzył się w jego wodach, biorąc oczyszczającą kąpiel, został zaatakowany przez olbrzymiego krokodyla. Uchwyciwszy go silnie w swe dłonie, wynurzył się z wody i wyciągnął go na brzeg, gdzie krokodyl natychmiast przemienił się w piękną kobietę o ciele ozdobionym złotem. Ardżuna zapytał: „O piękna, kim jesteś? Dlaczego przybrałaś postać krokodyla i straszysz ascetów?" Kobieta odpowiedziała: „O wojowniku, nie jestem wcale krokodylem, lecz boską nimfą apsarą o imieniu Warga, ulubienicą boga bogactwa Kubery. To przekleństwo pewnego bramina skazało mnie i moje cztery przyjaciółki na to, aby straszyć ascetów, zamiast uwodzić ich pięknem naszej urody. Pewnego bowiem dnia, gdy wraz z moimi czterema przyjaciółkami, równie pięknymi jak ja, spacerowałyśmy w kierunku pałacu boga Kubery, zobaczyłyśmy przystojnego bramina siedzącego samotnie w lesie i oddającego się umartwieniom. Od siły jego umartwień rozjaśnił się cały las i on sam był jak słońce rozświetlające nieboskłon. Widząc cudowną moc jego ascezy, zeskoczyłyśmy na oświetloną przez jego blask ziemię i zgodnie z naszą naturą próbowałyśmy skusić go, aby przerwał swe umartwienia. Tańczyłyśmy, śpiewałyśmy, lecz on nawet się nie poruszył, choć nie pozostał wobec nas obojętny. Rozgniewał się i rzucił na nas klątwę, że stracimy całą naszą urodę, staniemy się krokodylami i będziemy mieszkać w wodach przez sto lat".

Warga kontynuowała: „Przerażone klątwą zaczęłyśmy błagać przystojnego ascetę, aby ją wycofał, mówiąc: 'O braminie, miej nad nami litość, gdyż to nie my, lecz nasze piękno, młodość i bóg miłości są odpowiedzialni za nasze zachowanie. Wybacz nam, gdyż twoja klątwa oznacza dla nas śmierć, a Prawo zabrania zabijania kobiety. Nie zabijaj nas, tym bardziej że jesteś braminem, a bramin powinien kierować się zasadą unikania przemocy wobec każdej, choćby najmniejszej żywej istoty. Należy też okazywać litość tym, którzy o nią proszą. Wybacz więc nam, gdyż błagamy o litość'.

Słysząc nasze błagania, ów praworządny bramin, który świecił jak słońce lub księżyc od swych świętych uczynków, okazał nam łaskę. Rzekł: 'O piękne apsary, sto lat nie oznacza wieczności. Po upływie tego czasu pojawi się bohater, który się was nie przestraszy i mimo ostrzeżeń wejdzie do świętej wody, którą będziecie zamieszkiwać i wyciągnie was na brzeg. Wówczas odzyskacie swoją prawdziwą postać. To, co mówię się stanie, gdyż moje usta nie potrafią kłamać. Brody, w których zamieszkacie jako krokodyle będą zwać *Brodami Kobiet* i będą one miały moc oczyszczającą dla tych, którzy zdobyli wiedzę i was się nie boją'".

Warga kontynuowała: „O Ardżuna, podziękowałyśmy braminowi za jego litość, okrążyłyśmy go z szacunkiem i wyruszyłyśmy na poszukiwanie wód, w których mogłybyśmy zamieszkać. I wówczas pojawił się przed nami mędrzec Narada, który wskazał nam pięć brodów, w których do dziś mieszkamy i obiecał nam, że pewnego dnia tu przybędziesz i uwolnisz nas od klątwy. I oto przybyłeś i mnie pierwszą uwolniłeś od klątwy. Proszę cię, wykąp się również w czterech innych brodach i uwolnij od klątwy moje cztery przyjaciółki". Ardżuna rzekł: „O piękna apsaro, niech tak się stanie".

6. Kryszna wbrew woli swego brata aranżuje porwanie swej siostry Subhadry przez zakochanego w niej Ardżunę i siłą swego tajemniczego autorytetu uspakaja wzburzony tłum, dowodząc, że akt Ardżuny nie jest w konflikcie ani z niczyim interesem, ani z wyższym Prawem

Ardżuna kontynuował swą wędrówkę w kierunku zachodnim, odwiedzając po drodze wszystkie święte miejsca, aż dotarł do kraju Prabhasy, gdzie ponownie spotkał Krysznę Wasudewę, który dowiedział się o jego wędrówce i wyszedł mu specjalnie na spotkanie. Kryszna zapytał go o przyczynę, dla której znalazł się w dżungli i gdy dowiedział się, że jest to kara za złamanie braterskiej umowy, w pełni to zaaprobował. Ardżuna dla radości przebywania ze swym przyjacielem Kryszną zaniechał na pewien czas swego pustelniczego życia, mając jednak szczerą wolę, aby do niego później powrócić i odbyć całą trwającą rok karę.

Kryszna i Ardżuna spędzili miło dzień, oddając się wspólnym rozrywkom w kraju Prabhasa, po czym udali się na odpoczynek u stóp góry Raiwataka w pasie górskim Windhja, którą na rozkaz Kryszny udekorowano i gdzie przygotowano festiwalową ucztę. Ardżuna zaakceptował organizowane na jego cześć przyjęcie i razem z Kryszną zabawiał się, oglądając aktorów i tancerzy, po czym po nagrodzeniu ich brawami, odprawił ich i udał się na spoczynek. Zapadł w głęboki sen, aby rankiem obudzić się znowu wśród słodkich dźwięków pieśni, lutni, błogosławieństw i pochwał.

Rankiem Kryszna zaprosił Ardżunę do swego złotego rydwanu i udali się razem do Dwaraki, twierdzy zbudowanej na nadmorskiej skale, gdzie Kryszna przeniósł wszystkich mieszkańców dawnej stolicy rodu Jadawów Mathury, aby obronić ich przed atakiem wroga. Kryszna zaprosił Ardżunę, aby zamieszkał w jego wspaniałym pałacu przepełnionym przepychem i dostarczającym wszelkich przyjemności. Sam Kryszna nie był królem rodu Jadawów, gdyż z racji przekleństwa króla Jajatiego ród ten przez długi okres czasu miał przywódcę, który nie był królem. Był on synem Wasudewy, który sam z kolei był synem szefa Jadawów o imieniu Śura i ministrem demona Kansy, rzekomego syna pierwszego króla Jadawów Ugraseny, którego Kryszna zabił, przywracając królowi Ugrasenie władzę. Kryszna cieszył się boskim autorytetem nie tylko wśród Jadawów, gdyż dzięki swej tajemniczej mocy pokonał wiele demonów. Niektórzy bez wahania rozpoznawali w nim boga Wisznu, który narodził się na ziemi w swym istotnym aspekcie. Dzięki swej urodzie i bogactwu Kryszna skupiał na sobie miłość innych. Szczególnie był znany z przyciągania ku sobie miłości wielu kobiet. Choć jego pierwszą i najważniejszą żoną była Rukmini, nie była ona jego jedyną żoną. Kryszna miał wiele żon, gdyż żadnej marzącej o nim kobiecie nie odmawiał miłości.

Kilka dni po przyjeździe Kryszny i Ardżuny do Dwaraki u stóp góry Raiwataka obywał się kilkudniowy wielki ekstatyczny festiwal, na który przybyli wszyscy mieszkańcy Dwaraki. Górę udekorowano drogimi kamieniami i kandelabrami i ze wszystkich stron rozlegały się dźwięki muzyki i pieśni, którym towarzyszyły tańce. Młodzi wojownicy przechadzali się wśród tłumów przybyłych na festiwal, potrząsając dumnie złotymi bransoletami. Równie dumnie przechadzał się zamroczony festiwalowym alkoholem starszy brat Kryszny Balarama, ciągnąc za sobą tłum muzyków. Na festiwal przybył również pierwszy król Jadawów Ugrasena wraz z tysiącem swych żon. Wszyscy ci zawsze gotowi do walki wojownicy, teraz pijani i przybrani w girlandy, przybyli na festiwal, aby oczyścić się z żądzy i namiętności.

Gdy festiwalowy chaos narastał, Ardżuna przechadzający się razem z Kryszną, zobaczył nagle jego piękną siostrę Subhadrę otoczoną przez grono swych przyjaciółek. Kryszna natychmiast zauważył, że Ardżunę dosięgła strzała boga miłości Kamy i z ironią rzekł: „O Ardżuna, czyżby asceta skromnie żyjący w dżungli padł ofiarą miłości? Subhadra jest moją siostrą i chętnie pomogę ci w zdobyciu jej i poślubieniu".

Ardżuna rzekł: „O Kryszna, chyba muszę być bez grzechu, skoro doskonała piękność i twoja siostra ma szansę zostać moją towarzyszką życia. Powiedz mi, jak mam ją zdobyć, gdyż dla jej zdobycia jestem gotów zrobić wszystko, co jest w ludzkiej mocy".

Kryszna rzekł: „O Ardżuna, porwij Subhadrę siłą. Takie postępowanie jest zgodne z kodem kasty wojowników i jest wręcz zalecane, gdy wojownik jest zakochany i nie chce podejmować ryzyka, że nie zostanie przez swą ukochaną wybrany podczas jej festiwalu wyboru męża".

Ardżuna wraz Kryszną przygotowali więc szczegółowy plan porwania Subhadry podczas festiwalu, rozpoczynając jego realizację od wysłania posłów do Indraprasthy do Króla Prawa Judhiszthiry z prośbą o jego akceptację. Judhiszthira bez wahania plan zaakceptował.

Następnego dnia Ardżuna wyczekał na moment, w którym Subhadra udała się w kierunku góry Raiwataka, aby oddać jej cześć i otrzymać w zamian błogosławieństwo bogów i pod pretekstem polowania, w pełnym uzbrojeniu ruszył na złotym rydwanie należącym do Kryszny w tym samym, co ona kierunku. Widział jak Subhadra złożyła hołd górze i jej bóstwom i gdy po pobożnym jej okrążeniu udała się w drogę powrotną do Dwaraki, porwał ją do swego rydwanu i pognał w kierunku Indraprasthy.

Bezsilna wobec strzał Ardżuny straż Subhadry pognała z krzykiem do Dwaraki, udając się wprost do sądu, gdzie sędzia zarządził bicie w złoty wojenny bęben, którego donośny dźwięk przerwał festiwal, ściągając z powrotem do miasta świętujących wojowników, którzy w pośpiechu porzucali jadło i napoje i gnali do sądu na wezwanie bębna.

Setki groźnych wojowników należących do różnych odłamów rodu Jadawów zasiadło w sądzie na swych błyszczących złotem i ozdobionych drogimi kamieniami tronach, płonąc gniewem jak ogień ofiarny czekający na złożenie weń ofiary. Tłumnie zgromadzeni, siedząc na swych tronach jak bogowie, wysłuchali słów sędziego o porwaniu Subhadry i przepełnieni pychą, z oczami ciągle czerwonymi od festiwalowego wina, nie zamierzając wybaczyć Ardżunie jego czynu, krzyczeli: „O bracia, dosiądźmy naszych bojowych rydwanów, chwyćmy za nasze włócznie i łuki i rzućmy się w pościg za Ardżuną".

Do zgromadzonego tłumu przemówił wówczas kipiący gniewem i pijany od festiwalowego alkoholu, ozdobiony girlandami starszy brat Kryszny Balarama. Rzekł: „O Jadawowie, cóż wy czynicie? Rwiecie się do walki, zanim Kryszna zdołał wypowiedzieć choć jedno słowo. Nie znając jego zdania, rozpalacie się gniewem i pysznicie się jak pawie. Niech mądry Kryszna powie nam najpierw, jakie są jego plany, a potem podporządkujcie się temu, co on zarządzi".

Wzburzeni Jadawowie usłuchali głosu Balaramy, zaprzestali chaotycznych wrogich pomrukiwań i ponownie zasiedli na swych tronach. Wówczas Balarama, zwany również *Panem Pożądania*, rzekł oskarżająco do Kryszny: „O Kryszna, dlaczego mimo wzburzenia całego tłumu siedzisz tutaj wśród nas bez słowa? Tak naprawdę cała wina jest po twojej stronie, gdyż to ty zaprosiłeś Ardżunę do Dwaraki, podczas gdy on dowiódł, że nie był wart tego zaproszenia i że nie jest wart nawet tego, by nazywać go nadal dobrze urodzonym. Przybył do naszego domu jak sojusznik, a zachował się jak wróg, porywając Subhadrę i wyrażając w ten sposób pogardę dla swych gospodarzy. Nie można mu wybaczyć jego czynu, bo czyż wąż wybacza temu, kto na niego nadepnął? Ja pierwszy rzucę się do walki przeciw jego rodowi, aby z zemsty za przestępstwo Ardżuny wymazać z ziemi jego ślad!" Niektórzy twierdzą, że Balarama wystąpił w swej mowie przeciw Kryszme dlatego, że od dawna obiecał dać swą siostrę Subhadrę za żonę Durjodhanie i że dlatego nie podobało mu się to, że Kryszna zaoferował Subhadrę Ardżunie i pomógł mu w jej porwaniu.

Słowa Balaramy podburzyły Jadawów do zemsty, lecz choć powtarzali nawołujące do zemsty słowa Balaramy, już chwilę później dali się uspokoić Krysznie, ulegając jego tajemniczemu autorytetowi. Kryszna rzekł: „O Jadawowie, porwanie Subhadry nie jest hańbą, lecz honorem dla naszej rodziny. Ardżuna wiedział, że nie można was przekupić bogactwem i obawiał się, że Subhadra może go nie wybrać podczas swego festiwalu wyboru męża. Chcąc ją poślubić, wybrał więc porwanie. Zważcie na to, że skoligacenie jest znakomite i właściwie trudno sobie życzyć dla niej kogoś lepiej urodzonego? A jeżeli ten argument was nie przekonuje, zważcie na to, że nie ma na ziemi lepszego strzelca od Ardżuny i że ani wy, ani nikt inny nie zdoła z nim wygrać. Zamiast próbować z nim walczyć, użyjmy lepiej języka dyplomacji i zawróćmy Ardżunę z jego drogi do Indraprasthy, aby pozwolić mu poślubić Subhadrę w Dwarace".

Swym przemówieniem Kryszna w tajemniczy sposób zdołał ostudzić wzburzone umysły i przekształcił wzburzony przeciw Pandawom chaotyczny tłum, podjudzany dodatkowo przez jego brata Balaramę, w pokojowo nastawionych gości weselnych. Kryszna mógł więc zawrócić Ardżunę z drogi i poprosić go o powrót do Dwaraki, aby mógł tam za zgodą wszystkich mieszkańców zawrzeć uroczyście związek małżeński z Subhadrą. Po zaślubinach i spędzeniu pewnego czasu w Dwarace ze swą nowo zaślubioną żoną Ardżuna udał się w kierunku Puskarasu, aby dokończyć tam swą karę i żyć w dżungli przez całe dwanaście miesięcy.

7. Draupadi dobrowolnie akceptuje drugą żonę Ardżuny Subhadrę, godząc się na to, aby dzielić się nim tak jak jej pięciu mężów dzieli się nią

Po upływie dwunastu miesięcy Ardżuna wraz ze swą drugą żoną Subhadrą udał się z powrotem do Indraprasthy, niepokojąc się nieco tym, jak jego pierwsza żona Draupadi przyjmie Subhadrę. Faktycznie początkowo Draupadi była zazdrosna i niezadowolona, choć Ardżuna próbował na różne sposoby złagodzić jej gniew. Wkrótce jednak Subhadra wkradła się w jej łaski, wzruszając ją swą pokorą, gdy składając pierwszą wizytę w głównym pałacu, przyszła tam w ubraniu pasterki i po przedstawieniu się Draupadi, wyraziła gotowość służenia jej jako pierwszej żonie Ardżuny.

Wkrótce do Indraprasthy przybył też Kryszna ze swym bratem Balaramą oraz z towarzyszącymi im dowódcami licznych grup wojowników z jego rodu, przywożąc Ardżunie bogate ślubne prezenty. Na ich powitanie Król Prawa Judhiszthira kazał wyczyścić drogi, udekorować je kwiatami i rozsiać wokół zapach drzewa sandałowego, perfum i płonącego aloesu oraz wysłał im na spotkanie swych braci bliźniaków. Ulice miasta wypełniły się mieszkańcami odświeżonymi kąpielą i udekorowanymi klejnotami kupcami.

Po powitaniach u bram miasta goście udali się do pałacu Króla Prawa, wspaniałego jak pałac samego Indry, gdzie zostali ceremonialnie powitani przez Króla Prawa i jego brata Bhimę. Judhiszthira powitał również zgodnie z etykietą dowódców różnych grup wojowników. Po tych wszystkich ceremonialnych, Kryszna, reprezentujący rodzinę Subhadry, zaoferował Pandawom tysiące krów, tysiąc w pełni wyposażonych i gotowych do walki rydwanów wraz z końmi, tysiąc słoni wojennych oraz ogromną ilość klejnotów ozdobionych złotem i szlachetnymi kamieniami. Judhiszthira bez wahania zaakceptował całe to darowane im bogactwo i zaprosił dowódców na wspaniałą ucztę, podczas której oddawali się oni przez szereg dni rozrywce, pijąc i głośno klaszcząc w dłonie, po czym obdarowani suto przez Pandawów wrócili pod dowództwem Balaramy do Dwaraki. Kryszna jednakże pozostał jeszcze w Indraprasthcie, aby móc wraz z Ardżuną przechadzać się nad brzegami Jamuny i cieszyć się jego przyjaźnią.

8. Narodziny synów Pandawów

Gdy minął odpowiedni okres czasu, siostra Kryszny Subhadra urodziła Ardżunie jego najstarszego bohaterskiego syna Abhimanju, którego narodziny Król Prawa Judhiszthira uczcił ofiarowaniem braminom tysiąca krów i tysiąca monet. Abhimanju był jak ofiara oddawana ogniowi w łonie wydrążonego pnia *śami*—choć jego przeznaczeniem była tragiczna i bohaterska śmierć, miał się odrodzić w formie swego syna Parikszita, jedynego potomka Bharatów, który w cudowny sposób przywrócony do życia w łonie matki przez Krysznę, przeżyje apokaliptyczną wojnę Pandawów z Kaurawami i zapewni kontynuację królewskiej linii Bharatów.

Abhimanju, równy Krysznie odwagą, mocą i pięknem od urodzenia był faworytem Kryszny, który sam odprawiał wszystkie święte ryty dla niego przeznaczone. Ardżuna z kolei sam go uczył mądrości *Wed* i użycia broni, czyniąc go równym sobie w wiedzy i jej praktycznym zastosowaniu.

Rok po roku Draupadi urodziła Pandawom pięciu wspaniałych synów. Mając synów potężnych jak dzieci bogów, Pandawowie odczuwali boską radość, pogrążając się w ekstatycznej szczęśliwości.

Napisane na podstawie fragmentów *Mahābhārāta*,
1. The Book of the Beginning,
1(16) Arjuna's Sojourn in the Forest, 200.1-20,
1(16.a) Sunda and Upasunda, 201.1-204.30,
1(16) Arjuna's Sojourn in the Forest (continued), 205.1-210.20,
1(17) The Abduction of Subhadrā, 211.1-30,
1(18) The Fetching of the Gift, 213.1-80.

Opowieść 11
Walka z bogami o Las Khandawa

1. Niezadowolony z ofiarnego rytuału Ogień chce spalić Las Khandawa broniony przez Indrę, gdyż tam mieszka jego przyjaciel wąż Takśaka; 2. Kryszna i Ardżuna obiecują Ogniowi pomoc w spaleniu Lasu Khandawa pod warunkiem otrzymania broni pozwalającej im na pokonanie broniącego lasu króla bogów Indry; 3. Kryszna i Ardżuna walczą z królem bogów Indrą, który ostatecznie pozwala na spalenie Lasu Khandawa, gdyż bronionego przez niego węża Takśaki nie ma w domu, a w Krysznie i Ardżunie rozpoznaje Narajanę i Narę; 4. Ardżuna ratuje z pożaru błagającego o litość demona asurę o imieniu Maja; 5. Indra pomaga synowi węża Takśaki Aświasenie wymknąć się z pożaru; 6. Modlitwa do Ognia (*Brahman*) ratuje życie czterem ptaszkom Śarngaka; 7. Po spaleniu Lasu Khandawa i zaspokojeniu głodu Ognia, Indra nagradza Ardżunę i Krysznę swymi darami.

> *Wówczas czcigodny bramin, zapytany o to, jakiego rodzaju posiłek powinni dla niego przygotować, rzekł do Ardżuny i Kryszny: „O nieustraszeni wojownicy, jestem Ogniem, więc przygotujcie posiłek odpowiedni dla mnie. Od dawna pragnę spalić otaczający Indraprasthę Las Khandawa, lecz Indra chroni go przy pomocy swego deszczu, gdyż w lesie tym mieszka jego przyjaciel wąż Takśaka ze swą rodziną. Chroniąc węża Takśakę, ochrania pozostałych mieszkańców lasu. Pomóżcie mi spalić ten las i nasycić mój głód! Przy pomocy swej broni zatrzymajcie w lesie wszystkie żywe istoty, dostarczając mi stopionego tłuszczu i nie pozwólcie Indrze, aby nasłane przez niego chmury deszczowe opadły deszczem".*
>
> (*Mahābhārata*, 1(19) The Burning of the Khāndava Forest, 215.5-10)

1. Niezadowolony z ofiarnego rytuału Ogień chce spalić Las Khandawa broniony przez Indrę, gdyż tam mieszka jego przyjaciel wąż Takśaka

W miarę upływu czasu Król Prawa Judhiszthira i jego bracia zdobyli zwierzchnictwo nad wieloma sąsiadującymi królestwami. Ludzie podporządkowując się woli Króla Prawa, żyli szczęśliwie, będąc jak dusza podporządkowująca się ciału obdarzonemu pomyślnymi znakami i uczynkami. Król Prawa poświęcał uwagę nie tylko Prawu, ale również Zyskowi i Przyjemności, dbając o to, aby zaistniały na ziemi we właściwych proporcjach, sam będąc dla nich czwartym niezbędnym wymiarem. W nim samym *Wedy* znalazły gorliwego ucznia, składanie ofiary doskonałego wykonawcę, a cztery kasty strażnika. Dzięki niemu szczęśliwy los odnalazł swe właściwe miejsce, mądrość sięgnęła szczytu, a Prawo znalazło swój właściwy odnośnik. W otoczeniu swych czterech braci rozsiewał wokół blask jak wielki rytuał czterech *Wed*. Domowy kapłan Pandawów Dhaumja i wszyscy inni bramini czcili go tak jak kapłan bogów Brihaspati i wszyscy nieśmiertelni czcili Pradżapatiego. Wszyscy go kochali za jego uczynki. Z jego ust nie padło nigdy niewłaściwe lub fałszywe słowo i to, co czynił było zawsze najlepsze zarówno dla niego, jak i dla całego świata.

W czasie gdy szczęśliwość coraz bardziej rozkwitała w Indraprasthcie, rozszerzając się daleko na okolice, obciążony klątwą bramina Bhrigu ogień ofiarny, że będzie pożerał wszystko, był coraz bardziej niezadowolony z konsumowania wyłącznie składanej weń w różnych krajach ofiary, którą zanosił bogom i coraz bardziej opanowywał go nienasycony głód, grożąc spaleniem całego wszechświata.

Pewnego upalnego dnia Ardżuna zaproponował Kryszniе, który pozostał na jakiś czas w Indraprasthcie, aby udać się dla ochłody za miasto nad brzeg rzeki Jamuny i po otrzymaniu zgody od króla Judhiszthiry na opuszczenie miasta dwaj przyjaciele ruszyli w kierunku placu gier i zabaw, który znajdował się na skraju Lasu Khandawy i był równie piękny jak niebiańska posiadłość Indry. Gdy tam dotarli z wszystkich stron dochodziły ich słodkie dźwięki fletu, lutni i bębna. Na stołach ozdobionych girlandami oferowano różne kosztowne smakołyki i trunki, a tłumy pięknych kobiet zabawiały się, leżąc w wodzie, w lesie lub w małych kabinach. Gdy ich ekstatyczne uniesienie zdało się dosięgać szczytu, pojawiły się wśród nich Draupadi i Subhadra, aby obdarować je i przyozdobić wspaniałymi ubraniami i klejnotami. Niektóre z kobiet tańczyły w uniesieniu, inne szukały kryjówki lub śmiały się, jeszcze inne popijały z rozkoszą wybrane trunki. Niektóre płakały w uniesieniu, inne prowokowały walkę, jeszcze inne wyszeptywały swe najskrytsze sekrety do ucha powiernicy.

Kryszna i Ardżuna zauroczeni tym widokiem, lecz pragnący być przez chwilę sami, wycofali się w ustronne miejsce i zasiadłszy na złotych stolcach, zaczęli wspominać swe przeszłe bohaterskie czyny i liczne przygody miłosne. Gdy tak siedzieli rozbawieni i szczęśliwi, zobaczyli nagle idącego w ich kierunku bramina, którego natychmiast z szacunkiem powitali, zrywając się ze złotych stolców.

Bramin rzekł: „O wojownicy, jestem żarłocznym i wiecznie głodnym braminem. Błagam was, pomóżcie mi zaspokoić mój głód". Kryszna i Ardżuna rzekli: „O braminie, z największą chęcią spełnimy twą prośbę, lecz powiedz nam, jakiego pragniesz posiłku, abyśmy mogli ci go dostarczyć?"

Wówczas czcigodny bramin rzekł do Ardżuny i Kryszny: „O nieustraszeni wojownicy, jestem Ogniem, więc przygotujcie posiłek odpowiedni dla mnie. Od dawna pragnę spalić otaczający Indraprasthę Las Khandawa, lecz Indra chroni go przy pomocy swego deszczu, gdyż w lesie tym mieszka jego przyjaciel wąż Takśaka ze swą rodziną. Chroniąc węża Takśakę, ochrania pozostałych mieszkańców lasu. Pomóżcie mi spalić ten las i nasycić mój głód! Przy pomocy swej broni zatrzymajcie w lesie wszystkie żywe istoty, dostarczając mi stopionego tłuszczu i nie pozwólcie Indrze, aby nasłane przez niego chmury deszczowe opadły deszczem".

Ogień był szczególnie niezadowolony z ofiarnego rytuału króla Swetaki, podczas którego wlano weń za dużo oczyszczonego tłuszczu i od tamtego czasu cierpiał na niestrawność. Podążając za radą Brahmy, w spaleniu Lasu Khandawy szukał uleczającego go eliksiru tak jak kiedyś osłabieni bogowie w ubijaniu oceanu szukali eliksiru nieśmiertelności. Ogień sam nie potrafił pokonać broniącego lasu Indry i Brahma poradził mu, by zwrócił się o pomoc do Kryszny i Ardżuny, gdyż ci dwaj mężowie i wielcy przyjaciele są naprawdę inkarnacjami dwóch wielkich starożytnych proroków i mędrców. Kryszna jest Narajaną, czyli Pra-Człowiekiem, który istniał na samym początku i z którego ciała został zbudowany cały wszechświat, a Ardżuna jest Narą, który nosił jego broń. Według słów Brahmy tylko oni potrafią stawić opór królowi bogów Indrze i nakarmić Ogień będący ustami bogów, powstrzymując go w ten sposób od wycofania się z rytuałów i osłabienia bogów poprzez pozbawienie ich ofiary.

2. Kryszna i Ardżuna obiecują Ogniowi pomoc w spaleniu Lasu Khandawa pod warunkiem otrzymania broni pozwalającej im na pokonanie broniącego lasu króla bogów Indry

Ardżuna usłyszawszy prośbę Ognia, rzekł: „O Ogniu, chętnie spełniłbym twe życzenie, lecz nie mam broni, która pozwoliłaby mi pokonać Indrę i powstrzymać jego deszcz. Nie mam łuku, który swą wytrzymałością dorównywałby sile mych ramion i kołczanu z niewyczerpanym zasobem strzał, który dostarczyłby mi strzał z potrzebną mi szybkością. Nie mam również odpowiedniego bojowego rydwanu, promieniującego jak słońce, wydającego w biegu dźwięk podobny do grzmotu, ciągnionego przez boskie konie szybkie jak wiatr. Również mój przyjaciel Kryszna nie ma broni, która pozwoliłaby mu na wykorzystanie całej jego mocy. Jesteśmy gotowi do walecznych czynów, lecz potrzebujemy broni, która byłaby równa naszej waleczności".

W odpowiedzi na te słowa Ardżuny Ogień ściągnął myślami boga oceanu Warunę, czwartego strażnika świata i gdy stawił się on posłusznie na jego wezwanie, rzekł: „O władco wód, proszę cię, przynieś tu natychmiast stworzony przez Brahmę potężny łuk Gandiwę, który należał niegdyś do boga Somy, czczony odwiecznie zarówno przez bogów, jak i przez boskich muzyków gandharwów i walczące z bogami demony. Przynieś też dwa niewyczerpalne kołczany ze strzałami oraz rydwan zaprzężony w konie gandharwów ozdobiony proporcem ze znakiem małpy. Rydwanu tego, stworzonego przez Pradżapatiego dzięki mocy jego umartwień i zmontowanego przez boga Somę, nie potrafią pokonać ani bogowie, ani demony. Oddaj te dary Ardżunie, aby mógł dokonać bohaterskich czynów, które są mu przeznaczone. Przynieś też dla Kryszny potężny dysk z piorunem w samym centrum, ognistą broń, która po wyrzuceniu będzie sama wracała do jego dłoni, jak i potężną maczugę Kaumodaki podobną do grzmotu. Zbrojni w tą broń będą mogli stawić czoła nie tylko ludziom, lecz także bogom, demonom i wężom".

Bóg oceanu Waruna rzekł: „O Ogniu, niech tak się stanie".

3. Kryszna i Ardżuna walczą z królem bogów Indrą, który ostatecznie pozwala na spalenie Lasu Khandawa, gdyż bronionego przez niego węża Takśaki nie ma w domu, a w Krysznie i Ardżunie rozpoznaje Narajanę i Narę

Po otrzymaniu za pośrednictwem Ognia broni odpowiedniej dla ich dzielności Kryszna i Ardżuna zawołali radośnie: „O Ogniu, tak uzbrojeni jesteśmy gotowi do walki nie tylko z Indrą, który chce bitwy w obronie węża Takśaki, ale z wszystkimi bogami, demonami i wężami. Rozpal się więc zgodnie z własnym życzeniem i rozpocznij wielką pożogę, gdyż jesteśmy gotowi do wykonania zadania, które przed nami postawiłeś".

Na te słowa Ogień przybrał swą ognistą formę, objął Las Khandawa ze wszystkich stron swymi siedmioma językami i rozpoczął palenie lasu razem z wszystkimi jego mieszkańcami, niszcząc po drodze wszystko jak na zakończenie eonu. I gdy ogień pożerał cały las z rykiem podobnym go grzmotu chmury monsunowej, płonący las przybrał postać sięgającej aż do nieba Góry Meru błyszczącej złotem, Pana wszystkich gór.

Kryszna i Ardżuna stojąc w swych rydwanach na przeciwnych krańcach lasu, rozpoczęli masakrę żywych istot próbujących bronić się przed Ogniem ucieczką. Nikt nie potrafił pokonać ich szybkością. Zabijali wszystkich, nie szczędząc matki obejmującej gestem rozpaczy swych synów i synów obejmujących swych ojców i matki. Na ziemi leżały w spazmach śmierci ptaki ze spalonymi skrzydłami i zwierzęta ze spalonymi łapami. Gdy Ogień swym gorącem doprowadził do wrzenia leśne wody, trupem padło tysiące ryb i żółwi. Płonąc żywym ogniem, zwierzęta lasu wyglądały jak płonące pochodnie. Gdy próbowały uciekać, Ardżuna ze złowrogim śmiechem przebijał je strzałami, wrzucając je z powrotem do Ognia, a ich krzyk był jak krzyk wydostający się z oceanu ubijanego w zamierzchłych czasach wspólnym wysiłkiem bogów i demonów.

Ogromne płomienie uszczęśliwionego Ognia sięgnęły aż do nieba, niepokojąc bogów, którzy tłumnie udali się do Indry, aby zapytać o przyczynę palenia tak ogromnej ilości żywych istnień. Pytali: „O Indra, czyżby nadszedł koniec świata?" Gdy Indra zobaczył, że Ogień pochłania Las Khandawa, niepokojąc się o losy mieszkającego tam węża Takśaki, rzucił się na ratunek, gromadząc masy chmur i wywołując deszcz, który jednak wyparował, zanim zdołał dosięgnąć ziemi. Rozgniewany tym Indra raz jeszcze spróbował zalać las rzęsistym deszczem i gdy płomienie Ognia ścierały się ze ścianą deszczu, pieniąc się dymem i błyskawicami, rozbrzmiewając głośnym echem gromu, las przedstawiał sobą widok przeraźliwy.

Gdy Indra zalewał las swym deszczem, Ardżuna deszczem swych strzał próbował go zatrzymać i pokrywając swymi strzałami cały Las Khandawa, uniemożliwiał równocześnie ucieczkę każdej żywej istocie. Pokrył również swymi strzałami całe niebo, walcząc zaciekle ze swym ojcem Indrą, który odpowiedział mu błyskawicą, wzywając na pomoc wiatr, który z wielką siłą trząsł oceanami, wytwarzając nowe deszczowe chmury, które Ardżuna przy pomocy swej broni natychmiast wysuszał i dzięki czemu Ogień mógł palić się, nie napotykając żadnego oporu, przechodząc swobodnie różne stadia swej metamorfozy i napełniając świat swym przerażającym skwierczeniem.

Wówczas zaczęły się pojawiać różne przerażające znaki, które ukazują się zwykle na koniec eonu, zapowiadając całkowite wyniszczenie żywych istot. Na ich widok przeciw Ardżunie i Kryszenie zgodnie powstali wszyscy bogowie, demony i węże. Do bitwy włączył się także wielki ptak Garuda, który uniósł się w przestrzeń gotowy do uderzenia dwóch wojowników swym dziobem, skrzydłami i pazurami. Ku Ardżunie zbliżyło się również całe gniazdo wężów plujących trucizną. On jednak z łatwością przybił je swą strzałą, powodując, że wpadło do Ognia. Wówczas sam Indra siedzący na swym białym słoniu wyrzucił z pełną siłą w kierunku Kryszny i Ardżuny swój śmiertelny piorun, grożąc im śmiercią, a za Indrą ruszyli do boju wszyscy główni bogowie, trzymając w dłoniach swą śmiercionośną broń, lecz Kryszna i Ardżuna bez trudu odparli ich atak.

Zamieszkujący niebo boscy pustelnicy patrzyli na dwóch herosów ze zdumieniem i uwielbieniem. Sam bóg tysiąca złożonych ofiar, Indra, choć nie ustawał w walce, spoglądał ku nim z zadowoleniem. Chcąc rzucić wyzwanie ich heroizmowi, obrzucił ich kilkakrotnie strumieniem kamieni i gdy skutecznie odparli atak, wyrwał z ziemi gołymi rękami potężną górę Mandarę i rzucił nią w ich kierunku. Ardżuna jednak, wypuszczając ze swego łuku swe płonące strzały, rozkruszył ją na tysiąc kawałków, które opadały na płonący Las Khandawa, siejąc spustoszenie wśród tych, którym dotychczas udało się uniknąć jego strzał i dysku Kryszny.

Wreszcie bogowie widząc, że nie potrafią ich pokonać i uratować lasu przed rozszalałym Ogniem, zaczęli się wycofywać, a bezcielesny grzmiący głos przemówił do Indry: „O królu bogów, zaprzestań walki z Kryszną i Ardżuną, gdyż twego przyjaciela węża Takśaki w lesie nie ma, bo udał się kilka dni temu na pola Kurukszetry. Pozwól Ogniowi nasycić swój głód i spalić Las Khandawa. Nie potrafisz bowiem pokonać Kryszny i Ardżuny w tej wojnie przeciw tobie, gdyż w nich odrodzili się dwaj starożytni wielcy prorocy Narajana i Nara, od których zależy siła bogów. Nie można ich ani zwyciężyć w bitwie, ani zabić w zamachu. Nie można ich pokonać w żadnym ze światów, gdyż w nich świat ma swój początek. Oddaj im więc należne im honory, co zwykli czynić wszyscy bogowie, demony, gandharwowie, ludzie i węże i odejdź stąd razem z bogami, nie przeszkadzając w niszczeniu Lasu Khandawy, gdyż jest ono uświęcone".

Gdy Indra usłyszał ten bezcielesny głos, wiedząc, że wypowiada on Prawdę, pohamował swój gniew i oburzenie i wycofał się z pola bitewnego z powrotem do nieba, pociągając swym przykładem wszelkie istoty boskie, które podążały za nim. Tymczasem heroiczny Kryszna i Ardżuna, widząc jak król bogów Indra wycofuje się z pola walki, wydali z siebie ryk podobny do ryku lwa i kontynuowali z zapałem zabijanie tych, którzy ciągle jeszcze próbowali ratować się ucieczką. Nikt nie mógł ani wyjść poza granice pożaru, ani nawet schronić się w świętych miejscach przeznaczonych dla przodków i bogów. W końcu podtrzymywany dzięki ciągłemu dopływowi ciała, krwi i tłuszczu Ogień wzniósł się wprost do nieba. Z szeroko otwartymi oczami i sterczącymi włosami buchającymi płomieniem, wypijając wytopiony z żywych istot tłuszcz i pożerając eliksir dostarczony mu przez Krysznę i Ardżunę, osiągnął stan najwyższej ekstazy, szczęścia i nasycenia.

4. Ardżuna ratuje z pożaru błagającego o litość demona asurę o imieniu Maja

Choć Ogień spalił doszczętnie cały Las Khandawa i jego mieszkańców, to jednak z pożaru uratowało się kilka żywych istnień. Jedną z nich był demon asura o imieniu Maja. Wyskoczył on z miejsca, w którym dawniej mieszkał wąż Takśaka w momencie, gdy Ogień osiągnął stan najwyższej ekstazy i nasycenia i wzniósł się do nieba. Śmiertelnie przerażony demon widząc Krysznę z podniesionym do góry dyskiem gotowym, aby go zabić i Ogień ryczący jak grzmot gotowy, aby go spalić, w Ardżunie dostrzegł ostatnią deskę ratunku i zwrócił się do niego z prośbą o pomoc. Ardżuna słysząc przerażony głos demona, zgodził się udzielić mu schronienia. Kryszna stracił wówczas ochotę, aby go zabić, a Ogień stracił ochotę, aby go spalić.

5. Indra pomaga synowi węża Takśaki Aświasenie wymknąć się z pożaru

Z pożaru uratował się także potężny syn króla wężów Takśaki Aświasena, który przebywał podczas pożaru w lesie, choć jego ojca nie było w domu. Gdy Aświasena próbował ratować się ucieczką, wpadł w ogień strzał Ardżuny, co dostrzegła jego matka i pragnąc uratować mu życie spróbowała go połknąć, rozpoczynając od głowy. Jednakże gdy do połknięcia został jej już jedynie jego ogon, podniosła do góry głowę, którą Ardżuna dostrzegł i natychmiast obciął przy pomocy ostrej strzały. Rozgniewany Indra broniący Takśaki i jego rodziny oślepił Ardżunę przy pomocy porywów wiatru i uderzeń deszczu, pozwalając Aświasenie na użycie swej mocy iluzji, uwolnienie się i ucieczkę. Choć uciekł on przed pożarem, nie udało mu się jednak uciec przed klątwą rzuconą na niego przez Ardżunę, Krysznę i Ogień, którzy za to że ich przechytrzył, przeklęli go, aby od tego czasu nie potrafił znaleźć dla siebie schronienia.

6. Modlitwa do Ognia (*Brahman*) ratuje życie czterem ptaszkom Śarngaka

Ogień nie spalił również czterech ptaszków Śarngaka, które zawdzięczają swe życie modlitwie. Ptaszki te były w rzeczywistości synami bramina i proroka o imieniu Mandapala, który wybrał drogę bardzo surowych umartwień i aby zdobyć niebo, ćwiczył się w powstrzymywaniu swego nasienia. Jednakże, gdy porzucił swe ciało i udał się do świata swoich przodków, nie uzyskał tam nagród, których oczekiwał. Gdy zapytał niebian, dlaczego mimo zebranych zasług, nie otrzymał oczekiwanych nagród, wyjaśnili mu, że nie wypełnił swych obowiązków wobec przodków, gdyż nie spłodził synów. Rzekli do niego: „O braminie, zejdź z powrotem na ziemię i postaraj się o synów".

Bramin wrócił więc na ziemię i zaczął rozmyślać nad sposobem uzyskania kilku synów w krótkim czasie. I pewnego dnia, gdy zauważył, że ptaki mają wielu synów, przybrał postać ptaka Śarngaka, aby począć synów z samiczką Dżaritą. Gdy Dżarita zniosła cztery jajka i złożyła je w gnieździe na drzewie w Lesie Khandawa, bramin porzucił swą rodzinę i uciekł do samiczki o imieniu Lapita. Wkrótce doszły go jednak wieści, że Ogień ma zamiar spalić Las Khandawa i zaczął rozmyślać nad tym, jak obronić przed nim swych czterech synów, którzy jeszcze nie zdążyli wykluć się ze skorupek. Wiedział bowiem, że Dżarita, choć pełna miłości dla nich, nie potrafi ich obronić mimo swych największych wysiłków.

Motywowany chęcią obrony swych synów zaczął sławić Ogień, który jest strażnikiem świata, w swej modlitwie. Mówił: „O Ogniu, ty jesteś ustami bogów, gdyż to ty zanosisz im ofiarę. O Czyścicielu, który żyjesz ukryty w każdej żywej istocie, wielcy prorocy twierdzą, że to ty stworzyłeś to wszystko, gdyż bez ciebie cały świat by się rozpadł. Powiadają, że to ty jesteś burzowymi chmurami na wschodzie i że to twoje płomienie palą wszystkie żywe istoty.

O wspaniały Ogniu, to ty stworzyłeś wszechświat. Ty zarządziłeś wykonanie ofiarnego rytu i istnienie tego, co ożywione lub nieożywione. Ty zarządziłeś istnienie wód. Od ciebie zależy ofiara składana bogom i przodkom. Jesteś płomieniem, na którym bazuje cały świat".

Ogień słysząc te sławiące go słowa wypowiadane przez proroka Mandapalę, był z niego zadowolony i zapytał go, czy ma jakieś życzenie, które mógłby spełnić. Prorok poprosił go wówczas o oszczędzenie jego czterech nie wyklutych jeszcze ze skorupek synów mieszkających na drzewie w Lesie Khandawa, gdy zacznie go palić i Ogień przychylił się do jego prośby.

Gdy Las Khandawa zaczął płonąć, przerażeni synowie bramina Mandapali zamknięci w swych skorupkach, nie widzieli dla siebie możliwości ucieczki. Ich przepełniona boleścią matka Dżarita zaczęła lamentować widząc nieuchronność śmierci swych małych synów, których istnienie było tak cenne dla ich przodków, lecz którzy byli zbyt mali, aby mogli się sami obronić. Sama była zbyt słaba, by móc unieść ich wszystkich i nie potrafiła się zdecydować, którego z nich złapać swym dziobem, a którego poświęć Ogniowi.

Jej synowie słysząc jej lament, rozważyli swe opcje i nie widząc dla siebie szans przeżycia, poprosili ją, aby zapomniała o nich i zostawiając ich na pożarcie Ogniowi, sama ratowała się ucieczką, gdyż będąc młoda, może mieć jeszcze wielu synów i w ten sposób zapewnić kontynuację rodu i zadowolić przodków. Jej przetrwanie jest ważniejsze od ich przetrwania. Nie powinna dać się zwieść swej miłości do nich, gdyż ulegając złudzeniu miłości zniszczy możliwość kontynuowania ich linii, czego potrzebuje ich ojciec. Namawiali ją, żeby sama ratowała się ucieczką, myśląc o nowych synach, szczególnie, że oni sami są jeszcze zbyt młodzi, aby mieć jakieś zasługi, które ona byłaby zobowiązana im odpłacić. Próbowali też wzbudzić w niej nadzieję, że być może płomień nie dosięgnie ich gniazda i gdy zmieni kierunek, będzie mogła tu wrócić i być może znajdzie ich ciągle przy życiu.

Dżarita dała się przekonać słowom swych synów i odleciała na inne drzewo, chroniąc się chwilowo przed Ogniem, który zbliżał się do ich gniazda.

Najstarszy syn bramina Mandapali o imieniu Dżaritari widząc zbliżający się do ich gniazda Ogień, rzekł do swoich braci na tyle głośno, aby Ogień mógł go słyszeć: „O bracia, jesteśmy dziećmi mędrca, a mędrzec patrzy w oczy śmierci z pełną świadomością i dlatego nie cierpi. Tylko nieświadomy nadchodzącej katastrofy głupiec cierpi, gdy ona nadchodzi, gdyż nic nie rozumie".

Po tych słowach, najstarszy z ptaszków Dżaritari złożywszy pobożnie wewnątrz skorupki swe dłonie, rozpoczął wysławianie Ognia. Rzekł: „O Ogniu, ty jesteś duszą wiatru, czyścicielem i ciałem dla leczniczych ziół. O Światło, choć pochodzisz z wód, wody mają w tobie swe źródło. O najpotężniejszy, twe płomienie rozszerzają się w górę i w dół i na boki, będąc podobne do promieni słońca".

Młodszy ptaszek Sariszarkwa rzekł: „O Ogniu otoczony chmurą dymu i ozdobiony swoimi siedmioma płomieniami, błagamy cię, ochroń nas. Jesteś naszym jedynym wybawcą, gdyż nasza matka opuściła nas, ojciec jest nam nieznany i nie mamy nawet jeszcze skrzydełek, aby móc latać. Zwróć się ku nam w swym dobroczynnym aspekcie i obroń nas, którzy szukamy w tobie schronienia. O ty, który jesteś najgorętszy i który jesteś nosicielem ofiary, ochroń nas, młodych proroków i omiń nasze gniazdo".

Jeszcze młodszy ptaszek Stambamitra rzekł: „O Ogniu, ty sam jesteś wszystkim, gdyż na tobie opiera się cały świat. Ty utrzymujesz przy życiu wszystkie żywe istoty, na tobie bazuje wszystko, co istnieje. O Panie Świata, na tobie przygotowuje się jedzenie, od którego zależy życie wszystkich żywych istot. Ty nosisz ofiarę, którą wrzucają w ciebie mędrcy i ty sam jesteś najwyższą ofiarą. Ty stworzyłeś wszystkie trzy światy, które palisz, gdy przyjdzie czas końca. Ty jesteś początkiem wszystkiego i dla wszystkiego jesteś miejscem spoczynku".

Najmłodszy brat Drona powiedział: „O Światło, stając się słońcem z jego życiodajnymi promieniami pobierasz z ziemi wodę i jej wszelkie soki, które odsyłasz z powrotem w formie deszczu, gdy następuje czas stwarzania. Dzięki tobie odradzają się lecznicze zioła, z ciebie rodzi się ocean i stawy wypełnione kwiatami lotosu. Bądź naszym dobroczyńcą i obrońcą i nie niszcz nas dzisiaj. O Ogniu, omiń nas i puść nas wolno tak jak czynisz to z oceanem".

Ogień słysząc najmłodszego ptaszka Dronę wychwalającego jego nieskazitelne uczynki i pamiętając o swej obietnicy danej prorokowi Mandapali, rzekł: „O nienarodzony jeszcze synu proroka Mandapali o imieniu Drona, czy wiesz, że to co przed chwilą wypowiedziałeś, jest *Brahmanem*? Nie obawiaj się już dłużej o swoje życie, ani o życie swych braci, gdyż spełnię życzenie waszego ojca, który obronił was przy pomocy swego *Brahmana*. Zarówno słowa waszego ojca jak i wasze słowa mają dla mnie ogromne znaczenie. Jestem bardzo zadowolony z twej modlitwy, powiedz mi więc, czy masz jakieś dodatkowe życzenie poza ochroną swego życia, które mógłbym spełnić?"

Drona rzekł: „O Ogniu, proszę cię, zagryź swymi ognistymi zębami te koty, które mieszkają pod naszym drzewem, razem z całą ich rodziną, gdyż ustawicznie działają nam na nerwy".

Ogień spełnił prośbę ptaszka Drony i kontynuował dalej palenie Lasu Khandawa.

Samiczka Dżarita widząc, że Ogień ominął miejsce, gdzie znajdowało się jej gniazdo, wróciła do swoich synów i widząc ich żywych i w pełnym zdrowiu, wzięła ich w ramiona, zalewając się łzami szczęścia. W pobliżu gniazda pojawił się bramin Mandapala, ale ani Dżarita ani żaden z synów nie powitał go i nikt nie odpowiadał na jego pełne miłości słowa.

Rozgoryczona Dżarita rzekła do niego: „O braminie, przybyłeś ze swą miłością do synów za późno. Porzuciłeś ich wraz ze mną na pożarcie Ognia, dowodząc, że cię nic nie obchodzą. Idź do swojej młodej i słodko uśmiechającej się samiczki Lapity". Samiczka Lapita z podobnymi gniewnymi słowami odesłała bramina Mandapalę do samiczki Dżarity, gdy bramin Mandapala, widząc pochłaniający Las Khandawa Ogień, nie mógł pozbyć się niepokoju o los swych porzuconych przez niego synów. Samiczka Lapita, słysząc jego lament, nie mogła uwierzyć, że jest on wyrazem niepokoju o los jego synów, gdyż sam jej mówił, że są oni prorokami o niezwykłej mocy, którzy sami potrafią się obronić. Ponadto słyszała, jak Ogień obiecał mu, że nie spali jego synów. Doszła więc do wniosku, że jego lament świadczy po prostu o tym, że jej nie kocha i że chce wrócić do jej rywalki Dżarity.

Słysząc gniewne słowa swych żon bramin Mandapala rzekł: „O kobiety, czyżbyście zapomniały, że błąkam się po tym świecie w postaci ptaka, tylko dlatego, że pragnę potomstwa? Dla kobiety rzeczą najważniejszą w świecie jest rywalizacja z drugą żoną jej męża. Nawet dobra i wierna żona proroka Wasiszty nie potrafiła uniknąć tego zła i dlatego przemieniła się w małą, czerwoną, otoczoną pyłem gwiazdę, znikającą i pojawiającą się jak zły omen".

Gdy jego nie narodzeni jeszcze synowie usłyszeli jego słowa, przestali go ignorować i w powitali go, wyrażając należną ojcu cześć. Wówczas bramin Mandapala wyjaśnił im, że nie przybył wcześniej, gdyż Ogień obiecał mu, że ich nie spali, a poza tym znał miłość ich matki do nich oraz jej szacunek dla Prawa oraz siłę ich własnego *Brahmana*. Teraz przyszedł, aby zabrać ich wraz z ich matką do innego kraju.

7. Po spaleniu Lasu Khandawa i zaspokojeniu głodu Ognia, Indra nagradza Ardżunę i Krysznę swymi darami

Ogień opiwszy się do syta tłuszczu i szpiku kostnego, zaspokoił w pełni swój głód. Król bogów Indra zstąpił wówczas z nieba na ziemię i rzekł do Ardżuny i Kryszny: „O wielcy wojownicy, zaspokajając głód Ognia dokonaliście wielkiego czynu, którego nie potrafią dokonać nawet nieśmiertelni. Jestem z was bardzo zadowolony i chcę was obdarować tym, czego sobie życzycie. Dam wam wszystko, nawet to, co jest nieosiągalne dla człowieka".

Słysząc to, Ardżuna poprosił Indrę o jego własną broń. Indra rzekł: „O Ardżuna, spełnię twą prośbę i dam ci moją broń. Stanie się do jednak dopiero wówczas, gdy znajdziesz łaskę u Najwyższego Boga i Błogosławionego Pana Śiwy. Gdy to nastąpi, będę o tym wiedział. Sam stawię się przed tobą i za twe wielkie umartwiania dam ci broń, która należy do mnie". Kryszna z kolei poprosił Indrę o dar wiecznej przyjaźni z Ardżuną, co Indra mu z radością obiecał. Indra pożegnał Ogień i razem z bogami udał się z powrotem do nieba. Ogień pozwolił również odejść Ardżunie i Krysznie. Nasyciwszy się ucztą ze spalonych ciał zwierząt i ptaków i ugasiwszy swe pragnienie krwią i tłuszczem, uspokoił się i zapadł w stan boskiej błogości. Rzekł do Ardżuny i Kryszny: „O wspaniali podobni do tygrysów herosi, dzięki wam czuję się w pełni nasycony. Idźcie więc, dokąd chcecie". Ardżuna z Kryszną pożegnali Ogień i mając za towarzysza uratowanego z pożaru demona o imieniu Maja, który ich nie opuszczał, udali się z powrotem na zasłużony odpoczynek nad brzeg rzeki Jamuny.

Napisane na podstawie fragmentów *Mahābharāta*,
1. The Book of the Beginning,
1(19) The Burning of the Khāndava Forest, 214.1-219.40,
1(19.a) The Śārngakas, 220.1-225.1,
1(19) The Burning of the Khāndava Forest (concluded), 225.5-15.

Księga II

Sabha Parva

(w pięciu opowieściach)

Synopsis

Druga księga *Mahabharaty* opisuje jak Najwyższy Bóg Wisznu próbuje w sposób pokojowy zrealizować swój plan, dla którego narodził się na ziemi w śmiertelnej formie Kryszny, chcąc ponownie ustanowić na ziemi autorytet Prawa (*dharmy*) reprezentowany przez Judhiszthirę będącego Królem Prawa (Król Dharma), od którego władzy na ziemi zależy zarówno ziemski porządek jak i równowaga całego wszechświata i w ten sposób pokonać rosnące w siłę i rodzące się na ziemi demony niszczące autorytet Prawa (*adharma*).

Po udzieleniu Pandawom pomocy w odzyskaniu utraconego królestwa i zbudowaniu królewskiej stolicy Indraprasthy Kryszna chce umocnić wpływ Króla Prawa na całą ziemię, namawiając go do podjęcia próby zdobycia pozycji imperatora i przeprowadzenia w tym celu ofiary koronacyjnej (*Radżasuja*), której szczęśliwe zakończenie przyniosłoby mu królewskie namaszczenie i poparcie braminów, stając się podstawą jego władzy. Król Prawa jednak waha się, gdyż wie, że trudno doprowadzić ten królewski rytuał do szczęśliwego końca i wie, że jeżeli zostanie on w sposób nieoczekiwany przerwany lub niedokończony, zamiast umocnienia jego władzy nad całym światem przyniesie wielką wyniszczającą cały wszechświat apokaliptyczną wojnę. W końcu ulega jednak namowom i podejmuje odpowiednie przygotowania, mające mu zapewnić szczęśliwe zakończenie rytuału. Wysyła swych braci w cztery strony świata, aby zmusili różnych królów do posłuszeństwa mu i do złożenia mu danin, które zostaną użyte podczas rytuału. Kryszna namawia ponadto Pandawów do zabicia króla Dżarasamdhy, który jest rywalem Króla Prawa o pozycję władcy ziemi i którego zwycięstwo wzmocniłoby w świecie *adharmę*. Zabicie króla Dżarasamdhy wymaga jednak zaproponowanego przez Krysznę podstępu, aby zabić go podczas rytuału ofiarnego, gdyż jest on nie do pokonania w uczciwej walce, będąc faktycznie złożony przez demonkę Dżarę z dwóch połówek, które narodziły się z dwóch żon bliźniaczek króla Brihadrathy.

Gdy w końcu wszystkie przygotowania do ofiary koronacyjnej zostają poczynione, Król Prawa dedykuje tę ofiarę Kryszne, gdyż wie, że to właśnie Krysznę czci się przy pomocy tego rytuału, powtarzając w nim to, co Kryszna uczynił na samym początku wszechświata. Rytuał zostaje jednak zaburzony przez atak Siśupali na Krysznę, który kwestionuje jego prawa do najwyższych honorów i który zostaje przez Krysznę zabity, co zresztą od dawna było jego przeznaczeniem.

Choć zabójstwo Siśupali zdaje się nie przerywać rytuału, który kończy się udzieleniem Judhiszthirze królewskiego namaszczenia, to jednak jest on ze względu na swe konsekwencje nieudany. Niektórzy magnaci, wśród których jest Durjodhana, są oburzeni zabójstwem Siśupali i przygotowują wojnę przeciw Krysznie. Poza tym Durjodhana cierpi męki zazdrości, widząc bogactwo, które zgromadził Król Prawa i jego bracia, przygotowując rytuał koronacyjny. Czuje się ponadto głęboko upokorzony, gdy przebywając w Gmachu Zgromadzeń, który dla Króla Prawa zbudował uratowany z pożaru w Lesie Khandawa demon Maja, zachowuje się jak prowincjusz. Z umysłem opanowanym przez zawiść ulega podszeptom swego wuja Śakuniego, wytrawnego gracza w kości, aby odebrać Pandawom ich pozycję i majątek, proponując im pozornie towarzyską grę w kości, w której Śakuni będzie grał w imieniu Durjodhany. Ojciec Durjodhany, ślepy król Dhritarasztra i starszyzna rodu odradzają Durjodhanie używania tego podstępu ze względu na naturę tej gry, która skłóca ze sobą braci i rozpoczyna niekończący się łańcuch wendety, który w końcu doprowadzi do całkowitego upadku autorytetu Prawa i zniszczenia całego wszechświata. Jednak król Dhritarasztra mając słabość do swego syna, zgadza się na zaproszenie Pandawów do gry, licząc na to, że jego obecność i obecność starszyzny zatrzyma niszczący łańcuch wendety, zanim posunie się za daleko.

Zaproszony do gry w kości Król Prawa zna jej wynik, gdyż sam jest słabym graczem i wie, że jest to pułapka. Wie, że czeka go przegrana. Jest jednak Królem Prawa i nie potrafi zejść ze ścieżki Prawa. Jako wojownik musi stawić czoła wyzwaniu przeciwnika i jest obowiązany do posłuszeństwa starszyźnie swego rodu, a szczególnie rozkazowi króla Dhritarasztry, aby stanąć do gry. Wraz ze swymi braćmi udaje się do Hastinapury, choć wie, że rezultatem tej gry będzie jego upadek, który oznacza upadek autorytetu Prawa, a bez ochrony Prawa w królestwie rządzonym przez króla Dhritarasztrę zatryumfuje żądza i przemoc.

Opowieść 15 opisuje najbardziej brzemienny w skutki i przerażający moment w dotychczasowym przebiegu konfliktu Kaurawów z Pandawami. Jest to punkt zwrotny, ku któremu prowadziło to, co wydarzało się dotychczas i który będzie tłem dla tego wszystkiego, co wydarzy się później. Na oczach zabranej w Gmachu Gry starszyzny rodu i tłumu magnatów, wśród których w zadziwiający sposób brakuje Kryszny, w wyniku niekończącej się rywalizacji-wendety między kuzynami-braćmi symbolizowanej przez grę w kości upada autorytet Prawa, a wraz z nim wszelka legalna władza.

Sprowokowany do gry w kości Król Prawa poddaje się jej regułom i porwany przez ducha gry przegrywa wszystko, łącznie ze swymi braćmi i ich wspólną żoną Draupadi. Po tym jak Król Prawa staje się niewolnikiem Durjodhany wszyscy ci, którzy łącznie z nim starają się nadal podążać ścieżką Prawa, pogarszają jedynie sytuację. Pozbawiony swej władzy Król Prawa, obecnie niewolnik Durjodhany, milczy. Do milczenia zmuszają się również posłuszni mu przegrani przez niego bracia. Milczy senior rodu Bhiszma, nie znajdując uzasadnienia do buntu w swoim Prawie. W obliczu tego milczenia Prawa do głosu dochodzi żądza i przemoc, która kieruje się przeciw niewinnej żonie Pandawów Draupadi, obiekcie pożądania Kaurawów. Wspominając o tym, że Draupadi przebywa właśnie w izolacji z powodu swej comiesięcznej przypadłości, *Mahabharata* przypomina nam jak groźna jest krew kobiety, w której może utonąć cały świat. To nie jest dobra krew ofiary, która oczyszcza ze zła. Draupadi upokarzana na oczach zebranych w Gmachu Gry mężczyzn chcąc podążać ścieżką swego Prawa, nie wie co uczynić. Jest gotowa zaakceptować wyrok losu i pogodzić się z tym, że została przegrana, ale nie wie, czy naprawdę została przegrana. Na jej błagalne prośby skierowane do zebranych mężczyzn, by wyjaśnić jej, jakie działanie powinna podjąć, aby nie zejść ze ścieżki Prawa, nikt nie potrafi udzielić jej autorytatywnej odpowiedzi, gdyż autorytet Prawa został zniszczony przez pułapkę gry. W końcu Draupadi po raz drugi przynosi Pandawom zmianę ich losu. Jej cierpienie i złowróżbne wycie szakala powodują, że król Dhritarasztra oferuje jej spełnienie trzech próśb i ona prosi o przywrócenie wolności Pandawom, co on czyni, zwracając im też utracony podczas gry majątek.

Jak się dowiadujemy z Opowieści 16 to, co wydarzyło się w Gmachu Gry, będzie miało swe ponure konsekwencje, gdyż sprawy zaszły za daleko i nie znajdując prawdziwego rozwiązania, tylko pozornie wróciły do normalności. Kaurawowie wiedzą, że atakując i upokarzając Draupadi, dali Pandawom motyw do zemsty, którego nie potrafi uciszyć nawet ich silna wola powstrzymywania się od przemocy dla dobra królestwa i całego wszechświata. Chcąc odsunąć tę zemstę w czasie, ponownie wyzywają Króla Prawa do gry w kości, choć tym razem stawką w grze jest utrata królestwa i wygnanie na trzynaście lat, gdzie trzynasty rok ma być spędzony wśród ludzi, ale w taki sposób, aby nie zostać rozpoznanym, gdyż inaczej przegrywający musi udać się na wygnanie na następne trzynaście lat. Król Prawa przegrywa i udaje się z braćmi i Draupadi na wygnanie. Choć Pandawowie akceptują wyrok losu, wszyscy wiedzą, że braterska wojna jest nieunikniona. Gra w kości zniszczyła nadzieje Kryszny na pokojowe odnowienie autorytetu

Prawa na ziemi. Zawiść Durjodhany i naturalne reguły wendety zniszczyły nadzieję na pokojowe ustanowienie na ziemi rządów Króla Prawa, który stałby na straży Prawa. Jedyną drogą realizacji tego celu stanie się apokaliptyczna wojna, która oczyści cały wszechświat z zanieczyszczającej go i przesiąkającej wszystko *adharmy* i dostarczając nowego fundamentu, na którym zostanie oparta władza Króla Prawa. Tym fundamentem będzie autorytet Kryszny, którego ostatecznie *Mahabharata* czyni odpowiedzialnym za tę wojnę i jej rezultat.

Opowieść 12
Budowanie Imperium Króla Prawa

1. Kryszna prosi demona Maję o zbudowanie nieporównywalnie wspaniałego Gmachu Zgromadzeń dla Króla Prawa; 2. Mędrzec Narada opowiada Królowi Prawa o ofierze koronacyjnej króla Hariścandry, która pozwoliła mu na dotarcie do Gmachu Zgromadzeń króla bogów Indry; 3. Król Prawa rozmyśla nad możliwością zdobycia zwierzchnictwa nad ziemskimi królami i realizacją ofiary koronacyjnej, aby podobnie jak król Hariścandra zasłużyć na miejsce w świecie króla bogów Indry; 4. Kryszna opowiada Królowi Prawa o istnieniu jego rywala, króla Dżarasamdhy, który pokonał wielu królów, uwięził ich i chce ich złożyć w ofierze bogowi Śiwie; 5. Kryszna namawia Króla Prawa do zabicia króla Dżarasamdhy; 6. Kryszna namawia Króla Prawa do użycia w walce z królem Dżarasamdhą podstępu; 7. Kryszna, Bhima i Ardżuna, trzy ognie, zabijają króla Dżarasamdhę podczas rytuału ofiarnego; 8. Kryszna, Ardżuna i Bhima zdobywają boski rydwan, w którym król bogów Indra w towarzystwie wielkiego boga Wisznu walczyli z demonami asurami i który był w posiadaniu Dżarasamdhy; 9. Kryszna skłania uwolnionych z więzienia królów do pomagania Królowi Prawa w jego ofierze koronacyjnej; 10. Pandawowie w imieniu Króla Prawa zbierają daninę od królów z całego świata, aby Król Prawa mógł wykonać ofiarę koronacyjną i otrzymać błogosławieństwo braminów.

Mędrzec Narada kontynuował: „O Królu Prawa, wędrując po różnych światach spotkałem twego zmarłego ojca Pandu. Był on zdumiony, widząc, jak wielki zaszczyt spotkał króla Hariścandrę, który zdobył królestwo Indry. Prosił mnie, aby ci powiedzieć, że ty sam ze swymi posłusznymi tobie braćmi możesz jak król Hariścandra podbić całą ziemię. Pójdź więc drogą króla Hariścandry i przeprowadź wielki rytuał koronacyjny, który stoi najwyżej w hierarchii wszystkich rytuałów, gdyż takie jest życzenie twego ojca. Dzięki temu rytuałowi razem ze swymi przodkami i braćmi zdobędziesz świat Indry. Pamiętaj jednak o tym, że jest on najeżony przeszkodami i trudno doprowadzić go do końca, gdyż poszukują w nim słabych punktów niszczący rytuały rakszasowie i jeżeli uda im się go przerwać, zamiast pozytywnych skutków przyniesie niszczącą całą ziemię wojnę. Dowiedz się, że istnieje zapowiedź takiego zniszczenia. Przemyśl więc to wszystko, co ci powiedziałem i zastanów się nad tym, co czynić".

Mędrzec Narada wraz z grupą towarzyszących mu proroków opuścił wkrótce Gmach Zgromadzeń Króla Prawa, pozostawiając Pandawów samych sobie, rozmyślających nad tym, czy powinni podjąć ryzyko związane z groźbą przerwania rytuału ofiary koronacyjnej przez demony.

(*Mahābhārata*, 2(20) The Building of the Assembly Hall, 11.65-70)

1. Kryszna prosi demona Maję o zbudowanie nieporównywalnie wspaniałego Gmachu Zgromadzeń dla Króla Prawa

Po nasyceniu głodu Ognia Lasem Khandawa Kryszna i Ardżuna udali się z powrotem do Indraprasthy, aby wyjaśnić Judhiszthirze swą nieobecność i opowiedzieć mu o tym, co się wydarzyło. Demon asura o imieniu Maja, któremu Ardżuna uratował życie, nie odstępował ich na krok, obdarowując Ardżunę setką komplementów. Złożywszy pobożnie dłonie, rzekł: „O Ardżuna, obroniłeś mnie przed wzniesionym dyskiem rozgniewanego Kryszny i przed samym Ogniem, który był gotowy, aby mnie pochłonąć. Powiedz, proszę, co mam uczynić, aby odwdzięczyć ci się za oddaną mi przysługę".

Ardżuna odpowiedział: „O demonie, niczego od ciebie nie oczekuję i nie chcę cię o nic prosić. Odejdź więc w pokoju i bądź dla nas życzliwy, gdyż wówczas odpowiemy ci taką samą życzliwością".

Demon jednak upierał się przy swoim. Rzekł: „O Ardżuna, jestem wielkim artystą i architektem demonów równym talentem architektowi bogów. Pozwól mi coś dla siebie zrobić z czystej przyjaźni".

Ardżuna rzekł: „O asura, nie chcę od ciebie zapłaty za oddaną ci przysługę, ale nie chcę także cię unieszczęśliwiać, uniemożliwiając ci zaspokojenie twych pragnień. Skoro tak bardzo pragniesz coś dla mnie zrobić, uczyń to, o co poprosi cię Kryszna, gdyż mnie to w pełni zadowoli".

Po dłuższym namyśle Kryszna rzekł do demona: „O asura, użyj swego talentu i zbuduj Gmach Zgromadzeń dla Króla Prawa, który byłby jego godny. Niech swym przepychem wprowadza wszystkich w zdumienie i niech jego budowy nikt w świecie nie potrafi powtórzyć. Odtwórz w nim projekty stwarzane nie tylko przez bogów, ale także przez demony i ludzi". Maja rzekł: „O Kryszna, niech tak się stanie. Zbuduję Królowi Prawa Gmach Zgromadzeń, który będzie równy rydwanowi bogów".

Judhiszthira zaakceptował ideę budowy i wkrótce demon Maja po wybraniu szczęśliwego dnia, nakarmieniu braminów i obdarowaniu ich prezentami rozpoczął budowę na starannie wybranym i dobrze wróżącym kawałku ziemi. W tym czasie Kryszna zatęsknił za swym ojcem Wasudewą i po pożegnaniu wszystkich mieszkańców Indraprasthy, wyruszył z powrotem w kierunku Dwaraki.

Pewnego dnia zajęty realizacją swego projektu demon Maja rzekł do Ardżuny: „O Ardżuna, chcę ozdobić Gmach Zgromadzeń

Króla Prawa najwspanialszymi klejnotami, pozwól mi więc udać się w Himalaje, na północ od płaskowyżu Kailasa, w okolice góry Mainaka otoczonej jeziorem Bindu, do świętego miejsca, gdzie bogowie i demony asurowie składają ofiary i gdzie ja sam przechowuję sporą kolekcję szlachetnych kamieni, które chcę przywieźć tutaj. W tym świętym miejscu, gdzie pełno jest słupków ofiarnych i złotych ołtarzy ozdobionych szlachetnymi kamieniami, sam król bogów Indra składał setki swych wielkich ofiar, osiągając zwycięstwo nad asurami i tam składa swe ofiary Kryszna Wasudewa. Tam oddawano cześć Panu Wszystkich Żywych Istnień po stworzeniu przez niego świata i także tam po upływie każdego tysiąca eonów zbierają się na sesji ofiarnej Nara, Narajana, Brahma, Jama i Śiwa. Przywiozę stamtąd także potężną maczugę, która leży na dnie jeziora Bindu od czasu, gdy wrzucił ją tam potężny król gigantów danawów po pokonaniu swych wrogów. Maczuga ta będzie znakomitą bronią dla potężnego Bhimy. Dla ciebie zaś przywiozę konchę o donośnym dźwięku, która jest własnością samego boga oceanu Waruny". Ardżuna rzekł: „O asura, niech tak się stanie". Demon Maja udał się więc w Himalaje, skąd przyniósł wszystko, co obiecał, angażując do pomocy rakszasów z gatunku kimkarów.

Gmach Zgromadzeń, który demon Maja w przeciągu czternastu miesięcy zbudował dla Króla Prawa, nie miał sobie równych i jego sława szybko rozeszła się po wszystkich trzech światach. Oparty na złotych filarach, ze ścianami ozdobionymi szlachetnymi kamieniami promieniował wokół blaskiem ognia, słońca i księżyca. Przysłaniał sobą niebo jak monsunowa chmura lub niebotyczne Himalaje. Otoczony był rzędami wiecznie obsypanych kwiatami wysokich drzew, które dostarczały cienia. Strzegło go osiem tysięcy potężnych żółto i czerwono-okich demonów rakszasów z gatunku kimkarów o perłowych uszach zdolnych do poruszania się w powietrzu. W centrum zabudowań znajdowało małe jeziorko wypełnione czystą wodą, której taflę poruszaną lekkim wiatrem pokrywał gruby dywan lilii wodnych i kwiatów lotosu o łodygach udekorowanych kamieniami szlachetnymi. Niektórzy spośród odwiedzających Gmach królów, patrząc na ten uroczy staw, dostrzegali jedynie drogie kamienie i kosztowności i sięgając po nie, wpadali do wody.

Po ukończeniu budowy Król Prawa zarządził uroczyste otwarcie Gmachu. Z tej okazji obdarował hojnie braminów i zadbał o oddanie należnej czci bogom, honorując ich muzyką, pieśniami i wypełniając przeznaczoną dla nich świętą przestrzeń słodkimi zapachami. Oddał również honory samemu Gmachowi. Na jego otwarcie gromadnie przybyli z licznych krajów prorocy, książęta i wielcy magnaci. Przybyły tam także znane ze swych tańców boskie nimfy apsary i znani ze swych umiejętności komponowania muzyki boscy muzycy gandharwowie oraz znawcy rytmu kimkarowie. Wszyscy oni pogrążeni w boskim unisonem, czekali na przybycie Króla Prawa Judhiszthiry, będąc jak bogowie czekający na przybycie dziadka wszechświata Brahmy.

2. Mędrzec Narada opowiada Królowi Prawa o ofierze koronacyjnej króla Hariścandry, która pozwoliła mu na dotarcie do Gmachu Zgromadzeń króla bogów Indry

Gdy Pandawowie zasiedli wreszcie na swych tronach, niespodziewaną wizytę złożył im otoczony przez licznych proroków mędrzec Narada. Judhiszthira rzekł: „O braminie, ty sam poruszasz się swobodnie z szybkością myśli po wszystkich światach stworzonych przez Brahmę i widziałeś ich wiele. Powiedz mi, czy widziałeś gdzieś Gmach Zgromadzeń, który byłby wspanialszy od tego, który zbudował dla mnie i mych braci demon asura Maja?"

Narada odpowiedział: „O Królu Prawa, nigdy nie spotkałem Gmachu Zgromadzeń równie wspaniałego jak twój w świecie ludzi. Pozwól jednak, że opowiem ci o Gmachach Zgromadzeń w światach bogów, w których nikt nie odczuwa zmęczenia i każdy doświadcza jedynie przyjemności".

I mędrzec Narada opowiedział Pandawom o Gmachu Zgromadzeń zbudowanym przez króla bogów Indrę dzięki jego bohaterskim czynom oraz o Gmachu zbudowanym przez boga bogactwa Kuberę dzięki mocy jego umartwień. Opowiedział im też o Gmachach Zgromadzeń boga śmierci Jamy i boga oceanu Waruny, które mocą swych umartwień zbudował dla nich architekt bogów Wiśwakarman, oraz o zawieszonym w powietrzu Gmachu Zgromadzeń dziadka wszechświata Brahmy, którego jednak nie sposób opisać, bo bezustannie zmienia swój kształt. Opowiedział im także o zbierających się w nich tłumach różnych istnień.

Wysłuchawszy tych opowieści, Judhiszthira rzekł: „O proroku, wspaniałe są Gmachy Zgromadzeń bogów. Zgodnie z tym, co mówisz, prawie wszyscy ziemscy królowie zbierają się po śmierci w Gmachu boga śmierci Jamy, a węże, demony dajtjowie, rzeki i oceany w Gmachu boga oceanu Waruny. Jakszowie, rakszasowie, boscy muzycy gandharwowie, boskie nimfy apsary oraz bóg Śiwa wygnany przez bogów z królestwa Indry gromadzą się w Gmachu boga bogactwa Kubery, podczas gdy starożytni mędrcy i prorocy, tłumy bogów, cała nauka i wiedza gromadzą się w Gmachu Zgromadzeń dziadka wszechświata Brahmy. Z kolei w Gmachu

Zgromadzeń króla bogów Indry, który wsławił się setką złożonych ofiar, gromadzą się głównie bogowie oraz pustelnicy, prorocy i mędrcy, którzy zniszczyli swe ciała umartwieniami, jak i wojownicy, którzy polegli na polu bitewnym, gdyż nie chcieli ratować się ucieczką. Wspomniałeś, że wśród nich przebywa również ziemski król Hariścandra. Powiedz mi, proszę, jakich bohaterskich czynów dokonał ten sławny król i jakie podjął umartwienia, że może równać się z samym Indrą?"

Narada rzekł: „O Judhiszthira, Hariścandra był potężnym królem, który siłą swego miecza zdobył zwierzchnictwo nad wszystkimi władcami ziemi, którzy oddawali mu cześć, gdyż po tym jak sam jeden na swym złotym rydwanie podbił siedem kontynentów, przeprowadził i szczęśliwie ukończył wielką ofiarę koronacyjną, zwaną *Radżasuja*. Na jego rozkaz wszyscy pokonani przez niego królowie oddali mu swe bogactwa, które on w czasie tej ofiary rozdał braminom. Uhonorowani w ten sposób bramini uznali go jednogłośnie za najznakomitszego z wszystkich królów, dzięki czemu król ten swym blaskiem zaćmił wszystkich innych królów, zdobywając uniwersalne zwierzchnictwo nad ziemią. Każdy król, któremu uda się przeprowadzić tę wielką koronacyjną ofiarę do końca, stanie się na ziemi tym, kim król bogów Indra jest w niebie".

Mędrzec Narada kontynuował: „O Królu Prawa, wędrując po różnych światach spotkałem twego zmarłego ojca Pandu. Był on zdumiony, widząc, jak wielki zaszczyt spotkał króla Hariścandrę, który zdobył królestwo Indry. Prosił mnie, aby ci powiedzieć, że ty sam ze swymi posłusznymi tobie braćmi możesz jak król Hariścandra podbić całą ziemię. Pójdź więc drogą króla Hariścandry i przeprowadź wielki rytuał koronacyjny, który stoi najwyżej w hierarchii wszystkich rytuałów, gdyż takie jest życzenie twego ojca. Dzięki temu rytuałowi razem ze swymi przodkami i braćmi zdobędziesz świat Indry. Pamiętaj jednak o tym, że rytuał ten jest najeżony przeszkodami i trudno doprowadzić go do końca, gdyż poszukują w nim słabych punktów niszczący rytuały rakszasowie i jeżeli uda im się go przerwać, zamiast pozytywnych skutków przyniesie niszczącą całą ziemię wojnę. Dowiedz się, że istnieje zapowiedź takiego zniszczenia. Przemyśl więc to wszystko, co ci powiedziałem i zastanów się nad tym, co czynić".

Mędrzec Narada wraz z grupą towarzyszących mu proroków opuścił wkrótce Gmach Zgromadzeń Króla Prawa, pozostawiając Pandawów w rozterce, rozmyślających nad tym, czy powinni podjąć ryzyko związane z groźbą przerwania rytuału ofiary koronacyjnej przez demony.

3. Król Prawa rozmyśla nad możliwością zdobycia zwierzchnictwa nad ziemskimi królami i realizacją ofiary koronacyjnej, aby podobnie jak król Hariścandra zasłużyć na miejsce w świecie króla bogów Indry

Myśl o przeprowadzeniu ofiary koronacyjnej nie opuszczała Króla Prawa, choć wzdychał boleśnie, rozmyślając o najeżonej przeszkodami ścieżce, którą biegnie ta ofiara, zanim przyniesie swój szczęśliwy skutek. W końcu jednak powziął postanowienie o jej przeprowadzeniu, gdyż jako człowiek o niezwykłej mocy i majestacie, strażnik Prawa, myślał przede wszystkim o tym, co jest dobre dla wszystkich bez wyjątku. Przed podjęciem odpowiednich kroków zmierzających do jej realizacji zwołał radę konsultacyjną, aby poznać w tej sprawie opinię swych doradców, braci i domowego kapłana.

Wszyscy oni rzekli: „O Królu Prawa, z całą pewnością nadszedł właściwy czas, abyś podjął się przeprowadzenia tej ofiary, gdyż jej szczęśliwe ukończenie daje królowi zwierzchnictwo nad całą ziemią i król, który szczęśliwie ją ukończył zostaje uznany za tego, kto pokonał wszystkich. W pełni zasługujesz na tę pozycję i zdobywszy zwierzchnictwo swym autorytetem ustanowisz w całym świecie autorytet Prawa. To prawda, że w realizowaniu tej ofiary jesteś w ogromnym stopniu zdany na samego siebie, gdyż nawet najsurowsi w swych ascetycznych praktykach bramini nie potrafią z góry ustalić i dokładnie wyliczyć momentu, w którym najlepiej ją przeprowadzić. Jej szczęśliwe ukończenie zależy bowiem od zdobycia jednomyślnej lojalności wszystkich królów i wojowników i od ich zgody na opłatę daniny. Ciebie jednak wszyscy kochają i wszyscy są pod twym wpływem. Jesteś więc z całą pewnością zdolny do doprowadzenia jej do końca. Nie wahaj się dłużej i poczyń odpowiednie przygotowania".

Zdobywszy to jednogłośnie poparcie swych doradców, braci oraz domowego kapłana, Judhiszthira zaczął rozmyślać nad krokami, które powinien poczynić, aby składając tę ofiarę nie zrujnować samego siebie, lecz przynieść dobro całemu światu. Po krótkim namyśle doszedł do wniosku, że nie może rozpocząć przygotowań do niej, zanim nie zapyta o radę Kryszny, którego tajemnicę przeczuwał. Czuł, że Kryszna jest u korzeni wszystkiego we wszechświecie i że od niego zależy powodzenie jego własnych działań. Myślał o nim jako o kimś, kto choć wieczny i nienarodzony, narodził się na ziemi mocą swej własnej woli właśnie po to, by wprowadzić ponownie w całym świecie autorytet Prawa. Zawsze pamiętał o jego wielkich bohaterskich czynach porównywalnych jedynie z czynami bogów, a szczególnie o zabiciu demona Kansy, który pozbawił władzy prawowitego króla Jadawów Ugrasenę i rzucił wyzwanie bogom. Kryszna zdawał się wiedzieć o wszystkim i nie było we wszechświecie niczego, co by nie miało początku w jego czynach. Dla Kryszny nie istniały trudności, których nie potrafiłby pokonać, gdyż on sam był początkiem i nauczycielem wszystkiego, co istnieje.

4. Kryszna opowiada Królowi Prawa o istnieniu jego rywala, króla Dżarasamdhy, który pokonał wielu królów, uwięził ich i chce złożyć ich w ofierze bogowi Śiwie

Judhiszthira wysłał więc posłańca do Dwaraki, prosząc Krysznę o przyjazd do Indraprasthy. Kryszna zaakceptował zaproszenie i szybko wyruszył w drogę, ciesząc się na myśl o pojawiającej się ponownie okazji spotkania ze swym przyjacielem Ardżuną.

Gdy Kryszna przybył do Indraprasthy Judhiszthira ceremonialnie go powitał i po daniu mu wystarczającego czasu na wytchnienie, poprosił go o spotkanie i rzekł: „O Kryszna, pilnie potrzebuję twojej rady. Zamierzam przeprowadzić ofiarę koronacyjną, aby zostać królem królów, lecz jak wiesz doskonale pobożne życzenia nie wystarczą do realizacji zamierzonych celów. Królem królów zostanie ten, kto jest faktycznie podporą dla całego wszechświata, któremu wszyscy oddają cześć i który jest prawdziwym suwerenem. Moi doradcy namawiają mnie do podjęcia próby przeprowadzenia tej ofiary, lecz ja ciągle nie jestem pewien, czy powinienem się na to zgodzić. Nie wiem, czy nie ukryli czegoś przede mną z przyjaźni lub z chęci zysku. Twojej radzie ufam, gdyż wiem, że wyrastasz ponad ludzkie motywacje i ponad żądzę i gniew. Powiedz mi, proszę, czy bycie Indrą wśród królów jest faktycznie zadaniem przeznaczonym na tym świecie dla mnie?"

Kryszna rzekł: „O Królu Prawa, z racji posiadanych zalet wart jesteś zdobycia korony króla królów. Jest jednak coś, co może ci w jej zdobyciu przeszkodzić i o czym powinienem ci opowiedzieć.

Żyjący obecnie na ziemi magnaci i wojownicy narodzili się na początku nowego eonu z tego, co Paraśurama pozostawił na ziemi po wybiciu do nogi całej ich kasty. Sami nadawali ważność swym rodowodom, powołując się na autorytet własnych słów i wywodząc swe pochodzenie od syna Manu o imieniu Ila lub od wnuka boga słońca Ikszwaku. Dziś do tych początków aspiruje łącznie sto jeden różnych królewskich rodowodów, które rozproszyły się na cztery strony świata i których lojalność musisz zdobyć.

Dowiedz się, że w środkowym kraju w królestwie Magadhy żyje król o imieniu Dżarasamdha, który od urodzenia aspiruje do statusu Indry wśród królów. Aby szczęśliwie ukończyć ofiarę koronacyjną i zdobyć błogosławieństwo braminów, musisz go pokonać, gdyż nie może być dwóch Indrów wśród królów tak jak nie może być dwóch Indrów wśród bogów.

Ojcem Dżarasamdhy był król Magadhy o imieniu Brihadratha, dumny wojownik mający pod swą komendą trzy armie. Choć miał ciało wychudzone od ofiarnych postów, był bardzo przystojny i odważny. Wyglądem przypominał Indrę, splendorem słońce, cierpliwością ziemię, gniewem boga śmierci Jamę, a bogactwem boga bogactwa Kuberę. Jego wielkie cnoty przenikały całą ziemię, podobnie jak przenikają ją promienie słońca. Miał on dwie żony bliźniaczki, córki króla Benarów, znane ze swej urody i wielkiego posagu. Król obiecał im, że będzie je traktował równo, że nie będzie faworyzował żadnej z nich i że nigdy nie urazi ich dumy.

Król Brihadratha żył długo i zestarzał się nie mając dziedzica. Choć składał wiele ofiar, prosząc o syna, los zdawał się być dlań niełaskawy. Pewnego razu dowiedział się, że do jego królestwa przybył wielki mędrzec o imieniu Kandakauśika o ciele wyczerpanym umartwieniami, który szukał odpoczynku i pogrążył się w medytacjach w cieniu drzewa mangowego rosnącego niedaleko królewskiego pałacu. Razem z żonami i służącymi niosącymi dary udał się w kierunku drzewa, pod którym siedział pustelnik, aby go powitać i oddać mu należne honory. Zadowolony z niego pustelnik obiecał mu spełnienie jego jednej prośby i wówczas król i jego dwie żony poprosili zgodnie o syna i dziedzica.

Z nieznanych powodów prośba ta zaniepokoiła nieco mędrca, który po jej usłyszeniu popadł w głębokie zamyślenie. I gdy tak siedział bez ruchu przez dłuższą chwilę, obserwowany przez zatroskanego króla i jego dwie żony, na jego kolana upadł nagle owoc mango, który był doskonały i bez żadnej skazy, gdyż nie zdążyły go podziurawić papugi lub inne ptaki. Pustelnik wziął je do ręki, wypowiedział zaklęcie i podał je królowi, mówiąc, że owoc ten obdarzy go synem.

Patrząc na swe dwie żony bliźniaczki i jeden owoc, król podzielił owoc równo na dwie połowy i oddał je swym żonom, gdyż pamiętał o swej obietnicy nie faworyzowania żadnej z nich. I wkrótce, zgodnie z obietnicą pustelnika, obie jego żony równocześnie poczuły się brzemienne, uszczęśliwiając tym króla. Po upływie odpowiedniego czasu każda z nich urodziła żywe dziecko, które jednak miało jedynie połowę ciała, jedną nogę, jedną rękę, jedno ucho i połowę nosa. Gdy zobaczyły te dwie żywe i nie połączone ze sobą ludzkie połowy, zadrżały ze zgrozy i naradziwszy się miedzy sobą, wyniosły je z pałacu i porzuciły na skrzyżowaniu dróg.

Te dwie żywe połówki znalazła żywiąca się ludzkim mięsem demonka rakszini o imieniu Dżara i podniosła je z ziemi, myśląc o tym, żeby je zjeść. Aby było jej łatwiej je nieść, związała je razem, lecz one natychmiast się połączyły, tworząc jedno dziecko, twarde jak diament, zbyt ciężkie dla rakszini. Co więcej, dziecko zaczęło głośno płakać, wywołując niepokój w królewskim pałacu, z którego wybiegł spłoszony król i dwie jego żony z piersiami wypełnionymi mlekiem, pragnące odzyskać swe porzucone dziecko. Widząc ich, rakszini pomyślała, że nie powinna porywać tego chłopca, gdyż należy on do króla, w królestwie którego ona sama żyje i który bardzo pragnął mieć syna. Przybrała więc ludzką postać i podając królowi chłopca, rzekła: 'O królu, przyjmij tego chłopca jako dar ode mnie. Jest on bowiem twoim synem, którego powiły w dwóch oddzielnych połówkach twoje dwie żony i którego przestraszone porzuciły na skrzyżowaniu dróg i którego ja uratowałam'.

Dwie żony króla, widząc, że urodzone przez nie żywe połówki zostały cudownie połączone, podbiegły do dziecka i spryskały je mlekiem. Król zadowolony ze szczęśliwego obrotu rzeczy i widząc piękną ludzką formę, którą przybrała demonka, chciał się dowiedzieć, kim ona jest, aby móc jej odpowiednio podziękować. Demonka rzekła: 'O królu, nie jestem człowiekiem, lecz demonką z gatunku rakszasów, która potrafi przybierać dowolną formę. Mieszkam w lesie, który do ciebie należy. Włócząc się po drogach, znalazłam dwie połówki twego syna i szczęśliwy los tak chciał, że gdy je połączyłam, powstał z nich jeden wspaniały chłopiec, twój syn i dziedzic. Jak widzisz, byłam zaledwie narzędziem w realizacji twojego szczęśliwego losu'.

Po wypowiedzeniu tych słów, demonka znikła, a król, który był równy Pradżapatiemu, zabrał ze sobą swego odzyskanego syna i wrócił do pałacu. Natychmiast zarządził wykonanie rytów z okazji jego narodzin i ogłosił wielki festiwal na cześć demonki Dżary. Również na jej cześć nadał swemu synowi imię Dżarasamdha, czyli ten, który został połączony przez demonkę Dżarę. Syn ten urósł wielki i silny jak ogień ofiarny, w który wlewa się oczyszczony tłuszcz. Jak wieść niesie w jego ludzkim ciele narodził się jeden z demonów asurów, olbrzym danawa o imieniu Wipracitti.

Po upływie pewnego czasu asceta Kandakauśika raz jeszcze przybył do królestwa rządzonego przez król Brihadrathę. Ciesząc się z jego obecności, król Brihadratha wyszedł mu na spotkanie w towarzystwie całej swej świty, ministrów, żon i syna. Król powitał ascetę, oferując mu zgodnie z obyczajem wodę do obmycia stóp i ust, dary należne gościowi, swego syna i królestwo.

Czcigodny mędrzec podziękował za oddany mu hołd i znalazłszy się w stanie ekstatycznej szczęśliwości rzekł: 'O królu, wiem doskonale o wszystkim, co się wydarzyło podczas mej nieobecności dzięki mojej boskiej wizji. Twój syn będzie Indrą wśród królów. Żaden z królów nie dorówna mu w waleczności i nie potrafi go pokonać w bitwie z bronią w ręku. Nie będzie go można zranić nawet przy użyciu boskiej broni. Swym blaskiem zaćmi wszystkich innych królów, będąc jak słońce zaćmiewające blask gwiazd. Każdy, kto go zaatakuje, będzie jak ćma ciągnąca do ognia po śmierć, idąc na pewne zatracenie. Od niego będzie zależał los wszystkich królów tak jak od oceanu zależy los nabrzmiałych monsunowymi wodami rzek. Stanie się fundamentem podzielonego na cztery kasty społeczeństwa, będąc podobny do ziemi, która przynosząc plon, dostarcza gruntu zarówno dla wzrostu dobra jak i zła. Wszyscy ziemscy władcy mu się podporządkują tak jak żywe istoty podporządkowują się swemu oddechowi, który jest ich duszą. Dzięki swej mocy przekroczy wszystkie światy i na własne oczy zobaczy boga Śiwę, potężnego niszczyciela trzech miast'.

Po wypowiedzeniu tych ważkich słów czcigodny mędrzec pożegnał króla Brihadrathę i udał się w dalszą drogę. Król Brihadratha z kolei zebrawszy wszystkich swych krewnych i powinowatych, namaścił swego syna i osiągnąwszy ostateczny spokój, oddał mu swe królestwo i sam wraz ze swymi żonami udał się do lasu, aby kontynuować tam życie w warunkach surowej ascezy".

5. Kryszna namawia Króla Prawa do zabicia króla Dżarasamdhy

Kryszna kontynuował: „O Judhiszthira, choć według słów bramina przeznaczeniem króla Dżarasamdhy jest bycie Indrą wśród królów, swym działaniem nie przynosi on światu dobra, lecz zniszczenie. W swym traktowaniu innych królów nie kieruje się zasadami Prawa, Zysku i Przyjemności, lecz kroczy drogą przemocy i pozostawiony przez swego ojca samemu sobie ujarzmił ich wszystkich swoją dzielnością. Co więcej, ten niegodziwiec rości sobie pretensję do nazywania się Najwyższą Osobą i w swym szaleństwie przyjmuje moje imię, nazywając sam siebie Wasudewą Pundry, pod którym to imieniem stał się szeroko znany. On jest twoim rywalem o lojalność królów, gdyż, choć głównie królów atakuje, ma wśród nich również swoich zwolenników. Najgorętszym z nich jest mój zacięty wróg, którego nie udało mi się dotychczas zabić, król Kedisów Siśupala, który został jego marszałkiem.

Ja sam od dawna rozmyślam nad sposobem zabicia Dżarasamdhy, gdyż od momentu śmierci demona Kansy zaczął nękać mój ród Jadawów atakując Mathurę. Dopóki żył Kansa i był królem Mathury, trzymał Dżarasamdhę z dala od niej, gdyż wziął sobie za żony jego dwie córki. Jednakże po jego śmierci Dżarasamdha zaczął napadać moich krewnych. Nie potrafiliśmy go zabić przez trzysta lat, gdyż nie tylko on sam otrzymał dar bycia nie do pokonania przy pomocy żadnej broni, ale jeszcze dodatkowo miał pod swoją komendą dwóch wojowników Hamsę i Dibhakę, którzy byli w posiadaniu takiego samego daru. Ci dwaj wojownicy razem z Dżarasamdhą stanowili trójcę równą w swej potędze nieśmiertelnym. W końcu jednak w czasie oblężenia Mathury ci dwaj potężni wojownicy pożegnali się z życiem, popełniając samobójstwo. Dibhakę doszły bowiem fałszywe wieści, że Hamsa zginął i z żałości sam się utopił w rzece Jamunie, gdyż życie bez Hamsy straciło dla niego sens. Podobnie uczynił Hamsa, gdy dowiedział się, że Dibhaka się utopił, gdyż bez niego nie potrafił istnieć. Dżarasamdha usłyszawszy o ich śmierci, wycofał się z oblężenia Mathury i pozostawił moich krewnych na jakiś czas w spokoju.

Wkrótce jednak walka zawrzała na nowo, gdyż jedna z żon Kansy, córka Dżarasamdhy, zwróciła się do niego z prośbą o pomszczenie śmierci jej męża, zabicie mnie, gdyż byłem jego zabójcą i wybicie do nogi wszystkich magnatów naszego rodu. Zgodnie z otrzymaną wówczas radą, tchórzliwie wycofaliśmy się ze znajdującej się w środkowym kraju Mathury i ruszyliśmy na zachód, zabierając ze sobą cały nasz majątek i wszystkich krewnych. Schroniliśmy się w zbudowanej przez nas fortecy Dwaraka u stóp góry Raiwataki. której pilnie strzegą wojownicy naszego rodu. W Dwarace nawet kobiety potrafią walczyć i jest ona fortecą nie do zdobycia nawet przez bogów. Żyjemy tam w stanie wielkiej szczęśliwości, gdyż nie zagraża nam żaden zewnętrzny wróg, choć ciągle pamiętamy o opuszczonej przez nas Mathurze".

Kryszna kontynuował: „O Judhiszthira, nie tylko my opuściliśmy nasze królestwo w środkowym kraju, uciekając przed królem Dżarasamdhą. Uczynili to także liczni inni królowie, których napadał. Wszyscy bowiem wiedzą, że Dżarasamdha zakuwa w kajdany każdego króla, którego udaje mu się pokonać i wrzuca go do więzienia w górskiej jaskini, aby ich wszystkich złożyć w ofierze Najwyższemu Bogowi Śiwie, gdyż udało mu się ich pokonać dopiero po długim okresie oddawania mu czci. Nie pozwól mu na zrobienie z nich ofiary. Zabij jak zwierzę ofiarne i złóż w ofierze samego Dżarasamdhę i uwolnij królów, których on więzi, gdyż tylko dzięki temu możesz zostać królem królów".

6. Kryszna namawia Króla Prawa do użycia w walce z królem Dżarasamdhą podstępu

Po uważnym wysłuchaniu słów Kryszny Pandawowie zaczęli się zastanowić nad tym, co powinni uczynić, wypowiadając swoją opinię. Bhima rzekł: „O królu, najważniejsze jest podjęcie inicjatywy i rozpoczęcie działania, gdyż król bez inicjatywy skazany jest na upadek. Nawet słaby król z inicjatywą może pokonać silnego wroga przy użyciu właściwej taktyki. Pokonajmy króla Dżarasamdhę tak jak trzy ognie ofiarne, które konsumują złożoną weń ofiarę. Kryszna zapewnia nam bowiem taktykę, ja gwarantuję siłę, a Ardżuna zwycięstwo".

Kryszna rzekł: „O królu, znamy pięciu królów, którzy uzyskali tytuł suwerena i stali się królami królów. Jauwanaswa zdobył ten tytuł dzięki zniesieniu podatków; Bhagiratha, dzięki swym umiejętnościom obrony; Kartawirja dzięki swej dyscyplinie; Bharata poprzez swą bohaterskość; a Marutta dzięki swemu bogactwu. Król Dżarasamdha nie zasługuje na uzyskanie tego tytułu, lecz na karę, gdyż to, co czyni jest niezgodne z zasadami Prawa Zysku i Dyplomacji. Zważ, że tylko głupiec kieruje się w swym działaniu wyłącznie Zyskiem tak jak on i nie zwraca uwagi na konsekwencje swych czynów. Narzuca on wszystkim królom ze stu i jeden królewskich linii swe królowanie siłą i chcąc ofiarować ich Śiwie jak zwierzęta ofiarne, odbiera im możliwość zdobycia nieba, która otwiera się przed wojownikiem, gdy ginie on na polu bitewnym z bronią w ręku. Trzeba powstrzymać jego niegodziwości i ten kto to uczyni, zyska wielką sławę i z całą pewnością zdobędzie suwerenność i tytuł króla królów".

Judhiszthira rzekł: „O Kryszna, zbyt trudno stworzyć warunki pozwalające na doprowadzenie ofiary koronacyjnej do szczęśliwego końca. Poza tym pragnąc zostać suwerenem, myślę wyłącznie o sobie. W mym dążeniu staję się tak okrutny, że zapominam o moich braciach Bhimie i Ardżunie, którzy są moimi oczami i o tobie Kryszna, który jesteś moim umysłem. Jakie życie mnie czeka, gdy stracę moje oczy i umysł? Po co mi walka z królem Dżarasamdhą? Jeżeli go pokonam, choć uchodzi za niepokonanego, nic już nie zdoła mnie pokonać poza wyjałowieniem. A jeżeli z nim przegram, wyniknie z tego prawdziwa katastrofa. Nie powinienem podejmować się tego zadania, przeciw któremu jest moje serce".

Ardżuna rzekł: „O królu, dla wojownika trudno o coś doskonalszego od zadania zniszczenia Dżarasamdhy i uwolnienia królów z jego niewoli, tym bardziej, że jeżeli tego nie uczynimy, zostaniemy posądzeni o brak charakteru. Jak wiesz zdobyłem mój łuk, strzały, sławę, sprzymierzeńców i władzę siłą mych własnych ramion, lecz nie o władzę mi chodzi. Zachwyca mnie sama bohaterskość. Życie wojownika o bohaterskim rodowodzie bez bohaterskości traci sens. Życie wojownika jest bowiem bezustannym podbojem i nawet jeżeli dany wojownik nie ma wszystkich wymaganych zalet, to jednak dzięki swej bohaterskości niszczy wroga. To jego determinacja przynosi zwycięstwo. Król pragnący odnieść zwycięstwo musi unikać destrukcyjnej siły, która tkwi zarówno w tchórzostwie jak i w braku determinacji. Tak jak pustelnik staje się mędrcem, pragnąc spokoju, tak my dzięki twemu pragnieniu zdobycia tytułu suwerena pokonamy groźnego wroga".

Kryszna rzekł: „O najlepszy z królów, Ardżuna ujawnił myślenie godne Bharatów. Nikt z nas nie zna godziny własnej śmierci. Wiemy jednak na pewno, że żaden wojownik nie zdobędzie nieba, uciekając przed bitwą. Wroga należy pokonywać, używając taktyki zgodnej z regułami wojny, gdyż bezbłędna taktyka przynosi zwycięstwo, nawet wówczas, gdy przeciwnik jest nam równy siłą. Ostrożny taktyk nie wyzywa silniejszego wroga do otwartej bitwy, lecz wykorzystuje jego słabości, ukrywając starannie swoje własne. Zaatakujmy więc króla Dżarasamdhę nie przy pomocy wojska, lecz podstępu, szczególnie że to wyłącznie samo jego istnienie ma wpływ na los królów, których uwięził i nie ma potrzeby zabijania jego ludzi. Wraz z jego śmiercią zginie jego siła. Zważ też na to, że nawet wówczas, gdy mimo naszych starań, aby uniknąć przelewu niewinnej krwi, zaatakują nas ci, którzy będą chcieli pomścić jego śmierć, to walcząc z nimi będziemy szli ścieżką wojownika i zdobędziemy niebo".

Kryszna kontynuował: „O Królu Prawa, jak sam wiesz, króla Dżarasamdhy w otwartej bitwie nie potrafią pokonać ani bogowie ani demony, gdyż nie można go zabić przy pomocy żadnej broni. Można go jednak pokonać w walce na pięści. Skonsumujmy go więc tak jak trzy ognie konsumują ofiarę. Sprowokujemy go do walki na pięści, gdyż wówczas jego pogarda do świata i wysokie mniemanie o sobie zmuszą go do wybrania pojedynku z Bhimą, synem boga wiatru, który jest z nas wszystkich fizycznie najpotężniejszy. Jeżeli w swym sercu masz we mnie wiarę, powierz memu kierownictwu Ardżunę i Bhimę i pozwól nam w twym imieniu udać się do królestwa króla Dżarasamdhy".

Judhiszthira czując coraz bardziej tajemniczy autorytet Kryszny i słuszność jego słów, rzekł: „O Kryszna, ty jesteś największy z ludzi. Uciekamy się pod twoją obronę, gdyż ty jesteś naszym najpotężniejszym obrońcą. Cokolwiek mówisz, jest słuszne i to, co mówisz, się stanie. Działasz szybko i wiem, że dzięki twej pomocy zadanie, które muszę wykonać dla dobra całego wszechświata, zostanie wykonane. Nie mógłbym jako Król Prawa zaistnieć bez ciebie, Ardżuny i Bhimy. Ty i mój brat Ardżuna jesteście podwojonym Kryszną i bez was nie można w świecie niczego zdobyć, a mój brat Bhima jest najsilniejszy z silnych i z waszą pomocą potrafi zrobić wszystko. W realizacji każdego zadania należy bowiem łączyć taktykę, mądrość i siłę, które sobą reprezentujecie. O Kryszna, z radością powierzam Ardżunę i Bhimę twemu kierownictwu".

7. Kryszna, Ardżuna i Bhima, trzy ognie, zabijają króla Dżarasamdhę podczas rytuału ofiarnego

Kryszna, Ardżuna i Bhima w przebraniu młodych braminów, którzy właśnie ukończyli swą edukację zwanych pod nazwą Snataka, wyruszyli w daleką drogę w kierunku stołecznego miasta Magadha, którym władał król Dżarasamdha. Było to miasto piękne, otoczone pięcioma boskimi górami, w którym nigdy nie brakowało wody, gdzie zdrowi mieszkańcy żyli w swych pięknych, bogatych domach, ciesząc się cieniem rzucanym przez obsypane wiecznymi kwiatami drzewa.

W czasie, gdy zbliżali się do miasta, w pałacu króla Dżarasamdhy odbywała się właśnie ceremonia ofiarna ku czci króla. Czczony podczas tej ceremonii król Dżarasamdha siedział na swym słoniu bez broni, podczas gdy kapłani pobożnie go okrążali, niosąc święty ogień ofiarny. Uroczystościom towarzyszył jarmark uliczny, gdzie sprzedawano rozmaite rodzaje jadła i girlandy z kwiatów. Widząc tę obfitość przedmiotów służących przyjemności, Kryszna, Ardżuna i Bhima ściągnęli bez pozwolenia sprzedawców girlandy ze straganu i ozdobiwszy nimi swe szyje wkroczyli prowokacyjnie do pałacu króla Dżarasamdhy, będąc jak himalajskie lwy wkraczające do zagrody krów. Minąwszy bez przeszkód trzy potężne mury broniące wejścia do pałacu, uzbrojeni jedynie w swe własne ramiona zbliżyli się prowokacyjnie do króla.

Widząc tych wojowniczo wyglądających braminów, król Dżarasamdha wypowiedział słowa powitania, rozkazując, aby podać im wodę do umycia stóp i powitać ich z należnymi im honorami. Miał on bowiem zasadę, że zawsze gdy do jego pałacu zawitają bramini Snataka, choćby było to i w środku nocy, przywita ich z odpowiednimi honorami. Rzekł: „O bramini, witajcie i niech sprzyja wam dobry los. Dołączcie do naszej ofiary i usiądźcie wśród nas". I gdy trzej wojownicy w bramińskim przebraniu usiedli bez słowa podzięki, płonęli jak trzy ognie podczas wielkiej sesji ofiarnej.

Król Dżarasamdha bardzo zdziwiony ich wyglądem rzekł, nie mogąc ukryć krytycznego tonu: „O bramini, o ile mi wiadomo, bramini Snataka nie oblewają swych ciał perfumami i nie zdobią ich girlandami, podczas gdy wy nie tylko ozdobiliście się kwiatami, ale jeszcze na waszych ramionach dostrzegam ślady od noszenia łuku. Twierdzicie, że jesteście braminami, a otacza was magnacka aura. Prawda jest świętością nie tylko dla braminów, ale również dla królów. Powiedzcie mi, kim jesteście. Wytłumaczcie się, dlaczego nie wkroczyliście do miasta główną bramą, lecz wdarliście się do niego od strony wzgórza Czaitjaka, obrażając tym czynem mnie, króla tego miasta? Teraz, gdy udało wam się zbliżyć do mnie w ten obraźliwy sposób, wyjaśnijcie mi, jaki jest wasz cel?"

Kryszna odpowiedział głosem, który zabrzmiał uprzejmie, lecz groźnie: „O królu, wierni naszym przysięgom, nigdy nie wchodzimy główną bramą do domu naszego wroga i gdy chcemy go pokonać, nie odwzajemniamy uprzejmych słów powitania".

Król Dżarasamdha rzekł: „O bramini, nie przypominam sobie was i tego abym kiedykolwiek uczynił wam coś złego, a skoro nie zachowałem się wrogo wobec was, dlaczego uważacie mnie za swego wroga? Umysł tego, kto atakuje niewinnego z całą pewnością ucierpi z powodu tego oczywistego łamania Prawa i ten wrogi akt obróci się przeciw niemu. Będąc królem, przestrzegam ściśle królewskiego Prawa i jestem najbardziej prawy wśród prawych. Mając mnie za wroga musieliście paść ofiarą pomyłki".

Kryszna rzekł: „O królu, zniszczyłeś całą kastę magnatów i choć popełniłeś ten ohydny czyn, uważasz się za niewinnego! Kto to słyszał, aby jeden król tyranizował innych uczciwych królów. Zamknąłeś ich w więzieniu i chcesz ich złożyć w ofierze bogowi Siwie. Choć sam jesteś magnatem, traktujesz innych magnatów jak zwierzęta ofiarne. Zło to z całą pewnością nie pozostanie bez wpływu na ciebie, gdyż trudno mieć umysł bardziej zdeprawowany. Jak możesz pozbawiać magnata możliwości bohaterskiej śmierci. Każdy świadomy swego wysokiego urodzenia magnat wie, że ginąc na polu bitewnym, zdobywa niebo. Myśląc podczas bitwy o zdobyciu nieba, waleczny wojownik staje się uświęconym uczestnikiem rytów, którymi są bitwy i oddaje w ten sposób cześć trzem światom. Niebo rodzi się ze zwycięstwa, wielkiej sławy, umartwień i bitwy. Prowadzenie bitwy jest najwyższą cnotą króla bogów Indry, gdyż dzięki bitwie niszczy on demony asury i chroni wszechświat przed zagładą.

Przebyliśmy do stolicy twego kraju, aby bronić ciemiężonych królów i zatrzymać cię w twym działaniu, zanim zdołasz zniszczyć naszych krewnych. Pragnąc nieba, trudno wybrać sobie lepszego przeciwnika do walki niż ciebie. Mylisz się jednak, wierząc, że dzięki darowi, który posiadasz, żaden magnat nie jest ci równy i nie potrafi cię pokonać. Nie lekceważ innych i nie myśl, że nie ma w nich potęgi. Należy ona do ciebie tylko dopóty, dopóki nie ujawni się chwała równa twojej. Porzuć więc swą dumę i uznaj nas za równych. Dowiedz się, że nie jesteśmy braminami lecz wojownikami i że naszym celem jest uwolnienie królów, których więzisz. Ja jestem Kryszna, a ci dwaj potężni wojownicy, którzy mi towarzyszą to Bhima i Ardżuna. Wyzywamy cię do walki, gdyż chcemy cię jak najszybciej wysłać do świata boga śmierci Jamy".

Dżarasamdha odpowiedział: „O Kryszna, w swej mowie oskarżasz mnie niesłusznie. Obowiązkiem magnata jest zwyciężać, podbijać i działać tak jak mu się podoba. Realizuję jedynie mój obowiązek i trzymam w więzieniu tylko tych królów, których pokonałem w uczciwej bitwie".

Kryszna dostrzegł, że król Dżarasamdha, choć nie uzbrojony jest coraz bardziej gotowy do podjęcia walki. Rzekł: „O królu, przybyliśmy tutaj, aby wyzwać cię do pojedynku. Wybierz spośród nas jednego, z którym chciałbyś walczyć na pięści". W odpowiedzi wierny Prawu wojowników król Dżarasamdha zdjął z głowy swój diadem, przeczesał włosy i wzburzony jak wychodzący ze swych brzegów ocean, rzekł do Bhimy: „O Bhima, z tobą będę walczył, gdyż ty jesteś najsilniejszym przeciwnikiem". I po tym, jak stojący niedaleko wojowniczego króla jego domowy kapłan trzymając w dłoniach najlepsze z ożywiających i pozbawiających bólu ziół, wypowiedział swe błogosławieństwo, król Dżarasamdha rzucił się tak jak stał, bez broni, z gołymi pięściami na pobłogosławionego przez Krysznę Bhimę, który odpowiedział mu równie potężnym atakiem. Pojedynek tych dwóch mężów przypominający walkę Indry i Wrtrą obserwowały tłumy widzów przybyłych do pałacu, aby uczestniczyć w przeprowadzanym tam rytuale ofiarnym.

Pojedynek trwał bez przerwy nocą i dniem przez trzynaście dób. Czternastej nocy Kryszna obserwujący walkę zauważył, że siły króla Dżarasamdhy wyczerpują się i rzekł do Bhimy ogólnikowo: „O Bhima, nie należy przytrzymywać wroga, który jest wyczerpany i ciskać nim o ziemię, gdyż może on całkowicie stracić ducha. Nie ciskaj więc królem, lecz mocuj się z nim, używając swych silnych ramion".

Słysząc te słowa Kryszny, Bhima zrozumiał, że nadszedł moment, w którym powinien swego przeciwnika zabić. Kryszna dodał: „O Bhima, pokaż nam szybko ducha, którego otrzymałeś od bogów i użyj dziś przeciw królowi Dżarasamdhie swej przeraźliwej siły, którą otrzymałeś od boga wiatru".

W odpowiedzi na te słowa potężny Bhima podniósł wysoko potężnego Dżarasamdhę i podrzucił go sto razy do góry, po czym rzucił go na kolana, złamał jego kręgosłup i podeptawszy jego ciało, zawył jak dzika bestia. Gdy martwe ciało Dżarasamdhy padło na ziemię, a Bhima dziko zawył, dał się słyszeć przeraźliwy grzmot, który przeraził wszystkie żywe istoty. Wszyscy mieszkańcy Magadhy zachwiali się na nogach, a kobiety rodziły przedwcześnie martwe dzieci. Wszyscy jednym głosem pytali, czy to Himalaje pękły na połowę, czy też ziemia oderwała się nagle od swej podpory.

8. Kryszna, Ardżuna i Bhima zdobywają boski rydwan, w którym król bogów Indra w towarzystwie wielkiego boga Wisznu walczyli z demonami asurami

Kryszna, Bhima i Ardżuna pozostawili ciało martwego króla Dżarasamdhy u bram jego pałacu i mimo głębokiej nocy dosiedli jego rydwanu należącego kiedyś do Indry, którym Indra obdarował jednego z bogów Wasu, który z kolei obdarował nim ojca Dżarasamdhy i ruszyli na ratunek królom uwięzionym w górach Giriwradża. Zdobywszy ten rydwan, który był nie do pokonania przez żadnego ziemskiego króla, pogrążyli się w ekstatycznej szczęśliwości. To na tym rydwanie błyszczącym jak szczere złoto, ozdobionym girlandą małych dzwoneczków, grzmiącym w biegu jak monsunowa chmura, zwycięskim i niszczącym wroga, król bogów Indra w towarzystwie Największego Boga Wisznu pokonał niegdyś dziewięćdziesięciu dziewięciu gigantów asurów danawów. Zaprzężony w boskie ogiery i ozdobiony ręcznie wykonanym przez bogów proporcem widocznym na milę pędził z szybkością wiatru. Gdy prowadzący konie Kryszna skupił swą myśl na Garudzie, wielki ptak, pożeracz wężów bezzwłocznie się przed nim pojawił i gdy siadł na proporcu wypełnionym już po brzegi licznymi skrzeczącymi istotami, oślepiając je swym blaskiem, maszt, na którym proporzec powiewał wyglądał jak wieża świątyni. I ten najwspanialszy z proporców ozdobiony wizerunkiem Garudy nigdy nie zaplątał się w gałęzie drzew i nigdy nie dosięgła go żadna broń.

9. Kryszna skłania uwolnionych z więzienia królów do pomagania Królowi Prawa w realizowaniu jego ofiary koronacyjnej

Uwolniwszy uwięzionych w górskiej jaskini królów, Kryszna i dwóch Pandawów opuścili góry i mając ich za towarzyszy pognali na zdobytym rydwanie ku równinom, gdzie zatrzymali ich prowadzeni przez braminów mieszkańcy Magadhy, wśród których był również syn króla Dżarasamdhy z procesją swych ministrów, chcąc oddać im należną cześć. Gdy uwolnieni królowie obdarowywali Krysznę posiadanym bogactwem, pytając o to, jak mogą odpłacić mu za obdarowanie ich wolnością. Kryszna rzekł: „O królowie, władca Indraprasthy Judhiszthira przygotowuje się do wykonania ofiary koronacyjnej, gdyż będąc Królem Prawa aspiruje do uzyskania zwierzchnictwa nad wszystkimi królami. Niech każdy z was pomoże mu w tym, aby jego ofiara zakończyła się sukcesem". Królowie rzekli: „O Kryszna, niech tak się stanie".

Wykonawszy swe zadanie, Kryszna i Pandawowie wrócili do Indraprasthy, aby opowiedzieć Judhiszthirze o swych bohaterskich czynach. Rzekli: „O najlepszy z królów, dobry los nam sprzyjał. Bhima pokonał w walce na pięści króla Dżarasamdhę i po zdobyciu jego rydwanu uwolniliśmy więzionych przez niego królów". Judhiszthira oddał honory Krysznie, uściskał swych braci i odpowiednio uczcił ich zwycięstwo. Następnie spotkał się z uwolnionymi królami, aby ich pożegnać i pozwolić im wrócić do ich własnych królestw. Wkrótce Indraprasthę opuścił również Kryszna, wracając do Dwaraki na zdobycznym rydwanie ozdobionym proporcem z Garudą, którym Judhiszthira zdecydował się obdarować Krysznę. Przed jego wyjazdem pięciu braci Pandawów pobożnie go okrążyło, wychwalając jego bohaterskie czyny.

Również uwolnieni z więzienia królowie sławili w swych pieśniach Krysznę i braci Pandawów, którzy zabijając króla Dżarasamdhę zagwarantowali im bezpieczeństwo. Wychwalali też Króla Prawa, który świecił wkoło swym przykładem, utrzymując w swym postępowaniu doskonałą równowagę między Prawem, Zyskiem i Przyjemnością. I w ten sposób sława Pandawów i Kryszny coraz szerzej rozchodziła się po świecie.

10. Pandawowie w imieniu Króla Prawa zbierają daninę od królów z całego świata, aby Król Prawa mógł wykonać ofiarę koronacyjną i otrzymać błogosławieństwo braminów

Pewnego dnia Ardżuna rzekł do Judhiszthiry: „O wielki królu, w tej chwili zdobyłem już wszystko, czego człowiek może zapragnąć i co bardzo trudno zdobyć. Mam swój łuk, strzały, sprzymierzeńców, ziemię, sławę i moc. Moim następnym zadaniem powinno być wzbogacenie naszego skarbca, abyśmy mogli hojnie obdarować braminów podczas twej ofiary koronacyjnej. Gdy nadejdzie pomyślny dzień wyruszę na północ, którą włada bóg bogactwa i spróbuję skłonić wszystkich królów północy do zapłacenia nam daniny". Król Prawa odpowiedział: „O Ardżuna, masz rację. Poproś kapłanów o błogosławieństwo i rusz na północ ku postrachowi naszych wrogów i radości naszych przyjaciół". I podczas gdy Judhiszthira sprawując rządy pozostawał w Indraprasthcie, jego czterej bracia ruszyli w czterech kierunkach świata, aby poinformować wszystkich królów o intencji przeprowadzenia ofiary koronacyjnej przez Króla Prawa oraz aby skłonić ich siłą lub dyplomacją do oddania mu hołdu poprzez opłatę daniny i uznanie jego zwierzchnictwa.

Ardżuna parł daleko na północ pokonując po drodze wszystkich królów, aż dotarł do miejsca w głębokich Himalajach, gdzie u bram miasta stał gigantyczny strażnik, który rzekł do niego: „O niepokonany zwycięzco, zawróć z drogi i zadowól się tym, co już zdobyłeś, gdyż człowiek, który wejdzie do naszego miasta musi umrzeć. W tym miejscu wojna się kończy. Ludzkie oko nie potrafi nawet dostrzec tego, co jest tutaj. Zawróć więc z drogi, gdyż nie pozostało już nic więcej do podbicia. Jeżeli masz jednak jakieś specjalne życzenie, chętnie je spełnię". Słysząc te słowa, Ardżuna rzekł: „O potężny strażniku, podbijałem królestwa znajdujące się na północy, aby zapewnić powodzenie ofierze koronacyjnej Króla Prawa. Nie wejdę do twego królestwa, skoro jest to dla ludzi zabronione, lecz chciałbym cię prosić, aby jego mieszkańcy złożyli daninę Królowi Prawa, zwiększając szansę powodzenia jego ofiary". Strażnik rzekł: „O Ardżuna, niech tak się stanie". Jako daninę dla Króla Prawa zaoferował boską tkaninę, ornamenty i skórę. Zebrawszy wszystkie dary zdobyte od królów północy, Ardżuna na czele swej armii wrócił do Indraprasthy.

Bhima z kolei udał się na wschód, gdzie między innymi leży Hastinapura rządzona przez króla Dhritarasztrę jak i królestwo Angi rządzone przez Karnę oraz królestwo zażartego wroga Kryszny Siśupali. Wszyscy oni zgodzili się na zapłatę daniny Królowi Prawa i na jego zwierzchnictwo. Po pokonaniu licznych królów wschodu w walce wręcz, w bitwie lub przy pomocy dyplomacji, Bhima wrócił do Indraprasthy, przywożąc ze sobą ogromne łupy, które oddał swemu najstarszemu bratu.

Sahadewa z kolei parł ze swym wojskiem daleko na południe, aż dotarł do królestwa rządzonego przez króla Nilę, chronionego przez sam Ogień, który obiecał mu, że będzie bronił jego wojsk. Gdy Ogień otoczył wojska Sahadewy płonącym pierścieniem, Sahadewa oczyścił się rytualnie w wodzie i rzekł do Ognia: „O Ogniu, to dla twego dobra podjąłem się tego podboju, gdyż jego celem jest możliwość wrzucenia w ciebie ofiarnego tłuszczu podczas ofiary koronacyjnej Króla Prawa. To ty jesteś ustami bogów, ty jesteś samym ofiarnym rytuałem. Nazywają cię Czyścicielem, bo wszystko oczyszczasz. Nazywają cię Nosicielem Ofiary bo w ciebie wlewa się oczyszczony tłuszcz ofiarny. To przez wzgląd na ciebie zostały stworzone *Wedy*. Proszę cię więc o to, abyś nie przeszkadzał Królowi Prawa w przeprowadzeniu jego koronacyjnej ofiary".

Sahadewa posypał ziemię trawą *kuśa* i siadł na niej przed płonącym Ogniem w rytualny sposób, obserwowany przez całą swą armię przerażoną pożarem. Ogień zbliżywszy się do niego, zatrzymał się i nie spalił go, wypowiadając następujące słowa: „O synu Madri, powstań. Poddawałem cię jedynie próbie, gdyż doskonale znam zarówno twoje jak i Króla Prawa zamiary. Jestem jednakże zobowiązany do obrony królestwa króla Nili, dopóki jest ono w rękach jego dynastii. Dlatego proszę cię o zaprzestanie ataku, a ja w zamian uczynię to, o co mnie poprosisz". I gdy Sahadewa rzekł: „O Ogniu, niech tak się stanie", Ogień wycofał swe płomienie, obiecując Sahadewie daninę dla Króla Prawa.

Po otrzymaniu daniny od króla Nili Sahadewa kontynuował swój marsz na południe, aż dotarł do miejsc zamieszkałych przez barbarzyńskie plemiona oraz demonów rakszasów i zmusiwszy ich wszystkich do podporządkowania się Judhiszthirze i wniesienia opłat, powrócił do Indraprasthy, przywożąc ze sobą ogromne bogactwa.

Do Indraprasthy z ogromnym łupem powrócił również wkrótce Nakula, który udał się daleko na zachód, aż dotarł do krainy rządzonej przez brata swej matki króla Madrasu Śalję, który bez wahania zgodził się na oddanie daniny Królowi Prawa i uznanie jego zwierzchnictwa.

Napisane na podstawie fragmentów *Mahābharāta*,
2. The Book of the Assembly Hall,
2(20) The Building of the Assembly Hall, 1-11,
2(21) The Council, 12-17,
2(22) The Killing of Jarāsamdha, 18-22,
2(23) The Conquest of the World, 23-29.

Opowieść 13
Zadedykowanie ofiary koronacyjnej Krysznie

1. Król Prawa rozpoznając, że w Krysznie narodził się *Człowiek*, który jest tym, co ukryte zarówno na początku jak i na końcu wszechświata, prosi go o zgodę na inaugurację swej ofiary koronacyjnej; 2. Mędrzec Narada rozmyśla o Krysznie, rozpoznając w nim *Człowieka*, którego czci się poprzez składanie ofiary; 3. Król Prawa honoruje Krysznę najwyższym darem dla królów, czemu sprzeciwia się król Siśupala, wskazując, że Kryszna nie jest królem; 4. Król Prawa niepokoi się o powodzenie swej ofiary, lecz Bhiszma uspokaja go, że atak Siśupali jest częścią boskiego planu; 5. Bhiszma wyjaśnia, że przeznaczeniem Siśupali jest śmierć z rąk obrażanego przez niego Kryszny; 6. Bhiszma broni się przed atakiem królów, chcących potraktować go jak zwierzę ofiarne i złożyć w ofierze, prowokując pojedynek Kryszny z Siśupalą; 7. Kryszna strażnikiem powodzenia ofiary koronacyjnej Króla Prawa.

> *To Kryszna w pojedynkę jest początkiem i końcem wszystkich światów i to dzięki niemu składamy tę ofiarę. Jest on bowiem tą Ukrytą Przyczyną i Wiecznym Sprawcą stojącym ponad wszystkie żywe istoty, będąc najstarszy w całym wszechświecie. Duch, umysł, Najwyższy Pan, wiatr, ogień, woda, eter, ziemia i całe stwarzanie mają swe oparcie w Krysznie.*
>
> (*Mahābhārata*, 2(25) The Taking of the Guest Gift, 35.20-25)

1. Król Prawa rozpoznając, że w Krysznie narodził się *Człowiek*, który jest tym, co ukryte zarówno na początku jak i na końcu wszechświata, prosi go o zgodę na inaugurację swej ofiary koronacyjnej

W królestwie rządzonym przez Króla Prawa panowała idealna harmonia, gdyż każdy z poddanych mógł skupić swą uwagę na wykonaniu własnego zadania, bo Król Prawa każdego z nich chronił dzięki swemu przywiązaniu do Prawdy i swej umiejętności trzymania wrogów z dala od granic kraju. Dzięki królewskiej prawości i sprawiedliwemu systemowi podatkowemu deszcz monsunowy lał obficie, użyźniając glebę. Ludziom dobrze się wiodło zarówno w hodowli krów, jak w uprawie roli i w handlu. Kraj omijały powodzie, pożary, susze i zarazy. Nic więc dziwnego, że majątek królestwa wzrósł tak bardzo, że nie sposób byłoby go wydać nawet przez setki lat. Oceniając wielkość swego skarbca oraz wypełnienie spichlerzy, Król Prawa doszedł do wniosku, że nadszedł właściwy czas na rozpoczęcie przygotowań do rytuału ofiary koronacyjnej. W myśli tej utwierdzali go wszyscy jego przyjaciele, mówiąc: „O królu, rozpocznij realizację zaplanowanego przez ciebie rytuału, gdyż nadszedł na to właściwy czas".

Tak samo musiał pomyśleć Kryszna, gdyż przybył ponownie do Indraprasthy na czele swej potężnej armii, przywożąc dla Króla Prawa niezmierzone dary. Ucieszony Judhiszthira powitał go zgodnie z etykietą, po czym zaprosił go, aby razem z jego braćmi i domowymi kapłanami zasiedli w Gmachu Zgromadzeń i przedyskutowali, czy faktycznie czas na zainaugurowanie rytuału jest właściwy. Judhiszthira uznał przyjazd Kryszny za dobrowróżący znak, gdyż przeczuwał, że to od obecności Kryszny zależy zdobycie przez niego królewskiego namaszczenia i powodzenie jego ofiary. Swym oświeconym umysłem potrafił bowiem dostrzec, że w śmiertelnej osobie Kryszny narodził się ponownie na ziemi ów czczony przez braminów *Człowiek*, starożytny mędrzec Narajana, istotny aspekt Najwyższego Boga Wisznu, widzialny jedynie dla oświeconych, w którym mają swe korzenie *Wedy*, który jest najpotężniejszy z tego wszystkiego, co jest wieczne i który jest tym, co jest ukryte zarówno na początku jak i na końcu wszechświata. On jest obrońcą tego, co było, co jest i co będzie, bastionem wszystkich starożytnych mędrców (*riszich*) i tym, który niszczy wroga i przynosi ulgę w niedoli.

Judhiszthira rzekł: „O Kryszna, to dzięki tobie cała ziemia znalazła się w mym władaniu i dzięki tobie zebrałem ogromne bogactwa. Nadszedł czas, abym użył ich we właściwy sposób, mając na uwadze dobro ognia ofiarnego i braminów. Jestem gotowy i pragnę razem z tobą i z moimi braćmi wykonać zaplanowany rytuał ofiarny. Zainauguruj więc mą ofiarę, bo jeżeli ty sam ją uroczyście rozpoczniesz, oczyści mnie to z wszelkiej winy lub daj mi na jej zainaugurowanie swoje przyzwolenie, gdyż z twoim przyzwoleniem mogę wykonywać nawet najwyższe obrzędy".

Kryszna odpowiedział: „O Królu Prawa, zasługujesz w pełni na zdobycie królewskiego namaszczenia po szczęśliwym ukończeniu swego ofiarnego rytuału. Zainauguruj więc sam tę wielką ceremonię i złóż w ofierze ofiarę, którą sam sobie upodobałeś, a mnie pozwól skoncentrować mą myśl na twym dobrze i stać na straży twego rytuału. Rozkazuj mi. Będę posłuszny każdemu twojemu rozporządzeniu".

Judhiszthira rzekł: „O Kryszna, mój zamiar zaczyna rodzić owoce, gdyż z całą pewnością uda mi się przeprowadzić ten rytuał szczęśliwie do końca, skoro zgodnie ze swym życzeniem chcesz poddać się mej woli".

Mając zgodę Kryszny na rozpoczęcie rytuału, Judhiszthira i jego bracia zaczęli organizować wszystko to, co było potrzebne do jego realizacji. Judhiszthira rozkazał swemu bratu Sahadewie i swoim radnym, aby zebrali wszelkie akcesoria, jak naczynia, przybory i ofiarne składniki, które bramini uznają za potrzebne do wykonania ofiarnej ceremonii oraz rozesłali zaproszenia do wzięcia udziału w rytuale do wszystkich braminów, królów i ludzi z pospólstwa, którzy na to zasłużyli. Woźnica Ardżuny otrzymał zadanie dostarczenia artykułów żywnościowych o odpowiednim smaku i aromacie, aby zadowolić braminów.

O samo przeprowadzenie rytuału kapłan Pandawów Dwaipajana poprosił cieszących się wielkim szacunkiem mędrców będących ucieleśnieniem samych *Wed*. Funkcję *brahmana* intonującego hymny z *Samawedy* powierzono synowi Satjawatiego, podczas gdy funkcję *adhwarju* pełnił Jajnawalkja, a *hotarem* został Paila. *Akolitami* zostali ich synowie i uczniowie.

Troskliwie wybrany teren ofiarny znajdujący się za murami miasta otoczono licznymi zabudowaniami, które Król Prawa kazał przygotować z myślą o swych gościach. Dla niebian rzemieślnicy zbudowali ściśle z instrukcją przestronne i ozdobione klejnotami pomieszczenia podobne do pomieszczeń niebiańskich. Dla przybywających z różnych stron świata magnatów zbudowali wspaniałe pałace ozdobione wieżami, wyglądające jak szczyty Himalajów z dużą ilością komnat ozdobionych złotem i klejnotami. Ich rezydencje były przestronne, z szerokimi bramami, śnieżno białe, widoczne z dużej odległości, udekorowane wieńcami i girlandami, spryskane zapachem aloesu. Dla braminów z kolei zbudowali wiele małych domków, gdzie czekało na nich posłanie i specjalnie przygotowane jadło. W przerwach między rytualnymi obrzędami bramini ucztowali, snując różne opowieści i cieszać oczy widokiem tancerzy i muzyków, robili wiele hałasu, pokrzykując: „dajcie więcej" i „niech żyje uczta". I Król Prawa, będąc na ziemi tym, kim Indra jest w niebie, rozdawał braminom swe bogactwa, obdarowując ich setkami tysięcy krów, złotem, a także dostarczając im kobiet, których pragnęli.

Na ofiarę koronacyjną Króla Prawa przybyli również wszyscy mieszkańcy Hastinapury, po których Judhiszthira wysłał swego brata Nakulę ze specjalnym zaproszeniem. Cała starszyzna Bharatów, nauczyciele Pandawów oraz wszyscy ich kuzyni i krewni z radością przyjęli zaproszenie i poprzedzani przez braminów ruszyli do Indraprasthy. Ciekawi byli widoku Gmachu Zgromadzeń Judhiszthiry i cieszyli się z czekającej ich możliwości spotkania. Gdy przybyli, Judhiszthira powitał ich, mówiąc z pokorą: „O Bharatowie, okażcie mi swą przychylność. Nagromadziłem ogromne bogactwo, lecz nie do mnie ono należy, lecz do was tak jak i ja sam. Rozporządzajcie więc mną bez skrępowania". Po tych słowach powitania Judhiszthira zainaugurował swój rytuał, przydzielając każdemu ze swych bliskich odpowiednią rolę w jego realizacji. Na uroczystości ofiarnej Króla Prawa zgromadził się cały świat, chcąc dzięki swemu uczestnictwu zarobić na ostateczną nagrodę, jaką jest niebo, a także chcąc rzucić okiem na Gmach Zgromadzeń, który zbudował dla Króla Prawa demon asura Maja i którego sława rozeszła się po całym świecie. Królowie obdarowali Judhiszthirę złotem i drogimi kamieniami, rywalizując między sobą o wielkość przywiezionego daru. Z kolei Judhiszthira rywalizując o wielkość zebranego bogactwa z samym bogiem bogactwa Kuberą, modlił się, składając ofiarę do sześciu ogni, które zapalił i hojnie obdarowując braminów, aby zadowolić ich wszystkie ludzkie pragnienia. Obserwujący przebieg rytuału bogowie, starożytni prorocy i bramini byli bardzo zadowoleni z jego realizacji.

2. Mędrzec Narada rozmyśla o Krysznie, rozpoznając w nim *Człowieka*, którego czci się poprzez składanie ofiary

Mędrzec Narada widząc bogactwo, które Król Prawa zgromadził, aby móc je rozdać podczas swej sesji ofiarnej, był również bardzo zadowolony. Patrzył na licznych magnatów przybyłych tutaj, by uczestniczyć w jego rytuale, wiedząc, że w ich osobach narodziło się na ziemi wielu bogów w swych istotnych aspektach oraz wiele demonów. Pomyślał o bogu Wisznu, Narajanie, zabójcy demonów, które są wiecznymi wrogami bogów, niszczycielu ich miast i o tym, że i on sam narodził się wśród magnatów, aby dotrzymać obietnicy, którą dał kiedyś bogom. On, stwórca wszystkiego, rzekł do bogów: „O bogowie, odzyskacie swoje dawne światy opanowane przez demony, lecz najpierw musicie narodzić się na ziemi i zabić się nawzajem". On, którego siłę czci Indra i wszyscy bogowie, narodził się w rodzie Jadawów jako człowiek o imieniu Kryszna, błyszcząc urodą jak księżyc wśród gwiazd. Będąc tym pierwszym, na których opierają się wszystkie królewskie dynastie, narodził się na ziemi, aby przed ich odrodzeniem, przynieść im zniszczenie. „O biada nam wszystkim, na ziemi narodził się samo-stwarzający się bóg, aby pokierować tą potężną magnaterią, która tak się rozrosła". Tak pomyślał mędrzec Narada, który znał całe Prawo i wiedział, że Kryszna, który jest bogiem Wisznu w jego ludzkim aspekcie, jest tym *Człowiekiem*, którego czci się poprzez składanie ofiary. Rozmyślając w ten sposób, wielki mędrzec czekał na rozpoczęcie ceremonii Króla Prawa, aby móc mu oddać należną królowi cześć.

3. Król Prawa honoruje Krysznę najwyższym darem dla królów, czemu sprzeciwia się król Siśupala, wskazując, że Kryszna nie jest królem

Sesja ofiarna zbliżała się ku końcowi i nadszedł dzień, w którym Król Prawa miał otrzymać królewskie namaszczenie. W dniu tym wszyscy magnaci udali się na teren ofiarny, gdzie wielcy prorocy z mędrcem Naradą na czele zasiedli jak co dzień wokół ołtarza i wykonując kolejne ryty lania oczyszczonego tłuszczu do ognia ofiarnego, dyskutowali ich zgodność z tekstem *Wed*. Przestrzeń wypełniona była obecnością bogów i świętymi dźwiękami *Wed*. Wstęp *szudrom* na teren ofiarny był surowo zabroniony.

Bhiszma rzekł do Judhiszthiry: „O królu, twoja sesja ofiarna zbliża się ku końcowi i nadszedł czas, abyś rozdzielił między przybyłych na nią królów dary, które należą się gościowi. Rozdawaj je sprawiedliwie według zasług i jako pierwszego obdaruj tego, kto według Prawa na to najbardziej zasługuje". Judhiszthira odpowiedział: „O Bhiszma, ty jesteś najstarszym z Bharatów. Powiedz mi proszę, kogo według ciebie należy w ten sposób uhonorować?" Bhiszma rzekł: „O Królu Prawa, na całej ziemi nie ma osoby, która miałaby więcej zasług niż Kryszna Wasudewa. Promieniuje on wśród zebranych tu królów największą sławą, siłą i dzielnością i jest jak słońce wśród gwiazd. Jego uhonoruj najważniejszym darem". Judhiszthira rzekł: „O Bhiszma, niech tak się stanie". Podszedł do Kryszny i zaoferował mu w rytualny sposób dar przeznaczony dla najwspanialszego z gości, który Kryszna zaakceptował, wypowiadając słowa zgodne z tekstem *Wed*.

Na ten widok zacięty wróg Kryszny król Siśupala zatrząsł się z oburzenia. Wrzasnął: „O Judhiszthira, jak ty, którego nazywają Królem Prawa możesz w tak oczywisty sposób łamać Prawo i ulegać kumoterstwu! Kryszna nie zasługuje na honory należne królom, gdyż nie jest królem! Jak śmiesz w obecności tak licznie zgromadzonych władców ziemi dokonywać podobnego wyboru! Jak śmiesz nas tak obrażać, ulegając radom tego krótkowzrocznego syna Gangi Bhiszmy, który wśród ludzi honoru zasługuje na największą pogardę, gdyż znając Prawo, uprawia kumoterstwo! Czym Kryszna zasłużył sobie na pierwszeństwo? Nie mogłeś wyróżnić go ani według zasady starszeństwa, ani jako swego nauczyciela, ani jako swego kapłana. Swym oczywistym kumoterstwem obrażasz zebranych tu królów! Zdecydowaliśmy się na zapłacenie ci daniny nie z lęku przed tobą czy z pochlebstwa, lecz dlatego, że chcieliśmy suwerenności i prawości, którą miałeś nam zagwarantować! Daliśmy ci daninę, a ty w zamian ukazujesz nam swą pogardę. Wybierając Krysznę, straciłeś w naszych oczach swoje dobre imię! Tym wyborem zabiłeś w nas wiarę w swój prawy umysł! Prawość twego umysłu została zastąpiona przez podłość!"

Następnie król Sziśupala zwrócił się do Kryszny: „O Kryszna, jak śmiałeś zaakceptować honor zaoferowany ci przez Pandawów bez poinformowania ich, że ci się on nie należy? Jesteś jak pies, który znalazł resztki ofiary i pożera je w samotności, choć mu się one nie należą. Wiesz dobrze, że królewskie honory ci się nie należą, bo nie jesteś królem!"

Sziśupala i solidaryzujący się z nim królowie poderwali się ze swych miejsc, gotowi, aby opuścić zgromadzonych. Judhiszthira rzekł do niego łagodnym i przyjaznym głosem: „O Sziśupala, wypowiadanie obraźliwych słów nie przystoi królowi. Nie oskarżaj Bhiszmy o kumoterstwo, gdyż on nie potrafi pomylić się co do tego, co jest w danej sytuacji Najwyższym Prawem. On zna Prawdę o Krysznie. Zna ją także wielu królów bardziej zasłużonych od ciebie, którzy zgodzili się na uhonorowanie Kryszny nagrodą, która należy się królom. Zaakceptuj to, gdyż sam nie zdołałeś poznałeś Prawdy, którą oni znają".

Bhiszma rzekł: „O Judhiszthira, ten, kto sprzeciwia się uhonorowaniu Kryszny nie zasługuje na naszą uprzejmość! Oddajemy honory Kryszne zgodnie z zasadą starszeństwa, bo jest on starszy od wszystkich światów, gdyż one mają w nim swój początek. Nie tylko my, ale wszyscy mieszkańcy trzech światów powinni go czcić, gdyż on jest fundamentem, na którym zbudowany jest cały wszechświat. On jest również największym nauczycielem wojowników, gdyż nauczycielem zostaje ten, kto puszcza wolno tych, których pokonał podczas bitwy. Ponadto wśród królów tu zebranych nie widzę nikogo, kto przewyższałby Krysznę swą wspaniałością.

Chcąc go uhonorować, nie kierujemy się własnym kaprysem, lecz tym, że już od dawna ci, którzy cenią Prawdę, wychwalają jego bohaterskie czyny, których dokonuje od momentu, w którym się narodził, przynosząc na ziemię ziemską szczęśliwość. Znamy jego wielką sławę, odwagę i sukcesy, które nie mają sobie równych. Wiemy, że braminów przewyższa on swą znajomością *Wed*, a wojowników swą siłą.

Towarzyszą mu zawsze hojność, sprawność, uczenie się, waleczność, świetność, sława, stanowczość, pokora, upór, nasycenie, powodzenie i skromność. Wart jest naszej najwyższej czci jako nasz najlepszy nauczyciel, ojciec, kapłan, student *snataka*, przyjaciel i król. To on jeden kryje się za początkiem i końcem wszystkich światów i to dzięki niemu składamy tę ofiarę. Jest on bowiem ową Ukrytą Przyczyną i Wiecznym Sprawcą stojącym ponad wszystkie żywe istoty, będąc najstarszym w całym wszechświecie. Duch, umysł, Najwyższy Pan, wiatr, ogień, woda, eter, ziemia i całe stwarzanie mają swe oparcie w Krysznie. I tylko mędrzec rozmyślający nad Najwyższym Prawem zdobędzie o nim wiedzę".

Bhiszma kontynuował, zwracając się do Siśupali: „O Siśupala, jesteś głupcem nieświadomym tego, że Kryszna jest był i będzie wszędzie i zawsze i że kryje się nawet za tym, co sam teraz mówisz i za tym, że to co mówisz wróży twą śmierć. Kryszna zmieszał ci rozum tak jak miesza on rozum tych, których chce zniszczyć na koniec eonu".

Bhiszma zakończył swą mowę rzucając królom wyzwanie. Rzekł: „O królowie, jeżeli któryś z was uważa, że Kryszna nie zasługuje na oddany mu honor, niech stanie do walki!"

Na poparcie słów Bhiszmy najmłodszy z Pandawów, Sahadewa zawołał: „O królowie, każdemu, kto uważa, że Kryszna nie zasłużył na oddawanie mu czci, roztrzaskam głowę mą stopą!"

Na te buńczuczne słowa Sahadewy nikt z mądrych, dobrych i dumnych królów nie odpowiedział, a na jego głowę posypał się z nieba deszcz kwiatów i bezcielesny głos pochwalił go, mówiąc: „O Sahadewa, dobrze, dobrze". Jednakże cały tłum królów, który przybył na sesję ofiarną pod komendą Siśupali, pobladł i nie ukrywał gniewu, szemrając przeciw udzieleniu Judhiszthirze królewskiego namaszczenia i przeciw uhonorowaniu Kryszny, gdyż każdy z nich chciał ten honor dla siebie. Kryszna patrząc na tych pokonanych przez zazdrość królów, zrozumiał, że przygotowują się do wojny i że są gotowi, aby uniemożliwić Królowi Prawa doprowadzenie swej ofiary do końca.

4. Król Prawa niepokoi się o powodzenie swej ofiary, lecz Bhiszma uspokaja go, że atak Siśupali jest częścią boskiego planu

Zaniepokojony Król Prawa widząc nieprzebrane tłumy królów wzburzone jak burzliwe morze, rzekł do seniora swego rodu Bhiszmy: „O Bhiszma, powiedz mi, co mam teraz uczynić, aby nie dopuścić do przerwania mej ofiary przez tych rozgniewanych królów i obronić moich poddanych przed ich gniewem?"

Bhiszma podnosząc celowo głos, aby król Sziśupala mógł go usłyszeć, rzekł: "O Królu Prawa, pozbądź się swego niepokoju o powodzenie swej ofiary, bo czyż pies potrafi zabić lwa? Wbrew pozorom twoja ofiara przebiega zgodnie z boskim planem i nic jej nie zagraża, a szczególnie ta zgraja królów, którzy przekonani, że są lwami, warczą jak zgraja psów otaczająca jaskinię śpiącego lwa. Ich złudzenie, że są lwami, które zrodził w ich umysłach Sziśupala, będzie trwało tylko tak długo, dopóki Kryszna, śpiący lew, się nie obudzi. Pozbawiony rozumu Sziśupala prowadzi ich prosto do królestwa boga śmierci Jamy. Zarówno on jak i wszyscy ci wzburzeni królowie, którzy również postradali zmysły, nie widzą, że to Kryszna kieruje ich zachowaniem, przygotowując grunt do tego, aby pozbawić Sziśupalę całej sławy, którą udało mu się dotychczas zdobyć. Tak właśnie Kryszna działa: tych, których chce zniszczyć, pozbawia rozumu. W stwarzaniu wszechświata jest on bowiem jego początkiem i końcem".

Słowa Bhiszmy prawdziwie rozzłościły Sziśupalę, który nieświadomy tego, że Kryszna tylko na to czeka, stracił panowanie nad swych językiem i rozpoczął obrzucać Krysznę i Bhiszmę stekiem obraźliwych słów.

Wrzasnął: "O Bhiszma, jak ty, który przynosisz hańbę swej własnej rodzinie i żyjesz jak eunuch, śmiesz grozić tym potężnym królom i wypowiadać słowa niezgodne z Prawem! Jak możesz wskazywać właściwą drogę Pandawom, skoro sam jesteś ślepcem? O głupcze, jak ty, rzekomy mędrzec, możesz wychwalać tego pastucha Krysznę, którego może lżyć nawet głupiec? Cóż jest niezwykłego w tym, że zabił on za młodu oferującą mu mleko demonkę Putanę lub trzymał przez siedem dni wzniesioną nad swą głową górę Gowardhanę, która nie była większa od gniazda termitów? Cóż jest bohaterskiego w tym, że zabił Kansę po zjedzeniu z nim posiłku? Wszystko co zrobił, nie jest aktem bohaterskim, lecz kryminalnym! Czyżbyś zapomniał, że ci, którzy są uczciwi i praworządni nie podnoszą swej broni ani przeciw kobiecie, ani przeciw tym, którzy oferują im posiłek? Jak śmiesz wychwalać przede mną tego zabójcę kobiet i twierdzić, że jest on starszy od wszechświata, że jest źródłem wiedzy i przewyższa wszystko?

Jak śmiesz mówić o nim takie kłamstwa, jak to, że jest z wszystkich najmądrzejszy i że jest Panem Świata? Wypowiadając je, dowodzisz jedynie podłości swej natury. Równie nikczemna musi być natura Pandawów, skoro udało ci się ich przekonać, że Kryszna zasługuje na najwyższe honory! Twoja przysięga celibatu ukrywa jedynie twą impotencję i jest łamaniem Prawa. Czyżbyś zapominał o obowiązku posiadania synów? Jak możesz uczyć swym przykładem innych, aby wyrzekali się synów, fałszując w tej sposób Prawo! Zgiń zabity przez ten tłum groźnie pomrukujących królów, gdyż swą nauką chcesz ich pozbawić synów! Czyżbyś zapomniał, jaki los spotkał pewną gęś, której ufały inne gęsi i zostawiały pod jej opieką swe jajka, a ona je wszystkie zjadała? W końcu zorientowały się w jej przestępstwie i jednomyślnie, wszystkie razem ją zabiły!"

Król Sziśupala kontynuował: „O Bhiszma, jak śmiesz wychwalać Krysznę za zorganizowanie podstępnego zamachu na mego przyjaciela, potężnego króla Dżarasamdhę, który odmawiał mu praw do pojedynku, bo nie chciał walczyć z kimś, kto nie jest królem! Razem z Bhimą i Ardżuną wdarł się podstępnie w bramińskim przebraniu na sesję ofiarną króla Dżarasamdhy, który zaoferował im wodę do umycia stóp i zaprosił do wspólnego posiłku. Zabijając go w ten sposób, Kryszna zasiał zło! Jeżeli jest on naprawdę Stwórcą Świata, to dlaczego nie jest prawdziwym braminem? To nie bohaterskie czyny Kryszny są cudem, lecz prawdziwym cudem jest to, że Pandawowie, których odsuwasz od ścieżki Prawa, ciągle wierzą że ich po niej prowadzisz!"

5. Bhiszma wyjaśnia że przeznaczeniem Sziśupali jest śmierć z rąk obrażanego przez niego Kryszny

Najsilniejszy z Pandawów Bhima słysząc wszystkie te obraźliwe słowa wypowiadane przez Sziśupalę i kierowane przeciw Bhiszmie, jego braciom i Krysznie, z coraz większym trudem opanowywał swój gniew. Obserwujące go tłumy królów dostrzegły jego poczerwieniałe z wściekłości oczy i zaciśnięte pięści. Był jak Czas Końca Eonu przygotowujący się do spalenia wszystkich żywych istot. Lecz gdy Bhiszma dostrzegł jego gniew, powstrzymywał go od ataku, na który to widok Sziśupala wybuchnął śmiechem i rzekł do Bhiszmy: „O Bhiszma, pozwól Bhimie ruszyć do ataku, niech zebrani królowie zobaczą, że jest jak ćma, która pędzi w kierunku ognia, aby spłonąć".

Nie zważając na słowa Sziśupali, Bhiszma rzekł uspakajająco do Bhimy: „O potężny synu wiatru, nie rwij się do walki z Sziśupalą, gdyż przeznaczona mu jest śmierć nie z twoich rąk, lecz z rąk Kryszny. W jego ciele narodził się bowiem potężny król dajtjów, którego na zakończenie każdego eonu cyklicznie zabija wielki bóg Wisznu w swych kolejnych śmiertelnych wcieleniach. Posłuchaj historii jego narodzin. Sziśupala jest monstrum, które narodziło się w z trzema oczami, czterema rękami, kwicząc jak osioł. Widząc jego potworną formę jego matka, Jadawi, która jest siostrą Wasudewy, jego ojciec i wszyscy krewni bardzo się przestraszyli i chcieli się go pozbyć. Od zabicia go powstrzymał ich dochodzący z nieba bezcielesny głos, który rzekł: 'O królu, twemu synowi nie jest przeznaczona tak wczesna śmierć z twoich rąk. Nie bój się go, lecz troszcz się o niego. Wyrośnie z niego potężny wojownik. Dowiedz się jednak, że jego zabójca już się narodził i przyniesie mu śmierć, gdy nadejdzie na to właściwy moment'.

Matka nowonarodzonego syna pełna matczynej miłości słysząc ten bezcielesny głos, rzekła: 'O bezcielesny głosie, błagam cię, mów dalej i powiedz mi, kto zabije mojego syna?' Bezcielesny głos odpowiedział: 'O królowo, poznasz wkrótce jego zabójcę po tym, że gdy twój syn usiądzie na jego kolanach odpadną mu jego dwa dodatkowe ramiona i zniknie jego dodatkowe oko'.

Wieść o potwornej formie nowonarodzonego królewicza rozeszła się szeroko po świecie i do królestwa, w którym się narodził, zaczęli ściągać liczni królowie, chcąc na własne oczy go zobaczyć. Rodzice dziecka kładli go na kolanach każdego nowoprzybyłego króla, chcąc, aby pozbył się swego potwornego wyglądu i pragnąc poznać jego przyszłego zabójcę. Nic się jednak nie wydarzało aż do momentu, gdy z wizytą przybył Kryszna ze swym starszym bratem Balaramą. Gdy Jadawi położyła nowonarodzone dziecko na kolanach Kryszny, natychmiast odpadły od jego ciała jego dodatkowe ramiona i znikło bez śladu jego trzecie oko. W ten sposób Jadawi dowiedziała się, że przeznaczeniem Siśupali jest śmierć z rąk Kryszny. Pełna miłości do swego syna rzekła do Kryszny: 'O Kryszna, wybacz memu synowi wszystkie jego winy i nie zabijaj go'. Kryszna odpowiedział: 'O droga mi siostro mego ojca, spełnię twą prośbę i wybaczę twemu synowi jego winę sto razy, choćby popełnił największą zbrodnię. Zabiję go jednak, gdy wystąpi przeciw mnie po raz sto pierwszy'".

Bhiszma kontynuował: „O Bhima, to z powodu tego daru, który matka Siśupali otrzymała od Kryszny, Siśupala czuje się bezkarny i nieśmiertelny i pozwala sobie na ubliżanie nie tylko nam, ale i Kryszne. Zapomniał jednak o tym, że liczba wybaczeń już się wyczerpała i że czyni to już sto pierwszy raz. Kryszna zadecydował, że nadszedł właściwy czas na zabicie go i dlatego pozwala mu na jego przestępcze zachowanie i wypowiadanie słów obrazy. Zabijając króla demonów dajtjów, który narodził się w ciele Siśupali, Kryszna chce odzyskać należną mu chwałę".

6. Bhiszma broni się przed atakiem królów, chcących potraktować go jak zwierzę ofiarne i złożyć w ofierze, prowokując pojedynek Kryszny z Siśupalą

Usłyszawszy słowa Bhiszmy, Siśupala wykrzyknął: „O Bhiszma, życzę wszystkim moim wrogom, aby byli równie tchórzliwi jak Kryszna, a tobie, który nie możesz istnieć bez wysławiania, radzę sławić prawdziwych królów, a nie tego pastucha Krysznę. W swym postępowaniu odchodzisz od wzorów, które przekazali nam wszystkim nasi starożytni przodkowie i jeżeli w swym szaleństwie będziesz kontynuował wychwalanie tego niegodnego pochwał Krysznę, możesz być pewien, że żaden z obecnych tu królów się do ciebie nie dołączy. Jak możesz poświęcić swe wysokie standardy dla tego przestępcy! Przypominasz mi ptaszka bhulingę żyjącego w Himalajach, który doradza wszystkim 'nie postępuj nierozważnie' i nie zauważa, że sam żyje na łasce lwa, żywiąc się resztkami, które znajdzie w jego zębach. Podobnie ty dajesz wszystkim dobre rady, nie zauważając, że twoje życie jest na łasce zebranych tutaj i rozgniewanych królów".

Bhiszma wyprowadzony tymi słowami z równowagi krzyknął: „O Siśupala, masz rację, jestem jak wspomniany przez ciebie ptaszek bhulinga, gdyż mam tych królów za nic!"

Słowa Bhiszmy rozwścieczyły jeszcze bardziej już i tak wystarczająco podniecony tłum królów, który zaczął go lżyć, chwytając za broń. Rozległy się okrzyki: „Ten potworny i bezczelny senior Bhiszma nie zasługuje na nasze wybaczenie! Zbierzmy się wszyscy razem i zabijmy go tak jak zabija się zwierzę ofiarne i wrzućmy na pożarcie ogniowi!"

Bhiszma odpowiedział: „O magnaci, nawet jeżeli zrobicie ze mnie zwierzę ofiarne i spalicie mnie w ogniu ofiarnym i tak zwycięsko postawię mą stopą na waszych głowach! Jest bowiem przy mnie Kryszna, któremu oddaję cześć. Jeżeli waszemu duchowi spieszno do śmierci, rzućcie Krysznie wyzwanie i umierając w bohaterskim pojedynku z nim pozwólcie przynajmniej swemu duchowi połączyć się natychmiast z ciałem tego Najwyższego Boga!"

Na te słowa Bhiszmy Siśupala oślepiony wściekłością zaryczał, zwracając się do Kryszny: „O Kryszna, stań do walki ze mną, abym mógł cię zabić! Razem z tobą zabiję czczących cię Pandawów, którzy okazali swe lekceważenie wszystkim zaproszonym królom, chcąc oddać należne królom honory tobie, choć na to nie zasłużyłeś, bo nie jesteś królem, lecz rozpustnym służącym!"

Kryszna dbając o to, by jego głos zabrzmiał miękko i uprzejmie, rzekł: „Ogłaszam wszem i wobec, że ów król Siśupala, syn siostry mojego ojca, mój kuzyn, dokonał stu kryminalnych aktów przeciw mnie i memu rodowi, które zgodnie z obietnicą daną jego matce, mu wybaczyłem. Jest on naszym zaciętym wrogiem, który źle nam życzy i chce nam zaszkodzić. Pozwólcie, że wskażę jedynie na niektóre z jego przestępstw. Pewnego dnia ten maniak podpalił podstępnie Dwarakę, wiedząc, że udaliśmy się z wizytą do innego miasta. Innym razem powybijał członków mego rodu podczas festiwalu, gdy oddawali cześć górze Raiwataka. Jeszcze innym razem chcąc przeszkodzić memu ojcu w wykonaniu jego Ofiary Konia, ukradł mu konia.

Aby spełnić obietnicę daną siostrze mego ojca wybaczyłem mu setkę jego wrogich czynów, ignorując cierpienie, które mi i memu rodowi przynosił. Jednakże teraz miarka się przebrała i moja obietnica wybaczania mu się wyczerpała. Na oczach wszystkich zebranych tu królów dokonał przestępstwa wobec mnie po raz sto pierwszy, lżąc mnie straszliwie i oczerniając. Nie muszę już dłużej znosić jego przestępstw i za swoje zuchwalstwo obrażania mnie w obecności wszystkich królów zasługuje na śmierć! I ten głupiec, który od dawna wyraźnie szukał śmierci, śmiał swego czasu oświadczać się o rękę mej najstarszej żony Rukmini!"

Zgromadzeni królowie słysząc listę setki przestępstw, które król Siśupala popełnił przeciw Krysznie i rodowi Jadawów, odwrócili się od niego i zaczęli go lżyć. Lekceważąc te wrogie pomruki, Siśupala wybuchnął gromkim śmiechem i drwiąco rzekł: „O Kryszna, bez względu na to jak bardzo jesteś rozgniewany, jesteś wobec mnie bezsilny tak jak dotychczas i nie potrafisz mi nic zrobić. A poza tym, czy ty już w ogóle nie masz wstydu, że w obecności tych licznie zebranych królów oświadczasz, że twoja żona miała innego starającego się o nią mężczyznę!"

I gdy Siśupala kończył wypowiadanie tych słów, rozgniewany Kryszna przywołał swój dysk i obciął mu głowę. Potężny król padł na ziemię jak potężne drzewo, w które uderzył piorun. Z bezchmurnego nieba polał się strumieniami deszcz, a przecinające niebo błyskawice powodowały, że cała ziemia drżała. Obserwujący tę scenę królowie dostrzegli, że z martwego ciała Siśupali uniósł się wspaniały blask przywodzący na myśl wschód słońca i blask ten, pozdrowiwszy Krysznę, połączył się z nim, stając się z nim jednością. Zdumieni królowie uznali to za cud. Wielu z nich patrząc w osłupieniu na Krysznę, spoglądali na niego z czcią, inni jednak zaniemówili z oburzenia. Nikt jednak nie śmiał go zaatakować. Wielcy starożytni mędrcy, którzy przybyli na rytuał, bramini i potężni królowie zbliżyli się do Kryszny pełni zachwytu i czci, podczas gdy Judhiszthira rozkazał natychmiast swym braciom wykonanie dla Sziśupali rytów pogrzebowych.

7. Kryszna strażnikiem powodzenia ofiary koronacyjnej Króla Prawa

Od tego momentu rozdawanie królom zgromadzonym na królewski rytuał koronacyjny bogactw według ich zasług, któremu patronował Kryszna, obywało się bez przeszkód, przynosząc wszystkim radość. Towarzyszące mu początkowe zakłócenie zostało zlikwidowane i jego dalszy przebieg stał się radosny, wypełniony konsumpcją ogromnej ilości jadła. To dzięki Krysznie, który ze swym łukiem, dyskiem i maczugą stał na straży, koronacyjna ofiara Króla Prawa dobiegała szczęśliwie końca, przynosząc mu królewskie namaszczenie. Wszyscy magnaci przybyli na jego sesję ofiarą zaakceptowali jego decyzje, co do rozdziału nagród między nich, wyrzekając się chwilowo zazdrości o swe pozycje i rywalizacji o nie zarówno między sobą, jak i z Królem Prawa. Wszyscy razem podeszli do Króla Prawa, który poddał się ceremonii rytualnej kąpieli, mówiąc: „O Królu Prawa, szczęśliwy los obdarzył cię największym szczęściem. Ukończyłeś szczęśliwie rytuał koronacyjny i zdobyłeś suwerenność, podtrzymując sławę swego rodu. O Indro królów, ukończywszy szczęśliwie ten rytuał zrealizowałeś Najwyższe Prawo. Uhonorowałeś nas zgodnie z naszymi życzeniami i w pełni nasyceni i zadowoleni prosimy cię, byś zezwolił nam odejść do naszych własnych królestw".

Wkrótce wszyscy królowie opuścili teren ofiarny, udając się w drogę powrotną do własnych królestw, rytualnie żegnani przez Pandawów zgodnie z hierarchią ich zasług. Kryszna również zaczął przygotowywać się do wyjazdu. Żegnając Judhiszthirę, rzekł: „O Królu Prawa, dzięki dobremu losowi udało ci się szczęśliwie przeprowadzić do końca największy z rytuałów ofiarnych, rytuał królewskiego namaszczenia". Judhiszthira odpowiedział: „O Kryszna, to dzięki twej łasce udało mi się szczęśliwie ukończyć ten ryt, gdyż dzięki twej łasce wszyscy magnaci poddali się mej władzy". Aby w pełni dopełnić pożegnalnego rytuału, Kryszna udał się następnie wraz z Judhiszthirą do izb kobiet, aby pożegnać matkę Pandawów Kunti oraz Draupadi i Subhadrę. Po rytualnej kąpieli, modlitwie i błogosławieństwie udzielonym mu przez braminów okrążył pobożnie swój ozdobiony flagą z Garudą rydwan i ruszył z powrotem do Dwaraki odprowadzany przez Pandawów. Na moment zatrzymał swój rydwan i rzekł do Judhiszthiry: „O królu, nigdy nie zapominaj o tym, by chronić swych poddanych tak jak bóg deszczu Indra ochrania wszystkie żywe istoty. I niech twój ród znajdzie w tobie oparcie, tak jak nieśmiertelni znajdują je w królu bogów".

Po wyjeździe Kryszny Król Prawa wraz ze swymi braćmi wrócił do swego Gmachu Zgromadzeń pełen wiary, że dzięki Krysznie i szczęśliwemu ukończeniu swej ofiary koronacyjnej oczyścił serca magnatów z uczuć zazdrości i rywalizacji, odbudowując autorytet Prawa. Dobry los miał się jednak już wkrótce od niego odwrócić, gdyż w niektórych magnackich sercach jego królewski rytuał miał skutek odwrotny, zwiększając siłę zazdrosnych uczuć o jego pozycję imperatora. Co więcej, niektórzy magnaci, choć nie przeciwstawili się zabójstwu króla Sziśupali podczas rytuału oszołomieni chwilowo jego śmiercią, nie oczyścili swych serc z uczuć oburzenia, uważając akt Kryszny za akt kryminalny.

> Napisane na podstawie fragmentów *Mahābharāta*,
> 2. The Book of the Assembly Hall,
> 2(24) The Royal Consecration, 30-32,
> 2(25) The Taking of the Guest Gift, 33-36,
> 2(26) The Slaying of Śiśupāla, 37-42.

Opowieść 14
Upadek Króla Prawa

1. Durjodhana składa wizytę w Gmachu Zgromadzeń Króla Prawa i czuje się upokorzony swą prowincjonalnością; 2. Durjodhana cierpi katusze zazdrości; 3. Śakuni namawia Durjodhanę, aby pozbawić Króla Prawa jego pozycji i majątku przy pomocy podstępu, wykorzystując jego słabość do zabawiania się grą w kości; 4. Widura sprzeciwia się prowokowaniu gry w kości w rodzinie, gdyż w grze tej widzi korzenie zniszczenia świata; 5. Król Dhritarasztra zgadza się na plan Durjodhany, choć przewiduje, że wynikły z gry w kości łańcuch wendety nie przyniesie Durjodhanie oczekiwanego zysku, lecz spowoduje wyniszczenie całej kasty wojowników; 6. Król Prawa podejmuje wyzwanie do gry w kości, gdyż uważa, że tego żąda od niego Stwórca Świata, zwany *tym, który zapładnia świat*, choć przewiduje, że gra w kości, czyniąc z braci przeciwników, doprowadzi do katastrofy; 7. Król Prawa próbuje zniechęcić Śakuniego i Durjodhanę do wyzywania go do gry, wskazując, że typowe dla gry w kości uzależnienie wygranej od używania podstępu nie jest metodą walki godną aryjskiego wojownika; 8. Widura, widząc, że gra w kości wymyka się spod kontroli, proponuje królowi Dhritarasztrze uratowanie dynastii przed wendetą poprzez zabicie jego syna Durjodhany; 9. Król Prawa przegrywa cały swój majątek, swych braci, samego siebie i swą żonę Draupadi.

> *Widura kontynuował: „O królu, gra w kości jest u korzeni wszystkich kłótni, prowadząc do rozbratu i wielkiej wojny. Rozpoczynając ją, twój syn Durjodhana rozpoczął łańcuch przeraźliwej wendety".*
>
> (Mahābhārata, 2(27) The Dicing, 56.1-5)

1. Durjodhana składa wizytę w Gmachu Zgromadzeń Króla Prawa i czuje się upokorzony swą prowincjonalnością

Po szczęśliwym doprowadzeniu do końca swego rytuału koronacyjnego i zdobyciu królewskiego namaszczenia Król Prawa wraz ze swymi braćmi opuścił znajdujący się za miastem teren ofiarny i udał się do swego Gmachu Zgromadzeń, który zbudował dla niego demon Maja. Towarzyszył mu także jego kuzyn Durjodhana, najstarszy z Kaurawów, który wraz ze swym wujem Śakunim chciał spędzić pewien czas w gościnie u Pandawów, oddając się razem z nimi wspólnym rozrywkom. Wizyta ta nie przyniosła mu jednak radości, lecz cierpienie. Pandawowie błyszczeli blaskiem swych sukcesów, podczas gdy on sam już przedtem zraniony w swej nienasyconej ambicji, co krok przekonywał się, jak wielkim jest w porównaniu nimi prowincjuszem i jak skromny jest jego własny pałac.

Demon Maja był wielkim mistrzem iluzji i Durjodhana spacerując po Gmachu Zgromadzeń Judhiszthiry, co chwilę padał ofiarą jego wielkiego talentu. Pewnego dnia widząc krystaliczną posadzkę, pomyślał, że to woda i podwinął swe szaty, bojąc się je zamoczyć. Innym razem staw z krystalicznie czystą taflą wody pokrytą kwiatami lotosu wziął za posadzkę i na oczach obserwujących go służących i Pandawów wpadł w ubraniu do wody. Służący rozbawieni jego przygodą dali mu natychmiast świeże szaty, raniąc tym jeszcze bardziej jego dumę. Najbardziej zranił go jednak wybuch śmiechu Bhimy, Ardżuny i bliźniaków Nakuli i Sahadewy. Cierpiąc straszliwe męki z powodu ich kpin, aby zachować twarz, nawet na nich nie spojrzał. Judhiszthira jednakże nie śmiał się razem z braćmi, lecz widząc jak Durjodhana padł ofiarą iluzji jego architekta, serdecznie go za te triki demona przeprosił.

2. Durjodhana cierpi katusze zazdrości

Umysł Durjodhany trawiony gorączką zazdrości o bogactwo i szczęśliwy los Pandawów stawał się coraz bardziej podstępny, zły i chłonny na wszelkie diabelskie podszepty. Gdy czas jego wizyty dobiegł wreszcie końca i ruszył z powrotem w kierunku Hastinapury, poddał się całkowicie swemu bezgranicznemu cierpieniu, rozmyślając o radości Pandawów, o bogactwie zebranym przez nich na okazję ofiary koronacyjnej Judhiszthiry, którego władzy podporządkowali się wszyscy królowie i o tym, że kochają ich nawet dzieci. Całkowicie opanowany przez te uczucia nie potrafił skupić na niczym innym swej myśli i był tak rozproszony, że nie słyszał nawet słów Śakuniego, który od czasu do czasu go zagadywał. Widząc jego rozproszenie, Śakuni zapytał: „O Durjodhana, powiedz mi z jakiegoż to powodu wzdychasz tak żałośnie?"

Durjodhana odpowiedział: „O Śakuni, jak mam nie wzdychać, skoro na własne oczy widziałem całą ziemię pod berłem Judhiszthiry. Jego rytuał ofiarny miał splendor równy splendorowi rytuałów prowadzonych przez Indrę. Przybyli nań królowie z całej ziemi, przywożąc mu swe bogactwa, jakby byli ludźmi z pospólstwa płacącymi podatki! Pali mnie rozgoryczenie i ono wysusza mnie tak jak ogień wysusza wodę. Myślę też z oburzeniem o Kryszne, który samowolnie zabił króla Siśupalę i o tym, że nikt przeciw temu zabójstwu nie zaprotestował i nie stanął w jego obronie. Ogień rozniecony przez Pandawów podczas ich rytuału musiał wypalić tym królom rozum, że tak łatwo wybaczyli

Krysznie jego zbrodnię, której nie wolno mu wybaczyć! Czyn Kryszny był zbrodniczy! I to majestat Pandawów mu go umożliwił!

O Śakuni, wielkie bogactwo Judhiszthiry uraża mnie do głębi i cały płonę. Rzucę się w ogień, wypiję truciznę lub się utopię, gdyż uraza ta nie pozwala mi żyć! Ambicja nie pozwala mi pogodzić się z tym, że mym rywalom poszczęściło się, podczas gdy ja sam podupadłem. Tolerując ich powodzenie, przestaję być mężczyzną! Mężczyzna taki jak ja nie może spokojnie patrzeć na ogrom władzy, którą zdobyli, na ich wielki rytuał ofiarny i na ich bogactwo. A skoro sam nie potrafię zdobyć podobnej królewskości, nie pozostaje mi nic innego, tylko śmierć. Raz jeszcze przekonałem się, że człowiek jest ofiarą losu i jego wysiłek jest bez znaczenia. Próbowałem zabić Pandawów, lecz oni wyrokiem losu nie tylko te próby przeżyli, lecz jeszcze przerośli mnie swą królewskością!

O Śakuni, cały płonę, gdy myślę o losie, który im sprzyja, o ich wspaniałym Gmachu Zgromadzeń i o tym, jak oni sami i ich służący śmieli się ze mnie!"

Śakuni odpowiedział: „O Durjodhana, nie lamentuj, poskrom swą urazę i zmobilizuj się do walki. Nie jesteś przecież sam i masz sprzymierzeńców. Za tobą stoi setka twoich braci, twój dozgonny przyjaciel Karna, a także z konieczności twoim nauczyciele, wielcy bramini-wojownicy Krypa i Drona oraz syn Drony Aświatthaman. Nie zapominaj także, że masz mnie po swej stronie. Razem możemy podbić cały świat!"

Słowa Śakuniego podniosły Durjodhanę na duchu. Rzekł: „O Śakuni, masz rację! Z tobą, mymi braćmi i innymi wielkimi wojownikami zdołamy pokonać Pandawów przy pomocy naszej broni. Z waszą pomocą odbiorę im ich władzę nad całą ziemią, posłuszeństwo wszystkich królów oraz ich wspaniały Gmach Zgromadzeń!"

3. Śakuni namawia Durjodhanę, aby pozbawić Króla Prawa jego pozycji i majątku przy pomocy podstępu, wykorzystując jego słabość do zabawiania się grą w kości

Śakuni rzekł: „O Durjodhana, ostudź nieco swój zapał do otwartej bitwy, gdyż braci Pandawów i ich potężnych sojuszników takich jak Kryszna i król Drupada nie można pokonać po rycersku z bronią w ręku. Chcąc ich zniszczyć, musimy użyć podstępu, wykorzystując ich słabości. Posłuchaj mnie uważnie, gdyż znam sposób na pokonanie Judhiszthiry. Wszyscy wiedzą, że lubi on grać w kości dla rozrywki, chociaż nie umie dobrze grać. Sprowokujmy go do gry z nami i złapmy go w ten sposób w nasze sidła. Jak wiesz, ja sam jestem bardzo przebiegłym graczem i ani wśród ludzi, ani wśród bogów nie ma nikogo takiego, kto potrafiłby ze mną wygrać. Grając z nim w twoim imieniu, potrafię pozbawić go jego królestwa i całej jego wspaniałej fortuny. Spróbuj więc skłonić swego ojca Dhritarasztrę, aby zaprosił Pandawów do towarzyskiej gry z nami i pozwól mi zastąpić cię w grze. Wówczas z całą pewnością ich pokonasz". Durjodhana rzekł: „O Śakuni, lepiej będzie, jak ty sam użyjesz swej przebiegłości i poprosisz mego ojca o zaproszenie Pandawów, bo ja nie potrafię tego zrobić". Śakuni zgodził się na to, mówiąc: „O Durjodhana, niech tak się stanie!"

Po ich powrocie do Hastinapury Śakuni rzekł do króla Dhritarasztry: „O królu, zauważyłeś zapewne, że twój najstarszy syn Durjodhana po powrocie z Indraprasthy pobladł i chodzi po pałacu gniewny i pogrążony w zadumie. Czy nie interesuje cię przyczyna jego bezgranicznego cierpienia?"

Gdy król Dhritarasztra zwrócił się do swego syna z prośbą o wyjaśnienie przyczyny jego smutku, Durjodhana rzekł: „O ojcze, w samo serce ukłuło mnie potężne żądło zazdrości i od czasu, gdy ujrzałem, jak powiodło się Pandawom, straciłem umiejętność doznawania przyjemności. Powodzenie moich rywali i moje podupadanie gniewa mnie i przynosi mi cierpienie. Nigdy przedtem nie widziałem tak wielkiego bogactwa, jak podczas ofiary koronacyjnej Judhiszthiry, który obdarowywał nim tłumy braminów. Dźwięk konchy obwieszczający obdarowanie setki tysięcy braminów rozlegał się bezustannie, mieszając mi umysł! Gmach Zgromadzeń Pandawów wypełniony był po brzegi królami, którzy przybyli, aby uczestniczyć w jego sesji ofiarnej, przywożąc mu ogromną daninę i służąc braminom, jakby byli ludźmi z pospólstwa! Tak wielkiego bogactwa nie zdołał nagromadzić ani król bogów Indra, ani Jama, Waruna czy nawet bóg bogactwa Kubera! Od czasu, gdy to zobaczyłem, nie mogę zaznać spokoju i myślę tylko o tym, żeby go pokonać! Prawdziwy mężczyzna pokonuje swych wrogów i rywali i niszczy nawet swych własnych poddanych, jeżeli poddali się wrogowi".

Obecny przy rozmowie Śakuni, chcąc poprzeć słowa Durjodhany, rzekł: „O królu, szczęście twego syna zależy od ciebie i cała nasza nadzieja w tym, że masz w sobie wystarczająco dużo walecznego ducha, aby zgodzić się na naszą propozycję co do sposobu pokonania naszego rywala i zdobycia jego wielkiej fortuny. Ja sam jestem mistrzem w grze w kości, która jest ulubioną rozrywką Judhiszthiry, choć nie jest w niej ekspertem. Skłońmy go do podjęcia z nami gry, gdyż gdy będzie zmuszony do gry ze mną, przegra wszystko!"

Durjodhana gorąco poparł słowa Śakuniego, mówiąc: „O ojcze, Śakuni potrafi dokonać tego, o czym mówi. Pozwól więc nam, proszę, na zaaranżowanie tej gry!"

Król Dhritarasztra odpowiedział: „O synu, w walce z wrogiem używa się podstępu, lecz w tej sprawie muszę poradzić się Widury, który jest moim ministrem, gdyż on sięga wzrokiem daleko w przyszłość, mając na uwadze przede wszystkim Prawo i dobro całej naszej dynastii. On nam powie, jakie postępowanie jest naprawdę najlepsze dla obu wplątanych w to stron".

Przestraszony słowami ojca Durjodhana rzekł: „O ojcze, chcąc zadowolić całą ziemię, zapominasz o tym, co jest dobre dla mnie! Widura nigdy nie dopuści do realizacji mojego projektu, gdyż on jest po stronie Pandawów. I wówczas nie pozostanie mi nic, tylko się zabić".

Król Dhritarasztra poruszony słowami swego syna uległ jego prośbie i aby go zadowolić, rozkazał rzemieślnikom rozpoczęcie budowy olbrzymiego Gmachu Gry opartego na tysiącu kolumn, mającego setkę drzwi, ozdobionego klejnotami i kośćmi do gry. Dopiero gdy budowa została ukończona, kazał zawezwać Widurę, gdyż nigdy nie podejmował żadnej decyzji bez konsultacji ze swoim ministrem. Znał też doskonale zło, które może wyniknąć z gry w kości, jednakże z miłości do swego syna był gotowy się na nie zgodzić.

4. Widura sprzeciwia się prowokowaniu gry w kości w rodzinie, gdyż w grze tej widzi korzenie zniszczenia świata

Gdy Widura dowiedział się o intencjach Dhritarasztry, chciał go za wszelką cenę powstrzymać, gdyż wiedział, że jego zgoda na zaproszenie Pandawów do rodzinnej gry w kości, w której wytrawny gracz Śakuni, inkarnacja istotnych aspektów bóstwa Dwapary, będzie rządził ruchem kości do gry, otwiera bramy przed bóstwem Kali, które w swym istotnym aspekcie narodziło się w Durjodhanie i swym panowaniem prowadzi wprost ku przepaści zniszczenia. Widura rzekł: „O królu, przemyśl raz jeszcze swą decyzję, gdyż ta rodzinna gra w kości może z łatwością przekształcić się z rozrywki w wojnę domową między twymi synami i synami twego brata Pandu".

Dhritarasztra rzekł: „O Widura, niepotrzebnie się niepokoisz, gdyż bogowie w niebie będą dla nas łaskawi. Sam dobrze wiesz, że gry tej, która jest zarówno święta i dobroczynna jak i przeklęta i zbrodnicza, nie można w rodzinie uniknąć. Nie walcz więc z przeznaczeniem, lecz wsiądź do swego rydwanu i przywieź tu Judhiszthirę i jego braci. Ja sam razem z Bhiszmą będziemy pilnować przebiegu gry i nie dopuścimy do żadnej podłości. Dzięki naszej obecności gra ta prowadzona między braćmi z całą pewnością nie wymknie się spod naszej kontroli. Jestem przekonany, że zsyła ją nam dobry los". Widura nie rzekł ani słowa, lecz bardzo zaniepokojony pomyślał, że niewidomy król nie dostrzega, że swą decyzją prowokuje zły los.

5. Król Dhritarasztra zgadza się na plan Durjodhany, choć przewiduje, że wynikły z gry w kości łańcuch wendety nie przyniesie Durjodhanie oczekiwanego zysku, lecz spowoduje wyniszczenie całej kasty wojowników

Choć król Dhritarasztra zdawał się być pewien słuszności swej linii postępowania, to jednak słowa Widury zaniepokoiły go na tyle, że postanowił raz jeszcze spróbować skłonić swego syna do zaniechania swego pomysłu. Rzekł: „O Durjodhana, Widura nie aprobuje twego, co chcesz zrobić i mówi to w dobrej wierze. Gra ta nie przyniesie ci nic dobrego. Widura jest wielkim mędrcem i zawsze traktuję bardzo poważnie jego słowa. Zna on wszystkie sekrety, które kapłan bogów Brihaspati ujawnił bogom. Gra w kości przynosi niezgodę, a niezgoda niszczy królestwa. Zadowól się tym, co posiadasz i zastanów się nad tym, czy naprawdę potrzebujesz mieć więcej? Skąd bierze się w tobie twa boleść?"

Durjodhana rzekł: „O ojcze, od momentu, gdy zobaczyłem bogactwo Pandawów, zwykłe bogactwo już mnie nie zadowala. Władza Judhiszthiry nie ogranicza się do jednego królestwa, lecz rozciąga się na całą ziemię. Nie tylko zwykli królowie, lecz same Himalaje, oceany i pogranicza są u niego na służbie. W jego posiadaniu widziałem klejnoty, o istnieniu których nigdy nie słyszałem! A w jego Gmachu Zgromadzeń są takie cuda, że nie znając ich, robiłem z siebie pośmiewisko. Śmiech moich rywali pali mnie żywym ogniem! Śmieli się ze mnie nie tylko Pandawowie, ale również ten podły morderca Siśupali Kryszna. Nie uszedł także mej uwagi śmiech Draupadi i innych kobiet, który uraża do głębi moją dumę. Nie potrafię odzyskać równowagi, dopóki nie pokonam mych wrogów!"

Dhritarasztra rzekł: „O Durjodhana, nie noś w swym sercu nienawiści do Pandawów, gdyż przynosi ona tyle bólu, co śmierć! Ktoś tak wspaniały jak ty nie powinien być tak zawistny w stosunku do swych kuzynów, z którymi dzielisz te same cele i tych samych przyjaciół i którzy nie żywią do ciebie nienawiści. Dlaczego ty, który dorównujesz Judhiszthirze zarówno swym urodzeniem jak i dzielnością, chcesz mu odebrać jego majątek i pozycję? Dlaczego chcesz zniszczyć Króla Prawa, pozbawiając go podstaw jego władzy? Nie poddawaj się swym emocjom i spróbuj się uspokoić. Zamiast próbować go zniszczyć, spróbuj mu raczej dorównać swymi czynami. Jeżeli chcesz zdobyć podobną sławę, zorganizuj równie wspaniały rytuał ofiarny. Wówczas królowie z różnych stron świata przyniosą ci ogromne dary. Z zawistnej żądzy posiadania cudzego majątku nic dobrego nie wyniknie. Zadowól się tym, co posiadasz i postępuj zgodnie z tym, czego nakazuje ci twoja własna pozycja w świecie, gdyż to jest jedyna droga prowadząca do szczęśliwości. Nie należy koncentrować swej uwagi na bogactwie, które posiadają inni. Należy skupić się na własnych zadaniach i na ochronie tego, co się samemu posiada. Nie wolno poddawać się uczuciom rozpaczy w momencie, gdy przychodzą na nas trudności, gdyż dobro zrealizuje ten, kto potrafi opanować swą rozpacz dzięki samodyscyplinie i pozostaje czujny i skoncentrowany na własnych celach. Bogactwo należy złożyć na ołtarzu ofiarnym, zachowując w zamian spokój i pozostając w stanie spokojnej szczęśliwości".

Durjodhana rzekł: „O ojcze, twoje słowa mącą mi w głowie, szczególnie, że wypowiadasz je ty, który powinieneś być przewodnikiem dla swych synów. Dałeś się zwieść naszemu wrogowi i straciłeś rozeznanie, co do naszej drogi. Cóż mamy zrobić my, którzy szukamy twego przewodnictwa? Choć jesteś pełen mądrości, podążasz drogą naszych starożytnych przodków i panujesz nad swymi zmysłami, to jednak mącisz mi w głowie, odwodząc mnie od realizacji mej własnej powinności. Czyż będąc magnatem nie powinienem myśleć zawsze o swoim zysku i zwycięstwie? Czyż używając miecza nie powinienem zabijać wroga? Czyż nie powinienem poddawać się niezadowoleniu, które motywuje do zdobywania bogactwa? Czyż mając władzę i będąc bogaty, nie powinienem zachowywać się egoistycznie, aby nie stracić tego, co zdobyłem? Sam mnie uczyłeś, że takie jest Prawo królów. Nikt nie rodzi się niczyim wrogiem, lecz w naszego wroga przekształca się ten, kto chce tego samego, co my. I ten, kto widzi powodzenie swego wroga, likwiduje natychmiast jego źródło, traktując je jak zaraźliwą chorobę. Nawet początkowo słaby wróg, może być jak gniazdo termitów, które potrafi zniszczyć wielkie drzewo.

O ojcze, niech cię nie cieszy powodzenie naszego wroga. Uprawiasz politykę, co jest prawdziwym kamieniem u nogi dla kogoś, kto tak jak ja dąży do mocy. Pragnę natychmiast zdobyć potęgę. Muszę więc odebrać władzę Pandawom, aby samemu nie zginąć, gdyż jeżeli im nie dorównam, nie potrafię troszczyć się o własne życie!"

Zadowolony ze słów Durjodhany obecny podczas rozmowy Śakuni rzekł: „O Durjodhana, rzućmy więc twemu wrogowi wyzwanie, zapraszając go do gry w kości. Bez trudu wygram dla ciebie ich potężny majątek, którego posiadanie przez nich tak cię zasmuca. Pokonam ich w bitwie bez przelewu krwi, gdyż kości są moim łukiem i strzałami".

Durjodhana rzekł: „O ojcze, Śakuni ma rację. Jest on prawdziwym znawcą gry w kości i całkowicie panuje nad ich ruchami. Powinno cię to ucieszyć, że znalazł się ktoś, kto potrafi zniszczyć Pandawów, odbierając im ich wielki majątek".

Król Dhritarasztra pozostał jednak nie w pełni przekonany i upierał się, aby przed podjęciem działania wziąć pod uwagę opinię Widury, gdyż Widura potrafi dostrzec, jakie postępowanie jest w danej sytuacji właściwe.

Durjodhana rzekł: „O ojcze, czy nie widzisz, że to nie mądrość przemawia ustami Widury, lecz stronniczość i faworyzowanie Pandawów? A poza tym czyżbyś zapomniał, że w realizacji własnej powinności nie należy opierać się na cudzym autorytecie, gdyż opinie, co do czyjegoś obowiązku nigdy nie są identyczne".

Dhritarasztra rzekł: „O synu, chcesz podjąć walkę z ludźmi, którzy są od nas silniejsi i twa nienawiść jedynie pogarsza sprawę. Katastrofę, którą wywołasz swym działaniem, identyfikujesz mylnie z zyskiem. Swoim planem sprowokujesz łańcuch wendety, który nie skończy się, zanim wszyscy nie zginiemy".

Głuchy na słowa swego ojca Durjodhana rzekł: „O ojcze, zapomnij o swych obawach i zaakceptuj plan Śakuniego, gdyż w samej grze w kości nie ma nic złego. Jest to walka równego z równym. Czyżbyś zapomniał, że reguły tej gry otrzymaliśmy w spadku od naszych starożytnych przodków?"

Wyczerpawszy swe argumenty, król Dhritarasztra rzekł ze smutkiem: „O synu, choć nie podoba mi się to, co mówisz, zgodzę się na twój plan, aby cię zadowolić. Zgody tej musi żądać ode mnie nieuchronny los. Pożałujesz jednak kiedyś swych własnych słów, gdyż nie wyniknie z nich nic dobrego. Nie widzisz tego, co swym dalekosiężnym wzrokiem dostrzega Widura. Prowokując tę grę, sprowadzasz na magnaterię groźbę całkowitego wyginięcia, wobec której wszyscy będziemy bezsilni".

Księga II Opowieść 14 255

6. Król Prawa podejmuje wyzwanie do gry w kości, gdyż uważa, że tego żąda od niego Stwórca Świata, zwany *tym, który zapładnia świat*, choć przewiduje, że gra ta doprowadzi do katastrofy

Wkrótce zakończono budowę Gmachu Gry i Dhritarasztra, choć znał doskonale podłe zamiary swego syna i ich możliwe katastroficzne skutki, przystąpił do organizowania od dawna zaplanowanej gry w kości. Zawezwał Widurę i rzekł: „O Widura, udaj się do Indraprasthy i poproś Judhiszthirę w mym imieniu, aby razem ze swymi braćmi przybył do Hastinapury uczestniczyć w uroczystym otwarciu Gmachu Gry, który zbudowałem i zasiąść razem z moimi synami do przyjacielskiej gry w kości, do udziału w której zaprosiłem również różnych wprawnych graczy".

Widura odpowiedział: „O królu, nie podoba mi się zadanie, które mi powierzasz. Zmień swój zamiar, gdyż w grze tej widzę groźbę wyginięcia naszego rodu. Gra w kości zmienia braci w przeciwników. I gdy staną z konieczności po przeciwnych stronach, z całą pewnością wyniknie z tego wojna".

Dhritarasztra odpowiedział: „O Widura, gra w kości jest zrządzeniem losu, którego nie można uniknąć. Świat nie rozwija się w dowolnym kierunku, lecz podporządkowuje się projektowi *tego, który go zapłodnił*".

Widura, posłuszny rozkazowi króla, udał się więc do Indraprasthy i przekazał Judhiszthirze królewskie zaproszenie. Wysłuchawszy jego słów, Król Prawa rzekł: „O Widura, gra w kości z synami Dhritarasztry z całą pewnością nas skłóci i doprowadzi do wojny, gdyż w grze tej, choć jesteśmy kuzynami i mamy wspólne cele, musimy stanąć przeciw sobie. Jak mogę się na nią zgodzić, skoro wiem do czego ona doprowadzi?"

Widura rzekł: „O królu, ja też wiem, że gra ta przyniesie katastrofę. Jestem jednak bezsilny wobec zrządzenia losu. Przybyłem do ciebie na rozkaz króla Dhritarasztry, któremu próbowałem bezskutecznie podejmowanie jej odradzić".

Judhiszthira rzekł: „O Widura, straszliwa będzie ta gra w kości, do której mnie zapraszasz, gdyż doskonale wiem, że padnę ofiarą graczy używających różnych oszukańczych chwytów. Muszę się jednak poddać wyrokowi losu. Świat nie podporządkowuje się naszej woli, lecz projektowi *tego, który go zapłodnił*. Podążając ścieżką królewskiego Prawa wyzwany do tej katastrofalnej gry muszę się na nią zgodzić, gdyż do jej podjęcia zaprasza mnie sam król Dhritarasztra, którego traktuję jak ojca, a będąc jego synem jestem zobowiązany mu do posłuszeństwa. Nie będę też mógł odrzucić wyzwania Śakuniego, choć wiem, że w tej grze przerasta mnie swym talentem i jest mistrzem w oszukiwaniu. Chcąc jednakże zdobyć niebo będę musiał podjąć jego wyzwanie, gdyż składałem przysięgę, że wyzwany do walki nigdy nie ucieknę. O Widura, to los odbiera nam rozum, tak jak zbytni blask odbiera nam wizję. Złapani w ich sidła poddajemy się władzy *tego, który świat zapłodnił"*.

7. Król Prawa próbuje zniechęcić Śakuniego i Durjodhanę do wyzywania go do gry, wskazując, że typowe dla gry w kości uzależnienie wygranej od używania podstępu nie jest metodą walki godną aryjskiego wojownika

Następnego dnia Król Prawa w pełnym blasku swej królewskości, przyozdobiony w insygnia swej imperatorskiej władzy i otoczony całą swą świtą, stojąc na czele swej potężnej armii i prowadzony przez braminów, posłuszny wezwaniu króla Dhritarasztry i wyrokowi Czasu wyruszył w podróż do Hastinapury. Towarzyszyli mu jego bracia i ich żona Draupadi z setką swych służebnych. Po przybyciu na miejsce i długotrwałych ceremoniach powitalnych Król Prawa i jego bracia poddali się zwykłym codziennym rytom i namaszczeni olejkiem z drzewa sandałowego, błogosławieni przez braminów, z czystym umysłem zjedli zdrowy posiłek i udali się do swych pokoi, aby w stanie słodkiej miłosnej ekstazy i pełnym relaksie przespać całą noc aż do świtu.

Rankiem obudzeni przez wschodzące słońce po odbyciu porannych rytów udali się w kierunku Gmachu Gry, aby poddać się temu, co było im przeznaczone.

Na ich powitanie Śakuni rzekł: „O Judhiszthira, witaj w Gmachu Gry zbudowanym przez króla Dhritarasztrę, gdzie zebraliśmy się tłumnie, aby oddać się rozrywce. Zasiądź razem ze swymi braćmi na tym miejscu wysłanym dywanami przeznaczonym dla graczy i skoro wycięliśmy już w drzewie kości, przeto podejmijmy grę".

Judhiszthira pragnąc zapobiec katastrofie i zniechęcić Kauravów do prowokowania gry, rzekł: „O Śakuni, hazard między wojownikami jest podstępem i złem. Jego skutki nie zależą ani od bohaterskości wojownika, ani od niezachwianej strategii. Dlaczego więc wychwalasz grę w kości? Dlaczego chwalisz się swą podstępnością gracza? Nie próbuj pokonać nas w nieuczciwy i niegodny wojownika sposób!"

Śakuni odpowiedział: „O Judhiszthira, wygrywa ten gracz, który jest skoncentrowany na kościach, zna się na liczbach, jest czujny na zdradę i wystarczająco przebiegły, aby przejrzeć gambit. Gracz pokonuje wroga dzięki swej umiejętności gry. Nie zwlekajmy już dłużej, wyznacz stawkę o którą gramy i rozpocznijmy grę".

Judhiszthira rzekł: „O Śakuni, podejmowanie gry z wytrawnymi graczami używającymi podstępu jest przez wojowników uznawane za zło. Jedyną grę, którą podejmuje wojownik jest bitwa prowadzona zgodnie z zasadami Prawa. Aryjski wojownik nie mówi zagadkami i nie używa podstępu, lecz uczciwie walczy. Nie próbuj więc pokonać nas przy pomocy broni, którą odrzucamy. Szukając przyjemności i bogactwa nie używamy podstępu. Hazardu nie pochwalamy nawet między graczami, którzy nie zdobyli dużej umiejętności gry i nie używają podstępu".

Śakuni rzekł: „O Judhiszthira, to prawda, że gracz, który zdobył umiejętność gry pokonuje niedoświadczonego gracza dzięki znajomości różnych trików. Ale czyż nie tak samo jest z mądrym, który pokonuje głupca, a jednak jego taktyki nie nazywa się oszustwem. Jeżeli uważasz, że gra, do której cię wyzywam jest zastawioną na ciebie pułapką i obawiasz się jej, nie podejmuj naszego wyzwania".

Judhiszthira rzekł: „O Śakuni, skoro rzucasz mi wyzwanie, nie mogę go nie podjąć, gdyż w ten sposób złamałbym mą królewską przysięgę. Jestem więc we władzy tego, co zostało przez los zrządzone. Niech więc się dowiem, z kim powinienem podjąć grę i kto będzie stawiał stawki równe moim".

Durjodhana rzekł: „O Judhiszthira, mam wystarczająco dużo bogactw, aby postawić stawkę równą twojej. Zagrasz więc ze mną. Jednakże to nie ja będę rzucał kości, lecz mój wuj Śakuni, który będzie robił to w moim imieniu".

Judhiszthira odpowiedział: „O Durjodhana, twoja decyzja nie jest uczciwa i ty sam doskonale o tym wiesz. Nie jest uczciwe proszenie kogokolwiek innego o zastępowanie go podczas walki. Nie mam jednak wyboru, gdyż nie mogę odmówić podjęcia rzuconego mi wyzwania. Rozpocznijmy więc grę".

8. Widura, widząc, że gra w kości wymyka się spod kontroli, proponuje królowi Dhritarasztrze uratowanie dynastii przed wendetą poprzez zabicie jego syna Durjodhany

Gdy decyzja o grze zapadła i wszystko zostało do niej przygotowane, do Gmachu Gry wypełnionego po brzegi przez zaproszonych gości przybyła cała starszyzna Hastinapury prowadzona przez Dhritarasztrę i towarzyszącą mu jego żonę

Gandhari. Przybyli tam również Bhiszma, Drona, Krypa i Widura, choć pozostali do końca niechętni grze. Gdy wszyscy królowie i znawcy mądrości *Wed* zasiedli na przygotowanych dla nich miejscach, gra została uznana za rozpoczętą. Judhiszthira rzekł: „O Durjodhana, na początek stawiam na mój sznur pereł zatopionych w złocie. Jaka jest twoja stawka?" Durjodhana odpowiedział: „O Judhiszthira, stawiam na sznur pereł równy twojemu". Gdy Judhiszthira i Śakuni rzucili kości, Śakuni, który wiedział o kościach wszystko, wrzasnął: „Wygrałam". Słysząc jego wrzask Judhiszthira rzekł: „O Śakuni, wygrałeś, gdyż dzięki swym oszukańczym sztuczkom wprowadziłeś mnie w błąd. Stawiam więc teraz na setkę słoi wypełnionych tysiącem brylek złota". I raz jeszcze po rzuceniu kości Śakuni wrzasnął: „Wygrałem". I tak w następnych rundach Judhiszthira porwany przez ducha gry przegrał swój królewski rydwan, tysiąc słoni, setki tysięcy swych niewolnic i niewolników, niezliczone wojenne rydwany, konie bojowe, które Ardżuna otrzymał od króla gandharwów, setki tysięcy swych poddanych jak i cały skarb państwa.

Widura widząc ten straszliwy pogrom Pandawów dokonujący się na oczach milczącej, obserwującej grę starszyzny, chciał go za wszelką cenę zatrzymać. Powstał ze swego miejsca i rzekł do króla Dhritarasztry: „O królu, wysłuchaj mnie, proszę, choć wiem, że nie spodoba ci się proponowane przez mnie lekarstwo. Przypomnij sobie o wyciu szakala, które towarzyszyło narodzinom twego syna Durjodhany, zwiastując, że przyniesie on zniszczenie naszej dynastii. Jak możesz żyć spokojnie w pałacu, w którym zagnieździł się szakal? Przestań troszczyć się o swego syna, gdyż upił się on smakiem gry i jest jak wielbiciel miodu, który w pogoni za smakiem miodu wdrapuje się na sam wierzchołek drzewa, aby z niego spaść. Proponując grę w kości Pandawom, wprowadził w ruch łańcuch wendety i opętany przez grę nie potrafi dostrzec, że wspina się na szczyt, z którego musi spaść. Dobrze wiesz, że niekończący się łańcuch wendety jest tym, co niszczy najpotężniejszych królów. Jeszcze nie jest za późno, rozkaż Ardżunie, aby zabił Durjodhanę i oczyścił twój ród z obecności szakala. Poświęć go, gdyż inaczej utopisz nas wszystkich w morzu smutku! Czyżbyś zapomniał o słowach mędrca nakazujących poświęcić jednostkę dla dobra rodziny, rodzinę dla dobra wioski, wioskę dla dobra kraju, a ziemię dla dobra duszy? Poświęcając tego szakala, zdobądź dla siebie Pandawów. Nie bądź jak ten człowiek, który znalazłszy w lesie ptaki prychające złotem, zabrał je do domu i z zachłanności je udusił. Zaślepiony żądzą natychmiastowego posiadania złota pozbawił się złota, zabijając ptaki, dzięki którym mógł mieć złoto przez całe życie. Pandawowie są jak te ptaki. Nie niszcz ich zaślepiony przez krótkowzroczny cel, gdyż wkrótce pożałujesz swego szaleństwa. Troszcz się o ich rozwój i sam zbierz jego owoce. Nie wiedź na zatratę samego siebie, swych synów, swych ministrów i swej armii. Gdy Pandawowie zewrą szeregi i staną z tobą do bitwy, nikt ich nie pokona. Bo któż potrafi pokonać Indrę i towarzyszących mu marutusów?"

Widura kontynuował: „O królu, gra w kości jest u korzeni wszystkich kłótni, prowadząc do rozbratu i wielkiej wojny. Rozpoczynając ją, twój syn Durjodhana rozpoczął łańcuch przeraźliwej wendety. Ten grzech Durjodhany obróci wszystko w niwecz. Z czystego szaleństwa pozbawił on nasze królestwo bezpieczeństwa. Jak mogłeś wyzbyć się swej ostrożności i dać się prowadzić swemu synowi. Patrzysz na jego grę z Pandawami i jesteś zadowolony, bo myślisz, że on wygrywa. Nie potrafisz dostrzec, jak ta rzekoma rozrywka przekształca się w wojnę grożącą zagładą całemu rodowi ludzkiemu. Jeżeli Pandawowie zostaną w tej grze pokonani, nie zdołają stłumić swego gniewu. Jakie niebo widzisz w tej nadchodzącej grozie? Zanim zaczęła się ta gra, cały skarb należał do ciebie. Nie potrzebowałeś zdobywać bogactwa Pandawów, gdyż oni sami są twym bogactwem. Przerwij tę grę, póki nie jest za późno i rozkaż zręcznie oszukującemu Śakuniemu, by wrócił tam, skąd przyszedł!"

Mimo rozpaczliwych słów Widury, król Dhritarasztra milczał, podczas gdy jego syn Durjodhana wrzasnął: „O Widura, twój własny język cię zdradza. Trzymasz jak zawsze stronę naszych wrogów Pandawów, pomstując na nas i pogardzając nami, jakbyśmy byli głupcami. Otworzyliśmy przed tobą nasze ramiona, a ty jak kot drapiesz rękę, która cię karmi. Zgadzam się z tobą, że najgorszym grzechem jest bratobójstwo, lecz ty nie popełnienia tego grzechu się boisz, lecz przemawia przeze ciebie stronniczość. Popatrz na nas, gdyż zebraliśmy bogate żniwa walcząc z naszym wrogiem. I uważaj na swój język, bo mówiąc o swej sympatii dla naszych wrogów i swej wrogości do nas, sam stajesz się naszym wrogiem. Lepiej zajmij się ochronną swej dotychczasowej pozycji niż wtrącaniem się do cudzych spraw i naucz się szacunku dla nas od starszych i mądrzejszych od ciebie. Nie oskarżaj nas i nie pouczaj, gdyż nie jesteśmy dziećmi i nie prosiliśmy cię o zabranie głosu. Już dawno nadużyłeś naszej cierpliwości! We wszechświecie jest tylko jeden prawdziwy Nauczyciel, który uczy człowieka, gdy jest on jeszcze w łonie matki. I na jego nauczaniu jak na łódce płynę tam, gdzie on mi rozkaże. Ten, kto żąda ode mnie zmiany kierunku, znajdzie we mnie swego wroga. Idź sobie gdzie chcesz, gdyż nie mam zwyczaju gościć u siebie zwolennika moich wrogów, który mi źle życzy".

Widura rzekł: „O Durjodhana, rzekomo nie jesteś już dzieckiem, lecz ten, kto urąga przyjacielowi swej dynastii jest niczym więcej lecz dzieckiem. Nie trudno znaleźć pochlebców i przyjemnie jest ich słuchać. O wiele trudniej znaleźć ludzi, którzy potrafią udzielać mądrej, choć niepochlebnej rady. Prawdziwym przyjacielem króla jest ten doradca, który kieruje się Prawem i nie myśli o tym, czy go swą radą zadowoli, czy też nie, lecz o tym, czy odzwierciedla ona Prawdę. Napój wypijany przez dobro i odrzucany przez zło przynosi zdrowie, choć bywa cierpki i gorzki. Wypij ten napój i otrząśnij się ze swego gniewu! Posłuchaj mej rady, gdyż życzę twej dynastii sławy i bogactwa. Mędrzec nigdy nie prowokuje węży uzbrojonych w zęby wypełnione trucizną".

Po wypowiedzeniu tych słów Widura siadł w milczeniu na swym stolcu pokonany przez poczucie bezsilności. Na jego gorący apel król Dhritarasztra odpowiedział milczeniem. A tylko on mógł powstrzymać dalszy bieg wydarzeń, gdyby dla dobra królestwa zdecydował się poświęcić Durjodhanę, którego jednakże zbytnio kochał.

9. Król Prawa przegrywa cały swój majątek, swych braci, samego siebie i swą żonę Draupadi

Śakuni widząc, że słowa Widury nie przerwały milczącej zgody króla Dhritarasztry na kontynuowanie gry, ponownie podjął próbę sprowokowania Judhiszthiry do zgłaszania nowych stawek. Rzekł: „O Judhiszthira, straciłeś już sporą część majątku Pandawów. Spróbuj ją odzyskać, wyznaczając następną stawkę. Czy zostało ci jeszcze coś, na co możesz postawić w grze?"

Judhiszthira rzekł: „O Śakuni, mam jeszcze wiele bogactw, na które mogę postawić. Mam niezliczone stada krów, koni, owiec i kozłów, które należą do ludów mieszkających na wschód od Indusu. Na nie teraz stawiam". I gdy obaj wyrzucili kości, wprawny w oszukańczej strategii Śakuni wrzasnął: „O królu, wygrałem".

Rozgorączkowany grą Król Prawa rzekł: „O Śakuni, do mnie należą moje miasta, kraj, dobra moich poddanych i wszyscy poddani oprócz braminów. Na nich teraz stawiam". I znowu wprawny w oszukańczej strategii Śakuni wrzasnął: „O królu, wygrałem".

Judhiszthira, rzekł: „O Śakuni, pozwól mi teraz postawić na mego najmłodszego brata Nakulę i na wszystko to, co on posiada, choć on na takie potraktowanie go nie zasługuje". Śakuni rzekł z ironią: „O Judhiszthira, stawiasz w grze z Durjodhaną na swego brata, który jest dla ciebie tak drogi. Czy po przegraniu go, pozostanie ci coś jeszcze, na co będziesz mógł postawić?" I znowu, gdy wyrzucili kości, wprawny w oszukańczej strategii Śakuni wrzasnął: „O królu, wygrałem".

Król Prawa rzekł: „O Śakuni, mój wrogu, stawiam teraz na mego drugiego brata Sahadewę, który zdobył sobie w świecie imię uczonego, gdyż naucza Prawa. Stawiam na niego, choć ten mój ukochany brat na takie potraktowanie go nie zasługuje". I znowu Śakuni wrzasnął: „O królu, wygrałem".

Śakuni rzekł: „O Judhiszthira, straciłeś w grze w kości swych dwóch ukochanych braci bliźniaków. Pozostało ci jednak jeszcze coś, co jest ci nawet od nich droższe, twoi dwaj pozostali bracia, Ardżuna i Bhima. Ich się wyrzeknij i na nich postaw w grze".

Król Prawa rzekł: „O Śakuni, to, do czego mnie prowokujesz i czego ode mnie żądasz jest bezprawiem. Chcesz nas za wszelką cenę zniszczyć, wyrywając nas pojedynczo z ziemi jak kwiaty!"

Śakuni odpowiedział: „O Królu Prawa, jesteś już skończony. Ty, który jesteś najstarszy i najmądrzejszy z wszystkich Pandawów upiłeś się grą. A pijany z łatwością wpada do rowu, lub uderza głową w pień drzewa. Gdy gra opanuje graczy, zachowują się jakby postradali rozum, plotąc głupstwa, które nie przyszłyby im na trzeźwo do głowy".

Judhiszthira rzekł: „O Śakuni, rzućmy kośćmi o mego brata Ardżunę, który jest dla mnie i mych braci jak prom przeprawiający nas przez wody bitwy, choć on na takie potraktowanie go nie zasługuje". I gdy wyrzucili kości, Śakuni wrzasnął: „O królu, znowu wygrałem! Spróbuj się odegrać i postaw teraz na swego ukochanego brata Bhimę, gdyż jest on jeszcze tym, co ci pozostało".

Pijany grą Król Prawa rzekł: „O Śakuni, zagrajmy o mego brata Bhimę, który gniewny i spoglądający groźnie w dół spoza swych szerokich ramion jest podczas bitwy dla mnie i mych braci przewodnikiem i pogromcą demonów. Stawiam na niego, choć on na takie potraktowanie go nie zasługuje!" Śakuni wrzasnął: „O królu, znowu wygrałem! Przegrałeś już cały swój majątek, swoje królestwo i swych braci. Czy pozostało ci jeszcze coś, na co możesz postawić, aby spróbować się odegrać?"

Judhiszthira rzekł: „O Śakuni, posiadam jeszcze samego siebie, którego moi bracia gorąco kochają. Zagrajmy o mnie. Jeżeli przegram samego siebie, wówczas ja i moi bracia na nasze wieczne zatracenie zostaniemy twymi niewolnikami". I gdy wyrzucili kości, Śakuni wrzasnął: „O królu, znowu wygrałem!"

Śakuni rzekł: „O Judhiszthira, przegrywając w grze w kości samego siebie, uczyniłeś to, co jest najgorsze. Nie powinieneś czynić tego zła, szczególnie, że miałeś jeszcze coś, o co mogłeś zagrać. Pozostała ci bowiem jeszcze jedna stawka. Postaw na swą ukochaną żonę Draupadi. O nią zagraj i wygraj z powrotem samego siebie".

Judhiszthira rzekł: „O Śakuni, rzućmy kośćmi raz jeszcze, gdyż stawiam na mą ukochaną żonę Draupadi, która jest równa bogini dobrobytu. Zagrajmy o tę kobietę, której ciało jest doskonałe, a oczy czerwone z miłości do nas. Jej łagodność, doskonałość jej ciała i charakteru są odpowiedzialne za to, że mężczyzna pożąda kobiety. Ona chodzi spać ostatnia i wstaje pierwsza, myśląc o zakończeniu tego, co nie zostało w ciągu dnia ukończone. Ma twarz piękną jak kwiat lotosu, wąską talię, długie włosy i oczy koloru miedzi. O nią zagrajmy, o piękną Draupadi!"

I gdy Król Prawa wypowiadał te straszne słowa, wśród obserwującej grę starszyzny rozległy się bolesne zawodzenia: „O biada nam, biada!" Cały Gmach Gry zadrżał w posadach. Zarówno Bhiszma, Drona, Krypa jak i inni obecni zlali się zimnym potem. Widura ukrył swą twarz w dłoniach i opadłszy ciężko na krzesło, z głową opuszczoną w dół zdawał się być bliski omdlenia. Głęboko pogrążony w myślach, syczał jak wąż. Lecz ślepy król Dhritarasztra nie dostrzegał niczego poza samą grą i sam pijany nią jak gracze, bez przerwy dopytywał się o to, kto wygrał. Śakuni wrzasnął: „O królu, ja wygrałem!"

Napisane na podstawie fragmentów *Mahābhārata*,
2. The Book of the Assembly Hall,
2(27) The Dicing, 43.1-58.40.

Opowieść 15
Triumf żądzy i przemocy

1. Durjodhana uznaje, że wygrał Draupadi w kości, choć Król Prawa postawił na nią dopiero wówczas, gdy przegrał samego siebie i uznaje ją za swą niewolnicę; 2. Draupadi pyta, jak Król Prawa mógł ją przegrać, skoro postawił na nią dopiero wówczas, gdy nic już nie posiadał, lecz Król Prawa milczy; 3. Milczenie Króla Prawa wyzwala spiralę żądzy i przemocy; 4. Wikarna odpowiada na pytanie Draupadi, lecz jego słowa nie mają wystarczającego autorytetu i zamiast przerwać spiralę przemocy, wznawiają ją; 5. Widura apeluje do zebranych królów, aby odpowiedzieli na pytanie Draupadi, lecz oni milczą, co wyzwala dalszą spiralę przemocy; 6. Bhiszma, nie potrafiąc odpowiedzieć na pytanie Draupadi, skierowuje ją z powrotem do Króla Prawa, co wyzwala nową spiralę przemocy; 7. Wycie szakala przerywa milczenie króla Dhritarasztry, który używając swego królewskiego autorytetu oferuje maltretowanej Draupadi spełnienie jej trzech próśb; 8. Król Dhritarasztra oddaje Pandawom uwolnionym na prośbę Draupadi ich majątek i błogosławiąc ich na drogę, prosi o zaniechanie zemsty.

> *Bhiszma rzekł do Draupadi: „O dobra kobieto, ty kwestionujesz Prawo, pytając, czy Król Prawa miał prawo zagrać o ciebie w kości po przegraniu samego siebie, a ja nie potrafię ci na to pytanie jednoznacznie odpowiedzieć, gdyż nie istnieje nic, do czego mógłbym się odwołać i sprawa, której twe pytanie dotyczy jest tajemnicza i poważna. Koniec naszego rodu musi być bliski, gdyż został on zniewolony przez żądzę i szaleństwo".*
>
> (*Mahābhārāta*, 2(27) The Dicing, 62.15-20)

1. Durjodhana uznaje, że wygrał Draupadi w kości, choć Król Prawa postawił na nią dopiero wówczas, gdy przegrał samego siebie i uznaje ją za swą niewolnicę

Król Prawa sprowokowany przez Durjodhanę do gry w kości został w końcu pokonany przez ducha gry i przegrał całe swe królestwo, majątek, braci, samego siebie i swą żonę Draupadi, na którą postawił za namową Śakuniego po przegraniu samego siebie. Przegrana zmieniła Pandawów i ich żonę Draupadi w niewolników Durjodhany, w którego ciele narodziło się w swym istotnym aspekcie bóstwo Kali znane właśnie z tego, że przynosi przegraną w grze w kości i ostatecznie grozi całemu światu śmiercią i zniszczeniem.

Podczas gdy cała starszyzna siedząc na swych miejscach jak sparaliżowana, patrzyła ze zgrozą na pokonanych Pandawów, triumfujący Durjodhana wrzasnął, zwracając się do Widury: „O Widura, przyprowadź tu natychmiast przed oblicze tych wszystkich mężczyzn zgromadzonych w Gmachu Gry ukochaną żonę

Pandawów Draupadi, której oddają oni cześć i rozkaż jej zamiatać podłogę. Cóż to będzie za przyjemność zobaczyć tę dumną królową w roli służebnej ulicznicy, którą każdy może pomiatać".

Widura odpowiedział: „O Durjodhana, ludzie tacy jak ty, nienasyceni w swej żądzy, wywołują to, co niewiarygodne, nie wiedząc, że w ten sposób wiążą stryczek na swej szyi. Nie zauważasz nawet, że wisisz nad przepaścią. Ściągasz nam na naszą głowę węże prychające trucizną. Nie drażnij się z nimi, jeżeli nie chcesz udać się wprost do siedziby boga śmierci Jamy. Królowa Draupadi nie jest jeszcze twoją niewolnicą, gdyż król postawił na nią dopiero wtedy, gdy nie był już panem samego siebie. Trzeba więc dopiero zadecydować, czy przegrał ją czy też nie".

Widura kontynuował: „O Durjodhana, jesteś jak drzewo bambusowe, które rodzi owoc tylko po to, aby samemu zginąć. Dojrzałeś do śmierci, będąc ślepy na to, że rozpoczęta przez ciebie gra w kości prowadzi do niekończącej się wendety. Nie triumfuj zbyt szybko i nie lżyj Pandawów, gdyż nigdy nie należy wypowiadać słów okrutnych lub zabierać ostatniego centa biedakowi. Te niepotrzebne raniące słowa płynące z taką łatwością z ust będą tym, nad czym zraniony będzie rozmyślał dniem i nocą. I w ten sposób przy ich pomocy ostrzyż jedynie nóż, którym podcinasz swe własne gardło. Swoim działaniem otworzyłeś drzwi prowadzące wprost do piekieł, przez które poprowadzisz swych młodszych braci podążających za twym przykładem.

O Durjodhana, wiem, że prędzej zapadnie się ziemia i niż ty, niemądry syn ślepego króla Dhritarasztry, zrozumiesz sens moich słów. A słowa te przepowiadają koniec naszego rodu, przeraźliwą zagładę wszystkich. Gdy nikt już nie słucha słów mędrca, zaczyna królować nienasycona żądza i przemoc".

Durjodhana rzekł: „O Widura, lepiej zamilcz i niech pochłonie cię zaraza". Ogłupiony przez swą dumę zwrócił się do stojącego niedaleko zarządcy służby pałacowej, mówiąc: „O sługo, udaj się natychmiast do kwater Pandawów i przyprowadź mi tutaj królową Draupadi, która stała się moją niewolnicą. Nie obawiaj się Pandawów i nie bierz też pod uwagę słów Widury, gdyż on nigdy nie życzył dobrze synom Dhritarasztry".

2. Draupadi pyta, jak Król Prawa mógł ją przegrać, skoro postawił na nią dopiero wówczas, gdy już nic nie posiadał, lecz Król Prawa milczy

Zarządca służby pałacowej posłuszny słowom swego pana ruszył w kierunku gościnnych kwater zajmowanych przez Pandawów i po wejściu do komnaty Draupadi rzekł z pokorą: „O królowo, twój mąż Judhiszthira ogłupiony przez grę w kości postawił w grze na ciebie i cię przegrał. Należysz obecnie do Durjodhany. Udaj się więc wraz ze mną do Gmachu Gry, gdzie chcę cię za twym przyzwoleniem zaprowadzić".

Draupadi rzekła: „O sługo, jak śmiesz mówić do mnie w ten sposób? Jest nie do pomyślenia, aby Król Prawa mógł grać o swoją żonę! Choćby nawet ogłupiony przez grę, to czyżby nie miał już nic, o co mógłby zagrać?"

Służący odpowiedział: „O królowo, Judhiszthira postawił na ciebie dopiero wówczas, gdy stracił wszystko, co miał i nie posiadał już nic, o co mógłby zagrać. Przegrał już nie tylko swych braci, ale również samego siebie".

Draupadi rzekła: „O sługo, w związku z tym, co mówisz, nie muszę być posłuszna rozkazowi Durjodhany, gdyż on mnie nie wygrał. Judhiszthira nie mógł bowiem mnie przegrać, skoro postawił na mnie dopiero wówczas, gdy przegrał samego siebie. Wróć do Gmachu Gry i zapytaj starszyznę, czy mój mąż mógł traktować mnie jako stawkę w grze po przegraniu samego siebie?"

Służący wrócił do Gmachu Gry i przekazał zebranym pytanie Draupadi. Cała starszyzna łącznie z królem Dhritarasztrą spojrzała wówczas w kierunku Króla Prawa, czekając na słowa tego, który był autorytetem w dziedzinie Prawa, lecz on nawet się nie poruszył i milczał, wyglądając jak ktoś, kto stracił przytomność.

Durjodhana widząc go w takim stanie, poczuł się jeszcze bardziej zwycięski i rzekł do zarządcy służby królewskiej rozkazującym tonem: „O sługo, udaj się raz jeszcze do kwater Pandawów i przyprowadź tutaj ich królową Draupadi. Niech wszyscy usłyszą, jak ona sama zadaje swe pytanie Królowi Prawa i jak udziela on swej odpowiedzi".

Służący udał się więc z powrotem do gościnnych kwater Pandawów, dygocząc ze zgrozy i rzekł do Draupadi: „O królowo, upadek Bharatów musi być bliski, gdyż głupiec taki jak Durjodhana nie potrafi chronić dobra swych poddanych, skoro zmusza ciebie do stawienia się w Gmachu Gry!"

Draupadi rzekła: „O dobry człowieku, tak musiał zarządzić ten, który rozporządza wszystkim i obdarza szczęściem i nieszczęściem zarówno mędrca jak i głupca. W tym świecie doskonałe jest jedynie Prawo i dopóty będziemy cieszyć się pokojem, dopóki będziemy podążać ścieżką własnego Prawa. Ponieważ nie chcę sama zboczyć ze ścieżki mojego Prawa, wróć do Gmachu Gry i powiedz Durjodhanie, że choć pragnę usłyszeć odpowiedź Judhiszthiry na moje pytanie, muszę obecnie przebywać w izolacji, będąc zanieczyszczona mą comiesięczną krwią i nie mogę stawić się przed obliczem mężczyzn zgromadzonych w Gmachu Gry. Nie chcę by kropla mej krwi przemieniła się w morze krwi, które zatopi wszystkich Bharatów!"

3. Milczenie Króla Prawa wyzwala spiralę żądzy i przemocy

Gdy posłuszny dotychczas sługa po raz drugi wrócił do Gmachu Gry bez Draupadi, Durjodhana rozkazał mu po raz trzeci, aby udał się do gościnnych kwater Pandawów i przyprowadził ją siłą, skoro nie chce ona dobrowolnie stawić się na jego wezwanie. Sługa jednakże ze strachu przed nią odmówił wykonania rozkazu. Rzekł: „O królewiczu, jestem jedynie sługą i nie przystoi mi rozmawiać w ten sposób z królową".

Durjodhana rzekł wówczas do swego brata Duhśasany: „O Duhśasana, ten służący jest głupcem, który obawia się wściekłości Bhimy. Idź więc sam do gościnnych kwater Pandawów i przyprowadź tutaj królową Draupadi, żonę naszych pięciu pokonanych i bezsilnych rywali, którzy nie są w stanie nic zrobić, aby ci w tym przeszkodzić".

Posłuszny swemu starszemu bratu Duhśasana z oczami czerwonymi z gniewu udał się do gościnnych komnat Pandawów i rzekł do królewskiej córy i żony: „O Draupadi, mój brat Durjodhana wygrał cię w kości zgodnie z regułami gry. Teraz należysz do niego i jemu musisz oddać swe ciało. Zapomnij więc o swym wstydzie i skromności i udaj się ze mną do Gmachu Gry, gdyż tak ci rozkazuje twój nowy pan".

Draupadi śmiertelnie pobladła i zakrywając delikatnymi dłońmi swą pobladłą twarz, łkając żałośnie, pobiegła do komnat kobiet, aby tam się schronić. Wściekły Duhśasana pognał za nią z dzikim rykiem i chwyciwszy ją za jej czarne, długie, rozpuszczone włosy, które podczas rytuału królewskiego namaszczenia zostały spryskane oczyszczoną świętymi zaklęciami wodą i pociągnął ją za nie w kierunku Gmachu Gry.

Draupadi wyszeptała: „O prostaku, co czynisz, nie wolno ci ciągnąć mnie przed oblicze zebranych w Gmachu Gry mężczyzn w jednej szacie, gdy krwawię mą comiesięczną krwią". Duhśasana nie zwalniając uścisku, wrzasnął: „O królowo, choćbyś nawet błagała o pomoc samego Kryszny i Ardżunę i tak zaciągnę cię siłą do Gmachu Gry. Bez znaczenia jest bowiem teraz to, czy jesteś w jednej szacie, czy też bez szaty, czy jesteś czysta czy nieczysta. Durjodhana wygrał cię w kości i stałaś się niewolnicą, a niewolnica może być przedmiotem choćby i największej lubieżności".

Draupadi z włosami zmierzwionymi i opadającą szatą, znieważona i płonąca wstydem, raz jeszcze wyszeptała: „O niegodziwy głupcze, ciągniesz mnie do Gmachu Gry, gdzie przebywają mężczyźni, którzy studiowali święte księgi. Oni są znawcami Prawa i przestrzegają wszelkich rytów. Oni są moimi nauczycielami. Nie możesz zaciągnąć mnie przed ich oblicze w takim stanie! Nie ukazuj mnie im półnagiej! Nie upodlaj mnie! Ci synowie królów nigdy ci tego nie wybaczą! Judhiszthira, syn boga Prawa Dharmy, nie mógł złamać Prawa, gdyż on tego nie potrafi, to sama ścieżka Prawa jest trudno-uchwytna nawet dla mędrca i może niekiedy wydawać się Bezprawiem. Nie zejdę ze ścieżki mego własnego Prawa i nawet na rozkaz Króla Prawa nie uczyniłabym zła i nie porzuciłabym mego świętego obowiązku. Nikczemnością i złem jest to, że ciągniesz mnie przed oblicze wielkich herosów, gdy jestem nieczysta od mej własnej krwi. Nie znajdzie się wśród nich nikt, kto cię za to pochwali".

Jednakże Duhśasana był głuchy na jej lamenty. Zaciągnął ją za włosy do Gmachu Gry i rzucił bezbronną do stóp jej pięciu bezsilnych mężów-obrońców tak jak wiatr rzuca o ziemię wyrwane z korzeniami drzewo.

Draupadi rzekła: „O biada nam, Bharatowie musieli zbłądzić na swej ścieżce Prawa i nie są już dłużej oświeconymi władcami, skoro zebrani razem w tym strasznym Gmachu muszą patrzeć bezradnie na to, jak Prawo ich rodu rozciąga się do granic wytrzymałości. Inaczej przywódcy starszyzny nie mogliby spokojnie patrzeć na dziejące się tu Bezprawie!"

Gdy tak żałośnie mówiła, rzucała pogardliwe spojrzenia na swych rozjuszonych i bezsilnych mężów. Nic nie mogło sprawić im większego bólu od tych jej pełnych furii spojrzeń. Duhśasana widząc te ogniste spojrzenia, potrząsnął nią dziko, choć była bliska omdlenia i wrzasnął z gromkim śmiechem: „Niewolnica!" Zawtórował mu gromki śmiech Karny odbity niczym echem śmiechem Durjodhany i Śakuniego. Jednakże nikt z pozostałych obecnych się nie śmiał i wszyscy patrzyli ze zgrozą na upokorzoną i umęczoną ponad ludzką miarę Draupadi.

Przepełniony bolesścią Bhiszma trzymał bezsilną dłoń na rękojeści swego ciągle ukrytego w pochwie miecza. Czuł się w potrzasku, gdyż nie potrafił sam sobie odpowiedzieć na pytanie, czy to co się wydarza jest wyłącznie nieszczęściem, czy zejściem ze ścieżki Prawa. Rzekł: „O najdroższa, patrzę na twe cierpienie i czuję się bezsilny. Nie wiem, czy Król Prawa przegrał cię w kości, czy też nie. Prawdą jest to, że mężczyzna, który nic nie posiada, nie może grać w kości o innego człowieka. Lecz tak właśnie postąpił Król Prawa, który prędzej wyrzekłby się całej ziemi i wszystkich jej bogactw niż zarzuciłby Prawdę. Ścieżka, którą biegnie Prawo jest nieodgadniona dla umysłu. To on sam zgodził się na grę, choć wiedział, że przegra, bo Śakuni nie ma sobie równego w grze. Straciłem jasność myśli i nie potrafię odpowiedzieć na twoje pytanie".

Draupadi rzekła: „O Bhiszma, jak możesz twierdzić, że Król Prawa działał z własnej woli? Został wyzwany do gry przez przebiegłych, niegodziwych i niemoralnych oszustów, którzy wiedzieli, że nie ma on pojęcia o grze. Czysty jak on jest, nie był nawet zdolny do stosowania oszukańczych chwytów. Stawił się na wezwanie, przegrał wszystko i postawił na mnie dopiero wówczas, gdy nie miał już nic. O Bharatowie, o dumni ojcowie synów, o obrońcy żon swych synów, przemyślcie raz jeszcze moje słowa i odpowiedzcie na moje pytanie, czy Judhiszthira przegrał mnie czy nie?"

I gdy Draupadi rozpaczliwe szukała ochrony w decyzji tych którzy znają Prawo, najwyższy autorytet w tej dziedzinie, Judhiszthira, ciągle milczał. Widząc to jego brat Bhima, syn boga wiatru, z coraz większym trudem powstrzymywał swój skierowany przeciw niemu gniew, rzucając mu wściekłe spojrzenia. Wreszcie, zwracając się gniewnie do Króla Prawa, rzekł: „O bracie, grając o Draupadi posunąłeś się w swej władzy za daleko. Nawet w świecie hazardzistów, gdzie jest wiele nierządnic, nikt na nie w grze nie stawia, gdyż nawet hazardziści mają litość dla kobiet tego pokroju. Nie mam do ciebie pretensji o to, że przegrałeś cały nasz majątek, nas i samego siebie, gdyż ty jesteś panem tego wszystkiego, co posiadamy. Lecz jak śmiałeś zagrać o Draupadi! Ona na to nie zasługuje! Przez ciebie ona, wygrana poprzednio przez Pandawów jako ich żona, stała się ofiarą zarazy, która od dawna niszczy Kaurawów, nędznych, okrutnych oszustów! To jak ją potraktowałeś, wywołuje we mnie niepohamowaną wściekłość. To z jej powodu chcę rzucić na ciebie ogień i spalić twe ramiona!"

Ardżuna, słysząc rozpaczliwy atak swego brata Bhimy skierowany przeciw najstarszemu bratu, rzekł: „O Bhima, nigdy dotychczas nie wypowiedziałeś podobnych słów! Czyżby nasi podli wrogowie zniszczyli twój szacunek dla Prawa! Opamiętaj się i nie ułatwiaj naszym wrogom realizacji ich planów! Nie zapominaj o tym, że naszym najświętszym obowiązkiem jest niekwestionowanie decyzji naszego najstarszego brata. Został on zaatakowany przez wroga i zgodnie z Prawem naszej kasty nie uciekł z pola bitwy, lecz stawił mu czoła! Niech chwała mu będzie za to!"

4. Wikarna odpowiada na pytanie Draupadi, lecz jego słowa nie mają wystarczającego autorytetu i zamiast przerwać spiralę przemocy, wznawiają ją

Patrząc na bezsilność Pandawów i upokorzenie Draupadi głos zabrał poruszony tym do głębi jeden z młodszych synów króla Dhritarasztry Wikarna, łamiąc solidarność wśród setki jego synów. Wikarna rzekł: „O królowie, czy nikt z was nie odpowie na pytanie, które postawiła Draupadi? Naszym obowiązkiem jest zadecydować, czy została ona naprawdę przegrana przez Króla Prawa, który zagrał o w nią kości po przegraniu samego siebie, czy też nie, bo inaczej piekło nas pochłonie! Dlaczego starszyzna naszego rodu milczy i nie wypowiada w tej sprawie swej zdecydowanej opinii? Dlaczego milczą obecni tu prominentni bramini? Dlaczego milczą jak zaklęci obecni tu królowie? Dlaczego tkwimy w tej niepewności? Draupadi chce wiedzieć, czy jej świętym obowiązkiem jest pogodzenie się z tym, że została przegrana, czy też nie została przegrana i traktowanie jej w ten sposób jest okrutnym Bezprawiem?"

Wikarna powtórzył swe słowa setki razy, adresując je do różnych królów zebranych w Gmachu Gry, lecz w odpowiedzi nikt nie wyrzekł ani dobrego, ani złego słowa. W tej martwej przeraźliwej ciszy, jakby wszyscy nagle stracili mowę, Wikarna załamując rozpaczliwe dłonie i żałośnie wzdychając, rzekł: „O królowie, milczcie, jak chcecie. Lecz ja wam powiem Prawdę. Istnieją cztery plagi, które niszczą królów: polowanie, pijaństwo, gra w kości i cudzołóstwo. Król padający ofiarą którejś z tych plag porzuca ścieżkę Prawa, lecz świat nie wybacza mu jego niepohamowanych uczynków. Król Prawa znalazł się w zasięgu oddziaływania tej plagi, gdy został wyzwany do gry przez hazardzistów i gdy zagrał o Draupadi. To Śakuni skłonił go swym podszeptem do zagrania o nią. Biorąc to wszystko pod uwagę, uważam, że Draupadi nie została przez niego przegrana w kości!"

Gdy Wikarna skończył mówić, cały Gmach aż zadrżał od głosów wychwalających jego mowę i potępiających działania Śakuniego.

Gdy krzyk ten ucichł, ze swego miejsca zerwał się omdlewający z wściekłości Karna, chwytając za broń. Karna zawołał: „O Wikarna, chyba straciłeś rozum, wywołując ogień, który cię spali! Jak śmiesz ty, młodszy brat i prawie dziecko, pouczać zgromadzenie i zabierać głos w sprawie, której rozstrzygnięcie należy do starszych. Jak śmiesz mówić pierwszy, gdy cała starszyzna milczy, mimo gorącego apelu Draupadi, aby odpowiedzieć na jej pytanie! Swą mową dowodzisz jedynie swego szaleństwa i braku znajomości Prawa, skoro ty, młodszy brat Durjodhany, twierdzisz, że Draupadi, która została wygrana, nie została wygrana! Jak śmiesz twierdzić, że Król Prawa nie przegrał Draupadi, skoro tu na oczach wszystkich zebranych zagrał o wszystko, co posiadał? Draupadi była częścią tego, co posiadał, jak więc możesz twierdzić, że choć została przegrana zgodnie z regułami gry, nie została przegrana? Jak będąc przy zdrowych zmysłach, możesz twierdzić, że Draupadi, o którą Król Prawa rzucał kości, wymieniając jej imię, nie została przegrana?"

Karna kontynuował: „O Wikarna, jak możesz twierdzić, że sprowadzenie Draupadi siłą w jednej sukni i postawienie przed oblicze wszystkich zebranych w Gmachu Gry mężczyzn jest łamaniem Prawa! Bogowie, którzy stworzyli kobietę, nakazali jej mieć jednego męża. Spójrz na nią! Ona ma ich pięciu! Taka kobieta nazywa się ladacznicą i powinna być traktowana jak ladacznica! I nikt nie powinien się dziwić, że jako ladacznica stoi tutaj na oczach zebranych mężczyzn krwawiąca i w jednej szacie, albo i całkowicie naga!"

Karna rozogniony swą własną mową wrzasnął, zwracając się do Duhśasany: „O Duhśasana, twój brat Wikarna jest niczym więcej, lecz dzieckiem bredzącym na temat Prawa! Zedrzyj z tej ladacznicy Draupadi okrywającą ją jej jedyną szatę! Rozbierz też Pandawów, gdyż przegrali wszystko".

Śmiertelnie pobladli Pandawowie zdjęli szaty pokrywające górną część ich ciała, podczas gdy Duhśasana z całej siły złapał za koniec sari przykrywającego nagie ciało Draupadi i na oczach całej starszyzny oraz tłumu zebranych królów i braminów zaczął zrywać z niej jej jedyne odzienie.

Lecz wówczas wydarzył się cud: im więcej szaty zdzierał z niej Duhśasana, tym większa ilość szaty pokrywała jej ciało. I gdy zebrani królowie zobaczyli ten wielki cud, z ich ust wydobył się jednomyślny ryk aprobaty. I wśród tego strasznego wrzasku dał się słyszeć jeszcze bardziej przeraźliwy głos Bhimy wypowiadający straszną przysięgę: „O magnaci zamieszkujący tę ziemię, weźcie sobie do serca słowa mojej przysięgi, których nie wyrzekł nikt przede mną i których nikt już nie wypowie. Niech nigdy nie dostanę się do świata moich przodków, jeżeli podczas strasznej bitwy, która nastąpi, nie rozerwę piersi Duhśasany i nie wypiję jego krwi!"

Wypowiedzenie tej strasznej przysięgi tchnęło w dusze zebranych nowego ducha. Zaczęli składać Bhimie hołd i lżyć synów króla Dhritarasztry. W centrum areny leżała ogromna sterta materiału powstała z szaty Draupadi, którą zmęczony i zawstydzony Duhśasana zaprzestał wreszcie z niej zdzierać. I wówczas królowie powstali ze swych tronów, krzycząc: „O hańba! Bharatowie nie odpowiedzieli na pytanie Draupadi!" Głośno potępiali milczenie króla Dhritarasztry, który skorumpowany przez żądzę swego syna Durjodhany, dopuścił do tej straszliwej gry w kości.

5. Widura apeluje do zebranych królów, aby odpowiedzieli na pytanie Draupadi, lecz oni milczą, co wyzwala dalszą spiralę przemocy

Widura, widząc wzburzony tłum, wzniósł do góry swe dłonie, by ich uciszyć. Rzekł: „O królowie zebrani w tym Gmachu, waszym obowiązkiem jest odpowiedzieć jednoznacznie na pytanie, które postawiła Draupadi i która płacze teraz żałośnie, gdyż nagle nie ma nikogo, kto by jej bronił. Ten, kto przychodzi do królewskiego Gmachu Zgromadzeń z zażaleniem i wątpliwościami dotyczącymi Prawa jest jak płonący ogień i mężczyźni zgromadzeni w tym Gmachu muszą ułagodzić jego gniew, sięgając głęboko do Prawdy. Muszą rozwiać jego wątpliwości, co do legalności lub nielegalności jego cierpienia. Muszą udzielić uczciwej odpowiedzi, która nie faworyzuje żadnej ze stron. Jeżeli tego nie uczynią sami zgrzeszą przeciw Prawu. Wikarna odpowiedział na Draupadi pytanie zgodnie ze swą wiedzą. To samo wy musicie uczynić, pamiętając, że gdy zna się odpowiedź, od braku odpowiedzi nawet gorsze jest świadome udzielenie odpowiedzi fałszywej. Takiej nauki udzielił swego czasu królowi demonów dajtjów Prahladzie mędrzec Kaśjapa, gdy Prahlada zwrócił się do niego z prośbą o radę, co powinien odpowiedzieć swemu synowi i pewnemu braminowi, którzy aspirując do małżeństwa z tą samą piękną dziewczyną, poprosili go o rozstrzygnięcie ich sporu przez wskazanie, który z nich stoi wyżej i bardziej zasługuje na to małżeństwo. Po rozmowie z mędrcem Kaśjapą Prahlada bez wahania udzielił uczciwej odpowiedzi, że bramin stoi wyżej od jego syna.

O królowie, zebrani w tym Gmachu udzielcie uczciwej odpowiedzi na pytanie cierpiącej Draupadi, gdyż to jest waszym najwyższym obowiązkiem!"

Jednakże mimo gorącego apelu Widury, królowie milczeli jak zaklęci i ich milczenie wywołało nową spiralę przemocy.

Karna rzekł do Duhśasany: „O Duhśasana, nie bierz pod uwagę groźnie brzmiących słów bezsilnego Bhimy i wyprowadź stąd tę niewolnicę i ladacznicę". I gdy posłuszny słowom Karny Duhśasana wlókł Draupadi ku wyjściu, trzymając ją za włosy, drżąca, upokorzona kobieta żałośnie skarżyła się, spoglądając w kierunku swych bezsilnych obrońców, jej pięciu mężów Pandawów: „O moi mężowie, niech nie będzie uznane za mą winę to, że nie spełniłam mego świętego obowiązku i nie powitałam należycie i nie pożegnałam zebranej w tym gmachu starszyzny, ale nie mogłam tego uczynić będąc wleczona przez tego człowieka za włosy po podłodze".

Gdy Duhśasana wlókł ją dalej, żałosna w swej niedoli potknęła się i upadła. Nienawykła do takiego traktowania lamentowała: „Cały wszechświat musiał się rozpaść, skoro ja, której nie oglądało nawet słońce i wiatr i którą zebrani tu mężczyźni widzieli wyłącznie podczas festiwalu wyboru męża, jestem teraz oglądana w jednej sukni i wleczona siłą do ich Gmachu Gry. Pandawowie, którzy nie zezwalali dotknąć mnie nawet wiatrowi, pozwalają teraz na to, aby dotykał mnie ten niegodziwiec, a Bharatowie zgadzają się na to, aby na ich oczach znęcano się nad ich niewinną córką i synową! Czy istnieje większe poniżenie, którego ja, kobieta wielkiej cnoty i piękności, mogłabym doznać w ich domu? Zostało złamane Najwyższe Prawo królów! Czy nasi przodkowie nie mówili, że nie wolno przyprowadzać kobiet o wielkiej cnocie do Gmachu Gry? Kaurawowie zniszczyli to Starożytne Wieczne Prawo. Jak ja, żona Pandawów, siostra Dhrisztadjumny, wielbicielka Kryszny mogłam zostać zmuszona do tego, aby wejść do tego Gmachu Gry królów!

O Bharatowie, odpowiedzcie na moje pytanie, czy ja, żona Króla Prawa, której urodzenie jest równe jego urodzeniu, jestem niewolnicą czy nie jestem? Będę posłuszna temu, co zadecydujecie. Nie milczcie już dłużej, gdyż ten człowiek, przynoszący wam hańbę maltretuje mnie i nie mogę już tego dłużej znieść.

O potężni królowie, odpowiedzcie na moje pytanie, a ja będę posłuszna temu, co zadecydujecie".

6. Bhiszma nie potrafiąc odpowiedzieć na pytanie Draupadi, skierowuje ją z powrotem do Króla Prawa, co wyzwala nową spiralę przemocy

Bhiszma poruszony do głębi słowami Draupadi, rzekł: „O nieszczęsna kobieto, ścieżka, którą biegnie Prawo jest samowładna. Nawet bramini o najwyższej duchowości nie potrafią jej do końca zrozumieć. Na tym świecie człowiek uważa za Prawo to, co inni uznali za Prawo w czasie, gdy zostało ono zakwestionowane.

O dobra kobieto, teraz ty kwestionujesz Prawo, pytając, czy Król Prawa miał prawo zagrać o ciebie w kości po przegraniu samego siebie, a ja nie potrafię ci na to pytanie jednoznacznie odpowiedzieć, gdyż nie istnieje nic, do czego mógłbym się odwołać i sprawa, której twe pytanie dotyczy jest tajemnicza i poważna. Koniec naszego rodu musi być bliski, gdyż został on zniewolony przez żądzę i szaleństwo.

O dobra kobieto, ci wysoko urodzeni ludzie w swym postępowaniu nie zeszli ze ścieżki swego Prawa, a jednak padli ofiarą tej samej katastrofy, co i ty sama, nasza synowa. Spójrz na siebie, mimo nieszczęścia, które na ciebie spadło, ciągle podążasz ścieżką swego Prawa i pytasz nas o to, jakiemu wyrokowi powinnaś być posłuszna. Tak samo czynią Drona i inni wśród starszyzny znający Prawo i nie potrafiąc ci odpowiedzieć na twoje pytanie, siedzą złamani i bezsilni jak pozbawione duszy ciała. Król Prawa jest autorytetem w dziedzinie Prawa. Niech on nam powie, czy cię przegrał, czy też nie?"

Lecz mimo gorącego apelu Bhiszmy Król Prawa milczał podobnie jak milczeli zebrani królowie.

Durjodhana patrząc na tych milczących królów, na ich milczących synów i wnuków, pijany swym poczuciem władzy rzekł z ironią do Draupadi: „O Draupadi, Bhiszma ma rajcę. Zwróć się ze swoim pytaniem do swych mężów. Tylko oni mogą przerwać to znęcanie się nad tobą. Obiecuję, że uwolnię cię z niewoli, jeżeli czterej młodsi Pandawowie wyrzekną się swego zobowiązania do posłuszeństwa Judhiszthirze i ogłoszą go kłamcą i jeżeli on sam odpowie na twe pytanie, czy posiadał cię jeszcze, stawiając na ciebie po przegraniu samego siebie, czy też nie. Na tę odpowiedź czekają obecnie wszyscy potomkowie naszego rodu wplątani w twe nieszczęście, którzy nie znajdując w swych szlachetnych sercach odpowiedzi na twe pytanie, szukają jej w autorytecie twoich mężów".

Wzrok wszystkich zebranych królów spoczął na Pandawach i rozległy się liczne głosy nawołujące ich do udzielenia odpowiedzi. Gdy głosy te zamarły, zapanowała znowu martwa cisza, którą przerwał głos Bhimy: „O królowie, gdyby Król Prawa, nie był naszym nauczycielem, naszym *guru* i panem naszej rodziny, nie znosilibyśmy tak spokojnie tego, co tu się wydarza. Nasze zasługi, nasze wyrzeczenia i nasze życie należą do niego. Skoro on uznał się za pokonanego, my też uznajemy się za pokonanych. Gdyby nie jego decyzja, mężczyzna dotykający namaszczonych świętą wodą włosów Draupadi już dawno by nie żył. Spójrzcie na moje ramiona! Nawet bóg tysiąca ofiar Indra nie potrafiłby się z nich wyzwolić. Powstrzymałem się od siania wśród was spustoszenia złapany w sidła Prawa, zniewolony przez jego ciążenie i powstrzymywany przez mego brata Ardżunę. Jednakże, jak tylko Król Prawa uwolni mnie z tych sideł, zgniotę tę bandę synów Dhritarasztry w mych potężnych dłoniach".

Podczas gdy Bhiszma, Drona i Widura słysząc jego groźne słowa próbowali go uspokoić, Karna krzyknął do Draupadi: „O ulicznico, żono niewolnika, będąca własnością niewolnika, który nie ma własności. Wybierz sobie innego męża, który nie przegra cię w kości! Ci, których Król Prawa przegrał w kości już nie są twoimi mężami. Zaoferuj swe usługi synom Dhritarasztry! W jego domu będziesz miała pełne ręce roboty! Teraz oni są twymi panami! Cóż za użytek będziesz miała z waleczności i męskości Judhisztiry, który na oczach zabranych tu królów przegrał w kości ciebie, córę potężnego króla Drupady!"

Bhima nie mógł już tego dłużej znieść i cierpiąc męczarnie, dyszał ciężko. Jednakże posłuszny swemu królowi i złapany w pułapkę Prawa, rzucił jedynie w kierunku Karny pałące spojrzenie.

Durjodhana z kolei rzekł do Judhiszthiry: „O Królu Prawa, twoi młodsi braci są ci posłuszni. Oświeć więc ich i odpowiedz na pytanie Draupadi, czy według ciebie została ona przeze mnie wygrana, czy też nie?" I rzekłszy to, pijany swą władzą, uchwycił za swą dolną szatę, rzucając Draupadi prowokujące spojrzenia. Uśmiechając się do Karny i szydząc z Bhimy, uniósł swą szatę, ukazując Draupadi swe lewe udo, miękkie jak banan i oznaczone szczęśliwym znakiem.

Bhima potoczywszy wokół swymi zalanymi krwią oczami, zawołał: „O Durjodhana, jeżeli nie złamię ci podczas bitwy twego lewego uda przy pomocy mojej maczugi, niech będę przeklęty i niech nigdy nie dostanę się do świata mych dziadków!" I gdy wypowiadał tę straszną przysięgę, płomienie ognia wybuchły wściekle wszystkimi otworami jego ciała, czyniąc go podobnym do wydrążonego przez płomienie potężnego drzewa.

Widura rzekł: „O królowie, strzeżcie się Bhimy! Strzeżcie się sideł Waruny! Zaczyna się bowiem realizować wojenny los, który bogowie dawno już przygotowali dla Bharatów.

O synowie ślepego króla Dhritarasztry, którzy walczycie zaciekle w tym Gmachu Gry z kobietą, oczekujcie strasznego rewanżu. Wasze bezpieczeństwo zostało poważnie zagrożone przez straszliwe słowa, które wypowiadacie!"

Durjodhana wrzasnął: „O Widura, słowa dotrzymam. Jeżeli młodsi Pandawowie powiedzą, że Judhiszthira nie był ich panem, wówczas Draupadi nie będzie moją niewolnicą".

Ardżuna z trudem opanowując swój gniew, rzekł: „O Durjodhana, Król Prawa był naszym panem, gdy postawiał na nas w grze. Ale o tym, czy był on jeszcze panem Draupadi po utracie samego siebie, nikt inny tylko wy, królowie zabrani w tym Gmachu Gry, musicie zadecydować!"

7. Wycie szakala przerywa milczenie króla Dhritarasztry, który używając swego królewskiego autorytetu oferuje Draupadi spełnienie jej trzech próśb

Pytanie Draupadi nie miało jednak nigdy znaleźć odpowiedzi i pozostało na zawsze otwarte, gdyż nagle w śmiertelnej ciszy, która zapadła po słowach Ardżuny z miejsca przeznaczonego na składanie ofiar rozległo się przeraźliwe wycie szakala. Zawtórował mu ryk osłów i dochodzący ze wszystkich stron wrzask drapieżnych ptaków. Te straszliwe dźwięki przeraziły wszystkich. I wszyscy jednogłośnie zaczęli zaklinać bogów o pokój.

Król Dhritarasztra jakby się przebudził i zrozumiawszy nagle, że sprawy zaszły za daleko, rzekł do swego syna: „O Durjodhana, jesteś zgubiony, gdyż twój płytki rozum skłonił cię do tego, aby na oczach starszyzny naszego rodu i zebranych w naszym Gmachu Gry królów, znęcać się brutalnie nad zamężną kobietą!"

Po czym zwracając się do Draupadi rzekł: „O córko, jesteś najznakomitszą z wszystkich moich synowych, całkowicie oddaną Prawu. Wypowiedz swą prośbę, gdyż uczynię wszystko, czego sobie zażyczysz".

Umęczona swym nieszczęściem Draupadi rzekła: „O dobry królu, uwolnij z niewoli Króla Prawa, który nigdy nie zbacza ze ścieżki Prawa, nawet gdy przynosi mu ona największe cierpienie i pozwól naszemu synowi, aby był synem króla, a nie niewolnika".

Dhritarasztra rzekł: „O córko, niech tak się stanie. Wypowiedz jeszcze jedną prośbę, gdyż me serce mówi mi, że spełnienie tylko jednej twej prośby jest stanowczo za mało".

Draupadi rzekła: „O królu, uwolnij z niewoli pozostałych Pandawów i pozwól im odejść stąd wolno w ich pełnym uzbrojeniu".

Dhritarasztra rzekł: „O córko, niech tak się stanie. Wypowiedz trzecią prośbę, gdyż spełnienie dwóch próśb to za mało, aby cię uhonorować".

Draupadi rzekła: „O najlepszy z królów, nienasycenie i żądza zabijają Prawo i dlatego nie mogę się zgodzić na wypowiedzenie trzeciej prośby. Nie czuję się jej warta. Jak powiadają, człowiekowi z pospólstwa należy się spełnienie jednej prośby, magnatowi i jego żonie należy się spełnienie dwóch, wielkiemu królowi należy się spełnienie trzech, a braminom należy się spełnienie stu. Dzięki spełnieniu moich dwóch próśb moi mężowie będą wolni i dzięki swym dobrym czynom będą mogli zdobyć to, co dobre".

Karna rzekł wówczas z ironią: „O królowie, żadnej z kobiet, choćby największej urody, nie udało się dokonać równie wielkiego czynu jak Draupadi. Uratowała swych mężów Pandawów wówczas, gdy zarówno Pandawowie i Kaurawowie stracili rozum. Draupadi wyciągnęła ich na brzeg, gdy pozbawieni swej łodzi tonęli w bezdennym oceanie!"

Ardżuna rzekł: „O Karna, Bharatowie nie rozpamiętują zniewagi, która pochodzi od nierównego im człowieka. Dobrzy ludzie pamiętają jedynie o dobrych uczynkach, gdyż mają wystarczająco silne zaufanie do samych siebie".

Bhima jednakże nie potrafił opanować swego gniewu i rzekł ponuro: „O Bharatowie, powinienem zabić na miejscu wszystkich zebranych tutaj wrogów, wycinając ich aż do samych korzeni".

I gdy Bhima tak przemawiał, stojąc w otoczeniu swych braci, którzy próbowali go uspokoić, od palącego go wewnętrznego ognia zlał się potem. Dymiący i iskrzący się ogień wydobywał się wszystkimi otworami jego ciała. Jego twarz stała się dzika, jak twarz samego boga śmierci Jamy na koniec eonu. Judhiszthira powstrzymał Bhimę siłą swych ramion i zbliżywszy się do króla

Dhritarasztry, którego nazywał swym ojcem, złożył pokornie dłonie i rzekł: „O królu, rozkaż nam, co powinniśmy uczynić, gdyż ty jesteś naszym panem i jak zawsze będziemy tobie posłuszni".

8. Król Dhritarasztra oddaje uwolnionym na prośbę Draupadi Pandawom ich majątek i błogosławiąc ich na drogę, prosi o zaniechanie zemsty

Dhritarasztra odpowiedział: „O Judhiszthira, niech sprzyja wam dobry los! Odejdź w pokoju i rządź dalej sprawiedliwie swym królestwem i swym majątkiem i miej zawsze na uwadze dobro nas wszystkich. Ty który znasz wszystkie trudno dla umysłu uchwytne ścieżki, którymi biegnie Prawo, bądź uprzejmy, miej szacunek dla starszych i utrzymuj pokój, który jest zawsze tam gdzie jest mądrość. Najlepsi ludzie zapominają o urazach i nie myśląc o winie, lecz o cnocie, unikają wojny. Lży w kłótni jedynie ten, kto stoi najniżej i tylko słaby odpowiada obelgą na obelgi. Silny i dobry pamięta tylko dobro, gdyż sam ma do siebie zaufanie.

Nie myśl więc o tym, by na agresywność mego syna Durjodhany odpowiedzieć równie niszczącym rewanżem. Myśl raczej o nas, jego ojcu i matce, niewidomych starcach, którzy liczą na twą cnotę. To z miłości do was wszystkich zgodziłem się na tą straszną grę w kości, gdyż chciałem zobaczyć, jakie wady i zalety mają moi synowie i synowie Pandu. Przekonałem się, że w tobie mieszka Prawo, w Ardżunie dzielność, w Bhimie siła, a w bliźniakach Nakuli i Sahadewie wiara i posłuszeństwo wobec starszych. Wróć do swego królestwa pełen braterskich uczuć i niech na zawsze mieszka w tobie Prawo!"

Po tych pożegnalnych słowach króla Dhritarasztry, Judhiszthira, który wywiązał się całkowicie z obowiązków wysoko urodzonego, wsiadł ze swymi braćmi do swego rydwanu i mając u boku swą żoną Draupadi, ruszył w drogę powrotną do swej fortecy Indraprasthy.

Napisane na podstawie fragmentów *Mahābhārata*,
2. The Book of the Assembly Hall,
2(27) The Dicing, 59-65.

Opowieść 16
Zapowiedź zagłady Bharatów

1. Kaurawowie prowokują ponowną grę w kości, aby zapobiec rewanżowi Pandawów; 2. Judhiszthira posłuszny rozkazowi króla Dhritarasztry raz jeszcze podejmuje wyzwanie do gry w kości i przegrywa; 3. Kaurawowie ubliżają pokonanym Pandawom, którzy przysięgają zabić ich zgodnie z aryjskim kodeksem na polu bitwy; 4. Pandawowie żegnają się ze swymi krewnymi, zapowiadając swój powrót po trzynastu latach; 5. Na niebie i ziemi pojawiają się znaki wróżące zagładę Bharatów; 6. Król Dhritarasztra lamentuje, przewidując zagładę Bharatów.

> Widura rzekł do króla Dhritarasztry: „Pochlipująca Draupadi opuszczając twoje królestwo w swej jedynej szacie poplamionej jej comiesięczną krwią i z włosami w nieładzie, rzekła: 'O biada wam, którzy doprowadziliście mnie do tego stanu! Po upływie trzynastu lat Pandawowie wrócą do waszego miasta i wówczas wasze żony staną się opłakującymi was wdowami. Zbrukane własną comiesięczną krwią, z ciałami pomazanymi krwią swych krewnych i z włosami w nieładzie będą oferować wodę swym zmarłym'".
>
> (*Mahābhārāta*, 2(28) The Sequel of the Dicing, 71.15-20)

1. Kaurawowie prowokują ponowną grę w kości, aby zapobiec rewanżowi Pandawów

Duhśasana rzekł do swego najstarszego brata Durjodhany: „O bracie, nasz stary ojciec spełniając prośbę Draupadi i uwalniając jej mężów z naszej niewoli jak i oddając im z własnej woli cały ich majątek, zrujnował wszystko to, co udało nam się z takim trudem podczas gry w kości osiągnąć".

Durjodhana zgodziwszy się całkowicie ze zdaniem swego młodszego brata, udał się pospiesznie w towarzystwie Karny i Śakuniego do króla Dhritarasztry i rzekł: „O ojcze, czyżbyś zapomniał o radzie, którą kapłan bogów Brihaspati dał kiedyś Indrze, gdy rozmyślał on nad strategią pokonania demonów? Rzekł on, że wroga należy doszczętnie zniszczyć bez względu na użyte środki, zanim sam dojrzeje do odwetu. To samo musimy uczynić z Pandawami.

O ojcze, co się stało, się nie odstanie! Pandawowie nigdy nie zapomną o tym, co wydarzyło się w twoim Gmachu Gry podczas gry w kości. Twoja hojność nie zgasi ich potrzeby odwetu. Są rozjuszeni i wściekli i w swej furii są jak jadowite węże, które pozbawią nas z łatwością życia. Żaden rozsądny polityk nie zdobi się w naszyjnik zrobiony z jadowitych węży! Widziałem, jak Ardżuna spoglądał na swój potężny łuk, ciężko dysząc, Bhima unosił w górę swą maczugę, a Nakula i Sahadewa chwytali za rękojeści swych mieczy. Z całą pewnością zmobilizują swą armię, aby na nas w odwecie udrzeć! Nie wybaczą nam nigdy doznanej obrazy jak i tego, jak potraktowaliśmy ich żonę Draupadi.

O ojcze, rozpoczęliśmy z nimi wojnę, lecz jej nie zakończyliśmy i wygrana wymyka się nam z rąk. Musimy ich zmusić, aby zagrali z nami w kości jeszcze raz i wyrzekli się odwetu. Niech stawką w grze będzie wygnanie ich z ich królestwa na trzynaście lat. Niech przez dwanaście lat żyją w lesie jak pustelnicy ubrani jedynie w skóry jelenia, podczas gdy w trzynastym roku niech będą zmuszeni do życia wśród ludźmi, lecz w przebraniu, tak aby nikt nie mógł ich rozpoznać, gdyż jeżeli zostaną rozpoznani, będą musieli udać się z powrotem do lasu na następne dwanaście lat.

O ojcze, zawróć ich czym prędzej z drogi i skłoń do podjęcia jeszcze jednej gry, gdyż uniemożliwienie im rewanżu jest naszym najpilniejszym zadaniem. Mając po naszej stronie wytrawnego gracza Śakuniego, grę tę wygramy i zsyłając ich do lasu zyskamy czas na umocnienie naszej władzy i armii, aby móc ich zniszczyć, jeżeli uda im się przeżyć trzynasty rok bez rozpoznania".

Gorące słowa Durjodhany przekonały króla Dhritarasztrę. Rzekł: „O synu, masz rację. Sprowadźmy ich natychmiast z powrotem, nawet jeżeli uszli już daleko i niech ponownie zasiądą do gry!"

I choć słowa króla wywołały ostry protest Bhiszmy, Drony, Widury, Wikarny jak i innych, król Dhritarasztra pozostał w swej decyzji niewzruszony. Nie zmienił jej nawet protest jego żony Gandhari, która, choć kochała swego syna Durjodhanę, nigdy nie schodziła ze ścieżki Prawa. Rzekła: „O mężu, czy zapomniałeś już o tym, jak nasz syn ujrzawszy światło dzienne zawył jak szakal i jak Widura ostrzegał nas, że to zły znak, prorokując, że ten nasz syn przyniesie zniszczenie naszej królewskiej dynastii? Nie kieruj się w swych decyzjach opinią swego dziecka, ignorując opinię mędrca! To nie ty powinieneś poddawać się przewodnictwu swych synów, lecz sam nimi kierować! Nie prowokuj raz jeszcze słusznego gniewu Pandawów, którzy odeszli stąd w pokoju! Tylko głupiec nie wyciąga nauki z doświadczenia i jedynie prymitywny umysł nigdy nie dojrzewa".

2. Judhiszthira posłuszny rozkazowi króla Dhritarasztry raz jeszcze podejmuje wyzwanie do gry w kości i przegrywa

Służący dogonił Judhiszthirę i jego braci, choć odjechali już daleko i rzekł: „O Królu Prawa, przybywam z rozkazu starego króla Dhritarasztry, który chce, abyś zawrócił do Hastinapury i raz jeszcze zagrał w kości z Kaurawami". Judhiszthira odpowiedział:

„O dobry człowieku, uczynię jak rozkazuje mi stary król i ojciec. Idąc ścieżką Prawa nie mogę nie posłuchać jego rozkazu i muszę podjąć grę, choć wiem, że przyniesie nam ruinę. Nie ma sposobu na uniknięcie tego, co jest nam przeznaczone, gdyż to nie my rozdzielamy dobro i zło, lecz *ten, który zapłodnił świat*". I Judhiszthira zawrócił z drogi, aby ponownie stanąć do gry, choć jej wynik był z góry przesądzony.

Gdy Pandawowie weszli ponownie do Gmachu Gry, ich widok wypełnił bólem serca ich posłusznych Prawu i bezsilnych z racji swej prawości przyjaciół, którzy trzymając swe bezsilne dłonie na rękojeściach ciągle ukrytych w pochwach mieczy, patrzyli bezradnie na to, jak Pandawowie zasiedli do gry zmiażdżeni przez los, który zmierzał wprost ku destrukcji całego świata. Boska zapowiedź apokalipsy zaczynała się realizować.

Śakuni rzekł: „O szlachetni Pandawowie, król Dhritarasztra zwrócił wam wasz utracony majątek i niech mu za to będzie chwała. Nasza gra pozostała jednak w ten sposób nie rozstrzygnięta i nie zakończona. Jest więc jeszcze jedna stawka, o którą powinniśmy zagrać. Wyrzućmy kości jeszcze jeden raz i niech ten, kto przegra, w uznaniu swej przegranej uda się do lasu, gdzie ubrany jedynie w skóry jelenia będzie żyć przez dwanaście lat. Trzynasty rok z kolei spędzi w przebraniu między ludźmi i jeżeli zostanie odkryty przed upływem właściwego czasu, będzie musiał udać się z powrotem do lasu na następne dwanaście lat. Jeżeli nie zostanie odkryty otrzyma z powrotem swe utracone królestwo".

Królowie zebrani w Gmachu Gry zaczęli protestować przeciw podejmowaniu dalszej gry, krzycząc: „O Bharatowie, zaniechajcie tej strasznej gry, gdyż pozostajecie ślepi na niebezpieczeństwo, które ona ze sobą niesie i które jest dla wszystkich widoczne gołym okiem!" Jednakże Król Prawa, choć słyszał doskonale te głosy protestu, krocząc ścieżką własnego Prawa, nie potrafił odmówić jej podjęcia. Rzekł: „O Śakuni, będąc królem, który jest strażnikiem swego własnego Prawa, nie mogę odmówić posłuszeństwa rozkazowi króla Dhritarasztry, który jest dla mnie jak ojciec. Raz jeszcze wyrzućmy więc kości".

I gdy wyrzucili kości, Śakuni wrzasnął: „Wygrałem!"

3. Kaurawowie ubliżają pokonanym Pandawom, którzy przysięgają zabić ich zgodnie z aryjskim kodeksem na polu bitwy

Pandawowie godząc się z wyrokiem losu zmienili swe królewskie szaty na skóry jelenia gotowi do udania się na wygnanie. Duhśasana widząc ich tak pokornych i pokonanych, wrzasnął: „O Kaurawowie, teraz my jesteśmy najstarsi i najliczniejsi, gdyż tych kpiących sobie z nas i żądnych władzy Pandawów strąciliśmy na długie lub wieczne czasy wprost do piekieł, pozbawiając ich majątku i zmuszając do udania się do lasu. Ich duch tuczył się dotychczas myślą, że na całym świecie nie ma nikogo, kto by im dorównywał w ich wspaniałości. Niech więc poczują teraz, co to znaczy tonąć w nieszczęściu i być bezpłodnym jak puste nasiona sezamowe, żyjąc w dżungli jak zdeklasowani banici, których życie nie przypomina w niczym wzniosłego życia leśnych pustelników. I to tym pozbawionym swej męskości eunuchom król Drupada oddał za żonę swą piękną córkę Draupadi!"

Rozogniony swą własną okrutną mową raz jeszcze zwrócił się do Draupadi, mówiąc: „O córko Drupady, cóż ci przyjdzie z podążania za tymi niegdyś wielkimi królami zredukowani obecnie do roli bezdomnych włóczących się po lesie biedaków? Jakiej doznasz z nimi przyjemności? Wybierz sobie lepiej męża wśród bogatych i potężnych synów króla Dhritarasztry. Pandawowie upadli i stali się jałową nicością podobną do noszonej przez nich jeleniej skóry bez jelenia!"

Bhima tłumiąc z trudem swój gniew, rzekł: „O zuchwały prostaku, po wypowiedzeniu tych szatańskich słów strzeż się, gdyż ci je przypomnę, zabijając cię po rycersku na polu bitewnym. Razem z tobą do królestwa boga śmierci Jamy poślę każdego, kto zniewolony tak jak ty przez żądzę i zachłanność podąży za tobą, aby cię chronić". I gdy Bhima ujarzmiony przez smutek mówił te buńczuczne słowa, synowie króla Dhritarasztry lżyli go okrutnie na oczach wszystkich władców ziemi zebranych w Gmachu Gry, wołając: „O Bhima, ty krowo".

Bhima rzekł: „O Duhśasana, kogoż poza tobą byłoby stać na obrzucanie nas tak okrutnymi i grubo ciosanymi obelgami? Któż inny poza tobą chełpiłby się tym, że zdobył cudze mienie dzięki oszustwu! Wiedz, że nie spocznę, zanim podczas nadchodzącej bitwy nie rozerwę twej piersi i nie wypiję twej krwi i zanim na oczach wszystkich wielkich łuczników nie zabiję wszystkich twoich braci!"

Ponura przysięga Bhimy nie uciszyła jednak synów króla Dhritarasztry i gdy pokonani Pandawowie ruszyli ku wyjściu, rozbawiony ich wyglądem Durjodhana zaczął za ich plecami przedrzeźniać chód potężnego Bhimy podobny do kroczenia lwa. Gdy Bhima zauważył tę nową obelgę, odwrócił się ku niemu i rzekł: „O Durjodhana, lżąc mnie w ten sposób nie wygrasz wojny. Wkrótce przypomnę ci o twych uczynkach, gdy razem ze swymi ludźmi będziesz umierał na polu bitwy! To ja cię zabiję, podczas gdy Ardżuna zabije Karnę, a Sahadewa Śakuniego. Zabiję cię moją maczugą, wbijając twą głowę w ziemię moją stopą, podczas gdy twemu bratu Duhśasanie, który jest mocny głównie w słowach, rozerwę pierś, aby wypić jego krew!" I choć był dumny i silny, pohamował eskalację swego gniewu, gdyż był posłuszny swemu królowi i starszemu bratu Judhiszthirze.

Ardżuna rzekł: „O Durjodhana, mój brat Bhima nie rzuca swych słów na wiatr. Po upływie trzynastu lat naszego wygnania spotkamy się znowu i wówczas, jeżeli nie oddacie nam z honorami naszego królestwa, napoimy ziemię waszą krwią. Przysięgam, że zabiję tego niegodziwego Karnę i jego ludzi! Zabiję też wszystkich królów, którzy w swym szaleństwie zechcą ze mną walczyć. I prędzej Himalaje ruszą z miejsca, zgaśnie słońce lub zniknie księżyc, niż ja nie dopełnię mej przysięgi!"

Słysząc przysięgę Ardżuny, jego młodszy brat Sahadewa, sycząc jak wąż, zaprzysiągł śmierć Sakuniemu. Rzekł: „O Śakuni, podczas tej strasznej gry w kości nie kośćmi rzucałeś, lecz strzałami i nimi rozpocząłeś wojnę! Przysięgam, że zabiję ciebie i twych krewnych, choć nie przy pomocy oszustwa, lecz na polu bitewnym tak jak nakazuje to Prawo naszej kasty!"

Jego młodszy brat-bliźniak Nakula rzekł: „O Kaurawowie, wszyscy razem współuczestniczyliście w lżeniu naszej żony i córki króla Drupady, bojąc się stracić łaskę Durjodhany i dlatego poślę was wszystkich do królestwa boga śmierci Jamy! Oczyszczę wkrótce ziemię z potomstwa króla Dhritarasztry, podążając za rozkazem Króla Prawa i za śladem Draupadi".

4. Pandawowie żegnają się ze swymi krewnymi, zapowiadając swój powrót po trzynastu latach

Po wypowiedzeniu tych strasznych przysiąg Pandawowie postępując ciągle zgodnie z zasadami królewskiej etykiety, zwrócili się ze słowami pożegnania do niewidomego króla Dhritarasztry, starszyzny swego rodu i wszystkich pozostałych obecnych w Gmachu Gry. Jednakże oni im nie odpowiedzieli, choć wielu z nich dobrze im życzyło, gdyż byli zbyt zawstydzeni tym, co się stało. Jedynie mądry Widura zdobył się na to, aby udzielić im na drogę swego błogosławieństwa. Rzekł: „O Judhiszthira, niech wam dobry los sprzyja. Nie bierzcie jednak ze sobą do lasu swej matki Kunti, gdyż jest już zbyt wiekowa i delikatna, aby wyrzec się wygód, do których przywykła. Zgódź się na to, aby zamieszkała w moim domu, gdzie będzie czekała na wasz powrót".

Judhiszthira rzekł: „O Widura, niech tak się stanie".

Widura kontynuował: „O Judhiszthira, mając siebie nawzajem, ty i twoi bracia macie wszystko, a posiadając wszystko jesteście w pełni nasyceni i nie padniecie ofiarą żądzy i żaden wróg nie będzie mógł was rozbić. Największą wartością jest spokój umysłu.

Skupcie więc swój umysł na zwycięstwie, którym włada Indra, opanowaniu gniewu, który należy do Jamy, szczodrości, która jest w posiadaniu Kubery i samo-ograniczaniu się, którym włada Waruna. Dajcie samych siebie w darze i bądźcie jak księżyc, który jadło czerpie z wody, cierpliwość z ziemi, a gorąco ze słońca. Nie zapominajcie o tym, że wasza siła pochodzi od wiatru, a wy sami zrodziliście się z pięciu elementów. Niech wam los sprzyja! Będę czekał na wasz szczęśliwy powrót. Czyńcie zawsze to, co należy, nawet wówczas gdy zdaje się to zagrażać zarówno Zyskowi jak i Prawu. Żegnajcie i znajdzie to, co jest dla was dobre. Powróćcie zadowoleni i obdarzeni błogosławieństwami!"

Zbolała Draupadi przed opuszczeniem królewskiego pałacu udała się do komnat kobiet, aby pożegnać matkę Pandawów Kunti jak i inne kobiety, które obejmując ją, zalewały się gorzkimi łzami. Zasmucona Kunti patrząc na nią gotową do opuszczenia pałacu i towarzyszenia swym mężom w ich wędrówce po dżungli, rzekła przepełnionym głębokim bólem głosem: „O słodko uśmiechająca się synowo, nie daj pokonać się swemu nieszczęściu. Nie jest moją intencją pouczać cię, gdyż sama znasz doskonale święte obowiązki kobiet i nie zbywa ci charakteru i umiejętności właściwego zachowania. Cóż za szczęście mieli ci, którzy patrzyli na to, jak cię łżono w Gmachu Gry, że ty niewinna nie spaliłaś ich doszczętnie swym wzrokiem! Wzmocniona przez moje myśli o tobie krocz odważnie nieznaną ci ścieżką, gdyż dobra kobieta nie cofa się bojaźliwe przed tym, co musi się zdarzyć. Idąc ścieżką Prawa wyznaczoną przez starszych, dotrzesz w końcu do lepszych czasów. Troszcz się też o syna Madri Sahadewę, aby jego wielki umysł nie zachwiał się w tych trudnych czasach".

Draupadi zalewając się łzami, rzekła: „O matko, niech tak się stanie". Żałosna, ciągle ubrana w swą jedyną szatę splamioną jej własną krwią ruszyła ku wyjściu, podczas gdy Kunti podążyła za nią, aby raz jeszcze zobaczyć swych synów, którzy pozbawieni swych królewskich szat i złotych ozdób, odziani jedynie w skóry jelenia, upokorzeni, ze wzrokiem spuszczonym ku ziemi stali otoczeni zarówno przez swych triumfujących wrogów jak i bolejących nad ich losem bezsilnych przyjaciół.

Kunti podeszła do nich ze swym matczynym sercem wypełnionym współczuciem i miłością. Rzekła: „O synowie, boleję nad nieszczęściem, które spotkało właśnie was, choć zawsze podążacie ścieżką Prawa, jesteście lojalni i pamiętacie o oddawaniu należnej czci bogom. Jaki ma sens ten wasz niepomyślny los? Czyj narodzony z zawiści grzech należy zań winić? Mą własną tragedią jest to, że narodziliście się ze mnie, aby zbierać tę boleść bez granic, choć tak bardzo jesteście szlachetni i prawi. Gdybym mogła to przewidzieć, nie pozwoliłabym wam nigdy opuścić Himalajów po śmierci waszego ojca Pandu, który miał więcej ode mnie szczęścia, gdyż skupiając swój umysł na umartwianiu się i zdobywaniu wiedzy prowadzącej wprost do nieba, umarł, zanim zobaczył cierpienie swych synów. Więcej szczęścia miała także Madri, towarzysząc waszemu ojcu w jego śmierci. Moja miłość, myśli i zamiary zadecydowały za mnie, aby utrzymywać się przy życiu, które nie przynosi mi nic poza cierpieniem".

Pandawowie słysząc lament swej matki, próbowali ją na pożegnanie pocieszyć, po czym sami w niewesołym nastroju wyruszyli na wygnanie do dżungli. Także Widura, choć sam ogromnie cierpiał, próbował ukoić ból Kunti i gdy sylwetki Pandawów znikły, zgodnie ze swą obietnicą, zabrał ją do swego domu.

5. Na niebie i ziemi pojawiają się znaki wróżące zagładę Bharatów

Po odejściu Pandawów smutek opanował również umysł króla Dhritarasztry. Nie mogąc odnaleźć spokoju posłał po swego ministra Widurę i gdy stawił się on posłusznie przed jego obliczem, rzekł: „O Widura, opowiedz mi ślepemu, nie pomijając żadnego szczegółu, w jaki sposób synowie Kunti opuścili mój pałac, udając się na swe długoletnie wygnanie do lasu?"

Widura rzekł: „O królu, wychodząc poza bramy twego pałacu Judhiszthira zakrył sobie twarz szalem, Bhima prężył swe potężne ramiona, a Ardżuna sypał za sobą ziarnka piasku. Sahadewa pokrył swą twarz błotem, a najprzystojniejszy z wszystkich mężczyzn Nakula posypawszy swe ciało i twarz popiołem, wlókł się za swymi braćmi na samych końcu. Draupadi z twarzą ukrytą w swych rozpuszczonych włosach stąpała obok Króla Prawa, pochlipując, a towarzyszący im ich domowy kapłan Dhaumja nucił ponure hymny śmierci, trzymając w swych dłoniach ofiarną trawę *kuśa*".

Poruszony tym obrazem król Dhritarasztra zapytał: „O Widura, wyjaśnij mi, dlaczego odchodzili stąd w tak dziwny sposób?"

Widura rzekł: „O królu, Judhiszthira, który nigdy nawet na moment nie porzucił ścieżki swej powinności, zakrył oczy szalem, aby swym złym wzrokiem nie spalić twych synów, którzy dzięki twemu obłudnemu pobłażaniu pozbawili go królestwa i bogactwa. Choć został doprowadzony do wściekłości przez tą oszukańczą grę, miał litość dla twych synów i dlatego zakrył sobie oczy. Bhima prężył dumnie swe ramiona, gdyż wie, że nikt nie dorówna mu siłą, gdy zechce ich użyć. Ardżuna rozsypywał ziarna piasku licząc wrogów, których zabije, gdy nadejdzie na to właściwy czas przy pomocy swych strzał. Sahadewa z kolei pokrył swą piękną twarz błotem, aby go nikt nie rozpoznał, a Nakula pokrył swą równie piękną twarz popiołem, aby nie przyciągać do siebie wzroku kobiet. Pochlipująca Draupadi opuszczając twoje królestwo w swej jedynej szacie poplamionej jej comiesięczną krwią i z włosami w nieładzie, rzekła: 'O biada wam, którzy doprowadziliście mnie do tego stanu! Po upływie trzynastu lat Pandawowie wrócą do waszego miasta i wówczas wasze żony staną się opłakującymi was wdowami. Zbrukane własną comiesięczną krwią, z ciałami pomazanymi krwią swych krewnych i z włosami w nieładzie będą oferować wodę swym zmarłym'.

Kapłan Dhaumja trzymając w swych dłoniach trawę *kuśa* i nucąc hymny ku czci boga śmierci Jamy, mówił: 'O biada wam Bharatowie, gdyż wkrótce wasi bramini będą nucić te same hymny, żegnając was, gdy zniszczycie się nawzajem w nadchodzącej apokaliptycznej wojnie'.

Zbolali mieszkańcy miasta wołali ze wszystkich stron: 'O biada nam wszystkim, cóż za nieszczęście, opuszczają nas nasi prawdziwi obrońcy!'"

Widura kontynuował: „O królu, gdy bracia Pandawowie opuszczali twoje królestwo na niebie i ziemi pojawiły różne złowrogie znaki wróżące, że z powodu twych niegodziwych intencji zginie cały twój ród. Bezchmurne niebo przecinały błyskawice, a ziemia drżała. Demon Rahu połknął słońce, a z nieba sypały się meteory. Spod wież strażniczych, świątyń i miejsc poświęconych bogom dochodziły głosy szakali, kruków i sępów.

Z kolei przed oczami tych, którzy ciągle pozostawali w Gmachu Gry, ukazał się unoszący się w przestworzach mędrzec Narada i rzekł: 'O biada wam wszystkim tu obecnym, gdyż za trzynaście lat będziecie martwi z powodu winy Durjodhany i dzięki potędze Bhimy i Ardżuny'.

Twoi synowie przerażeni tym proroctwem skupili się wokół bramina-wojownika Drony, szukając u niego obrony. Drona rzekł: 'O Kaurawowie, nie mogę odmówić pomocy tym, którzy mnie o nią proszą. Liczcie więc na moją pomoc. Pamiętajcie jednak, że Pandawów nie można zabić, gdyż są synami bogów. Krocząc zawsze ścieżką Prawa, poddadzą się wyrokowi losu i będą żyć przez dwanaście lat w lesie, prowadząc tam życie gniewnych i nie wybaczających *brahmaczarinów*, aby po upływie trzynastu lat zrealizować swą zemstę i przynieść wam zniszczenie. Mnie samemu przyniosą śmierć. Mój zabójca Dhrisztadjumna już się narodził, będąc darem od bogów, który otrzymał mój dawny przyjaciel i zacięty wróg król Drupada. Wszyscy wiedzą, że moje życie należy do niego i będąc śmiertelny, odczuwam przed nim strach. Moja przyszła śmierć zaczyna się już nieuchronnie realizować i ponieważ stanął on po stronie Pandawów, na mnie czeka miejsce po waszej stronie. Cieszcie się życiem, póki macie jeszcze czas, gdyż nic innego wam nie pozostało. Składajcie ofiary i oddajcie się przyjemności, bo za trzynaście lat z nasion, które zasiał w Gmachu Gry Durjodhana, zbierzecie wielką masakrę'".

Gdy Widura skończył mówić, przerażony król Dhritarasztra rzekł: „O Widura, przewidywania bramina Drony są słuszne. Musimy ułagodzić gniew Pandawów. Zatrzymaj ich i zawróć, a jeżeli nie zechcą wrócić, to przynajmniej udziel im naszego błogosławieństwa i niech udadzą się na wygnanie, zabierając ze sobą swych małych synów oraz tysiące rydwanów i zwykłych żołnierzy".

6. Król Dhritarasztra lamentuje, przewidując zagładę Bharatów

Niepokój nie opuszczał króla Dhritarasztry i siedział na swym tronie roztargniony, boleśnie wzdychając. Widząc go w takim stanie, jego woźnica Sandżaja zapytał: „O królu, jaka może być przyczyna twej boleści skoro teraz, gdy Pandawowie odeszli, cała ziemia wraz z jej bogactwem należy do ciebie?"

Król Dhritarasztra odpowiedział: „O Sandżaja, czyż nie ma powodu do zmartwień ten, kto obawia się odwetu? Pandawowie, jak sam wiesz, są wielkimi wojownikami i mają potężnych sprzymierzeńców".

Sandżaja odpowiedział: „O królu, obawiasz się teraz tego, czego od początku powinieneś się spodziewać, gdyż odwet Pandawów jest nieuchronną konsekwencją twego własnego uczynku. To za twoją zgodą i wbrew ostrzeżeniom Bhiszmy, Drony i Widury twój syn Durjodhana niemądrze i bezwstydnie rozkazał, aby przyciągnąć siłą do Gmachu Gry ukochaną żonę Pandawów Draupadi, która nigdy nie zboczyła ze ścieżki Prawa. Odwet ten przyniesie całkowite wyniszczenie twego rodu i ich sprzymierzeńców, gdy twoi synowie i synowie Pandu staną do walki po przeciwnych stronach, pustosząc całą ziemię".

Dhritarasztra rzekł: „O Sandżaja, boleję nad tym, co się stało. Gdy bogowie chcą człowieka zniszczyć, odbierają mu najpierw rozum, aby nie mógł widzieć rzeczy takimi, jakimi są i gdy nadchodzi nieuchronny Czas Zniszczenia, człowiek swym zaciemnionym umysłem wybiera zło, uważając je za dobro i nie potrafi wyrwać go ze swego serca. Ci, którzy przywlekli nieszczęsną Draupadi do Gmachu Gry, stworzyli przeraźliwą ohydę. Tylko podstępni gracze mogli zdobyć się na to, aby znęcać się i wystawiać na pośmiewisko tę promieniującą i wspaniałą księżniczkę nie narodzoną z łona kobiety, córę króla Drupady o pełnych biodrach, obeznaną i posłuszną własnemu Prawu. Tylko oni mogli przywlec ją do Gmachu Gry ubraną w jedną szatę splamioną swą comiesięczną krwią, spoglądającą bezradnie ku swym bezsilnym obrońcom złapanym w sidła Prawa, okradzionym ze swego majątku i swej żony, zredukowanym do roli niewolników, upadłym na duchu, siedzącym bez ruchu, jakby wysączyła się z nich cała ich dzielność. Gdy Durjodhana i Karna lżyli i rzucali swe straszne obelgi na bezbronną Draupadi, cała ziemia mogła spłonąć od jej nieszczęsnego wzroku! O Sandżaja, to cud, że nie spaliła moich synów swym wzrokiem!

Tego strasznego dnia w miejscach ofiarnych nie złożono do ognia żadnej ofiary, gdyż bramini byli zbyt oburzeni tym maltretowaniem Draupadi. Cała ziemia drżała. W królewskiej stajni pojawił się ogień i rozpadały się maszty z powiewającymi flagami, wróżąc upadek Bharatów. Z miejsca ofiarnego należącego do Durjodhany rozlegało się wycie szakali, któremu odpowiadało rżenie osłów. Widura ostrzegał mnie, mówiąc: 'O królu, przywleczenie Draupadi do Gmachu Gry oznacza koniec twego królewskiego rodu. Jest ona bowiem samą boginią dobrobytu Lakszmi narodzoną na ziemi w ludzkiej postaci specjalnie w tym celu, aby zostać żoną Pandawów. Jej mężowie nigdy nie wybaczą twym synom poniżania jej na ich oczach. Nie wybaczy im tego także jej ojciec, potężny król Drupada, ani Kryszna Wasudewa, jej przyjaciel i potężny protektor Pandawów. Nie rozpoczynaj wojny z Pandawami, gdyż oni są od twych synów Kaurawów potężniejsi'.

O Sandżaja, biada mi, taką radę dał mi mądry Widura, lecz ja ją zlekceważyłem, gdyż chciałem dać pierwszeństwo memu synowi! Dziś z przerażeniem patrzę w przyszłość!"

Napisane na podstawie fragmentów *Mahābhārata*,
2. The Book of the Assembly Hall,
2(28) The Sequel of the Dicing, 59-65.

Dodatki

Aneks: Pierwsze pokolenia potomków Brahmy i Dakszy

I. Początek:

Na początku istniała boska przyczyna. Z niej wyłonił się bóg-stwórca Brahma i mędrzec Daksza, którego zadaniem było stworzenie bogów.

Brahma miał sześciu synów, wielkich proroków, którzy narodzili się mocą jego woli: Marici, Atri, Angiras, Kratu, Pulastja, Pulaha.

Daksza z kolei miał trzynaście córek: Aditi, Diti, Danu, Simhika, Anajus, Kala, Muni, Krodha, Prawa, Ariszta, Winata, Kapila, Kadru.

II. Synowie Brahmy spłodzili:

1. mędrców:
- Marici miał jednego syna mędrca Kaśjapę, który jest uważany za początek wszystkich światów; w nim mają swój początek liczni bogowie i demony asurowie;
- Atri miał wielu synów, znawców Wed o niezmąconym umyśle;
- . Angiras miał trzech synów mędrców: Brihaspati (kapłan bogów), Utathja i Samwarta;
- Kratu miał synów, którzy towarzyszą słońcu i słyną z czynienia bardzo surowych ślubów.

2. demony, monstra i zwierzęta:
- Pulastja spłodził rakszasów (demony), kimnarów (muzykantów o końskich głowach i ludzkich ciałach) i małpy;
- Pulaha spłodził jelenie, lwy, tygrysy i kimpuruszów.

III. Z córek Dakszy narodzili się:

1. bogowie:
- Z Aditi narodziło się dwunastu aditjów, władców świata: król Bharata-Dhatar, Mitra, Arjaman, Indra, Waruna, Amsa, Bhaga, Wiwaswat, Puszan, Sawitar, Twastar i Wisznu; ostatnio wymienionego uważa się za najpotężniejszego z aditjów i za fundament, na którym zbudowane są wszystkie światy.

2. demony asurowie, danawowie:
- Z Diti narodził się Hiranjakaśipu, który miał pięciu synów: Prahrada, Samhrada, Anuhrada, Śibi i Baszkala. Prahrada miał trzech sławnych synów: Wirokana, Kumbha i Nikumbha. Wirokana miał syna Bali, którego synem był wielki asura Bana;
- Z Danu narodziło się czterdziestu synów zwanych danawami, z których najstarszym był król Wipracitti. Szereg innych potężnych danawów i asurów uważa się za synów Danu. Synowie Danu mają niezliczone potomstwo;

• Z Simhiki narodziło się pięciu synów: asura Rahu (wróg słońca i księżyca), Sukandra, Candrahartar i Candrawimardana oraz Krura, którego niezliczeni synowie i wnukowie słynęli z okrucieństwa.
• Z Anajusy narodziły się cztery słynne demony asurowie: Wikszara, Bala, Wira i Wrtra.
• Z Kali narodzili się Czas (Kala) i destruktywni danawowie: Winaśana, Krodha, Krodhahantar, Krodhaśatru i inni zwani kalejami.

3. ptaki:
• Z Winaty narodzili się Aruna, Garuda, Tarksja, Arisztanemi, Aruni i Waruni.

4. węże:
• Z Kadru narodziły się węże: Śesza, Ananta, Wasuki, Takśaka, Kurma i Kulika.

5. boscy muzycy gandharwowie i nimfy apsary:
• Z Muni narodziło się szesnastu boskich muzyków gandharwów;
• Z Prawy narodzili się również boscy muzycy gandharwowie, znani jako „synowie Prawy". Z jej związku z pewnym starym prorokiem narodziły się boskie nimfy apsary;
• Z Kapili narodziły się eliksir nieśmiertelności, bramini, krowy, gandharwowie i apsary.

IV. Inne dzieci Brahmy:
1. Bóg Prawa Dharma narodził się w ludzkiej postaci z prawego sutka Brahmy, przynosząc wszystkim trzem światom szczęśliwość. Miał trzech synów: Spokój, Miłość, Radość. Żoną Spokoju jest Osiągnięcie, Miłości jest Żądza, Radości Zachwyt;
2. mędrzec Bhrigu narodził się z serca Brahmy; miał dwóch synów: mędrca Śukrę, kapłana asurów, który jest również planetą, oraz Cjawanę. Śukra miał dwóch synów, Twastawara i Atriego, założycieli grupy ofiarniczych kapłanów demonów asurów i dwóch innych, którzy byli mistrzami w dziedzinie formuł magicznych podtrzymujących świat, stworzony przez Brahmę. Dżesztha była córką Śukry, żoną Waruny i matką syna o imieniu Wala i córki bogini alkoholu;
3. Dhatar i Widhatar, którzy przebywają z Manu;
4. Lakszmi bogini dobrobytu mieszkająca w kwiecie lotosu; jej synami są poruszające się po niebie konie;
5. jedenastu rudrów zrodzonych z jego woli.

V. Narodziny Adharmy:
Adharma, niszczyciel wszelkiego życia, narodził się z istot, które zaczęły pożerać się nawzajem; jego żoną była Nirrti; mieli trzech synów: Lęk, Panikę i Śmierć, z których narodziły się demony rakszasowie.

Słowniczek *Mahabharaty* (księga I & II)

A

Abhimanju: syn Ardżuny i siostry Kryszny Subhadry; ojciec Parikszita.
Adhiratha: *suta*, królewski woźnica, który razem ze swą żoną Radhą wyłowił z rzeki koszyczek z pierworodnym synem Kunti Karną, zwanym również Radheją i wychował go jak własnego syna.
Aditi: jedna z córek mędrca Dakszy; matka bogów zwanych aditjami.
aditjowie: dwunastu synów Aditi, władców świata: król Bharata-Dhatar, Mitra, Arjaman, Indra, Waruna, Amsa, Bhaga, Wiwaswat, Puszan, Sawitar, Twastar i Wisznu; ostatnio wymienionego uważa się za najpotężniejszego z aditjów i za fundament, na którym zbudowane są wszystkie światy.
Adrika: nimfa apsara; z powodu klątwy Brahmy przemieniona w rybę; połknęła nasienie króla Uparikary, z którego narodziła się Satjawati i jej brat bliźniak.
Agastja: prorok i mędrzec, uważany za autora kilku hymnów *Rigwedy*.
agneja: broń duchowa, którą Ardżuna otrzymał od swego nauczyciela bramina Drony.
Agni: Ogień, bóg ognia.
Agniweśja: bramin i prorok; znawca tajników walki; nauczyciel bramina Drony i króla Drupady.
Airawata: wąż demon.
Ajodhja: kraj rządzony przez dynastię słoneczną wywodzącą się od króla Ikszwaku.
Akupara: król żółwi służący jako fundament góry Mandary podczas ubijania oceanu.
Amba: najmłodsza córka króla Benarów, która przysięgła zemstę Bhiszmie.
Ambalika: młodsza córka króla Benarów, żona króla Wikitrawirji, matka króla Pandu.
Ambika: najstarsza córka króla Benarów, żona króla Wikitrawirji, matka niewidomego króla Dhritarasztry.
Angaraparna (*o żarzących się liściach*): imię używane przez króla gandharwów, który po pokonaniu go przez Ardżunę został jego przyjacielem.
Anu, Druhju i Puru: synowie króla Jajatiego z córką króla demonów asurów Śarmisthą.
apsary: nimfy unoszące się w powietrzu.

Ardżuna: jeden z pięciu braci Pandawów; syn Kunti i Pandu otrzymany od króla bogów Indry; inkarnacja starożytnego proroka Nary; przyjaciel Kryszny, z którym stanowi tajemniczą jednię; podobnie jak Kryszna jest również uważany za jeden z aspektów boga Wisznu.
Aruna: skarłowaciały syn Winaty.
Astika: bramin, który przerwał rytualną masakrę wężów króla Dźanamedźaja; po swej matce był z urodzenia pól wężem, a po ojcu był pół człowiekiem i braminem.
asura: pewien rodzaj demonów.
asurowie, danawowie, dajtjowie: terminy wymienne.
Aświasena: wąż, syn węża Takśaki, który dzięki pomocy Indry uratował się z pożaru Lasu Khandawa.
Aświatthaman (*rżenie konia*): bramin, syn bramina Drony i bliźniaczej siostry bramina Krypy, Krypi; inkarnacja aspektów śmierci, żądzy i szału wściekłości boga Śiwy.
Aświnowie: bogowie bliźniacy, synowie boga słońca Surji.
Aurwa: bramin; jedyny pozostający przy życiu potomek bramina Bhrigu po wybiciu wszystkich jego krewnych przez poszukujących ich skarbów wojowników.

B

Baka: demon rakszasa, który terroryzował mieszkańców miasta Ekaczakra, i który został pokonany w walce i zabity przez Bhimę.
Balarama: starszy brat Kryszny, narodzony z drugiej żony Wasudewy Rohini.
Bhagiratha: jeden z królów, który zdobył tytuł suwerena dzięki swym umiejętnościom obrony.
Bharadwadża: starożytny mędrzec, syn kapłana bogów Brihaspatiego, ojciec bramina Drony, obrońca magnaterii; jemu przypisuje się autorstwo większości hymnów wedyjskich.
Bharata: ród królewski, których dzieje opisuje *Mahabharata*.
Bharata: król z dynastii księżycowej; syn króla Duhszanty i Śakuntali; potomek króla Puru (Paurawa) w dalszych pokoleniach; od jego imienia wywodzi się tradycja nazywania potomków jego linii Bharatami i od jego imienia wywodzi się tytuł epiki *Mahabharata*, której główny wątek dotyczy dziejów konfliktu między kuzynami wywodzącymi się z jego linii.
Bharata: jeden z królów, który zdobył tytuł suwerena dzięki swej bohaterskości.
Bharatowie: nazwa używana w odniesieniu do potomków dynastii księżycowej, wywodzących się od starożytnego króla Bharata.

Bhima: jeden z pięciu braci Pandawów, syn Kunti i Pandu otrzymany od boga wiatru.
Bhiszma: syn króla Śamtanu i bogini Gangi, zwany seniorem Hastinapury; inkarnacja jednego z bogów Wasu, przeklętych przez mędrca Wasisztę.
Bhogawati: miasto wężów.
Bhrigu: bramin, mityczny mędrzec, syn boga Brahmy, ojciec bramina Śukry.
Brahma: bóg i stwórca świata, pierwszy nieśmiertelny, zwany dziadkiem wszechświata; z niego narodzili się wielcy prorocy, z których z kolei narodzili się dalsi prorocy, demony i inni mieszkańcy świata.
Brahman, brahman: ma szereg znaczeń, między innymi moc zawarta w rytualnych wypowiedziach i aktach; znajomość *Wed*, fundamentalne źródło istnienia, najwyższa istota; Nieskrępowany Duch.
Brihadratha: król Magadhy, ojciec Dżarasamdhy.
Brihaspati: mędrzec, wnuk boga Brahmy, kapłan bogów, którego częściową inkarnacją był bramin Drona.

C

Citragada: córka króla Citrawahany, w której zakochał się Ardżuna.
Citrangada: starszy syn króla Śamtanu i Satjawati.
Citraratha: mityczny park, umiejscawiany nad brzegami Gangesu; miejsce pobytu starożytnych mędrców Nary i Narajana.
Citraratha (*ze wspaniałym rydwanem*): imię króla gandharwów zanim Ardżuna go pokonał, paląc jego rydwan.
Citrawahana: król, ojciec Citragady, w której zakochał się Ardżuna.
Cjawana: syn mędrca Bhrigu i Pulomy, który przyszedł na świat w rezultacie ataku rakszasy Pulomana na Pulomę.
Człowiek: zgodnie z *Rigwedą* wszechświat powstał z rozszarpanego na kawałki ciała Człowieka (Hymn 10.90: *Sława Człowiekowi*), który w ten sposób sam siebie złożył w ofierze, inspirując wszelkie ofiarne rytuały, gdyż jego ofiarę powtarzali później w rytualnej formie bogowie, aby powtórzyć stworzenie świata, gdyż ciało Człowieka dostarcza materii, z której zostały zbudowane wszystkie światy zarówno boskie jak i ludzkie.

D

Dagdharatha (*ze spalonym rydwanem*): imię króla gandharwów po spaleniu jego rydwanu przez Ardżunę.
dajtja (**deitja**), **dajtjowie** (**deitjowie**): tytani i giganci.

Daksza: mędrzec, wykonawca ofiarniczych rytuałów, z którego narodziło się osiem córek, z których z kolei narodzili się inni mieszkańcy świata jak bogowie, demony, zwierzęta i inni.
danawa, danawowie: tytani i giganci.
dasjusowie: złe i obrzydliwe stworzenia przypominające wyglądem ludzi, które znęcają się nad swymi ofiarami.
demony: danawowie, dajtjowie, rakszasowie, asurowie.
Dewajani: córka bramina Śukry.
Dewaki: matka Kryszny, uważana za inkarnację Aditi, matki bogów.
Dhanwantari: lekarz bogów.
dharma (*Prawo*): to, co jest Prawem, święty obowiązek.
Dharma: bóg Prawa.
Dharmaradża: Król Prawa; termin używany w odniesieniu do najstarszego Pandawy, Judhiszthiry, lub boga śmierci Jamy.
Dhaumja: kapłan Pandawów.
Dhrisztadjumna: dzielny syn króla Drupady narodzony z ofiarnego ognia, którego przeznaczeniem jest zabicie bramina Drony; bliźniaczy brat Draupadi; częściowa inkarnacja boga ognia.
Dhritarasztra: niewidomy król Hastinapury z dynastii księżycowej w linii Bharata; najstarszy syn mędrca Wjasy z Ambiką, wdową po królu Wikitrawirji, młodszym synu króla Śamtanu i Satjawati; jego młodszymi braćmi byli Pandu i Widura.
Draupadi: córka króla Drupady narodzona z rytualnej ofiary; bliźniacza siostra Dhrisztadjumny narodzonego z tego samego ofiarnego rytuału uważna za częściową inkarnację bogini dobrobytu i żony boga Wisznu Lakszmi oraz równocześnie za reinkarnację córki pewnego bramina, której bóg Śiwa obiecał pięciu mężów, nagradzając ją w ten sposób za ascezę.
Drona: bramin, nauczyciel sztuki walki Pandawów i Kaurawów; syn bramina Bharadwadży; częściowa inkarnacja kapłana bogów Brihaspatiego.
Drupada: król Pańcalów; najpierw przyjaciel z dzieciństwa, a później zacięty wróg bramina Drony; inicjator rytuału ofiarnego mającego na celu narodziny syna zdolnego do zabicia bramina Drony; ojciec Dhrisztadjumny i Draupadi narodzonych z tego rytuału; częściowa inkarnacja jednego z marutusów.
Duhszanta: król z dynastii księżycowej, syn króla Puru, ojciec króla Bharata, którego imienia używa się w odniesieniu do jego linii potomków dynastii księżycowej.
Duhśasana: jeden ze stu synów króla Dhritarasztry i królowej Gandhari.

Durjodhana: najstarszy ze stu synów króla Dhritarasztry i królowej Gandhari, częściowa inkarnacja bóstwa Kali prezentowanego w *Mahabharacie* jako będący rodzaju męskiego, którego uważa się za odpowiedzialnego za rozpoczęcie eonu zwanego Kalijugą.
Durwasas: bramin, który dał Kunti magiczne zaklęcie pozwalające na otrzymywanie synów od bogów.
Dwaipajana: jeden z kapłanów Pandawów.
Dwaraka: stolica kraju Kryszny będąca twierdzą zbudowaną na nadmorskiej skale, do której przeniósł on mieszkańców Mathury, (miasta, w którym się urodził) ratując ich przed atakiem demona Kansy; po śmierci Kryszny Dwaraka została zatopiona przez fale oceanu.
dynastia księżycowa: władcy Hastinapury; nazwa dynastii królewskiej do której należeli między innymi królowie Pururawas, Nahusza, Jajati, Puru, Duhszanta, Bharata oraz Pandawowie i Kaurawowie.
dynastia księżycowa z linii Bharata: dynastia królewska wywodząca się od króla Bharata, syna Śakuntali z królem Duhszantą, który z kolei wywodził się od syna króla Jajatiego o imieniu Puru.
dynastia słoneczna: władcy Ajodhji, wywodzący się od króla Ikszwaku.
dziadek wszechświata: Brahma, najstarszy z bogów, uważany za pierwszego boga, który się narodził.
Dźanamedźaja: król ludu Kuru, z linii króla Bharata; syn Parikszita; prapawnuk siostry Kryszny Subhadry i Ardżuny, jednego z pięciu braci Pandawów, których konflikt z Kaurawami stanowi główny wątek *Mahabharaty*.
Dżara: demonka rakszini, która połączyła dwie połówki dziecka urodzonego przez dwie żony króla Brihadrathy, uzyskując jedno dziecko nazwane Dżarasamdhą.
Dżarasamdha (*ten, który został połączony przez demonkę o imieniu Dżara*): syn króla Brihadrathy, narodzony z owocu mango, który jego ojciec otrzymał od ascety Kandakauśiki, którego nie można było pokonać przy pomocy żadnej broni; zwany Indrą wśród królów; podbił większość królów i wtrąciwszy ich do więzienia, chciał ich złożyć w ofierze bogowi Śiwie; inkarnacja jednego z demonów danawów o imieniu Wipracitti.
Dżaratkaru: bramin z rodu Jajawarów, ojciec Astiki, utożsamiany niekiedy z Pradżapatim.
Dżaratkaru: wąż, siostra węża Wasukiego, matka Astiki.
Dżarita: ptaszek, pierwsza żona bramina Mandapali, matka czterech ptaszków Śarngaka.

E

Ekaczakra: miasto, w którym za radą bramina Wjasy schronili się Pandawowie.
Ekalawja: królewicz Niszadów.
Elapatra: wąż.

G

Gandhari: córka króla Subali, żona niewidomego króla Dhritarasztry, matka Durjodhany i jego braci (Kaurawów).
gandharwowie: unoszący się w przestworzach boscy muzycy i śpiewacy; ich żonami są nimfy apsary; podobnie jak apsary narodzili się z córek Dakszy o imionach Muni, Prawa, Kapila.
Gandiwa: nazwa łuku, który Ardżuna otrzymał od boga ognia, w celu pokonania króla bogów Indry, który nie pozwalał Ogniowi spalić Lasu Khandawa; łuk ten był stworzony przez Brahmę, należał do boga Somy i był obiektem czci zarówno bogów jak i demonów.
Ganga: bogini Gangesu.
Gangadatta: alternatywne imię Bhiszmy syna króla Śamtanu i bogini Gangi.
Garuda: wielki ptak, syn Winaty, pożeracz węży i Indra wśród ptaków; został wysłany przez węże przeciw bogom, aby ukraść eliksir nieśmiertelności.
Gautama: bramin, prorok, ojciec bliźniąt bramina Krypy i jego siostry Krypi.
Gautami o imieniu **Dżatila**: żona siedmiu mędrców Praczetów.
Ghatotkaka: syn Bhimy i demonki rakszini Hidimby.
Girika: żona króla Uparikary.
gra w kości: według *Mahabharaty* jest to struktura leżąca u korzeni wszelkich waśni. Z definicji gra w kości symbolizuje strukturą czystej rywalizacji i łańcucha odwetu między partnerami, którzy mają na celu odebranie dóbr przeciwnikowi przy pomocy niekontrolowanych lub nieuczciwych środków. Zgodnie z hinduską mitologią niekończący się łańcuch odwetu niszczy w końcu obu graczy. *Mahabharata* opisuje, w jaki sposób struktura gry w kości została wprowadzona między członków tego samego rodu (kuzynów), których cele powinny być zgodne, ale stają się sprzeczne w rezultacie zawiści. Jak stwierdza Durjodhana „nikt nie rodzi się niczyim wrogiem; w naszego wroga przekształca się ten, kto chce tego samego, co my". Gra w kości symbolizuje strukturę, którą René Girard nazywał „mimetyczną rywalizacją". W mitologii hinduskiej struktura czystej rywalizacji nie tylko wkracza między braci, ale również jest sposobem bycia boga Siwy ze swą żoną Parwati.

H

Hamsa i Dibhaka: dwaj wojownicy króla Dżarasamdhy, których nie można było pokonać żadną bronią i którzy popełnili samobójstwo z tęsknoty za sobą, gdy dowiedzieli się, że drugi z nich nie żyje.
Hariścandra: król z dynastii słonecznej, słynący ze swego przywiązania do Prawa i ze swej zdolności do największej ofiary, którą było poświęcenie własnego dobra i dobra własnej rodziny, jeżeli było ono w konflikcie z przestrzeganiem zasad Prawa. Król ten po podbiciu całego świata złożył ofiarę koronacyjną i w jej rezultacie dostał się po śmierci do świata króla bogów Indry, podczas gdy inni królowie docierają zwykle jedynie do świata boga śmierci Jamy. Dotarcie do świata Indry wymaga maksymalnego samo-poświęcenia. Dostają się tam też wojownicy, którzy ponieśli śmierć na polu bitwy, nie próbując ratowania się ucieczką oraz ci, którzy zniszczyli swe ciała poprzez surowe umartwianie się.
Hastinapura: nazwa stolicy i kraju rządzonego przez potomków dynastii księżycowej.
Hidimba: demonka rakszini, siostra demona ludożercy Hidimby.
Hidimba: demon rakszasa żywiący się ludzkim mięsem.

I

Ikszwaku: wnuk boga słońca, od którego wywodzi się dynastia słoneczna; władca Ajodhji.
Ila: syn półboga Manu, od którego wywodzi swe pochodzenie dynastia księżycowa.
Indra: król bogów, zwany bogiem wielu złożonych ofiar; składa ofiary i przyjmuje ofiary; jego cnotą jest prowadzenie bitwy, dzięki czemu utrzymuje istnienie świata. Ci, którzy składają ofiary (szczególnie własnym kosztem) mają szansę dostania się do świata Indry. Król przeprowadzający ofiarę koronacyjną musi wyrzec się wszystkich bogactw, które zdobył, oddając je braminom. Bitwa, której patronuje Indra, jest uważana za wielki święty rytuał ofiarny i ci wojownicy, którzy bohatersko giną na polu bitewnym są uważani za tych, którzy poświęcają swe życie dla istnienia świata i dostają się do świata Indry.
Indraprastha: nazwa miasta zbudowanego na wybranym terenie otoczonym przez dziki Las Khandawa przez Pandawów uzyskanym w wyniku podziału królestwa przez króla Dhritarasztrę.

J

Jadawi: matka Sziśupali, siostra ojca Kryszny, Wasudewy.

Jadawowie: potomkowie najstarszego syna króla Jajatiego, którzy przez długi okres czasu, z racji klątwy ich ojca, nie byli królami. Zarówno Kunti, matka Pandawów jak i Wasudewa, ojciec Kryszny byli dziećmi potężnego szefa rodu Jadawów Śury, który jednak nie był królem. Pierwszym królem Jadawów był Ugrasena, który został pozbawiony władzy i wrzucony do więzienia przez swego rzekomego syna demona Kansę i którego Kryszna przywrócił do władzy.

Jadu i Turwasu: synowie króla Jajatiego z Dewajani, córki bramina Śukry.

Jadża: bramin, potomek bramina Kaśjapy, starszy brat Upajadży, który nie dbał wystarczająco o czystość rytualną i który zgodził się na wykonanie ofiarnego rytuału mającego na celu narodziny przyszłego zabójcy bramina Drony.

Jajati: król z dynastii księżycowej, syn Nahuszy, ojciec króla Puru.

Jajnawalkja: bramin i mędrzec spełniający podczas ofiary koronacyjnej Judhiszthiry funkcję *adhwarju*.

jaksza: bóstwo leśne.

Jama: bóg śmierci, syn boga słońca, zwany również Królem Prawa (Dharmaradża).

Jauwanaswa: jeden z królów, który zdobył tytuł suwerena dzięki zniesieniu podatków.

Judhiszthira: jeden z pięciu braci Pandawów, syn Kunti i Pandu otrzymany od boga Prawa Dharmy, zwany Królem Prawa (Dharmaradża).

juga: okres (eon) w historii świata rozpoczynający się długim okresem świtu i kończący się zmierzchem bogów.

K

Kaća: bramin, syn kapłana bogów Brihaspatiego.

Kadru: córka Pradżapatiego, jedna z żon mędrca Kaśjapy, rywalka i siostra Winaty, matka wężów, która rzuca klątwę na swych synów.

Kailasa: mityczna góra w Himalajach otaczająca górę Meru, o trzech wierzchołkach (Gandhamadana, Triśringa, Makaragiri) najbardziej znana jako miejsce pobytu boga Śiwy.

Kali (*czarna*): bogini, która pozostawia za sobą tylko śmierć i zniszczenie.

Kalmasapada: król z dynastii słonecznej przeklęty przez syna bramina Wasiszty Śaktiego i opętany przez demona rakszasę nasłanego na niego przez Wiśwamitrę; pożarł wszystkich potomków bramina Wasiszty za wyjątkiem Parasary, który ukrywał się przez dwanaście lat w łonie swej matki.

Kama: bóg miłości.

Kandakauśika: asceta, który pojawił się w królestwie Magadhy i który na prośbę króla Brihadrathy dał mu syna Dżarasamdhę, obdarowując go owocem mango, który spadł na jego kolana.
Kansa: demon i król Mathury zabity przez Krysznę, który był synem jego ministra Wasudewy.
Karna (Radheja): nieślubny syn Kunti otrzymany od boga słońca.
Kartawirja: jeden z królów, który zdobył tytuł suwerena dzięki dyscyplinie swych umartwień.
Karttikeja: bóg wojny.
Kaśjapa: mityczny mędrzec utożsamiany niekiedy z Pradżapatim; mąż Kadru i Winaty; ojciec zarówno Garudy, Aruny jak i wężów.
Kaurawja: imię króla wężów, ojca Ulupi.
Kaurawowie: stu synów króla Dhritarasztry, z których najstarszym był Durjodhana uchodzący za inkarnację istotnych aspektów boga Kali, który powoduje przegraną w grze w kości. W osobach pozostałych braci narodziły się demony rakszasowie.
Khandawa: dzikie zalesione tereny nad brzegami Jamuny, oddane Pandawom we władanie przez Dhritarasztrę, na obrzeżach którego zbudowali oni miasto-fortecę Indraprasthę i który dzięki pomocy Kryszny i Ardżuny został spalony przez głodnego boga ognia niezadowolonego z ofiarnego rytuału.
Kimdama: pustelnik, który przybrał postać jelenia i został zabity przez króla Pandu w momencie kopulacji.
Kimkara: demon rakszasa, który na rozkaz Wiśwamitry opętał króla Kalmasapadę.
kimkarowie: pewien gatunek demonów rakszasów, znawcy rytmu.
kobieta Niszadów: anonimowa kobieta, która wraz z jej pięcioma synami spłonęła w pałacu-pułapce zamiast pięciu braci Pandawów i ich matki Kunti.
koło istnienia: wszechświat wraz z wszystkimi istnieniami podlega niekończącym się cyklom tworzenia i niszczeniu.
Król Prawa (Król Dharma, Dharmaradża): najstarszy z Pandawów Judhiszthira, syn boga Prawa Dharmy; nazwa używana również w odniesieniu do boga śmierci Jamy, pierwszego śmiertelnika.
królestwo Pańcalów: królestwo rządzone przez króla Drupadę.
Krypa: bramin, częściowa inkarnacja jednego z rudrów, jeden z nauczycieli Pandawów i Kaurawów.
Krypi: bliźniacza siostra bramina Krypy; żona bramina Drony; matka Aświatthamana.
Kryszna (*o ciemnej skórze*): imię nadawane w *Mahabharacie* synowi Wasudewy (inkarnacji boga Wisznu), Draupadi (inkarnacji bogini Lakszmi) oraz braminowi Wjasie; Pandawa Ardżuna towarzyszący Kryszne Wasudewie bywa również nazywany „drugim Kryszną".

Kryszna, Kryszna Wasudewa: syn Wasudewy z rodu Jadawów, kuzyn Pandawów, inkarnacja istotnych aspektów boga Wisznu; uważny za praprzyczynę wszechświata; samo-stwarzający się bóg; Człowiek, który jest źródłem i materią wszechświata; Najwyższa Osoba; obrońca bogów i pogromca demonów.
kszatrija: członek kasty wojowników zajmującej drugie miejsce w hierarchii kast po kaście bramińskiej.
Kubera: bóg rządzący bogactwem.
Kunti: królowa; pierwsza żona króla Pandu; matka trzech Pandawów (Judhiszthiry, Bhimy, Ardżuny) i nieślubnego syna Karny, którego ojcem był bóg słońca; córka Śury, szefa rodu Jadawów; siostra Wasudewy, ojca Kryszny.
Kurukszetra: mityczne pole bitewne, na którym rozegrała się apokaliptyczna bitwa między Pandawami i Kaurawami; pole to od niepamiętnych czasów jest także terenem ofiarnym, gdzie prowadzono sesje ofiarne; tutaj po zniszczeniu wszechświata zamieszkali dwaj bracia demony asury Sunda i Upasunda; tutaj przebywał również broniony przez Indrę wąż Takśaka podczas pożaru Lasu Khandawa.

L

Lakszmi: bogini dobrobytu, wyłoniła się z ubijanego oceanu, żona boga Wisznu.
Lapita: ptaszek, druga żona bramina Mandapali.

M

Madrasowie, Madrakowie: ród, którego wywodziła się druga żona króla Pandu, Madri.
Madri: druga żona króla Pandu, matka Nakuli i Sahadewy.
Magadha: królestwo i stolica kraju rządzonego przez króla Dżarasamdhę.
Mahabharata: hinduska epika.
Mahabhisa: król z dynastii słonecznej, na którego bóg Brahma rzucił klątwę ponownych narodzin, z powodu jego nieumiejętności opanowania pożądania.
Mainaka: góra, otoczona jeziorem Bindu, gdzie bogowie i demony asurowie składają ofiary.
Maja: demon, który wyskoczył podczas pożaru Lasu Khandawa z miejsca, gdzie mieszkał wąż Takśaka, i któremu Ardżuna podarował życie; z wdzięczności za uratowane życie na prośbę Kryszny zbudował Gmach Zgromadzeń dla Króla Prawa.

małżeńskie ryty gandharwów: kobieta oddaje się mężczyźnie, w którym zakochała się ze wzajemnością od pierwszego wejrzenia.
Mandapala: bramin, ojciec czterech ptaszków Śarngaka.
Mandara: mityczna góra w Himalajach użyta do ubijania oceanu celem wyprodukowania eliksiru nieśmiertelności, wznosząca się na wschód od góry Meru mająca dwa wierzchołki i będąca wygięta w kształcie łuku.
Mandawia: bramin, który rzucił na boga Prawa Dharmę klątwę narodzin na ziemi z łona służącej.
Manu: pół bóg, syn boga śmierci Jamy, z którego narodzili się ludzie.
Marutta: jeden z królów, który zdobył tytuł suwerena dzięki swemu bogactwu.
marutusi: bogowie burzy towarzyszący Indrze.
Mathura: starożytne miasto (obecnie jedno ze świętych miast Indii i miejsce licznych pielgrzymek) związane z legendami o narodzinach i życiu Kryszny; zgodnie z tymi legendami oryginalnie było zamieszkałe przez ród Jadawów, przeniesiony przez Krysznę do Dwaraki, gdzie wszyscy Jadawowie przeklęci przez żonę króla Dhritarasztry Gandhari wyginęli w wyniku wewnętrznych waśni.
Menaka: nimfa apsara, matka Śakuntali.
Meru: złota góra ozdobiona drogimi kamieniami stojąca w centrum świata i będąca osią wszechświata; osadzona w świecie podziemnym przenika sferę ziemską i sięga szczytem najwyższych niebios; jest otoczona przez trzy strzeliste szczyty (Gandhamadana, Triśringa, Makaragiri); na jej wierzchołku jest raj Indry.

N

Nahusza: król z dynastii księżycowej; wnuk króla Pururawasa, ojciec króla Jajatiego; przeklęty za swą pychę przez mędrca Agastję musiał żyć na ziemi w ciele wielkiego węża boa; złapał w swe sploty Bhimę dzięki darowi, że ten kogo złapie traci siły; uwolniony od klątwy dzięki rozmowie o duszy z Judhiszthirą.
Nakula i Sahadewa: bliźniacy, najmłodsi z pięciu braci Pandawów; synowie Madri i Pandu otrzymani od boskich bliźniaków Aświnów.
Nandini: spełniająca wszystkie życzenia krowa należąca do bramina Wasiszty.
Nara (*człowiek*): pierwotny człowiek na usługach boga Wisznu, noszący jego łuk.
Narada: starożytny mędrzec, syn Brahmy.

Narajana (*poruszający wodami*): określenie używane najczęściej w odniesieniu do boga Wisznu podczas jego snu w oceanie lub w odniesieniu do pierwszego Człowieka, syna Nary, identyfikowanego z Wisznu; używane jest również jako określenie boga Brahmy oraz starożytnego mędrca.
Narajana, Wisznu, Najwyższa Osoba: terminy wymienne opisujące obrońcę bogów i pogromcę demonów.
Nila: król południowego królestwa, którego bronił Ogień.
Niszadowie: rybacy służący za pokarm Garudy w czasie jego wyprawy do nieba, aby zdobyć na prośbę wężów eliksir nieśmiertelności.

O

ofiara koronacyjna (*Radżasuja*): królewska ofiara, poprzez którą król zyskuje status suwerena, Indry wśród królów, króla królów, lub imperatora.
Ogień: Agni, bóg ognia.
ogień ofiarny: boski ogień do którego wrzuca się rożnego rodzaju ofiarę w różnych ofiarnych rytuałach.

P

Paila: bramin i mędrzec spełniający podczas ofiary koronacyjnej Judhiszthiry funkcję hotara.
Pandawowie: pięciu synów króla Pandu: Judhiszthira, Bhima, Ardżuna, Nakula i Sahadewa; faktycznie zostali uzyskani przez Kunti jako dar od bogów Prawa (Dharmy), wiatru (Waju), króla bogów (Indry), bliźniaków Aświnów; uważani również za inkarnacje pięciu kopii Indry, który został ukarany za swą dumę przez boga Siwę i zmuszony do narodzin na ziemi w śmiertelnej formie.
Pandu: król Hastinapury, z dynastii księżycowej; młodszy syn mędrca Wjasy z Ambaliką (wdową po synu króla Śamtanu i Satjawati, Wikitrawirji); brat Dhritarasztry i Widury; ojciec Pandawów; mąż Kunti i Madri.
Pańcadżanja: koncha, która wyłoniła się z ubijanego oceanu.
Pańcalowie: lud i kraj rządzony przez króla Drupadę.
Parasara: bramin, syn bramina Śaktiego, jedyny z potomków mędrca Wasiszty, który nie został pożarty przez króla opętanego przez rakszasę, ukrywany przez matkę przez dwanaście lat w jej łonie.
Paraśara: pielgrzymujący pustelnik, ojciec Wjasy.
Paraśurama (Bhargawa): bramin-wojownik, potomek Bhrigu, jedna z inkarnacji boga Wisznu, który na przełomie eonów zabił wszystkich wojowników.

Parikszit: król z dynastii księżycowej; syn Abhimanju i Uttary; wnuk siostry Kryszny Subhadry i Ardżuny; jedyny przedstawiciel młodszej generacji Pandawów, który dzięki cudownej mocy Kryszny przeżył w łonie matki apokaliptyczną bitwę Pandawów z Kaurawami, zapewniając kontynuację ich rodu.
Paurawowie: potomkowie króla Puru z dynastii księżycowej.
Pradżapati: określenie używane czasami w odniesieniu do półboga i syna Brahmy Dakszy, który rodził się na nowo i był zabijany, co pokolenie; kiedy indziej w odniesieniu do Brahmy lub starożytnych mędrców (riszich) i potomków Brahmy jak Kaśjapa; w tym ostatnim przypadku jest tylu Pradżapatich ilu jest riszich.
Pramadwara: żona proroka Ruru.
Pratipa: król Hastinapury, ojciec króla Śamtanu.
Prawo, religia, święty obowiązek: odpowiednik sanskryckiego słowa *dharma*, które jest praktycznie nieprzetłumaczalne i oznacza „to, co jest prawem", choć odnosi się nie tyle do tego, co nazywamy dziś prawami człowieka, co do jego obowiązków związanych z określoną pozycją w życiu i w społeczeństwie, w którym się narodził.
pudża: rytuał oddawania czci bogom.
Pulastja: mędrzec, syn boga Brahmy, z którego zrodziły się demony rakszasowie.
Puloma: żona bramina Bhrigu; matka proroka Cjawany.
Puloman: demon z gatunku rakszasów, który chciał uprowadzić Pulomę.
Purokana: minister, który na prośbę Durjodhany zbudował dla Pandawów pałac-pułapkę, którą zamierzał podpalić.
Puru: król z dynastii księżycowej, syn króla Jajatiego.
Pururawas: król zapoczątkowujący tzn. dynastię księżycową, żyjący w najstarszym eonie zwanym *kritajuga*.
Putana: demonka, która próbowała zabić małego Krysznę, karmiąc go swym zatrutym mlekiem.

R

Radha: żona królewskiego woźnicy rydwanu, przybrana matka Karny.
Rahu: jeden z danawów, który przybrawszy boską postać pił eliksir nieśmiertelności, który wyłonił się z ubijanego oceanu; połyka cyklicznie słońce z zemsty za to, że zdradziło bogom, że jest demonem.
rakszasa: pewien rodzaj demonów.
rakszini: demon rodzaju żeńskiego.

riszi: starożytni mędrcy, bramini, kapłani którzy pierwsi potrafili składać bogom ofiary. Byli synami lub wnukami Brahmy. Ich imiona: Angiras, Atri, Bharadwaja, Bhrigu, Daksza, Dżamadagni, Gorama, Kaśjapa, Kratu, Marici, Pulastja, Pulaha, Wasiszta, Wiśwamitra.
Rohini: żona Wasudewy i matka Balaramy.
rudrowie: bogowie burzy, którzy podobnie jak bogowie marutusi towarzyszą Indrze.
Rukmini: pierwsza żona Kryszny, którą chciał również poślubić król Sziśupala, zacięty wróg Kryszny.
Ruru: bramin przemieniony dzięki klątwie w jaszczurkę.
Ruru: syn Pramatiego potomek w trzecim pokoleniu Cjawany, syna Bhrigu, który uwolnił bramina Ruru od bycia jaszczurką.
rydwan Ardżuny: Ardżuna otrzymał ten rydwan od Ognia, aby pokonać Indrę broniącego Las Khandawa przed spaleniem; wyróżniał się sztandarem ze znakiem małpy Hanumana; zaprzężony był w konie hodowane przez boskich muzyków gandharwów; został stworzony dzięki umartwieniom Pradżapatiego i zmontowany przez boga Somę; był nie do pokonania ani przez bogów, ani przez demony.

S

Samwarana: król z linii Bharata, jeden z odległych przodków Pandawów, który poślubił córkę boga słońca Tapati.
Sandżaja: woźnica króla Dhritarasztry.
Sarama: boska suka, zwiastun Indry.
Satjaki: królewicz z rodu Wrisznich.
Satjawati: córka króla Uparikary wychowywana przez króla rybaków; żona króla Śamtanu z dynastii księżycowej, matka mędrca Wjasy, Citrangady, Wikitrawirji.
Saunaka: bramin, na którego pytania odpowiada śpiewak Ugraśrawas, który opowiada *Mahabharatę* braminom prowadzącym dwunastoletnia sesję ofiarniczą w Lesie Naimisza.
Snataka: nazwa braminów, którzy właśnie ukończyli swą edukację.
soma, Soma: bóg Księżyca lub eliksir nieśmiertelności uzyskany w wyniku ubijania oceanu lub napój bogów uzyskiwany podczas rytuałów ofiarnych.
Somaśrawajana: bród Gangesu, gdzie Pandawowie spotkali króla gandharwów.
Somaśrawas: domowy kapłan króla Dżanamedżaja zrodzony z matki węża i proroka Srutaśrawasa.
strażnicy świata: Indra, Waruna, Kubera, Jama.

Subalowie: ród królewski, z którego pochodziła Gandhari, żona niewidomego króla Dhritarasztry.
Subhadra: młodsza siostra Kryszny i Balaramy; druga żona Ardżuny; matka Abhimanju.
Sudarśana: dysk boga Wisznu.
Sunda i Upasunda: nierozłączni bracia demony asurowie, którzy dzięki darom otrzymanym od Brahmy pokonali bogów i zdobyli panowanie nad światem i którzy zabili się nawzajem, nie potrafiąc się podzielić Tilottamą.
Surja: bóg słońca.
swajamwara: festiwal wyboru męża przez córkę wojownika.
Swetaka: król, którego ofiarny rytuał unieszczęśliwił Ogień, powodując jego niestrawność.
Sziśupala: inkarnacja wielkiego króla demonów gigantów z gatunku asurów zwanych dajtjami, syna córki Dakszy Diti, zabijana przez kolejne wcielenia (awatary) Wisznu; awatara zwaną Narasimha (człowiek-lew) zabiła go, gdy przybrał formę króla o imieniu Hiranjakaszipu; awatara Ramy zabiła go, gdy przybrał formę demona Rawana; awatara Kryszny zabiła go, gdy przybrał formę króla Sziśupali.
szudra: członek kasty nietykalnych.

Ś

Śakti: bramin, syn mędrca Wasiszty, ojciec bramina Parasary, zjedzony przez rakszasę Kimkarę, który opętał króla Kalmasapadę.
Śakuni: pokrętny brat żony króla Dhritarasztry Gandhari, zły duch Durjodhany; inkarnacja istotnych aspektów Dwapary, bóstwa reprezentującego przegrywający rzut w grze w kości.
Śalja: król Madrasu, brat drugiej żony króla Pandu Madri.
Śakuntala: córka apsary Menaki i króla-bramina Wiśwamitry, zaadaptowana przez mędrca Kaśjapę; żona króla Duhszanty; matka króla Bharaty.
Śalwa: król pokonany przez Bhiszmę w walce o córki króla Benarów Ambę, Ambikę, Ambalikę, który obiecał małżeństwo Ambie. Gdy Bhiszma się o tym dowiedział, puścił Ambę wolno, lecz król Śalwa odrzucił ją, twierdząc, że nie może ożenić się kobietą porwaną przez innego mężczyzną. Amba przysięgła Bhiszmie zemstę.
Śamtanu: król ludu Kuru z dynastii księżycowej, z linii Bharata, inkarnacja króla Mahabhisy z dynastii słonecznej.
Śarmistha: córka Wrszaparwana, króla asurów.
Śarngaka: cztery ptaszki o imionach Dżaritari, Sariszarkwa, Stambamitra, Drona, które faktyczne były synami bramina

Mandapali, które dzięki własnej modlitwie, i modlitwie swego ojca, uratowały się z pożaru Lasu Khandawa.
Śesza (Ananta): wąż asceta, pomógł bogom wyrwać górę Mandarę, która użyto do ubijania oceanu celem uzyskania eliksiru nieśmiertelności; obejmuje swymi splotami ziemię, aby się nie trzęsła.
Śiwa (Sziwa): Najwyższy Bóg; Bóg bogów.
Śringin: bramin, który rzucił klątwę na króla Parikszita za to, że zawiesił ciało martwego węża na ramionach jego ojca.
Śrutasena, Ugrasena i Bhimasena: bracia króla Dźanamedźaja, którzy pobili syna suki Saramy.
Śrutaśrawas: prorok, ojciec Somaśrawasa.
Śukra (Szukra, Bhargawa): mędrzec, wnuk boga Brahmy, syn mędrca Bhrigu, kapłan asurów.
Śura: szef rodu Jadawów, ojciec Kunti i Wasudewy.

T

Takśaka: król wężów; spełnił klątwę młodego bramina i zabił króla Parikszita, wywołując zemstę króla Dźanamedźaja, realizowaną podczas jego rytualnej masakry wężów.
Tapati: córka boga słońca, która poślubiła króla Samwaranę.
Tilottama: niezwykłej urody kobieta, skupiająca na sobie wszystkie żądze, stworzona na rozkaz Brahmy przez architekta wszechświata Wiśwakarmana, aby skłócić między sobą dwóch braci asurów Sundę i Upasundę, którzy zdobyli panowanie nad wszechświatem.
Tokarz Koła: ten kto buduje i obraca koło istnienia.
trzy światy: niebo, ziemia i powietrze-przestrzeń między nimi.
trzydziestu bogów: *Mahabharata* jest niekonsekwentna w opisywaniu liczby bogów; pierwsze pokolenia bogów dzieli na następujące grupy i skrzydła: aditjowie, do których zalicza się również kapłan bogów Brihaspatiego; guhjakowie, do których zalicza się bliźniaków Aświnów, wszystkie zioła oraz krowy i konie; marutusi; rudrowie; sadhjowie; skrzydło Bhrigu; wasuowie; wszyscy-łącznie-bogowie.

U

Ugrasena: pierwszy król Mathury z rodu Jadawów, pozbawiony władzy i osadzony w więzieniu przez swego rzekomego syna, demona Kansę i osadzony ponownie na tronie przez Krysznę, który zabił Kansę.

Księga I & II   Słowniczek   307

Ugraśrawas: poeta-śpiewak, który opowiada *Mahabharatę* braminom prowadzącym dwunastoletnią sesję ofiarną w Lesie Naimisza.
Ukkaihśrawas: koń, który wyłonił się z ubijanego oceanu.
Ukryta Przyczyna i **Wieczny Sprawca**: według *Mahabharaty* powstawanie świata wynikło z zadziałania niepoznawalnej bezpośrednio Przyczyny, która objawia się mędrcom w formie Brahmana, którą określa się także jako Wielkie Jajo, nasienie żywych istot. *Mahabharata* identyfikuje ją z osobą Kryszny, starożytnym prorokiem Narajaną, śmiertelnym aspektem boga Wisznu, który cyklicznie pojawia się na ziemi w formie tzw. awatar, Człowiekiem wychwalanym w *Rigwedzie*.
Ulupi: córka króla wężów o imieniu Kaurawja zakochana w Ardżunie.
Uma: jedno z imion towarzyszki boga Śiwy.
Upajadża: bramin, młodszy brat Jadży, potomek bramina Kaśjapy.
Uparikara: król, potomek w późniejszych pokoleniach króla Puru, ojciec Satjawati.
Urwasi: nimfa apsara, żona króla Pururawasa.
Utanka: bramin, uczeń bramina Wedy, poszukujący zemsty na królu wężów Takśaku.

W

Waisampajama: poeta-śpiewak, który po raz pierwszy opowiedział *Mahabharatę* podczas Ofiary Węża króla Dźanamedźaja.
Walakhiljowie: bramini, asceci.
Waranaweta: miasto, do którego zostali podstępnie zesłani Pandawowie.
Warga: jedna z pięciu boskich nimf apsar uwolniona przez Ardżunę od klątwy bycia krokodylem.
Waruna: bóg oceanu.
Wasiszta: bramin, mityczny mędrzec, syn boga oceanu Waruny.
Wasu: bogowie, którzy narodzili się z jednego z synów Brahmy. Są to: Dhara, Dhruwa, Soma, Ahas, Wiatr, Ogień, Pratjusa, Prabhasa.
Wasudewa: potomek rodu Jadawów, brat Kunti, ojciec Kryszny.
Wasuki: wąż, dowódca wężów, swymi splotami posłużył bogom jako sznur służący do obracania górą podczas ubijania oceanu. Aktywnie zadbał o spowodowanie narodzin wybawcy wężów Astiki.
Wedy: święte hinduskie księgi.
Wibhawasu i **Supratika**: dwaj bracia bramini, którzy przemieli się w słonia i żółwia i zostali zjedzeni przez Garudę.

Widura: królewski doradca króla Dhritarasztry; częściowa inkarnacja boga Prawa Dharmy; syn bramina Wjasy i służącej królowej Ambiki.
Wielkie Jajo: boska przyczyna stworzenia świata; niewyczerpane nasienie wszystkich istot.
Wikarna: młodszy syn króla Dhritarasztry i młodszy brat Durjodhany, który wsławił się swą mową dowodzącą, że Draupadi nie została przegrana w kości.
Wikitrawirja: młodszy syn króla Śamtanu i Satjawati.
Winata: córka Pradżapatiego; żona mędrca Kaśjapy; rywalka i siostra Kadru; matka Garudy i Aruny.
Wisznu (Narajana): Najwyższy Bóg; obrońca bogów i zabójca wrogów bogów.
Wiśwakarman: boski architekt.
Wiśwamitra: król, który dzięki praktykowaniu ascezy stał się braminem, biologiczny ojciec Śakuntali.
Wiśwawasu: król gandharwów.
Wiwaswat (Surja): bóg słońca.
Wjasa: bramin, mityczny mędrzec; syn Satjawati z pustelnikiem Paraśarą; ojciec Dhritarasztry, Pandu i Widury; autor *Mahabharaty*.
Wriszni: członkowie rodu Jadawów, z którego pochodził Kryszna.
Wrszaparwana: król demonów asurów.
Wrtra: demon zabity przez króla bogów Indrę.

Indeks imion

A

Abhimanju, 194
Adhiratha, 88
Aditi, 54, 92, 183
aditjowie, 54, 157
Adrika, 80
Agastja, 89
Agneja, 100, 139-141
Agniweśja, 100, 102
Airawata, 21
Ajodhja, 75, 150
Akupara, 31
Amba, 83-84
Ambalika, 83-84, 86, 89, 97
Ambika, 84, 86, 98
Angaraparna, 138
Anu, Druhju i Puru, 61
apsary, 29, 31, 53, 68, 71, 74, 81, 99-100, 123, 157, 179, 187-189, 215-216
Ardżuna, 52, 73, 92, 95, 97, 102-110, 111, 123-124, 126, 138-141, 144-145, 147, 150, 154, 156, 158-165, 170-173, 175, 177, 179, 184-201, 205, 213-215, 219, 224-226, 228-231, 235, 241, 248, 258, 261, 266, 268, 273-276, 277, 281, 283-284
Aruna, 34
Astika, 14, 19, 44-51
asurowie, asury, danawowie, dajtjowie, 31, 33, 35, 40, 53-63, 78, 179-183, 195, 201, 213-216, 221, 227, 229, 236
Aświasena, 195, 201
Aświatthaman (rżenie konia), 100, 103, 105-108, 113
Aświnowie, 93, 97, 136, 157
Aurwa, 151-153

B

Baka, 125-131
Balarama, 157-158, 160, 162, 170, 173, 190-193
Bhagiratha, 224
Bharadwadża, 100
Bharata, Bharatowie, 53, 65, 69, 72, 76, 165, 175, 194, 224-225, 235-237, 265-268, 270-271, 275-277, 279, 283-286
Bhima, 91, 94-95, 97-98, 105-106, 109, 111, 116, 118-131, 159-161, 163, 165, 173, 175, 193, 213, 215, 223-231, 241-243, 248, 261, 266, 268, 270-271, 273-277, 280-281, 283-284
Bhiszma, 82-89, 94, 96-97, 99, 101-102, 105, 108, 110, 112-114, 117-118, 172, 174-176, 211, 233, 237-244, 252, 258, 262-263, 267-268, 272-273, 278, 285
Bhogawati, 178
Bhrigu, 19, 27, 29, 48, 55, 59, 73, 151, 196
Brahma, 5, 25, 27-29, 31-32, 34, 36, 39, 44-46, 48-49, 53-56, 58, 65, 67, 72, 74-75, 81, 105, 153, 160, 167-168, 180-183, 197-198
Brahman, 13, 53, 56, 58, 71, 133, 158, 187, 195, 202, 204-205, 235
Brihadratha, 209, 220-222
Brihaspati, 40, 54-55, 100, 139, 196, 252, 277

C

Citragada, 187
Citrangada, 73, 82
Citraratha (park), 57, 66
Citraratha (ze wspaniałym rydwanem), 125, 136, 137, 139, 141, 154
Citrawahana, 179, 186
Cjawana, 27, 29, 48

D

Dagdharatha (ze spalonym rydwanem), 139
dajtja, dajtjowie, 32, 59, 183, 216, 242-243, 271
Daksza, 5, 53-54, 72, 75, 287
danawa, danawowie, 31-33, 55-56, 59, 74, 215, 221, 229
dasjusowie, 54, 64
Dewajani, 55-63
Dewaki, 170
Dhanwantari, 32
dharma (Prawo), 8-10, 14, 17, 62, 209, 212
Dharma (bóg Prawa), 86-87, 97, 114-115, 136, 162, 267
Dhaumja, 16, 154-155, 196, 283-284
Dhrisztadjumna, 125, 131, 134-135, 157, 163-164, 166-167, 272, 285
Dhritarasztra, 17, 73, 84, 86-89, 93-94, 96-98, 102-103, 105-108, 111-116, 118, 120, 125-127, 129, 156, 165, 171-177, 210-211, 231, 247, 250-252, 254-260, 262-265, 269-270, 273-281, 283, 285
Draupadi, 5, 16-17, 125, 131, 134-137, 154-167, 169, 173, 176, 179-180, 183-186, 193-194, 211, 246-247, 252, 256, 260, 262-278, 280-286

Drona, 15, 95, 99-107, 113, 132, 175, 204, 249, 258, 262, 273, 284
Drupada, 15, 16, 17, 95, 99-103, 132-136, 155-156, 158-160, 162-167, 169-173, 175-176, 249, 274, 280-281, 285
Duhszanta, 53, 65-72
Duhśasana, 266-267, 270-271, 277, 279-281
Durjodhana, 15-17, 94-95,98, 103, 105-113, 115-121, 156-157, 160-161, 163, 172-175, 192, 210-212, 247-254, 256-261, 263-267, 269-270, 273-278, 280-281, 284-286
Durwasas, 88, 91
Dwaipajana, 235
Dwaraka, 177, 190-193, 214, 219, 223, 230, 244, 246
Dźanamedźaja, 5, 14, 19-21, 26-27, 31, 34, 44-45, 48-52
Dżara, 209, 220-221
Dżarasamdha, 209, 213, 219, 220-230, 241
Dżaratkaru, 45-48
Dżarita, 202-205

E

Ekaczakra, 126, 130, 135
Ekalawja, 104
Elapatra, 45-46

G

Gandhari, 87-88, 93, 105, 258, 278
gandharwowie, gandharwa, 16, 29, 53-54, 65, 69-70, 74, 82, 137-141, 143-145, 147, 150, 154, 157, 198, 200, 215-216, 258
Gandiwa, 198
Ganga, 75-78, 84

Gangadatta, 78, 81-82
Garuda, 15, 19, 34-44, 66
Gautama, 99
Gautami o imieniu Dżatila, 166
Ghatotkaka, 124
Girika, 80

H

Hamsa i Dibhaka, 223
Hariścandra, 213, 216-217
Hastinapura, 15, 19-20, 25-26, 70, 76, 83, 89, 95-97, 99, 101, 103, 111, 114-115, 157, 172-176, 210, 231, 235, 248, 250, 255-256, 258, 278
Hidimba, 111, 119-125, 128-129, 136

I

Ikszwaku, 75, 147, 219
Ila, 54
Indra, 15, 17-19, 21-23, 25, 31-33, 35-37, 40-44, 48, 50-51, 54, 56-58, 60-61, 64-66, 68-69, 72-75, 78-81, 85, 87, 89, 92-93, 97, 99-101, 108, 122, 124, 129, 140, 144, 158, 160-171, 175, 177, 181-182, 193, 195, 197, 201, 205-206, 213, 215-217, 219-221, 227-229, 232, 235-236, 245-246, 248, 250, 259, 273, 282
Indraprastha, 171, 176-177, 179, 184, 191-193, 195-197, 209, 213, 219, 229-231, 234-235, 250, 255, 276-277

J

Jadawi, 242
Jadawowie, 88, 119, 135, 157, 170, 172, 174, 190-192, 218, 222, 236, 244
Jadu i Turwasu, 63-64
Jadża, 132-134
Jajati, 53-54, 57-65
Jajnawalkja, 235
jaksza, jakszowie, 138, 181, 216
Jama, 54, 65, 96, 122, 157, 167-168, 170, 215-216, 220, 228, 240, 250, 264, 276, 280-282, 284
Jauwanaswa, 224
Judhiszthira, 91, 94, 97-98, 104,106, 110-112, 114-119, 123-124, 126, 129-130, 135, 139, 155, 159, 162-167, 171-172, 175-177, 179, 184, 186, 191. 193-196, 209-210, 214-219, 222-225, 229-230, 232, 234-239, 245-246, 248-252, 255-258, 260-262, 264-265, 267-268, 273-274, 276-279, 281-283

K

Kaća, 55-57
Kadru, 19, 31, 33-35, 37, 42-45
Kailasa, 215
Kali, 94, 251, 263
Kalmasapada, 147-150, 153
Kandakauśika, 220-221
Kansa, 190, 219, 223, 240
Karna, Radheja, 88, 95, 103, 107-111, 124, 156, 160-161, 172-176, 197, 231, 249, 267, 269-271, 273-275, 277, 281, 286
Kartawirja, 224
Karttikeja, 181
Kaśjapa, 25, 33-34, 36-40, 53, 66-70, 72, 75, 132, 271
Kaurawja, 185

Kaurawowie, 7, 13, 15, 18, 73, 93-94, 98, 108, 174, 210-211, 247, 256, 268, 272, 275, 277, 279-281, 284, 286
Khandawa, 17, 171-172, 177, 195-205, 210, 213
Kimdama, 90
Kimkara, 147-148
Kimkarowie, 216
Król Prawa (Król Dharma, Dharmaradża), 17, 172, 179, 184-186, 193-195, 209-211, 213, 215, 217, 225, 230, 232-233, 235-237, 240, 246-247, 255-256, 260-265, 267-270, 272-274, 279
Krypa, 95, 99, 105, 108, 113, 172-173, 249, 258, 262
Krypi, 99-100, 107, 113
Kryszna, 5, 8-9, 13-14, 16-17, 52, 74, 88, 92-93, 125, 134-135, 155, 157-163, 170-172, 174, 176-177, 179, 189-201, 205-206, 209-210, 212, 213-215, 218-219, 222-231, 233-246, 248-249, 252, 266, 272, 286
Kryszna Wasudewa, 215, 237, 286
Kubera, 138, 157, 177, 188, 216, 220, 236, 250
Kunti, 88-97, 103, 105-108, 110, 118, 123-124, 126-129, 135, 155, 161, 163, 166-167, 169-171, 173, 176, 246, 281-283
Kurukszetra, 19, 82, 181, 200

L

Lakszmi, 17, 32, 135, 138, 142, 169-170, 182, 286
Lapita, 202, 205

M

Madri, 88-90, 92-93, 95-97, 169, 173, 231, 282-283
Magadha, 219, 226, 228-229
Mahabhisa, 73, 75-78, 84
Mainaka, 215
Maja, 195, 201, 206, 210, 214-216
Mandapala, 202-205
Mandara, 31, 33, 46, 65, 200
Mandawia, 86-87
Manu, 53-54
Marutta, 224
marutusi, 99-100, 157, 259
Mathura, 189, 223
Menaka, 29, 68-69, 71
Meru, 31, 68, 75, 148, 199

N

Nahusza, 54
Nakula, 93, 105, 175, 232, 235, 248, 261, 276, 278, 281, 283-284
Nandini, 145-146, 148
Nara (człowiek), 17, 32-33, 67, 197-198, 200, 215
Narada, 16, 179-180, 183, 189, 213, 216-217, 220, 233, 236-237, 284
Narajana (poruszający wodami), 17, 31-32, 66, 74, 195, 197-198, 200, 215, 234, 236
Nila, 231-232
Niszadowie, 37, 73, 104, 118

P

Paila, 235
Pandawowie, 7, 13-17, 73, 89, 91, 93, 98, 101, 104-105, 108, 110-123, 125-126, 131-132, 135, 137-138, 154-165, 167, 169-177, 179, 183-184, 193-194, 196, 209-211, 213, 216-

217, 223, 229-230, 232, 235,
238-241, 244-252, 254, 258-
261, 263-266, 268, 270-286
Pandu, 73, 84, 86-99, 102-103,
106-107, 11-114, 118-119,
161, 163-164, 169, 171, 173-
174, 183, 213, 217, 251, 276,
283, 285
Pańcadżanja, 35
Pańcalowie, 100, 102, 131,
134, 154-157, 161-162
Paraśara, 81, 85, 137, 150, 153
Paraśurama (Bhargawa), 73,
85, 100, 133
Parikszit, 14, 19, 23-26, 48-49,
52, 194
Paurawowie, 64, 70, 72
Pradżapati, 33, 36, 46, 54, 74,
167, 196, 198, 221
Prahlada, 271
Pramadwara, 29
Pratipa, 75-77
Prawo, 8, 14, 16-17, 24, 28, 45,
53, 59, 61, 63, 68-70, 72-73,
77-78, 80, 85-87, 89, 91, 93,
97, 106-107, 109, 114, 117,
120, 123-124, 126, 128, 136,
145, 151, 155, 159, 162,
164-166, 169, 171, 175-177,
184-185, 205, 209-211, 218,
222, 224, 227, 232, 237, 241,
246, 237, 261, 267-275, 278-
279, 281-284.
Pulastja, 153
Puloma, 27
Puloman, 27, 52
Purokana, 115-119, 129, 172,
174, 176
Puru, 53, 61, 63-65
Pururawas, 53-54

R
Radha, 88

Rahu, 33
rakszasa, rakszasowie, 27, 53,
69, 74, 120-123, 125-130,
137-138, 147-150, 153, 161,
180-181, 213, 215-217, 221,
232, 289
rakszini, 121-123, 220-221
Rohini, 170
rudrowie, 99, 157
Rukmini, 190
Ruru, 19, 29-30

S
Sahadewa, 93, 105, 176, 231-
232, 235, 239, 248, 261, 276,
278, 281-284
Samwarana, 137, 141-144
Sandżaja, 285-286
Sarama, 19-20
Satjawati, 73, 78-86, 89, 95-97
soma, 31-33, 37-38, 40, 42-43,
68, 100
Soma, 79, 140, 151, 198
Somaśrawajana, 138
Somaśrawas, 20
Subalowie, 87
Subhadra, 16, 52, 179, 189-
194, 196, 245
Sunda i Upasunda, 179-180,
182-183, 194
Surja, 88, 93, 108
Swajamwara, 155, 159
Swetaka, 197
Sziśupala, 209-210, 222, 231,
233, 237-246, 248, 252

Ś
Śakti, 147-150, 153
Śakuni, 111, 129, 172, 176,
210, 247-252, 254, 256-263,
267, 269, 277-279, 281
Śakuntala, 13, 53, 67-72
Śalja, 160, 232

Śalwa, 83-84
Śamtanu, 73, 75-79, 81-82, 84-85, 90-91, 99
Śarmistha, 57-63
Śarngaka, 195, 202, 206
Śaunaka, 52
Śesza (Ananta), 19, 31, 43-44
Śiwa, 16, 41, 88, 99-100, 113, 136, 138, 168-170, 187, 206, 213, 215-216, 219, 222-224, 227, 232
Śringin, 24
Śrutaśrawas, 20
Śukra, 53-64
Śura, 88

T

Takśaka, 19-26, 48, 50-51, 195, 197-201
Tapati, 141-144, 154
Tilottama, 179-180, 182-183

U

Ugrasena, 190
Ugraśrawas, 52
Ukkaihśrawas, 32, 34-35
Ulupi, 185-186
Upajadża, 132-134
Uparikara, 79-81
Urwasi, 54
Utanka, 19-23, 26

W

Waisampajama, 52
Walakhiljowie, 36, 39-40
Waranaweta, 113-116, 118
Warga, 188-189
Waruna, 35, 75, 83, 153, 198, 215-216, 222, 250, 274, 282
Wasiszta, 16, 68, 75, 78, 137, 141, 143-151, 153, 205
Wasu, wasu, 75-76, 78, 157
Wasudewa, 88, 119, 134, 214, 242
Wasuki, 19, 31, 44-49, 51
Weda (prorok), 20-23
Wedy, 14, 28, 30, 47-48, 52, 60, 62, 67, 73, 78, 81-82, 84, 87-88, 99-100, 105-106, 110, 125, 133, 145, 147, 149, 151, 154, 166, 194-196, 231, 234-235, 237, 239, 258
Wibhawasu i Supratika, 38
Widura, 73, 84, 86-88, 94, 96-99, 105-106, 110-111, 113-115, 117-119, 173-176, 247, 251-252, 254-260, 262-264, 273-274, 277-278, 281-286
Wikarna, 263, 268-271, 278
Wikitrawirja, 73, 82-84, 86, 90
Winata, 33-35, 37, 40, 42-43, 49
Wirokana, 289
Wisznu, 15, 17, 31-33, 35, 41, 74, 88, 92, 99-100, 135, 157, 160, 169-170, 190, 209, 213, 229, 234, 236, 242
Wiśwakarman, 40, 182, 216
Wiśwamitra, 68-69, 71, 137, 144-148, 150
Wiśwawasu, 140
Wiwaswat (Surja), 54, 142
Wjasa, 7, 16, 52, 73, 81, 84-87, 90, 94-95, 97, 125-126, 131, 135, 137-138, 155-156, 161-162, 166-167, 169, 170-171, 177
Wrszaparwana, 59
Wrtra, 140, 228

www.ingramcontent.com/pod-product-compliance
Lightning Source LLC
Chambersburg PA
CBHW071504160426
43196CB00010B/1415